Battenberg Antiquitäten-Katalog
Alte Landkarten

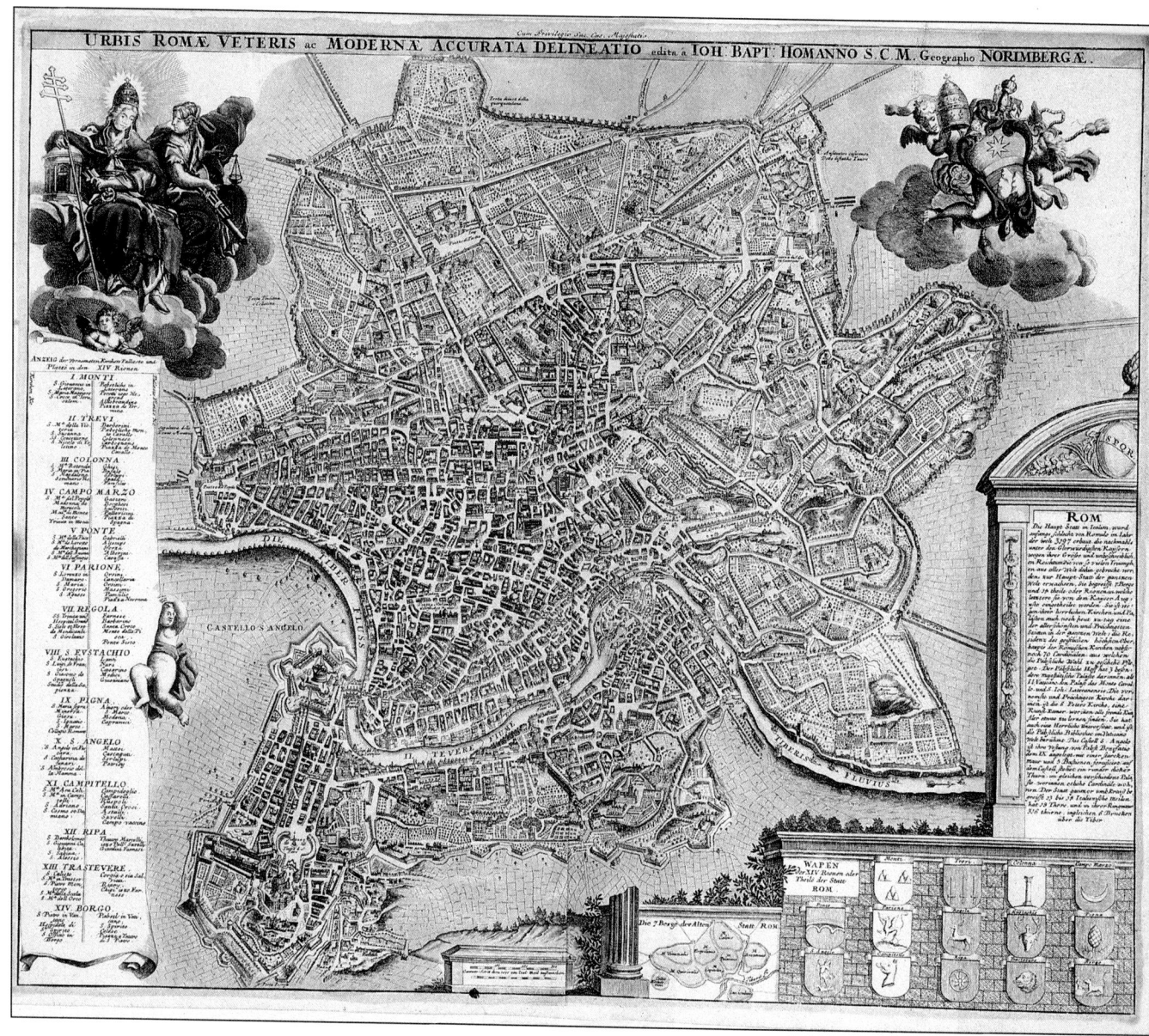

Battenberg Antiquitäten-Katalog

Alte Landkarten

Globen und Städteansichten
von Gert K. Nagel

Titelbild:
ÄRMELKANAL – ENGLISCHE KÜSTE. Detail aus einem
Kupferstich von Romeyn de Hooghe, um 1708.
1.800,–/3.500,–
Siehe Farbabb. F 14.
Foto: Venator und Hanstein, Köln

Umschlagrückseite:
NASSAU. Detail aus einem Kupferstich von
Guiljelmus Blaeu, Amsterdam, 2. Drittel 17. Jh
378 x 488 mm. 1.800,–/2.500,–
Foto: Hartung & Hartung, München

Frontispiz:
ROM. Kupferstich von J. B. Homann,
Nürnberg, 1. Hälfte 18. Jh. 487 x 579 mm.
1.500,–/2.200,–

Redaktion: Dr. Renate Möller

Die Deutsche Bibliothek – CIP-Einheitsaufnahme
Alte Landkarten / von Gert K. Nagel. – Augsburg: Battenberg,
1994
(Battenberg Antiquitäten-Katalog)
ISBN 3-89441-183-X
NE: Nagel, Gert

Es ist nicht gestattet, Abbildungen dieses Buches zu scannen,
in PCs oder auf CDs zu speichern oder in PCs/Computern zu verändern
oder einzeln oder zusammen mit anderen Bildvorlagen zu manipulieren,
es sei denn mit schriftlicher Genehmigung des Verlages.

BATTENBERG VERLAG AUGSBURG
© 1994 Weltbild Verlag GmbH
Alle Rechte vorbehalten
Umschlaggestaltung: Zembsch' Werkstatt München
Satz: Garamond von satz-studio gmbh, Bäumenheim
Reproduktionen: Repro-Mayr, Donauwörth
Druck und Bindung: Hofmann-Druck, Augsburg
Printed in Germany
ISBN 3-89441-183-x

Inhaltsverzeichnis

Vorwort: Das Antlitz der Erde 6

Einführung in das Sammelgebiet

    Geschichte der Kartographie 9
    »Erdäpfel« – alte Globen 21
    Atlanten 24
    Kartenarten nach Inhalt und Gebrauch 28
    Drucktechniken 34
    Vom Sammeln alter Landkarten 41
    Literatur 42
    Stichwortregister und Erläuterungen 43
    Der Markt und die Preise 47

Katalog-Bildteil

    Farbteil 49
    Alte Globen 65
    Atlanten 68
    Weltkarten 73
    Afrika 78
    Amerika 81
    Asien/Australien 91
    Europa 96
    Deutschland 108
    Verschiedene Kartenarten 119
    Stadtpläne – Ansichten 129
    Cosmographien – Chroniken – 134
        Topographien – Reisebeschreibungen
    Gebrauchsgrafik 147
    Originale 151
    Holzschnitte und -stiche 152
    Kupferstiche 153
    Radierungen 155
    Aquatinta-Radierungen 157
    Stahlstiche 158
    Lithografien 159

Personenregister 161
Abbildungsnachweis 171
Anzeigen

Vorwort: Das Antlitz der Erde ...

Nachdem Picasso den Fremden, der ihm eine große Gefälligkeit erwiesen, zu sich nach Hause eingeladen hatte, bat jener den Künstler um eine Wegskizze, damit er sich besser zurechtfände. Der Maler entsprach dem Wunsch und entwarf mit gekonnten Strichen den gewünschten Plan. Mit einem Blick auf die durch Linien und Kurven sowie durch stilisierte, markanten Gebäude abstrahierte Wegbeschreibung äußerte der Fremde einen zweiten Wunsch: »Könnten Sie mir die Skizze jetzt bitte noch signieren ...?«

Eine Anekdote, die außer ihrem sarkastischen Seitenhieb auf die moderne Kunst anschaulich den alltäglichen Nutzen von Plänen und Landkarten aufzeigt. Vergleichbare gelegentliche Wegerläuterungen, aber auch die Fixierung von Handelsrouten, Kriegszügen sowie Herrschaftsgebieten oder Grundbesitz waren sicherlich Triebfedern für erste kartographische Darstellungen. Aber bereits die alten Griechen beschäftigten sich wissenschaftlich mit der darstellenden Geographie und kamen dabei zu erstaunlichen Erkenntnissen, so daß mit Beginn der Neuzeit dieses Wissen der Antike die Grundlage für die weitere Entwicklung bildete.

Ebenso interessant, wie die Geschichte der Kartographie ist, so reizvoll sind alte Landkarten, aber auch historische Stadtbilder. Daher lag es nahe, diese beiden Gruppen graphischer Erzeugnisse sowie Ganzheiten davon – d. h. Atlanten, Topographien, Cosmographien u. ä. –, ferner Sonderformen wie Globen in einer gemeinsamen Publikation vorzustellen.

Diese Graphiken mit geographischem Bezug vermitteln uns, wie sich unsere Vorfahren das Antlitz der Erde vorstellten, aber auch, wie es sich in den vergangenen Jahrhunderten verändert hat. Zunächst waren sowohl karto- wie auch topographische, frühe »Bilder« mit deutlichen Mängeln aufgrund von Unwissenheit oder Unvermögen behaftet. Zuviel Phantasie und fehlende Naturtreue ließen unsachliche und ungenaue Darstellungen entstehen, die wir heute jedoch wegen ihrer dekorativen Wirkung schätzen. Beginnend mit dem späten 16., umfassend jedoch seit dem 17. Jahrhundert, schufen Kosmographen, Geographen, Künstler und Verleger ein immer wahrheitsgetreueres Abbild der Erde, die zu jener Zeit bereits weitgehend erforscht war.

Ein sehr großes Problem der Kartographen kannten die Globenmacher nicht: die Übertragung der gekrümmten Erdoberfläche auf planes Papier. Es ist nämlich nicht möglich die kugelige Erdoberfläche ohne Verzerrungen, d. h. zugleich winkel- und flächentreu auf eine Ebene – in diesem Fall die Kartenfläche – zu übertragen. In der Kartographie spricht man dabei von der Kartenprojektion. Ihre offizielle Definition liest sich höchst kompliziert: »Methode der Abbildung der Koordinatenlinien einer sphärischen Fläche (Kugel, Ellipsoid = Erdgestalt) in die Ebene (Kartenebene) für die Zwecke der Konstruktion von Land-, See- oder auch Himmelskarten.« Und ebenso kompliziert waren die vielfältigen Versuche der Kartenprojektion. Außer den Detailabbildungen der Lehrbeispiele der Homännischen Atlasseite (Kat.nr. 24, Abb. unten) geben auch die Kat.nr. 81, 84, 88, 93, 96, 158 und 230 eine Vorstellung, auf wieviel unterschiedliche Arten die Kartographen dieses Problem zu lösen versuchten. Von allen Kartenprojektionsarten hat sich die nach dem bekannten Kartenmacher Merkator benannte Merkatorprojektion als eine der praktikabelsten und nützlichsten erwiesen. Bei ihr ist die Projektion winkeltreu. Wie sich die Konstruktion entwickelt, zeigen die Skizzen auf S. 7. Zuerst wird die Erdoberfläche einer Apfelsinenschale gleich aufgeschnitten, abgeschält und auf die Ebene ausgebreitet. Darüber wird ein Gradnetz gelegt. Wird nun aber nach Art der Plattkarten (siehe S. 30) z. B. eine nördlich des Äquators liegende Insel – durch welche der »Schälschnitt« mitten hindurch gegangen ist – in ihrer Form ergänzt, so ergibt sich anstelle der in Realität passigrunden Insel ein in West-Ost-Richtung oval verzerrtes Eiland. Die Verzerrung ist umso größer, je weiter die Insel dem Pol zu liegt. Diese Tatsache ändert nun die Merkatorprojektion, indem sie die Abstände der Breitengrade gegen den Pol zu allmählich so vergrößert, daß die Insel wieder ihren natürlichen Durchmesser in West-Ost-Richtung erhält. Dafür ist sie nun aber in Nord-Süd-Richtung oval gedehnt.

»Alte Welt« in äquatorständiger Parallelprojektion, nach Franciscus Monachus, 1526 (ganz links).

Lehrbeispiele verschiedener Kartenprojektionsarten aus einem Homann-Atlas (vgl. Kat.nr. 24).

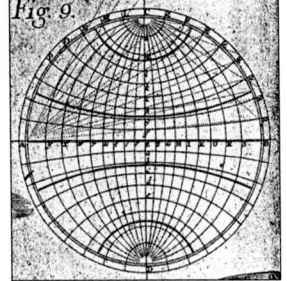
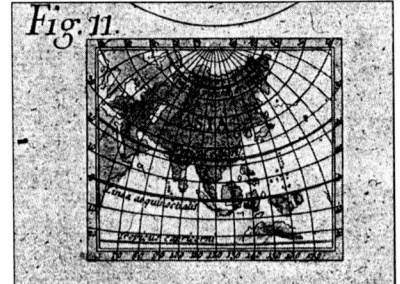
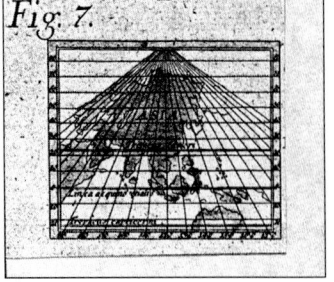

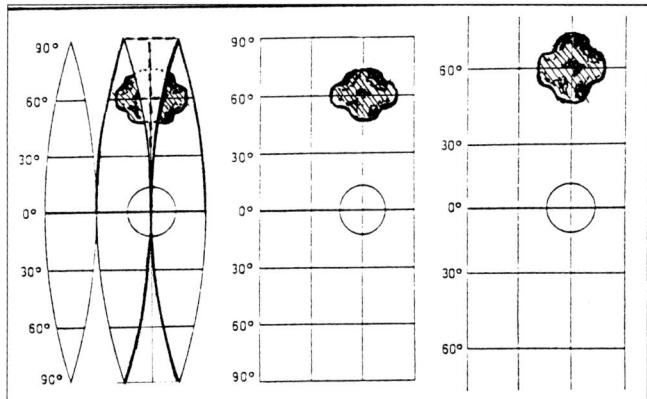

Skizzen zur Veranschaulichung der Entstehung der sog. Merkator-Projektion (vgl. den erläuternden Text auf dieser Seite).

Zusammenklappbare Taschensonnenuhr mit Kompaß. Elfenbein-Gehäuse, 18. Jh.

Bereits bei einer kleinen – auf den Deckel einer Sonnenuhr gravierten – Karte von E. Etzlaub aus dem Jahr 1511 (siehe Abb. oben rechts) erkennen wir ein Gradnetz mit sog. »wachsenden Breiten«. Trotzdem wird diese Kartenkonstruktion nach Merkator benannt, der diese Projektion erstmals 1569 für seine Weltkarte »... ad usum navigantium ...« anwandte. »Zum Gebrauch des Navigierens« erwies sich diese Kartendarstellungsart tatsächlich als sehr vorteilhaft. Wie die Skizzen oben zeigen, erfüllte sie die notwendigsten und machbaren Anforderungen an eine Seekarte: Erstens müssen Kurse und Peilungen in der Karte als gerade Linien eingetragen werden können, welche die Meridiane immer unter dem gleichen Winkel schneiden. Man sagt: Die Karte muß winkeltreu sein. Da keine Projektion gleichzeitig flächentreu sein kann, muß sie – zweitens – wenigstens flächenähnlich sein. Drittens müssen Entfernungen direkt aus der Karte – mittels eines Zirkels – entnommen werden können. Und diese Forderung erfüllt die Merkatorprojektion im Gegensatz zu den Plattkarten. Allerdings erfordert dies die Einhaltung einer ehernen Seefahrer-Regel: Die Entfernungen müssen stets von der Maßskala am Kartenrand auf der ungefähren Breite der Messung abgenommen werden.

In diesem Zusammenhang erscheint es angebracht, auch die graphische Gestaltung der Karten im historischen Überblick zu beleuchten. Bereits die »Peutingersche Tafel« (siehe Abb. S. 9) stellte Berge als langgezogene sägeblattartige Gebirgssilhouetten dar. Entsprechend schematisch gestaltete Bergprofile finden wir auch in Ptolemaeus-Ausgaben des 15. und 16. Jahrhunderts. Je nach Künstler war die Art der Stilisierung unterschiedlich. Berge wurden einzeln, in Gruppen und Reihen, neben- oder hintereinander wie auch ineinander übergehend dargestellt, schattiert oder auch koloriert, so daß die plastische Wirkung erhöht wurden. Aus diesen Bergprofilen entwickelten sich allmählich perspektivisch gestaltete Hügel und Bergketten, was bis ins frühe 19. Jahrhundert beibehalten wurde. Eine naturgetreue Darstellung fand nicht statt. Ebenso wie als Markierung von Städten ein stilisierter Fe-

Bereits im frühen 16. Jh. fertigte man entsprechende Sonnenuhren aus Elfenbein. Hier die Gravur einer süd-orientierten Landkarte mit der Jahreszahl »1511«. Stellt man die Abb. »auf den Kopf«, wird das Kartenbild von Europa und Afrika - nord-orientiert, wie wir es zu sehen gewohnt sind - deutlich (Germanisches Nationalmuseum, Nürnberg).

Unten links: Zeichenerklärung (Piktogramme) von der »Bairischen Landtaflen«, 1568 von Philipp Appian (vgl. S. 79? unter »Topographische Karten).

Unten Mitte: Zeichenerklärung aus »Schauplatz der 5 Teile der Welt«, 1789 von F. J. J. v. Reilley.

Unten rechts und ganz unten links: Zeichenerklärung von der Nördlingen-Karte von J. B. Homann, 1738 (Kat.nr. 183). Durch die Hinweise, welcher Obrigkeit einzelne Bevölkerungsteile unterstanden, ist diese Karte ein anschauliches Beispiel für eine Bevölkerungs- bzw. statistische Karte.

stungsgrundriß, für Dörfer eine Kirche mit schematisierten Häusern verwandt wurde, sollten Bergstilisierungen nur den Unterschied zwischen Ebene und Gebirge andeuten. Sehr vereinzelt und vorwiegend bei Regionalkarten versuchten kundige Kartenzeichner markanten Bergen oder Gebirgen eine naturnahe Form zu verleihen. Hieraus entwickelte sich dann im 17. Jahrhundert die Methode, das Gelände immer mehr aus der schrägen Vogelschau darzustellen. Aus einer Kombination dieser perspektivischen Sicht mit der Aufsichtdarstellung entstand später die plastische Grundrißzeichnung mittels Schraffuren. Bereits im 18. Jahrhundert wurde dann eine wissenschaftliche Methode der Gelände- und Bergdarstellung mittels gleichabständiger Schichtenlinien – auch Niveaulinien oder Isohypsen genannt – in die Kartographie eingeführt (siehe Höhenschichtenkarten S. 28). Heute finden – je nach Bedarf oder Aufgabe – fast alle graphischen Darstellungsarten Anwendung (vgl. Kat.nr. 195, 220, 233–236, 238). Zur Kennzeichnung von Ortschaften und entsprechenden geographischen Situationen siehe die Skizze mit entsprechenden Piktogrammen (siehe Abb. S. 7 unten).

Einen Einblick in die Vielfalt des Themas – über welches schon zahllose dicke und dünne Bücher geschrieben wurden – sowie einen Überblick über den Markt dieser alten Druckerzeugnisse möchte der vorliegende Battenberg Antiquitäten-Katalog vermitteln. Die Voraussetzung, daß er entstehen konnte, war die Überlassung des Abbildungsmaterials, wofür ich den Kollegen an dieser Stelle vielmals danke.

Gert K. Nagel, im Frühjahr 1994

»Geometria«, allegorische Darstellung in Kupferstich von F. Floris (pinxit)/Joan Galle (excud.).

Geschichte der Kartographie

Vor Jahren, beim Schreiben eines Artikels über alte Landkarten für die Fluggastzeitschrift der Deutschen Lufthansa, hatte ich es mit der Einleitung einfach: Ich mußte die Leser nur bitten, einen Blick aus der hoch in den Lüften schwebenden Maschine zu tun und schon konnte man anschauliche Vergleiche zwischen der tief unten liegenden Landschaft und ihrem auf Papier gebrachten Abbild anstellen. Dieses Beispiel macht deutlich, warum kartographische Darstellungen für uns heute eine Selbstverständlichkeit sind. Sicherlich war der Blick von einem hohen Berg die Voraussetzung für erste geographische Skizzen und Bilder. Doch die dabei gewonnenen Vorstellungen reichten nur aus, um die nähere Umgebung oder kleine Teilgebiete unseres Globus darzustellen. Ein Bild der gesamten Erde, wie es uns Satelitenaufnahmen vermitteln, mußte sich in frühen Zeiten der menschliche Geist mit seiner Vorstellungskraft und den gewonnenen Erkenntnissen erst erschaffen. Und nicht der erste Schritt auf dem Mond verdient höchste Anerkennung, sondern die Tatsache, daß hierbei das von Menschen in Jahrhunderten erarbeitete »Antlitz der Erde« als richtig bestätigt werden konnte. Damit hat der Mensch eine der größten Leistungen vollbracht, es war die sprichwörtliche Krönung seines göttlichen Auftrags »sich die Erde untertan zu machen«.

Ein Blick in die Auflistung der Kartenarten (S. 28–33) läßt erkennen, welche Gründe und Anlässe es zu allen Zeiten gegeben hat, um kartographische Aufzeichnungen zu machen. Es muß eine frühgeschichtliche Erkenntnis des Menschen gewesen sein, daß sich subjektive, langatmige und meist auch unpräzise Beschreibungen geographischer Situationen viel einfacher und einprägsamer durch Skizzen darstellen lassen. Auf der gesamten Welt hat man derartige, teils prähistorische Beispiele gefunden. Auch Funde aus der Antike bezeugen den praktischen Wert von Landkarten und Plänen (siehe S. 34). Durch das Studium noch lebender Naturvölker fand man bereits im 19. Jahrhundert weitere Beispiele dafür, wie man sich die Anfänge der Kartographie vorzustellen hat (siehe S. 34).

Alle diese kartographischen Bemühungen hatten jedoch immer eine praktische Anwendung und dienten der Fixierung geographischer Stellen wie Berge, Seen, Inseln, Ortschaften, aber auch der Darstellung des Verlaufes von Straßen, Flüssen oder Küstenstreifen für nutzbringende Zwecke.

Mit Geographie auf wissenschaftlicher Basis befaßten sich erstmals die alten Griechen. Dabei wurde das Aussehen der gesamten Erde von Interesse. Die philosophisch-theoretischen Spekulationen und Überlegungen galten dem gesamten Universum. Die Folge war, daß – während Thales noch 600 v. Chr. die Erde als eine von Wasser umspülte, runde Scheibe beschrieb, – Pythagoras um 520 v.Chr. bereits deren Kugelform erkannte. Den Höhepunkt erlebte die griechische Geographie zur Zeit des *Claudius Ptolemaeus*. Als Bibliothekar in Alexandrien stand ihm die größte Bücherei der damaligen Welt zur Verfügung. Er stellte bereits eine Theorie des Planetensystems auf, die bis zu Kopernikus maßgebend blieb. Außer durch Werke u. a. über Optik und Astrologie wurde er vor allem durch seine »Anleitung zur Erdbeschreibung« berühmt. In dieser »Geographia« gab er praktische

Römische Straßenkarte in elf Segmenten, ca. 34 x 675 cm. Das verlorengegangene Original stammte aus dem 4. Jh. n. Chr.
Linke Abb.: Älteste Kopie, sog. »Peutingersche Tafel« aus dem 12./13. Jh. Das abgebildete Segment VIII zeigt am linken Kartenrand Konstantinopel (Istanbul) – unten, rechts der Mitte, das Nildelta und rechts darüber durch das turmbewehrte Stadtsymbol angedeutet Ankara (Österreichische Nationalbibliothek, Wien).

Rechte Abb.: Eine der zahlreichen späteren Kupferstich-Kopien, hier von C. F. von Schleyb, 1753. Dieser Kartenteil zeigt die Schweiz, oben durch den Schwarzwald begrenzt (aus: W. Blumer »Bibliographie der Gesamtkarten der Schweiz«, S. 113).

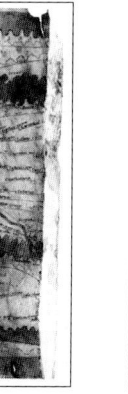
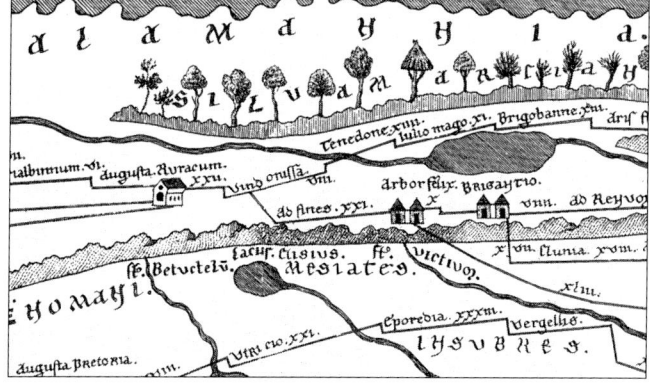

Anweisungen, wie die damals bekannte Welt auf 26 Karten abzubilden sei. Es ist erstaunlich, daß diese wichtigen Erkenntnisse offensichtlich in der Praxis keine unmittelbare Anwendung fanden. Kopien der ptolemäischen Handschrift sowie danach gefertigte Landkarten waren nach deren Wiederentdeckung im 15. Jahrhundert die Grundlage unserer wissenschaftlichen Erdkunde. Dies dürfte auch der Grund dafür sein, daß unsere frühen Landkarten keine eingezeichneten Straßen aufweisen, denn diese fehlten auch auf den ptolemäischen Vorbildern.

Die rein wissenschaftliche Anwendung der kartographischen Erkenntnisse in Griechenland war wohl der Grund, warum die praktisch veranlagten Römer dieses Wissen – im Gegensatz zu vielen anderen griechischen Künsten – nicht adaptierten. Das Ergebnis des Auftrags von Kaiser Augustus (63 v.Chr.–14 n.Chr.), das römische Imperium zu kartographieren, haben wir uns daher wohl als Folge sogenannter »Itineraria picta« (Straßenkarte) und nicht als griechische Landkarten vorzustellen. Das einzige Beispiel einer solchen römischen Straßenkarte ist uns nur als spätere Kopie – der sog. »Tabula Peutingeriana« (siehe Abb. S. 9), heute im Besitz der Österreichischen Nationalbibliothek – erhalten geblieben. Ohne Merkmale einer wissenschaftlichen Kartographie waren solche römischen Straßenkarten ausschließlich von strategischer und wirtschaftlicher Bedeutung. Dementsprechend einfach, aber zweckmäßig, war ihre Ausführung. Anschaulich werden Gebirgszüge, Täler, Flüsse, Seen sowie Ortschaften und Straßen dargestellt und mit Namensbeischriften sowie Entfernungsangaben versehen. Eine wahrheitsgetreue geographische Darstellung stellten diese Karten nicht dar, trotzdem kann man sich ihre immense Bedeutung für das riesige Imperium der pragmatischen Römer vorstellen.

Dem Zusammenbruch des römischen Weltreiches folgte die »gotische Nacht«, wie die Epoche der folgenden Völkerwanderungszeit auch genannt wird. Weder die barbarischen Eroberer noch die allmählich erstarkende Kirche waren an geographischem Wissen interessiert. Der frühmittelalterliche Klerus mit seinen dogmatischen Ansichten ließ neben dem überholten Weltbild einer vom Meer umgebenen, scheibenförmigen Erde keine anderen, naturnäheren Vorstellungen gelten. Die kirchliche Einstellung charakterisiert ein Ausspruch des hl. Franziskus (1181/2–1226): »Jene Brüder, die die Neugier den Wissenschaften in die Arme treibt, werden am Tage des Gerichts mit leeren Händen dastehen.« Entsprechend dogmatisch und unreal waren die sogenannten Mönchskarten. Das Erdbild erscheint eckig, rund oder oval und außerordentlich roh schematisiert. Jerusalem war das Zentrum der Welt und daher der Mittelpunkt der Karte. Trotz ihrer teils beachtlichen Größe geben sie nur das stark reduzierte Wissen der antiken Geographie wieder. Mit 358 x 356 cm war die Weltkarte des Benediktinerklosters in Ebstorf (Lüneburger Heide) aus der Zeit um 1250 die größte Rundkarte des Mittelalters (siehe Abb. links). Sie wurde im Zweiten Weltkrieg leider vernichtet. Daneben sind uns auch kleinere runde Weltbilder – daher auch Radkarten genannt – erhalten (siehe Abb. S. 30).

Im Gegensatz zum christlichen Abendland hatten sich arabische Kartographen und Gelehrte bereits seit dem frühen 9. Jahrhundert mit Astronomie und Geographie beschäftigt. Sie brachten ihr Wissen auch nach Südeuropa, wie z. B. der arabische Gelehrte *Idrissi*, der das Mittelmeer und die Nordsee bereist hatte und 1154 seine Erkenntnisse und Erfahrungen niederschrieb und mit einer silbernen Landkarte für König Roger II. von Sizilien »illustrierte«. Die verhältnismäßig große Zahl entsprechender Seefahrtbücher, wie sie bereits in Form von »peripli« (= Küstenbeschreibungen, Küstenpilote) in der Antike üblich waren, beweisen, daß wenigstens in diesem Teilbereich der Kartographie Fortschritte gemacht wurden. Durch die Nacherfindung des Kompaß' – er war bereits in China bekannt! – erhielten die Küstenkarten eingezeichnete Windrosen, deren Strahlen sich über das gesamte Kartenbild ausbreiteten.

Mit solchen Kompaßkarten konnten sich Seefahrer sicherer orientieren. Zunächst Katalanen und Majorkaner, danach vor allem Venetianer und Genuesen waren Meister dieser frühen Kartographie. Von *Pietro Visconte* aus Genua ist die älteste, 1311 datierte Kompaßkarte erhalten. Aus dem Jahr 1318 stammt der älteste Seeatlas mit neun seiner Karten des Mittelmeeres und des Atlantiks.

Die Ebstorfer Weltkarte, um 1235. Die wohl prächtigste Rad- oder Rundkarte aus dem Kloster Ebstorf (Niedersachsen) wurde leider 1943 im Krieg vernichtet. Aus 30 Pergamentblättern zusammengesetzt, hatte diese bedeutende Mönchskarte bei ca. 360 cm Durchmesser eine Größe von 12,5 Quadratmetern (Foto: Museum Fürstentum Lüneburg, Lüneburg).

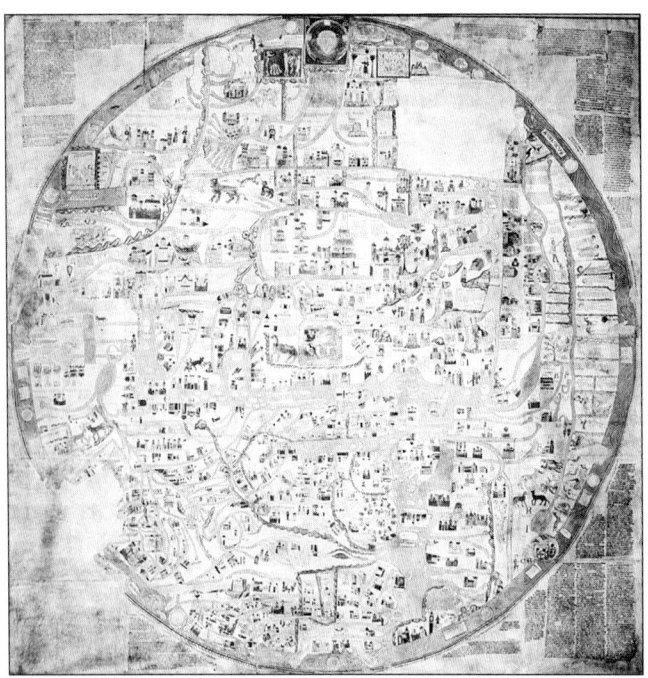

Parallel dazu begann die Epoche der Entdeckungsreisen. Von 1271–1292 dauerte die berühmte Asienreise Marco Polos, die ihn, seinen Vater und Onkel Matteo bis nach Peking führte. Später, in genuesischer Gefangenschaft, diktierte er 1298/99 einem französischen Mitgefangenen seinen Reisebericht. Er wurde schon bald in viele Sprachen übersetzt und bildete die Grundlage für das mittelalterliche Wissen über den fernen Osten. Entsprechend erweiterten sich die Kenntnisse über Afrika. Reiseberichte wurden für die nächsten Jahrhunderte eine der Quellen für das geographische Wissen.

Zwei Ereignisse sorgten in der ersten Hälfte des 15. Jahrhunderts dafür, daß die Kartographie riesige Fortschritte machte. Die beginnende Renaissance (= Wiedergeburt) förderte das Interesse an der Antike. Dabei wurde auch eine Abschrift der jahrhundertelang vergessenen »Geographia« des *Ptolemaeus* in einem griechischen Kloster aufgefunden und 1410 von *Jacobus Angelus* ins Lateinische übersetzt. Wie häufig in der Menschheitsgeschichte, sorgte ein zweites Ereignis, der um 1436 von *Johann Gutenberg* erfundene Buchdruck, dafür, daß die wiederentdeckten ptolemäischen Kenntnisse auch eine entsprechende Verbreitung und damit die kartographische Wissenschaft überhaupt neuen Auftrieb erhielt. Die ersten gedruckten Ausgaben der »Geographia« erschienen 1472 in Bologna, die erste deutsche Edition kurz danach 1482 in Ulm. Sie enthielt neben den 27 ptolemäischen Karten bereits fünf neue Holzschnittkarten. Im 15. Jahrhundert wurden mindestens sechs Ausgaben publiziert. Damit war zugleich der etwa 100 Jahre währende Einfluß des wiederentdeckten Wissens der Antike auf die europäische Kartographie festgeschrieben. Die Zeichensprache des *Ptolemaeus* bestimmte das Kartenbild sogar teilweise bis ins 19. Jahrhundert.

Erst die großen Entdeckungsfahrten des späten 15. und der ersten Hälfte des 16. Jahrhunderts nach Amerika, Südafrika und Ostasien zwangen die Kartographen, die neuen Erkenntnisse mit dem antiken Weltbild in Einklang zu bringen. Dabei entstanden immer mehr »Tabulae novae«, wie die »modernisierten« Kartenbilder genannt wurden. Gleichzeitig gewann auch die »kontinentale« Kartographie an Bedeutung, während die praxisbezogene Kartenkunst im gesamten Mittelalter im wesentlichen »maritim« geblieben war. Es entstanden vermehrt Landkarten, wie z. B. die erste gedruckte Deutschlandkarte »Germania« von 1491. *Konrad Türst* fertigte zwischen 1495 und 1497 die erste Landtafel der Schweiz. Sie fand in der 1513 von *Martin Waldseemüller* herausgegebenen Ptolemaeus-Ausgabe als erste gedruckte Karte der Schweiz ihre Verbreitung.

Durch die Beschäftigung mit dem Wissen der Antike setzte sich auch die Erkenntnis von der Kugelgestalt der Erde durch. Vor allem der Florentiner *Toscanelli* (1397–1482) war ein eifriger Verfechter der Kugeltheorie. Gegen Ende des 15. Jahrhunderts führte dies zur Herstellung von Globen. Mit ihnen ließ sich die Vorstellung vom runden »Erdapfel« anschaulich darstellen (siehe Abb. S. 21 und 23).

»Impressio Librorum«, Kupferstich von Joan Stradanus (invent.) und Philipp Galle (excud.), zweite Hälfte 16. Jh. Der Blick in eine damalige Buchdruckerei zeigt links den Handsatz nach an die Wand gehefteten Manuskripten, im hinteren Mittelgrund das Einschwärzen der Druckstöcke, rechts den Druck mit der Handpresse und vorne in der Mitte den Lehrjungen beim Zusammentragen der zuvor »wie Wäsche auf der Leine« getrockneten, fertigen Seiten.

Man kann erkennen, daß die Idee von Kolumbus (1451–1506), daß er nach Indien gelangen müsse, wenn er nach Westen segle, gewissermaßen in der Luft lag. Der Kugelgestalt der Erde vertrauend, machte sich Kolumbus im August 1492 auf seine epochale Entdeckungsfahrt. Die wahre Bedeutung seiner Reise – die Entdeckung Amerikas – war weder ihm noch vielen seiner Zeitgenossen bewußt. Trotzdem berücksichtigte Juan de la Cosa auf seiner Weltkarte von 1500 bereits den neuen Kontinent. Jedoch erst *Martin Wald-*

Links: Claudius Ptolemaeus, posthumes Porträt des berühmten Kartographen.
Rechts: Americo Vespucci der Vorname des berühmten Entdeckers wurde von Waldseemüller als Name für das neuentdeckte Südamerika entlehnt. Beide Porträts von der Waldseemüller-Weltkarte, 1507 (S. 22).

seemüller schlug für den inzwischen als Neuland erkannten Erdteil den Namen Amerika vor. Er wollte damit Amerigo Vespucci (Abb. S. 11) ehren, der durch seine Entdeckungsfahrten nach Mittel- und Südamerika sowie seine Schriften darüber verschiedentlich für den eigentlichen Entdecker von Südamerika gehalten wurde. Auf der Weltkarte des Universalgenies Leonardo da Vinci (1452–1519) findet sich der Name »Amerika« dann erstmals auf einer Landkarte. Und auf seinem Globus von 1541 bezieht dann *Gerhard Merkator* diesen Namen erstmals auf beide Teile des Kontinents.

Kein Wunder, daß die Meldungen über die großen Entdeckungen und abenteuerlichen Reisen einem vielseitigen Interesse begegneten. Die Erfahrungen mit den zahlreichen erfolgreichen Ptolemaeus-Editionen spornten die Herausgeber an, weitere geographische Publikationen vorzubereiten. Eines der aufwendigsten Werke des 15. Jahrhunderts war das 1493 erschienene »Liber chronicarum« (= »Buch der Chroniken und Geschichten mit Figuren und Bildnissen von Anbeginn der Welt bis auf unsere Zeit«) von *Hartman Schedel*. Mit mehr als 1000 Holzschnitten u. a. von Michael Wolgemut und Wilhelm Pleydenwurff war es zugleich das umfangreichste illustrierte Buch jener Zeit. Es vermittelte das Allgemeinwissen in Bezug auf die neuen Entdeckungen, die zeitgenössische Geographie und Ethnographie. 1544 publizierte *Sebastian Münster* seine »Cosmographia universalis«. Diese »Beschreibung aller Länder« bestand aus sechs Bänden mit 471 Holzschnitten und 26 neuen Karten. Sie bildeten die Grundlage des gesamten deutschen Kartenwesens. Fast 100 Jahre – zuletzt 1628 – wurden von diesem Erdkundebuch immer neue Auflagen herausgebracht. Neben dieser wohl populärsten Publikation gab es noch zahlreiche, teils differenziertere und auf bestimmte Gebiete oder Länder beschränkte topographische Bücher und Reiseschilderungen. Willkürlich seien nur die Kat.nr. 268–330 erwähnt. *Peter Apian*, eigentlich *Peter Bienewitz,* hatte z. B. bereits 1524 sein »Cosmographicus liber« herausgebracht. Selbst nach seinem Tod wurde es bis 1609 in 26 Neuauflagen veröffentlicht. Diese Beispiele mögen veranschaulichen, welcher Produktivität die damaligen Gelehrten fähig waren. Andererseits wird aber auch augenfällig, welche Aufnahmebereitschaft bei den Lesern vorhanden war.

Da es sich bei der Leserschaft vorwiegend um Gebildete, Gelehrte oder Wissenschaftler handelte, wirkten die Bücher befruchtend. Selbst »branchenfremde« Ärzte, Pastoren und Professoren aller Fakultäten beschäftigten sich mit Geographie, und nicht wenige veröffentlichten selbst wieder eigene Erkenntnisse. *Jean Fernels* nahm zum Beispiel 1528 eine ungewöhnliche Gradmessung vor. Er maß einen Breitengrad zwischen Paris und Amiens mittels der Umdrehung eines Wagenrades. 1550 gab *Joachim Rhäticus* in seiner »Chronographie« die erste brauchbare Anleitung, ein Land mittels Meßschnur und Bussole »in Grund zu legen«. Solche Veröffentlichungen animierten wiederum Kartographen zur Herstellung neuer verbesserter Karten. *Johannes Stumpf* publizierte beispielsweise 1548 eine »Schwyzer Chronik«, die neben einer Übersichtskarte die ersten acht Spezialkarten der Schweiz enthielt. *Sigismund von Herbersteins* bekanntes Werk »Rerum commentarii Moscoviticarum« von 1549 enthielt die erste Rußlandkarte. 1569 zeichnete *Humphrey Lhuyd* die erste moderne Karte von England. *Matthias Oeder* vermaß zwischen 1586 und 1607 tatsächlich die gesamten kursächsischen Lande mit Meßschnur, Quadrant und Bussole. *Philipp Apian* schließlich erstellte mit seiner »Bayrischen Landtafel« von 1568 ein topographisches Meisterwerk, das ihm posthum den Titel des »ersten Topographen« in der Geschichte der Kartographie einbrachte.

Alle diese Aktivitäten beweisen, daß um die Mitte des 16. Jahrhunderts eine entscheidende Reform in der Karthographie einsetzte. Hatte man sich zuvor vor allem mit Generalkarten begnügt, die vorwiegend auf ptolemäischen Vorbildern fußten und sich auf Entfernungsangaben und Schätzungen von Reisenden sowie einigen ungenauen Breitenbestimmungen stützten, so wurden nach der Jahrhundertmitte vermehrt Spezialkarten erstellt. Diese kleineren Teilkarten

Links: Einsatz eines Quadranten für Vermessungsaufgaben. Aus »Arcano del mare«, 1647.

Rechts und unten: Alte Vermessungsarten, aus Levin Hulsius »Theoria & praxis quadrantis geometrici & c«, Nürnberg, Gerlach für Corn. de Jode 1594, 70 S., 11 Faltblätter, 34 Textradierungen.

waren besser recherchiert und teils sogar vermessen. Schließlich wurde das ptolemäische Vermächtnis durch die verbesserten Atlanten von *Abraham Ortelius* und *Gerhard Merkator* abgelöst. Ebenso nahmen auch die Karten von *Jacopo Gastaldo* – in dem von *Anton Lafreris* in Rom veröffentlichten Atlas – eine herausragende Stellung ein. In Bezug auf diese drei bedeutenden Kartographen und den oben bereits erwähnten Philipp Apian stellt S. Ruge fest: »Die vier oben genannten Kartographen leiteten die neue Zeit ein.«
Sicherlich ist es kein Zufall, daß sich die Kartenherstellung gegen Ende des 16. Jahrhunderts in die Niederlande verlagerte und damit eine gut hundertjährige Blütezeit begann. 1555 waren die Niederlande an den spanischen Habsburger Philipp II. gefallen, der den eindringenden Calvinismus zu unterdrücken und zugleich die alte ständische Verfassung zu brechen versuchte. Dem blutigen Regiment des Herzogs von Alba hielten die »Geusen« stand und behaupteten sich auch sonst gegen die spanische Übermacht. 1581 sagten sich die sieben nördlichen Provinzen von den Habsburgern los und bildeten 1588 die protestantische Republik der Vereinigten Niederlande. Damit war – abgesehen von der Schweiz mit ihrer Sonderstellung – ein erster bürgerlicher Staat geschaffen. Im folgenden Unabhängigkeitskrieg stiegen die Niederlande zur größten europäischen Handels- und Seemacht des 17. Jahrhunderts auf. Diese Situation und die entsprechenden Voraussetzungen waren zweifellos der Grund für die Vormachtstellung der Niederlande auch auf kartographischem Gebiet während des späten 16. und vor allem im 17. Jahrhundert. Zu keiner Zeit sollte ein anderes Land den kartographischen Weltmarkt wieder in vergleichbarer Weise beherrschen!

Während 1569 in Duisburg – gewissermaßen an der Peripherie von Holland – *Gerhard Merkator* seinen bedeutenden Atlas »Nova et aucta orbis terrae descriptio ad usum navigati-

Gerard Merkator und Jodocus Hondius: Das mit Globen, zwei Jakobsstäben (Gerät zur Landvermessung, oben auf der Architekturkartusche) und einer Wandkarte reich illustrierte Doppelporträt zeigt die beiden für die Kartographie wichtigen Persönlichkeiten.

um emendata accommodata« (siehe S. 7) publizierte und damit die nach ihm benannte Kartenprojektion vorstellte, erschien fast zeitgleich der bekannte, von der ptolemäischen Tradition losgelöste Atlas »Theatrum orbis terrarum« von *Abraham Ortelius* 1570 in Antwerpen. Davon veröffentlichte der Antwerpener Drucker und Verleger *Plati(j)n* 42 Auflagen bis 1612, stets mit revidierten, ergänzten und vermehrten

Typische Signaturkartusche des Joan Blaeu (siehe Kat.nr. 64).

Titelreserve »Yucatan« aus der gleichnamigen Karte (Kat.nr. 68).

Karten. Gleichzeitig wurde es üblich, die Atlanten – außer in der lateinischen Gelehrtensprache – in unterschiedliche europäische Sprachen wie deutsch, englisch, französisch, italienisch und spanisch zu übersetzen. 1578 erschien das »Speculum orbis terrarum« von *Gerard de Jode* aus Nymwegen mit 38 Karten, das sein Sohn *Cornelius (auch Corneille de Judaeis)* 1593 auf zwei Bände mit 34 bzw. 51 Karten vermehrte. Nach dem bereits Ende des 15. Jahrhunderts erschienenen Mammutwerk *Schedels* mit über 2000 Holzschnitten brachte *Sebastian Münster* im 16. Jahrhundert seine bekannte »Cosmographie« heraus. Danach verlegte sich der Schwerpunkt der Topographieproduktion – wie der Landkarten – zunächst nach Italien. Z. B. brachte *Valegio* in Bologna seine bekannte Sammlung topographischer Ansichten heraus (vgl. Kat.nr. 273). Doch Ende des 16. Jahrhunderts trat der Norden wieder in den Vordergrund. Der religiöse Emigrant *Frans Hogenberg* aus Mecheln, der schon 1570 für *Ortelius* als Stecher tätig gewesen war, gab zwischen 1572 und 1618 zusammen mit *Georg Braun* in Köln im sechsbändigen »Civitates Oribs Terrarum« mehr als 400 kolorierte Stadtansichten heraus, ein immenses Œuvre, wenn man noch seine seit 1567 veröffentlichten 420 Flugblätter zu den niederländischen Freiheitskriegen berücksichtigt. Daß die Zeit für solche umfangreichen Produktionen reif war, beweist auch *Matthaeus Merian*, der ab 1624 in Frankfurt/M. zahlreiche Ansichten und Karten zeichnete und stach. Neben den Illustrationen anderer Werke, schuf er auch eigene »Topographien«, die von seinen Söhnen *Matthaeus jr.* und *Caspar* fortgeführt wurden. Dieser Überblick zeigt, daß im 16. und 17. Jahrhundert der Herstellung von Ansichten ein ebenso erfreulicher Erfolg beschieden war wie der Kartenproduktion. Daß ihre Geschichte nicht zu trennen ist, bezeugt ein weiteres verlegerisches Riesenprojekt, dessen Ergebnis jedoch erst zu Beginn des 18. Jahrhunderts auf den Markt kam. Gemeint ist *Pieter van der Aas* sechsundsechzigbändige »Galérie agréable du Monde«, die neben Karten und Plänen auch zahlreiche Ansichten enthält.

In Bezug auf die Landkartenherstellung kann man das 17. Jahrhundert als das Zeitalter der Atlanten bezeichnen. Die Editionen von *Ortelius* und *Merkator* waren Anreiz für eine Flut weiterer Atlanten. *Merkators* Kartenprojektion fand namhafte Nachahmer. So erschien z. B. bereits 1599 in England *Richard Hakluyts* »Principal Navigation« mit einer der schönsten Weltkarten in Merkatorprojektion. Daher war es auch nicht verwunderlich, daß der Amsterdamer Verleger und Buchhändler *Jodocus Hondius (Josse de Hondt)* 1604 die Gelegenheit ergriff und die Druckplatten aus dem Nachlaß *Mercators* erwarb. Mit der Unterstützung seiner Söhne *Jodocus jr.* und *Hendrik* veröffentlichte man dieses erworbene Erbe. Ihr Schwager *Jan Janszoon*, genannt *Janssonius* trat 1633 anstelle des bereits 1611 verstorbenen Vaters in die Firma ein. Die *Merkator*-Karten wurden zusammen mit neuen Tafeln in stetig verbesserten Auflagen publiziert. Interessanterweise soll ein großer Teil der *Merkator*-Druckplatten 1672 beim Brand der *Blaeu*-Offizin ein Opfer der Flammen geworden sein.

Die beiden erwähnten Kartographen *Janssonius* und *Willem Blaeu* (auch *Guiljelmus Jansz. Blaeuw*) zählten nicht nur zu den bedeutendsten Verlegern ihrer Zeit, sie waren auch erbitterte Konkurrenten. Dieser Konkurrenzkampf zeitigte umfangreiche Höchstleistungen. *Blaeu* hatte um 1600 in Amsterdam einen eigenen Kartenverlag gegründet. 1630 erschien sein erster Atlas »Appendix Theatri *Ortelii* et Atlantis *Mercatoris*« mit – wie der Titel sagt – Karten von *Ortelius* und *Merkator*. 1634 folgte bereits sein »Atlas novus« in zwei Bänden. Daneben schuf er aber auch Erd- und Himmels-Globen, die zu den schönsten und perfektesten Erzeugnissen jener Zeit zählten. Seine Söhne *Joan* und *Cornelius* führten das Geschäft weiter. Ihr Atlas von 1656 umfaßte bereits sechs Bände mit ca. 400 Karten. Die »Geographia Blauiana« von 1665 bestand schließlich aus elf bzw. zwölf Bänden mit rund 600 Tafeln. Da schon der Vater die besten Kupferstecher, Kalligraphen, Drucker und Koloristen beschäftigt hatte, zählt auch dieser »Atlas major« zu den schönsten kartographischen Werken überhaupt. Der bereits erwähnte Brand von 1672 zerstörte fast das gesamte *Blaeusche* Lebenswerk. Die wenigen geretteten Druckplatten erwarb der aus Elberfeld stammende *Peter Schenk*, der sich mit den Brüdern *Gerhard* und *Leonhard Valck* zusammentat und 1683 unter gemeinsamer Firmierung einen zweibändigen Atlas herausbrachte. Es scheint wie eine Fügung des Schicksals, daß die drei Kompagnions auch Druckplatten von *Janssonius* erwarben und auf diese Weise Arbeiten der beiden Konkurrenten vereint wurden.

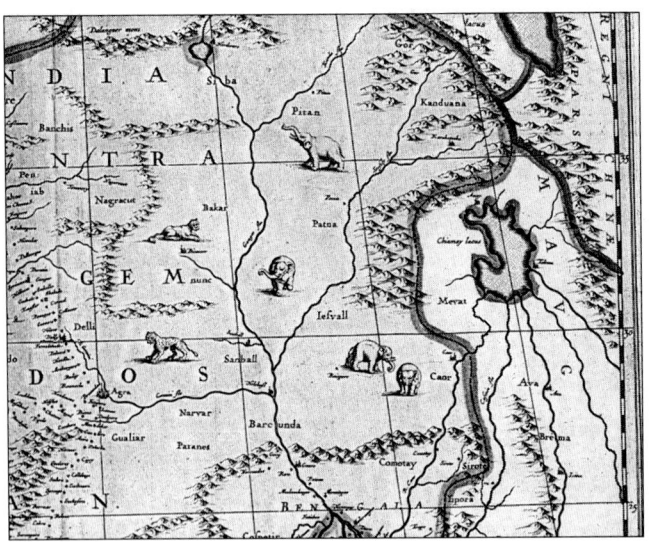

Ausschnitt aus der Karte des mongolischen Großreiches (Kat.nr. 108). Hier wird deutlich, daß dort, wo kartographische Angaben und Aussagen fehlen, die sog. »weißen Flecken« auf den Landkarten mit Beiwerk – hier wilden Tieren – gefüllt werden.

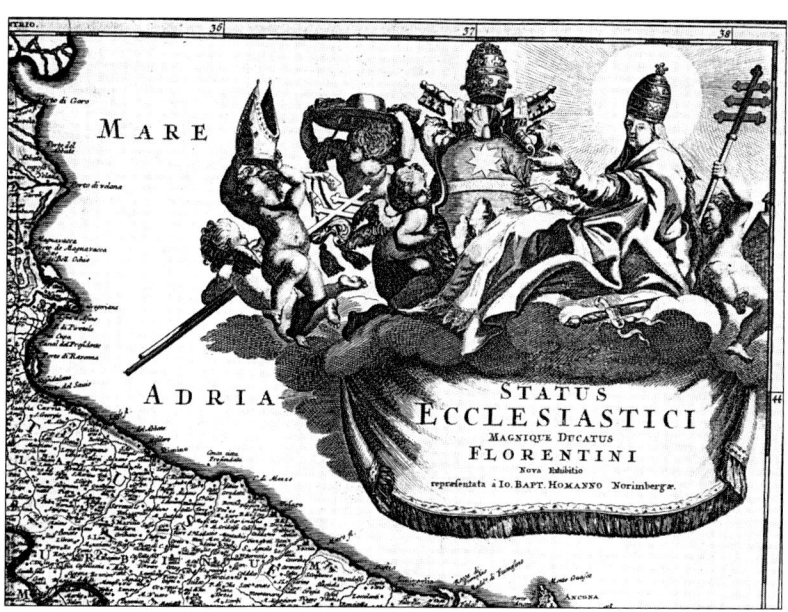

Der Ausschnitt der Karte des Tartarenreiches (Kat.nr. 109) zeigt neben den Phantasie- und Fabelwesen eine anschauliche Darstellung der Chinesischen Mauer (links oben).

Ein meisterliches Beispiel für die reichen Schriftkartuschen auf barocken Landkarten (Kat.nr. 126).

Jan Janssonius war nicht minder bedeutend als *Blaeu*. Nach dem Tod der beiden *Hondius*-Erben, übernahm 1644 ihr Schwager das Geschäft. Er erweiterte den 1638 erstmals erschienenen zweibändigen Atlas auf sechs große Folio-Bände mit 451 Karten. Zusammen mit seinen Schwiegersöhnen *Jean* und *Guillaume de Waesberg* – die 1665 ihrerseits den Verlag übernahmen – vergrößerte er das Unternehmen und gründete zahlreiche Filialen in anderen Ländern. Damit zählte der kartographische Verlag *Janssonius-Waesberg* zu den wichtigsten Offizin, zudem er sich später noch mit *Moses Pitt* und *Stephan Swart* verband und bis ca. 1750 tätig blieb.
Es war ein Charakteristikum der Zeit, daß Druckplatten von einem Verleger zum anderen – teils durch Erbschaft, teils durch Verkauf – wechselten und mit oder ohne Verbesserungen und Ergänzungen jahrzehntelang weiterverwendet wurden. Das macht gelegentlich die Zuschreibung von Landkarten schwer. Die meist über mehrere Generationen gepflegte Verlagstradition – oft durch Vater, Sohn und Enkel mit gleichen oder ähnlichen Vornamen repräsentiert – erschwert manchmal die richtige zeitliche Bestimmung von Karten. Ebenso verwirrend sind die häufig unterschiedlich geschriebenen Namen. *Willem Janszoon* z. B. änderte seinen Namen, um Verwechslungen mit seinem Konkurrenten *Jan Janszoon* – der sich seinerseits *Janssonius* nannte – zu vermeiden in *Willem Blaeu*, signierte aber seine Karten auch mit *Guiljelmus Blaeuw*. Schließlich macht die damalige Gepflogenheit, Namen in latinisierter Form zu benützen die Verwirrung komplett. Erinnert sei nur an *Ortelius* für *Abraham Oertel*,

Piscator für *Nicholaas Visscher* oder *Hondius* für die *de Hondts*. Weitere Beispiele finden sich im Namensregister.
Um die Bedeutung der Niederlande für die Kartographie jener Zeit zu belegen, seien aus der Vielzahl von Kartographen noch folgende Namen hervorgehoben: *Lucas Janszonius Waghenaer* der durch seine maritimen Spezialkarten bekannt ist, die er unter dem Titel »Zeespiegel« auch als Atlas publizierte. Jeweils über drei Generationen hinweg waren die Familien *Visscher* und *de Wit* tätig. Die Druckplatten der Letzteren erwarb nach 1712 der Amsterdamer *Petrus Mortier*, der sich mit *Jean Covens* zur Firma *Covens & Mortier* verband. Sie gab auch Karten der Franzosen *Sanson* und *Delisle* heraus. Der Nachfolger *Pieter van der Aa* führte diesen Usus weiter. Und da auch *Schenk & Valck* die inzwischen besseren französischen Erzeugnisse ihren Atlanten beifügten, wird der Niedergang der über hundertjährigen niederländischen kartographischen Vormachtstellung deutlich. Eine anschauliche Darstellung der Geschichte der Blütezeit der niederländischen Kartographie des 17. Jahrhunderts gibt der Katalog »The World on Paper«, der 1967 anläßlich der Internationalen Landkarten-Konferenz in Amsterdam erschien.
Bereits im 17. Jahrhundert erlebten die geographischen Wissenschaften in Frankreich staatliche Förderung und damit einen allmählichen Aufschwung. Herzog Armand Jean du Plessis – besser bekannt als Kardinal Richelieu (1585–1642) und Minister unter Ludwig XIII. – erkannte bei seinen Bemühungen um Frankreichs Vormachtstellung die Bedeutung der Kartographie. Seine merkantilen Bestrebungen in

der Wirtschaft, seine kolonialpolitischen Ambitionen und der damit verbundene Ausbau der Marine, förderten verständlicherweise auch die Kartographie. »Par ordre exprès du Roy pour l'usage des Armées de Mer« erschien eine Sammlung von 32 Karten verschiedener Kartographen wie *Domenikus Cassini, Nicolaas de Fer, Jean B. Nolin* u. a. in dem Seeatlas »Le Neptune francais«. Ein weiterer bedeutender Kartograph erhielt den Titel eines »Geographen des Königs«, was ebenfalls das staatliche Wohlwollen unterstreicht. Dieser *Nicolas Sanson d'Abbeville* war außerdem Professor für Geographie in Paris. Seine Karten galten seinerzeit als die genauesten. Seine Söhne *Nicolas jr., Guillaume* und *Adrian* sowie später die Enkel *Pierre-Moulard* sowie *Alexis Hubert Jaillot* und *Gilles Robert de Vaugondy* führten sein Werk fort, so daß über ein Jahrhundert lang die Atlanten und Karten aus den Offizin von *Sanson* den Markt beherrschten. Abschließend sollten wenigstens namentlich noch *Jaillots* Söhne *Bernard Jean Hyacinthe* und *Bernard Antoine* sowie *Pierre Duval (Du Val)* und *Guillaume Delisle (De l'Isle)* erwähnt werden.

Was *Sanson* für Frankreich und *Hermann Moll* für England bedeuteten, das war *Johann Baptist Homann* für Deutschland. Die zuvor übermächtige holländische Konkurrenz hatte im Deutschland des 17. Jahrhunderts keine bedeutende Kartenverlage aufkommen lassen. Zwar hatte das Kartenzeichnergewerbe als Nebenzweig der Kupferstecherkunst seit 1650 in Nürnberg seinen Hauptsitz, doch wurden dort hauptsächlich ausländische Karten durch *Jakob von Sandrat, David Funk, Johann Hoffmann* und *Christoph Riegel* sowie anderen kopiert und in den Handel gebracht. Erst zu Beginn des 18. Jahrhunderts konnte *Johann B. Homann* der deutschen Kartographie zu neuem Glanz verhelfen. 1702 eröffnete er in der traditionsreichen freien Reichsstadt seinen Kartenverlag. Zuerst lieferte er entsprechende Kopien fremder Karten, erarbeitete aber auch eigene Originale, so daß er bis zu seinem Tode über 200 eigene Karten gefertigt hatte. Im Jahr der Verlagseröffnung sowie 1707 erschienen seine ersten Atlanten mit 40 bzw. 70 Karten. Bis 1712 umfaßten seine Editionen bereits 100 und mehr Karten. *Homanns* »Großer Atlas« von 1716 enthielt 126 Tafeln. Er veröffentlichte auch unterschiedliche Atlanten, z. B. 1710 einen kleinen »Atlas scholasticus« mit 18 Karten, den man als ersten deutschen Schulatlas bezeichnen kann. Auch unter seinen Nachfolgern wurden die Auflagen weiter verbessert und der Umfang vergrößert. Nach *Homanns* Tod 1724 übernahm zunächst sein Sohn Johann Christoph zusammen mit seinem Schwiegersohn *Ebersperger* den Verlag. Als ersterer starb, wurde die Offizin unter der Firmierung »*Homännische* Erben« – oder latinisiert »*Homann* Herendibus« – von *Johann Gg. Ebersperger* und *J. M. Franz* weitergeführt. Es zählte zu den Neuerungen, daß man hinzugezogene wissenschaftliche Mitarbeiter namentlich erwähnte und auch das Erscheinungsjahr angab. Als gelehrte Mitarbeiter seien hervorgehoben: *Johann Matthias Hase (auch Haas, Haase)*, dessen Name im 1747 erschienenen »Hömännisch-Hasischen Gesellschafts-Atlas« deutlich in Erscheinung tritt. *Hases* Karte von Afrika war schon 1737 erschienen. Von *Johann G. Doppelmayer* kam 1747 sein

Windrose aus dem Atlas von Homann (Kat.nr. 24). Der »Norden« wurde gerne durch eine lilienartige Spitze seiner »ausschlagenden« Bedeutung wegen hervorgehoben.

Äquatorialsonnenuhr mit Kompaß und Original-»Betriebs«-Anleitung von Schrettegger, Augsburg, um 1800, Durchmesser 5 cm (NS 348/1075).

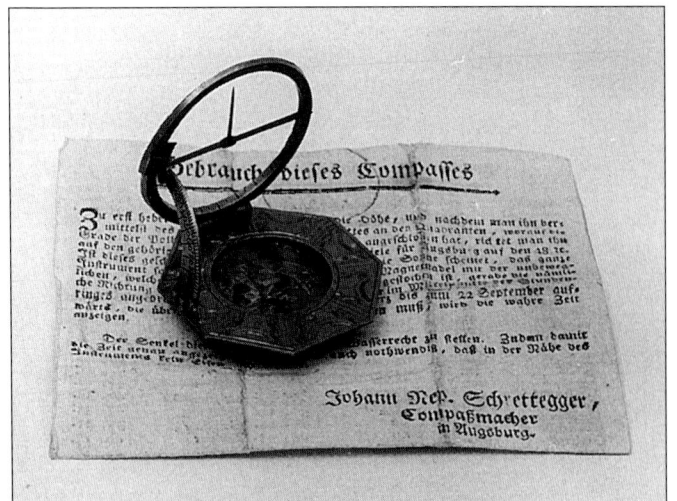

Sonnenuhr mit Kompaß. Die äußere Einfassung in Form des österreichischen Doppeladlers. Wohl Wien, 18. Jh. Ein anschauliches Beispiel für die Verbindung von Kunst und Handwerk.

Wegmesser für Kurfürst August II. von Sachsen. Messing graviert von Thomas Rückert, Dresden 1575. Durchmesser 11 cm (Museum für Kunsthandwerk – Grassi-Museum, Leipzig).

»Atlas coelestis« heraus, *Tobias Mayer* tat sich im Verlagsprogramm ebenfalls durch verschiedene Arbeiten hervor. Von 1746–1751 war er die Seele der Homannschen Kartographischen Anstalt. 1750 erschien seine »Germaniae Mappa critica« in *Homanns* Deutschlandatlas. *Franz Ludwig Güssenfeld* hat die Geschicke des Verlages ab 1780 bis in die ersten Jahre des 19. Jahrhunderts hinein begleitet und mehrere Karten erarbeitet.

Homanns bedeutender Konkurrent war *Mathäus Seutter* in Augsburg. Wie in anderen kunsthandwerklichen Bereichen wetteiferten auch auf dem Gebiet der Kartographie die beiden Städte um die Käufergunst. Ebenfalls unter besonderen Titeln publizierte *Seutter* Kartensammlungen, z. B. einen »Atlas geographicus« oder wie *Homann* einen »Atlas compendiosus scholasticus«. Aus seinem Verlag sind bis zu seinem Tode etwa 250 Karten hervorgegangen. Wie sein Nürnberger Konkurrent, erarbeitete er aber auch Stadtprospekte mit Plänen (siehe z. B. Kat.nr. 260–262 und 264). 1756 ging *Seutters* Firma an seinen Schwiegersohn, den Kupferstecher *Tobias Konrad Lotter*, über. Außer dem Hause *Seutter/Lotter* war in Augsburg allerdings noch die Familie *Bodenehr* (von ca. 1650–1750) tätig. Neben Landkarten veröffentlichten sie auch Stadtansichten. Topographische Ansichten wurden auch durch die Familie *Kilian* (zwischen 1600 und 1770), die Gebrüder *Engelbrecht* (ca. 1700–1750) sowie Vater und Sohn *Leopold* (ca. 1690–1755) in Augsburg publiziert und vertrieben. Nürnberger Konkurrenten waren u. a. die Gebrüder *Weigel* (1698–1746) und der Kupferstecher *Michael Wen(n)i(n)g*.

Mit dem Niedergang der holländischen Vormachtstellung entstanden im 18. Jahrhundert auch andernorts in Deutschland und Europa neue Zentren der Karten- und Topographieherstellung. Aus Sachsen ist der Pastor *Adam Fr. Zürner* zu nennen, der als Geograph tätig war und zunächst für den niederländischen Verlag *Schenk & Valck* Karten lieferte, dann aber bei *Weigel* in Nürnberg seinen »Atlas Portatilis...« herausbrachte. Bemerkenswert ist seine »Neue chursächsische Postcharte« von 1719. In Berlin erschien 1753 im Auftrag der königlichen Akademie der Wissenschaften *Leonhard Eulers* »Atlas geographicus omnes oribs terrarum regiones«. In

»Lapis polaris magnes«, Kupferstich von Joan Stradanus und Ph. Galle, 16. Jh., 200 x 266 mm. Der Geograph in seiner Studierstube mit Himmel- und Erdglobus sowie anderen Instrumenten. In dem Wasserbecken vorne wird offensichtlich ein Experiment (Graviation?) durchgeführt. So hat man sich die ersten Versuche mit den Kompaßvorläufern vorzustellen (siehe »Kompaß« S. 44).

Frankfurt/M. – einem traditionsreichen Verlagszentrum – brachte *Johann Wilhelm A. Jaeger* 1789 seinen »Großen Atlas von Deutschland« in 81 Blättern – alle in gleichem Maßstab! – heraus. Dabei handelt es sich um eines der bedeutendsten Werke der deutschen Kartographie vor 1800. In Weimar – wo 1791 durch *F. J. Bertuch* das Geographische Institut gegründet worden war – erschien 1803 der »Atlas des ganzen Erdkreises nach neuesten astronomischen Bestimmungen und mit den neuesten Entdeckungen« von *C. G. Richard*. Er lieferte damit den ersten großen vollständigen und genauesten aller in Deutschland erschienenen Atlanten und war auch Mitbegründer von *Stielers* Handatlas. Diese Beispiele mögen das Aufblühen der deutschen Kartographie bis zum 19. Jahrhundert veranschaulichen.

In den deutschsprachigen Nachbarländern zeitigte das 18. Jahrhundert ebenfalls große Fortschritte in den geographischen Wissenschaften. Österreich und Deutschland waren bis 1806 ohnehin durch kaiserliche Personalunion miteinander verbunden, was zahlreiche Zusammenhänge und Parallelitäten zur Folge hatte. So wurde z. B. der erste Atlas des »kaiserlich-königlichen Geographen« *Seutter*, Augsburg, in Wien bei *Mätthäus Roth* gedruckt. Ebenso kennzeichnend ist, daß 1709 der gebürtige Nürnberger *Johann Christian Müller* als kaiserlicher Ingenieur-Hauptmann und herausragender österreichischer Kartograph die auf eigenen Aufnahmen beruhende Ungarn- und Böhmen-Karte herausbrachte. Seine Mährenkarte wurde von *Wieland* und *Schubert* vollendet und durch Schlesien erweitert. Als wichtigen Fortschritt muß man die 1764 begonnene, erste militärische Landesaufnahme erwähnen, die Feldmarschall *Graf Daun* angeregt hatte. Nicht minder bedeutend ist die privat erarbeitete Tirolkarte in 20 gestochenen Blättern – im Maßstab 1:103.000 – von *Peter Anich* und *Blasius Hueber*. Die beiden Bauernsöhne, die sich autoditaktisch die nötigen Kenntnisse angeeignet hatten, führten die dazu nötigen Vermessungen selbst durch. Am Ende des 18. Jahrhunderts kamen in Wien noch zwei bemerkenswerte Atlanten auf den Markt: 1786–1794 *Anton Schrämbls* »Allgemeiner deutscher Atlas aller Länder der Erde« mit 138 Blättern und 1794–1796 *Franz Joh. Jos. von Reillys* »Großer Deutscher Atlas von der ganzen bekannten Erde« mit 28 Karten. Über die österreichische Kartographie sowie topographische Ansichten informierte eine umfangreiche Ausstellung »Österreich auf alten Karten und Ansichten« in der Nationalbibliothek in Wien 1989 und der informative Katalog, der in der Akademischen Druck- und Verlagsanstalt Graz dazu erschienen ist.

Eine vergleichbar ausgezeichnete und umfassende Darstellung der Geschichte der Schweizer Kartographie gibt die »Bibliographie der Gesamtkarten der Schweiz« von *Walter Blumer*, 1957 von der Schweizer Landesbibliothek, Bern, herausgebracht. Im folgenden seien jedoch einige bekannte Kartographen und wichtige Schweizkarten vorgestellt. Die von *Johann Conrad Gyger* gezeichnete und *Johann Conrad Meyer* gestochene Schweizkarte von 1657 galt lange Zeit als beste Darstellung des Landes. Ein vergleichbares Jahrhundertwerk schuf *Johann Jakob Scheuchzer* 1712 mit seiner »Nova Helvetiae Tabula geographica«, die 1715 sogar von *Peter Schenk* und 1720 von *Covens & Mortier* in Amsterdam kopiert wurde. Der Schweizer Pastor *Gabriel Walser* lieferte für den *Homann*-Verlag 15 Karten des 20 Tafeln umfassenden »Atlas Republicae Helvetiae« von 1769. Diese *Walser*-Karten wurden auch von *Seutter* bzw. seinem Nachfolger *Lotter* sowie anderen Verlegern publiziert. Angeregt von dem Relief der Zentralschweiz – 390 x 660 cm groß! – des Generals *Franz Ludwig Pfyffers,* ließ der Aarauer Kaufmann und Handelsreisende *Johann Rudolf Meyer* durch den Straßburger Geometer *Johann Heinr. Weiss* und den talentierten Bauernsohn *Joachim Eugen Müller* ein Relief der Gesamtschweiz und danach eine Karte anfertigen. Zwischen 1786 und 1802 entstand so eine große Schweizkarte in 16 Blättern. *J. R. Meyer* publizierte sie auch als »Atlas Suisse« und 1802 verkleinert als »Carte générale«. Diese *Meyerschen* Publikationen blieben bis zum Erscheinen der sogenannten *Dufour*-Karte 1863/4 die maßgeblichen kartographischen Erzeugnisse der Schweiz. General *Guillaume Henri Dufour,* der dem 1837 errichteten Topographischen Bureau vorstand, gab der zwischen 1842 und 1864 erarbeiteten topographischen Karte seinen Namen. Sie wurde in der Folge laufend verbessert. Ihre Genauigkeit, naturgemäße Darstellung und kunstvolle Ausführung veranlaßten R. Wolf zu dem begeisterten Urteil, »daß wir sie unbedingt als die vorzüglichste Karte der Welt ansehen« müssen.

England übernahm im 18. Jahrhundert die Rolle der Niederlande als bedeutendste Seemacht. Das hatte zur Folge, daß englische Forscher und Entdeckungsreisende die gesamte Welt erkundeten. Aus der Vielzahl (vgl. Kat.nr. 224) sei hier nur *James Cook* erwähnt, der bei drei Weltumsegelungen wichtige geographische Entdeckungen machte. So klärte er den Irrtum über das Bestehen eines gewaltigen Südlandes auf, stellte fest, daß Neuguinea und Australien kein zusammenhängender Kontinent (siehe Kat.nr. 110) sind, entdeckte mehrere Inselgruppen in der Südsee und erforschte als erster Alaska und die Beringstraße. Solche und andere Erkenntnisse fanden ihren Niederschlag in der »Chart of the world exhibiting all new discoveries at the present time«, 1790 von *Aaron Arrowsmith*. 1817 erschien sein »New General Atlas«. Der bedeutendste englische Kartograph des 18. Jahrhunderts war jedoch der deutschstämmige *Hermann Moll*. Bereits 1717 erschien sein fünfbändiger »Atlas geographicus«. Die weltweiten britischen Interessen spiegeln auch *Thomas Jefferys* »American Atlas«, 1775, sowie *James Rennels* »Bengal-Atlas« mit 23 Karten und seine Indienkarte von 1788 wider. Die Bedeutung Englands für die Kartographie dokumentiert außerdem die Gründung der geographischen Anstalt von *W. und A. K. Johnston* 1825 in Edinburgh, einer der größten Karten- und Atlantenhandlungen der Welt.

Durch die industrielle Revolution wurden schlummernde Fähigkeiten und Begabungen sowie unverbrauchte Resourcen vor allem der bisher chancenlosen und unterpriviligierten Bevölkerungsschichten ebenso für neue große Erfindungen und wissenschaftliche Entdeckungen wie auch für die vielfältigen Aufgaben und Probleme des neuen Zeitalters erschlossen. Da die Erde in ihrer Gesamtheit entdeckt war, konnte die Kartographie weltweit ins Detail gehen und gegen Ende des 19. Jahrhunderts bereits damit beginnen, geschichtliche Rückblicke zu halten.

Rizzi Zannoni stellte 1802 in Neapel als führender Kartograph seines Landes mit der »Nuova Carta dell'Italia« eine vortreffliche Übersichtskarte des gesamten Italiens (Maßstab 1:1.250.000) vor. Im gleichen Jahr erschien in Madrid *Thomas Lopez'* Atlas von ganz Spanien und Portugal (Maßstab 1:400.000 bis 600.000) mit 102 Blättern: das erste große Kartenwerk über die ganze Halbinsel und Grundlage für alle späteren Karten. Aber auch in Übersee wurden geographische Fortschritte gemacht. Schon 1800 wurde in Britisch-Indien ein »Trigonometrical Survey« errichtet. In den Vereinigten Staaten führte man 1856 die amerikanische polykonische Projektion ein, eine beim Coast Survey viel benutzte Abänderung der gewöhnlichen Kegelprojektion.

Für den geistigen Aufbruch des neuen Jahrhunderts ist es kennzeichnend, daß bei den Drucktechniken von Karten – nachdem sich über Jahrhunderte hinweg nichts verändert hatte und neben Holzschnitt sowie Kupferstich nur dessen Varianten gebräuchlich gewesen waren – plötzlich in schneller Folge neue Verfahren entdeckt und entwickelt wurden (vgl. »Drucktechniken« S. 34–40). Die praktische Nutzung der bereits von J. H. Schulze 1727 entdeckten Lichtempfindlichkeit der Silbersalze durch Daguerre 1837 und schließlich deren Anwendung beim Zelluloidfilm durch H. Goodwin 1887 eröffnete ebenso, wie die Einführung der Photo-Chemigraphie in die Kartographie neue, bis dahin ungeahnte Möglichkeiten. Hier sei nur an die stereophotogrammetrischen Aufnahmemethoden des frühen 20. Jahrhunderts erinnert, die eine neue Epoche der Landeskartierung eröffneten.

Ab der Mitte des 19. Jahrhunderts kann man endgültig vom Beginn der modernen Kartographie sprechen. Die Möglichkeiten der Raumfahrt brachten dann noch weitere Fortschritte. Die moderne Kartographie ist charakterisiert durch die wichtigen, neuen Technologien zur Reduktion und Reproduktion der Karten, durch die Anwendung verschiedener Farben zur Höhendarstellung, durch die reliefartigen Kurvenkarten und den Stand unserer Schulkartographie. Ferner haben die theoretischen Untersuchungen von Tissot die Kartenentwurfslehre in ein neues Stadium übergeführt. Interessant ist, daß mit der Zunahme größtmöglicher Genauigkeit bei der Abbildung unserer Erde sich der praktische Nutzen solcher perfekten Landkarten zwar auf ein Maximum gesteigert hat, der dekorative Reiz, die geheimnisvolle Ausstrahlung und insgesamt ihr Charme sich jedoch reziprok verringerte. Nur so ist auch das preisliche Gefälle zwischen den wissenschaftlich exakten Karten des 19. Jahrhunderts und den mit höherem Alter meist auch ungenaueren, dafür dekorativeren Erzeugnissen früherer Jahrhunderte zu erklären.

Kein Wunder, daß sich, wohl durch diese Erkenntnisse veranlaßt, auch die Kulturwissenschaften in der zweiten Hälfte des vorigen Jahrhunderts für alte Landkarten und ihre Geschichte zu interessieren begannen. 1881 veröffentlichte Theobald Fischer eine »Raccolta die mappamondi e carte nautiche dal 13 al 16 secolo«, eine wertvolle Kollektion photographischer Nachbildungen der wichtigsten italienischen Seekarten. *A. E. Nordenskiöld* publizierte 1889 einen »Facsimile-Atlas to the Early History of Cartography« mit 135 Kartenreproduktionen, ein Quellenwerk ersten Ranges und von immenser Bedeutung! Bemerkenswert, daß solche Aktivitä-

Arabische Rundkarte mit stilisierter universaler und kolorierter Landkarte mit Tulut-Beischrift. Orient, um 1193 (Österreichische Nationalbibliothek, Wien).

ten mit entsprechenden Ausstellungen einher gingen, z. B. mit der Geographischen Ausstellung in Venedig 1881 oder der Kartographischen Ausstellung der Schweiz, 1883. In der Folgezeit waren Geographen-Tagungen – ebenfalls ein Novum jener Epoche – häufig mit Ausstellungen und dazu gehörenden Katalogen verbunden (vgl. S. 15 sowie Literaturverzeichnis). Als Beispiele seien A. Breusings »Leitfaden durch das Wiegenalter der Kartographie«, der 1883 als Führer durch die kartographische Ausstellung des 3. Deutschen Geographen-Tages in Frankfurt diente oder der Bericht über die Ausstellung des 9. Deutschen Geographen-Tages in Wien 1891 mit Katalog angeführt.

Auch die Literatur über alte Karten, ebenso wie über alte Stadtansichten nimmt in der letzten Jahrhunderthälfte zu, um sich im 20. Jahrhundert noch immens zu steigern. Daher würde eine ausführliche Übersicht über entsprechende Publikationen leicht ein Buch wie das vorliegende füllen. Im Literaturverzeichnis sind daher nur solche Bücher aufgeführt, die von großer Bedeutung für die Kartographie sind, die vorwiegend zur Bearbeitung dieses Katalogs herangezogen wurden, die heute noch gelegentlich antiquarisch zu erwerben sind und die ihrerseits ein umfangreicheres Literaturverzeichnis aufweisen. Im Text bereits erwähnte Publikationen wurden nicht nochmals angeführt. Insgesamt kann aus Platzgründen nur ein unvollständiger Überblick über die Fachliteratur gegeben werden (siehe Literaturverzeichnis).

Zum Abschluß seien einige besinnliche Gedanken erlaubt: Was heute den Wert alter Landkarten und Ansichten bestimmt, sind ihre künstlerische und dekorative Ausgestaltung, ihr Alter und die sich hieraus ergebende Seltenheit. Hierzu kommt häufig noch die regionale Verbundenheit des engagierten Kunstfreundes oder die auf Vollständigkeit bedachte Leidenschaft des Sammlers. Für den Historiker und Heimatkundler sind Karten und Veduten unverzichtbare Quellen für ihre Arbeit. Welche meist unbeachteten Aussagen beide Grafik-Erzeugnisse zur jeweiligen Zeitgeschichte machen können, das zeigt uns die allerjüngste Vergangenheit auf. Ansichten (vgl. Kat.nr. 336) sind heute bereits wichtige Dokumente von Stadtbildern, welche der Krieg vernichtet hat. Eine Landkarte der achtziger Jahre ist heute schon ein Sammelstück, weil Estland, Litauen und Lettland wieder souveräne Staaten sind oder weil im Osten Deutschlands Karl-Marx-Stadt wieder Chemnitz heißt. Und hoffentlich erscheinen bald auch über das ehemalige Jugoslawien neue Karten, nachdem eine möglichst gerechte und alle Parteien befriedigende Neugliederung erreicht wurde.

»Erdäpfel« – alte Globen

Wie bei zahlreichen anderen wissenschaftlichen Dingen, überrascht es immer wieder, welche vorausschauenden wissenschaftlichen Theorien die alten Griechen bereits anzustellen in der Lage waren. Schon um 150 v.Chr. soll der Kosmograph *Krates* aus Mallos in Cilicien den ersten Erdglobus konstruiert haben. Diese Theorie von der Kugelgestalt der Erde ging ebenso wie das umfängliche, von *Claudius Ptolemaeus* schriftlich fixierte Wissen über mathematische Astronomie und Geographie in der »gotischen Nacht« unter und wurde von der frühmittelalterlichen Kirche aus dogmatischen Gründen geleugnet. Wie eine schwimmende Scheibe hatte man sich nach erlaubter Vorstellung die Erde zu denken, andere Ideen und Theorien bedeuteten Ketzerei.

Trotzdem ließ sich der menschliche Geist nicht für immer unterdrücken. In der Renaissance waren es das erneute Studium des *Ptolemaeus* sowie die Entdeckung des Seewegs nach Indien, welche die Geographie aus dem todähnlichen Schlaf rissen und aufgeschlossene Geister inspirierten. Erneut wurde die Theorie von der Kugelgestalt der Erde aufgegriffen, und um 1492 entstand mit *Martin Behaims* »Erdapfel« der älteste auf uns überkommene Globus (siehe Abb. rechts). *Behaim*, um 1459 in Nürnberg geboren, war Kaufmann und Geograph. Als Seefahrer stand er lange im Dienste König Johannes II. von Portugal und starb auch 1507 dort. Die Idee von der runden Erde bestärkte Kolumbus in seiner Absicht, durch Segeln nach Westen den direkten Seeweg nach Indien zu finden. Er starb noch im Glauben, sein Ziel erreicht zu haben – die Tragweite seiner tatsächlichen Entdeckung hat er nicht mehr erfahren.

Trotz des Irrtums von Kolumbus wurde die Theorie von der Kugelgestalt der Erde nicht mehr in Zweifel gezogen. Warum sich die Herstellung von Globen trotzdem fortsetzte, hatte inzwischen andere Gründe. Selbstverständlich war der Gebrauch von Landkarten in der Praxis – vor allem auf Reisen – sehr viel handlicher. Aber den Kartographen bereitete die Abbildung der gekrümmten Erdoberfläche auf planem Pergament oder Papier große Schwierigkeiten. Über Jahrhunderte hinweg sollte das Problem der Projektion zahllose Wissenschaftler beschäftigen. *Johann Stab* lehrte um 1502 die erste Projektionsmethode, die ganze Kugelfläche in der Ebene auszubreiten. Wenige Jahre später veröffentlichte *Johannes Werner* in Nürnberg eine kleine Schrift »Libellus de quatuor terrarum orbis in plano figurationibus«, in der er sogar drei Methoden aufzeigte, um die Kugeloberfläche in Gestalt eines Herzens (vgl. die *Waldseemüller*-Karte, Abb. S. 22) auf einer Ebene darzustellen, darunter die erste flächentreue Projektion. Er lehrte auch als erster, wie man die geographische Länge durch Monddistanzen finden könne.

Solche Probleme gab es bei der Herstellung von Globen nicht. Das körperlich verkleinerte kugelige Abbild der Erde gibt Flächen, Strecken und Winkel korrekt und ohne Verzer-

Erdglobus von Martin Behaim (1459–1507). Sein »Erdapfel« von 1492 ist der älteste auf uns überkommene Globus (Germanisches Nationalmuseum, Nürnberg).

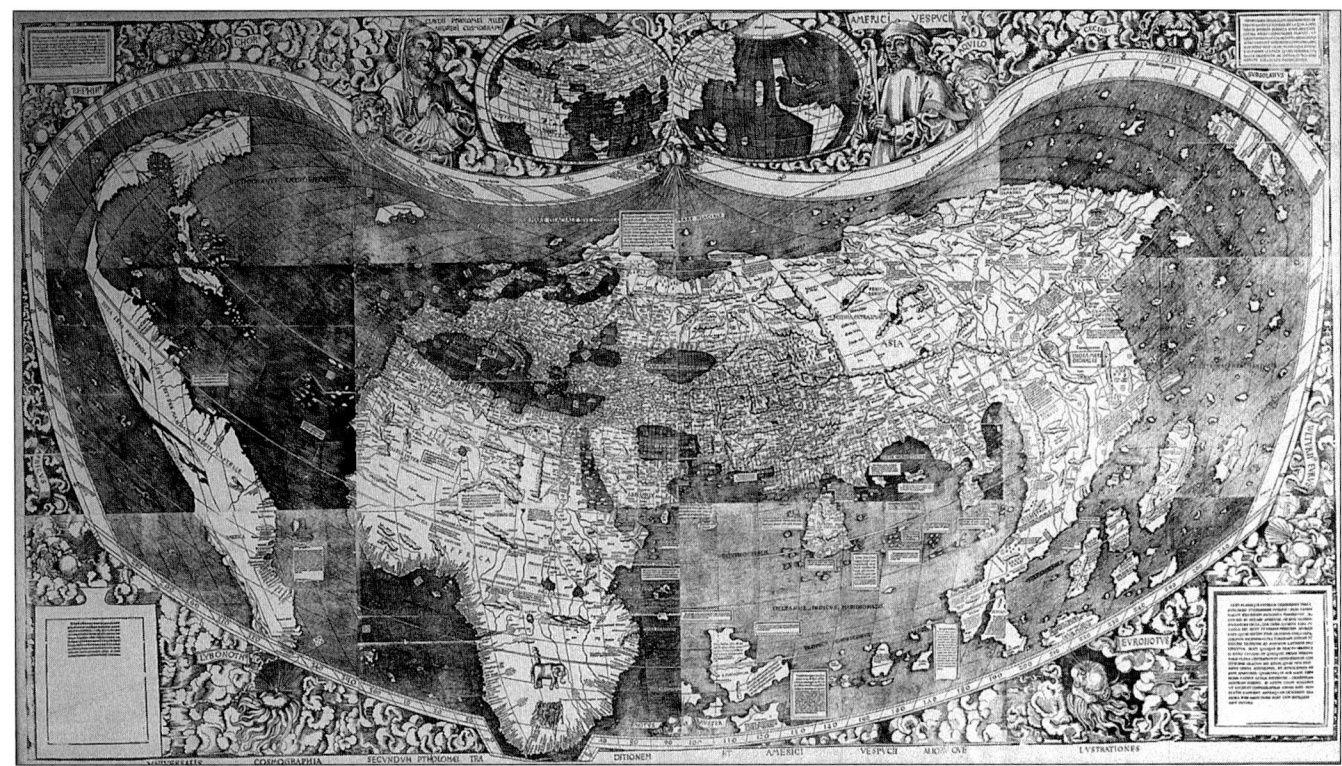

»Carta marina universalis«, Holzschnittkarte von Martin Waldseemüller - daher als »Waldseemüller-Karte« bekannt (Bibliothek Schloß Wolfegg).

rungen wieder. Auch hatte man richtig erkannt, daß die theoretische Erdachse – mit gewissen Abweichungen – vom Nordpol oben zum Südpol unten laufen müßte. Schnell war man sich einig, daß der Norden oben sein sollte. Dies war für die Kartographen keinesfalls so selbstverständlich, wie die zahlreichen willkürlich orientierten Landkarten beweisen. Vorwiegend religiöse Gründe waren ausschlaggebend, daß mittelalterliche Mönchskarten meistens den Osten an den oberen Kartenrand gelegt hatten. Nach astronomischer Art zeigen viele Karten des 14.–16. Jahrhunderts den Süden am oberen Kartenrand. Die Mehrzahl der amerikanischen *Blaeu*-Karten (Kat.nr. F9, F10, F11, 62, 65, 70, 75, 76, 77, 83) sind sogar west-orientiert. Die Globen waren schließlich der Grund dafür, daß sich die heute allgemein geläufige Kartenorientierung – mit dem Norden oben – durchgesetzt hat.

Daß in jenen Zeiten eines allgemeinen geistigen Aufbruchs manche Erfindung, Entdeckung oder wissenschaftliche Erkenntnis sozusagen »in der Luft lag,« mögen die folgenden Fakten veranschaulichen. 1527 veröffentlichte *Henricus Glareanus* in Freiburg sein Büchlein »De Geographia Liber unus«. Es enthielt die erste Anweisung zur Zeichnung der Kugelstreifen, mit denen ein Globus überzogen wird. Aber bereits 1515 hatte der Nürnberger Mathematik-Professor *Johann Schöner* den ältesten Globus mit gedruckten Kugelstreifen hergestellt (vgl. zur besseren Vorstellung, wie eine solche gedruckte »Globus-Haut« aussah, die Abb. S. 23 links). Zuvor hatte man stets unmittelbar auf die Kugel gezeichnet und gemalt.

Nachdem die Niederlande und Belgien zum kartographischen Zentrum geworden waren, verlegte sich auch die hauptsächliche Globusfabrikation dorthin. Es war die Familie der *van Langrens,* welche die Globusherstellung in den nördlichen Niederlanden einführte, woraus sich während des gesamten 17. Jahrhunderts eine großartig florierende Industrie entwickelte. *Jacob Florisz van Langren,* genannt *Jacobus Florentius à Langren,* seine Söhne *Hendrik* und *Arnold* sowie dessen Kinder *Michael* und *Jacob* arbeiteten nacheinander in Utrecht, Amsterdam und Antwerpen. Der älteste Erdglobus, den *Jacob* und *Arnold Florisz* gefertigt hatten, stammte von 1580 und befand sich lange im Gerichtsgebäude in Arnheim. Er verschwand, als das Gebäude abgerissen wurde. Es folgten sowohl Erd- wie auch Himmelsgloben. Im Nederlandsch Historisch Scheepvaart Museum in Amsterdam befindet sich noch ein Erdglobus von 1589. Im Jahr 1592 erhielten Vater und Söhne *van Langrens* vom »Staten-Generaal« durch Privileg das ausschließliche Recht zur Globusherstellung für zehn Jahre in den gesamten Vereinigten Niederlanden. Das Privileg wurde bereits 1596 erneuert.

Ungeachtet dieses ausschließlichen Privilegs erhielt auch *Jodocus Hondius* 1597 ein zehnjähriges Privileg. Er hatte sich

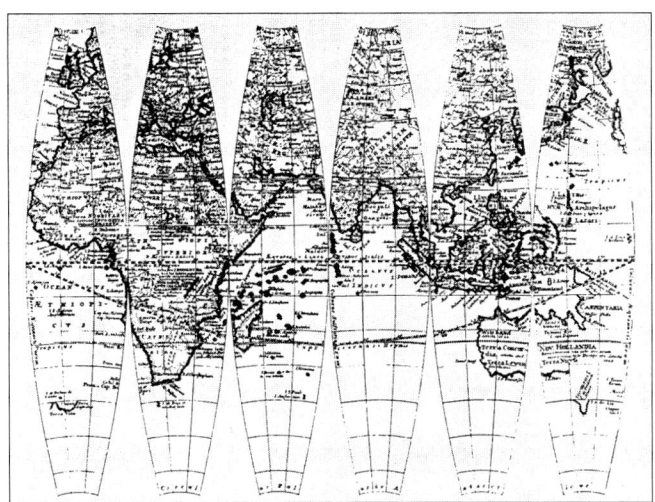

Gedruckte Segmente für einen Globus von P. Anich, 1758/59. Durchmesser 20 cm.

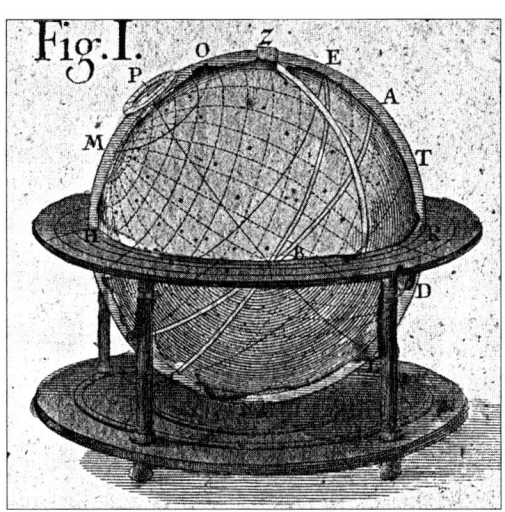

Typischer früher Tischglobus. Ausschnitt aus dem Homann-Atlas (Kat.nr. 24).

bereits während seines Englandaufenthalts (1584–1593) einen Namen als Globusgraveur gemacht und beschäftigte sich nach seiner Rückkehr nach Amsterdam weiterhin mit der Globusherstellung. Obwohl sein Privileg gewisse Einschränkungen enthielt – z. B. nur die Erlaubnis zur Fertigung von Erdgloben, die er selbst zu zeichnen und gravieren hatte, und die sich von allen anderen unterscheiden und bei denen alle Fehler korrigiert sein sollten –, kam es verständlicherweise zu Auseinandersetzungen mit den *van Langrens*. Der Ausgang dieses Konkurrenzkampfes ist nicht überliefert. Tatsache ist, daß *Hondius* eigene Globen herstellte. Ein Erzeugnis von 1592 hat sich erhalten.

Gegen Ende des 16. Jahrhunderts ließ sich mit *Willem Janzs. Blaeu* als dritter holländischer Globusmacher in Amsterdam nieder. Sein erster Erdglobus erschien 1599 und soll alle bisherigen Erzeugnisse an Schönheit und Richtigkeit übertroffen haben. Allerdings hat sich kein Exemplar erhalten. Mehrere seiner späteren Erzeugnisse, die heute im Nederlandsch Historisch Scheepvaart Museum in Amsterdam zu sehen sind, geben uns jedoch eine Vorstellung von dem Charme und Reiz dieser alten Erdkugeln. Sein Globus von 1602 hatte einen Durchmesser von 23 Zentimetern (siehe auch S. 14), während das um 1642 hergestellte Exemplar 66 Zentimeter im Durchmesser aufwies.

Zur besseren Vorstellung sei im folgenden die genaue Beschreibung eines solchen typischen Globusses versucht: Die Erdkugel ist mittels eines Messingreifs mit leicht schräg gestellter Achse in ein Holzgestell gehängt. Es besteht aus meist sechs kunstvoll gedrechselten Beinen, die unten durch Streben verbunden sind, und eine profilierte Holzscheibe tragen, welche die Halterung des Messingreifs in der Mitte unterstützt. Oben sind die Gestellbeine durch einen umlaufenden Holzreif miteinander verbunden. Er bildet gewissermaßen einen Rahmen um die Kugelmitte. Die Erdkugel selbst ist mit gedruckten Kupferstichsegmenten überzogen.

Sie zeigen »das Porträt der Erde,« wie es seinerzeit bekannt war. Die großen Flächen unentdeckter und unbekannter Länder sowie die Weiten der Meere sind mit kunstvollen Schrift- und Widmungs-Kartuschen, dekorativen, teils auch phantasievollen Staffagen bedeckt. Neben einem Netz aus Längen- und Breitengraden sowie den Wendekreisen und dem Äquator sind meist noch Windrosen aufgebracht. Die zahlreichen bildlichen Darstellungen auf zeitgenössischen Grafiken und Gemälden beweisen die große Beliebtheit dieser praktischen Dekorationsstücke. Abschließend sei noch auf eine Schrift über Globen von *Blaeu* mit dem Titel »Onderwijs van de hemelsche en aersche globen« hingewiesen. Sie beweist, daß er sich auch wissenschaftlich mit diesem Thema auseinandergesetzt hat.

Wie sehr solche Globen auch als Prestigeobjekte angesehen wurden, beweist der große Globus von 15 Fuß Durchmesser für Ludwig XIV., den der bekannte Minoritenpater *Vincenzo Coronelli* 1683 in Venedig für König Ludwig XIV. von Frankreich fertigte. Dies war zugleich die Zeit, als die italienische Kartographie nochmals eine Blütezeit erlebte, nachdem Genua und Venedig bereits im Mittelalter die Wiege der nautischen Kartographie gewesen waren. Die Bedeutung *Coronellis* als Geograph veranschaulicht die Tatsache, daß von ihm über 400 Karten veröffentlicht wurden.

Obwohl die Kartenproduktion immer überwog, wurden zu allen Zeiten auch Globen hergestellt. Und selbst als die Landkarten im 19. Jahrhundert bereits eine hohe Perfektion erreicht hatten, war der Globus weiterhin beliebtes Requisit im eleganten Herrenzimmer. 1810 fertigte *Schwitzky* in Berlin sogar einen Reliefglobus für Blinde. Nach dem Krieg waren von innen elektrisch beleuchtete Globen eine kurze Zeit große Mode.

Den Charme und Reiz, den alte Globen vermitteln, können aber weder solche Spielereien noch die genauesten geographischen Daten ersetzen.

Atlanten

Die Renaissance, die einen überaus mächtigen Einfluß auf die europäische Kunst und die Wissenschaften ausübte, bestimmte auch die Kartographie. Der sichtbarste Beweis dafür war die Wiederentdeckung der »Geographia« von *Ptolemaeus* und ihre Übersetzung ins Lateinische im Jahre 1406 durch *Jacobus Angelus*. Die folgenden großen geographischen Entdeckungen machten jedoch deutlich, daß sich das Weltbild des *Ptolemaeus* völlig verändert hatte.

So war es kein Wunder, daß der ersten gedruckten *Ptolemaeus*-Ausgabe in Bologna 1477 neben den überkommenen Landkarten bereits zeitgenössische Neuschöpfungen beigegeben waren. Und mit den Neuauflagen nahm die Zahl der »Nova Tabula« oder »Nova Descriptio« stetig zu, so daß man um die Mitte des 16. Jahrhunderts – die Veröffentlichung von antiken mit modernen Karten einstellte und sich der Herausgabe von zeitgemäßen Atlanten zuwandte.

Es gilt noch festzuhalten, daß ohne die Erfindung der Buchdruckerkunst – um 1436 durch *Johann Gutenberg* – weder die zahlreichen Ausgaben von *Ptolemaeus* »Geographia« noch *Schedels* »Chronik« (1493) oder *Sebastian Münsters* »Cosmographia« (1544) so populär geworden wären. Erst die Möglichkeit der Vervielfältigung konnte der Kartographie zu ihrer grundlegenden und alles umfassenden Bedeutung verhelfen.

Auch wenn der bedeutende Kartenforscher *Nordenskiöld* die Straßburger *Ptolemaeus*-Ausgabe von 1513 wegen der 20 neu hinzugefügten Karten von *Martin Waldseemüller* als den ersten modernen Atlas bezeichnet, kann man die entscheidende Wende in der Entwicklung der Kartographie tatsächlich erst in die Mitte des 16. Jahrhunderts datieren. Um diese Zeit wurde es üblich, Sammlungen zeitgenössischer Karten – unabhängig von der »Geographia« – zusammenzutragen und gebunden zu publizieren. Eine der ersten dieser modernen Sammlungen war die Kollektion von *Anton Lafreri*, Rom, um 1556–1572. Die 142 fast ausschließlich in Kupfer gestochenen Karten verschiedener Autoren und Drucker stellen die bedeutendste Zusammenfassung italienischer Land- und Seekarten jener Epoche dar.

Bemerkenswert ist, daß nach *Fr. v. Wieser* in dieser Kartensammlung erstmals der globustragende »Atlas« erscheint. Und um es hier gleich anzumerken: Der Name »Atlas« für eine gebundene Anzahl von Landkarten soll von *Gerhard Merkator* stammen. Dieser Name – nach dem im Altertum seiner astronomischen Kenntnisse wegen berühmten König von Mauretanien benannt –, den er seinem Gesamtwerk beilegen wollte, wurde der Kartensammlung bei ihrer posthumen Veröffentlichung 1595 von seinen Erben gegeben. Damit hat sich »Atlas« allmählich als Titel aller gebundenen Karten-Sammlungen eingebürgert. Die erdkundlichen und ethnographischen Werke, die seit *Hartmann Schedels* »Chronik« in reicher Zahl – stets auch mit Karten ausgestattet – erschienen, sind eigentlich keine Atlanten im eigentlichen Sinn des Wortes.

Hierzu – als ersten Atlas der deutsch-österreichischen Erblande – kann man allerdings die Kollektion von elf in Holzschnitt gearbeiteten Blättern von *Michael Zimmermann* von 1561 rechnen. Ihr Titel lautet »Typi chorographici Austriae«. Der Autor *Wolfgang Laz, genannt Latzius,* lebte als Kartograph in Wien.

Weniger selbständiger Kartograph als vielmehr eifriger Sammler, Verleger und Herausgeber von Karten war *Abraham Ortelius*. 1570 veröffentlichte er sein »Theatrum orbis terrarum« in Antwerpen, ein Folio-Band mit 53 Landkarten, von *Fr. Hogenberg* gestochen und durch *Ägidius Coppens* von Diest gedruckt. Obwohl auch *Diego Homems,* ein portugiesischer Kosmograph und in Venedig lebend, zwischen 1558 und 1574 künstlerisch ausgestattete Atlanten publizierte – von denen sich leider nur neun erhalten haben –, verlagerte sich das Zentrum der Karten- und damit auch der Atlantenherstellung um jene Zeit deutlich nach Belgien und in die Niederlande.

So gab z. B. *Gerard de Jode* 1578 in Antwerpen sein »Speculum oribs terrarum« in Klein-Folio mit 38 Karten heraus. Einen Spezialatlas stellte *Lucas Jansz. Waghenaer* (Aurigarius) – ein Maat aus Enkhuizen – mit seinem »Spieghel der Zeevaerdt« zusammen. Die 22 Seekarten waren mit großer Kunstfertigkeit von den Gebrüdern *van Deutecum* gestochen und 1584 von dem berühmten Antwerpener Drucker und Verleger *Christof(f) Plantin* herausgebracht worden. Es folgten zahlreiche Neuauflagen in den wichtigsten lebenden Sprachen. Der Name des Verfassers wurde selbst zum Synonym für einen Seeatlas: In England nannte man ihn »Waggoner«, in Frankreich »Charretier«. *Waghenaers* zweiter Seeatlas erschien 1592 unter dem Titel »Thressor der Zeevart«. 1608 gab auch *Blaeu* den Spezialatlas »Licht der Zeevaert« heraus, der allerdings hauptsächlich auf *Waghenaers* Arbeit beruhte. Interessanterweise war – abseits von den Verlegerzentren für Karten – in Duisburg der wohl bedeutendste Kartograph jener Zeit tätig. Im Gegensatz zu *Ortelius* überarbeitete *Gerard Merkator* die von ihm gesammelten Karten und fertigte mit kritischem Verstand daraus eigene Landkarten, so daß ein homogener Atlas im modernen Sinn des Wortes daraus entstand. Bereits 1585 und 1590 erschienen Teile seiner Kartensammlung. Das Erscheinen seines Gesamtwerkes mit dem Titel »Atlas sive cosmographiae meditationes de fabrica mundi et fabrica-ta figura« erlebte er jedoch nicht mehr, da er am 2. Dezember 1594 gestorben war. Sein Sohn *Rumold* sorgte 1595 für die Veröffentlichung. Die erste Auflage war schnell vergriffen, so daß nach *Rumolds* Tod, 1600, die Vormünder seiner Kinder 1602 die »einzige vollständige Ausgabe« herausbrachten. Da die Erben danach *Merkators* Druckplatten an den Buchhändler und Kartographen *Josse (Jodo-*

Titelreserve der Blaeu-Karte (Kat.nr. 67).

Seite eines Angebots von Atlanten der Offizin von Janssonius & Waesberg, 1678.

cus) Hondius in Amsterdam verkauften, erschien Merkators Atlas 1606 als erste Ausgabe von *Hondius*. Im Zusammenhang mit dem Duisburger *Merkator* sollte man die beiden Kölner Freunde, den Buchhändler *Johann Bussemacher* und den Grafiker *Matthias Quad* erwähnen, die ebenfalls Ende des 16. Jahrhunderts – wenn auch in bescheidenerem Umfang – Karten und Atlanten herausbrachten.

Die Atlanten von *Ortelius* und *Merkator* wurden häufig neu aufgelegt und außer in Latein auch in Holländisch, Französisch, Englisch, Deutsch – Ortelius' »Theatrum« auch in Italienisch und Spanisch – veröffentlicht. Kein Wunder, daß dieser Erfolg zur Nachahmung und zum Kopieren anregte. Daneben führten auch rechtmäßige Erben und Nachfolger die Werke weiter. *Hondius* Senior, der die *Merkator*-Druckplatten gekauft hatte, übergab seine Offizin an seine Söhne *Joducus* Junior und *Hendrik* sowie dem Schwiegersohn *Johann Janssonius*. Die Druckplatten von *Ortelius* erwarb *Willem Jansz. Blaeu,* der ebenfalls zu den großen berühmten Kartographen des 16./17. Jahrhunderts gehörte. Sein Unternehmen wurde von den Söhnen *Joan* und *Cornelius* weitergeführt. Das bis 1665 auf elf bzw. zwölf Bände mit rund 600 Karten angewachsene *Blaeu*-Œevre stellte nicht nur den Höhepunkt des Unternehmens, sondern der Kartenherstellung überhaupt dar. *Blaeu* und *Janssonius,* die in Amsterdam – op het water – Nachbarn waren, führten einen erbitterten Konkurrenzkampf, wobei jeder den anderen durch noch größere und aufwendigere Editionen zu übertrumpfen suchte.

Um 1700 verlagerte sich die hauptsächliche Kartenproduktion nach Frankreich und Deutschland. Schon im letzten Drittel des 17. Jahrhunderts hatte sich die Kartographie in Nürnberg zu einem Nebenzweig der Kupferstechkunst, die seit 1650 hier ihren Hauptsitz hatte, entwickelt. Kopien und Nachahmungen französischer und niederländischer Karten wurden von *Jakob von Sandrart, David Funk, Johann Hoffmann* und *Christoph Riegel* von hier aus auf den Markt gebracht. Zu einer der bedeutendsten Offizin des barocken Deutschlands wurde der Verlag von *Johann Baptist Homann* in Nürnberg, der über 100 Jahre tätig war. Als Konkurrent muß man den Augsburger Geographen *Matthäus Georg Seutter* nennen. Beide Unternehmen brachten verschiedene Atlanten in unterschiedlichsten Ausführungen heraus. Den kleinen »Atlas scholasticus« mit 18 Karten (um 1710) von *Homann* kann man als den ersten Schulatlas ansehen.

Was *Homann* und *Seutter* in Deutschland, das waren *Hermann Moll* in England und *Sanson* in Frankreich. Bereits *Nicolas Sanson d'Abbeville* hatte 1627 – als Geograph des Königs von Frankreich – seine ersten Karten veröffentlicht. Seine Söhne *Nicolas, Guillaume und Adrien* sowie sein Enkel *Pierre-Moulard Sanson* und *Gilles Robert de Vaugondy* setzten seine Arbeiten fort, so daß über ein Jahrhundert lang in Frankreich die Karten und Atlanten der *Sansons* und ihrer Nachfolger vorherrschend waren.

Es würde ein umfangreicheres Buch als das vorliegende füllen, wollte man alle wichtigen Kartographen und Verleger sowie ihre bemerkenswertesten Atlanten entsprechend würdigen. Andererseits kann man dieses Kapitel nicht abschließen, ohne eine weitere wichtige Art von Atlanten zu erwähnen. Gemeint sind die nicht von einem Offizin oder Kartographen publizierten Atlanten, sondern die von Kennern und Sammlern zusammengetragenen und dann gebundenen Kartensammlungen. Die meisten dieser häufig nach

Aus »Circuli Franconici succincta Descriptio – Das ist Kurtz gefaßte Beschreibung des Fränkischen Creißes«. W. Michahelles und J. Adolph, Frankfurt und Leipzig 1704.

ihren Urhebern oder Besitzern benannten Sammelatlanten befinden sich in öffentlichen Sammlungen.

Zu den bedeutendsten dieser gebundenen Karten-Kollektionen zählt der »Atlas von *Laurens van der Hem*«, der auch als »Prinz-Eugen-Atlas« bekannt ist und sich heute in der Österreichischen National-Bibliothek befindet. Wie die beiden typisch holländischen Gemälde (Abb. S. 33 und 40) des 17. Jahrhunderts bezeugen, spielten Landkarten in den Niederlanden jener Epoche eine große Rolle. Einerseits waren sie von tatsächlichem Nutzen, andererseits waren sie zugleich Prestigeobjekte. So wie sich der Adel und hochgestellte Persönlichkeiten im mittelalterlichen Europa Kurioses aus aller Welt zum Renommieren in ihre Kunst- und Schatzkammern geholt hatten, gehörte es zur niederländischen Mode jener Zeit, topographische Stiche und Landkarten zu sammeln. Als eine geschlossene Sammlung ist der Atlas des Amsterdamer Rechtsanwalts *Laurens van der Hem* auf uns überkommen. In ungefähr 35 Jahren hat der Sammler 2115 Landkarten, Zeichnungen, Aquarelle, Stiche und Manuskripte zusammengetragen und in 48 Bände binden lassen. Bestandteil der Sammlung ist natürlich der »Atlas Major« von *Joan Blaeu* mit mehr als 600 Karten, aber auch Arbeiten zahlreicher bekannter niederländischer Maler finden sich. Angeblich soll der Sammler auch die Reisekosten für die Künstler übernommen haben, damit sie ihm vor Ort topographische Ansichten malten. *Blaeu,* der zeitweise Kartograph der Ostindischen Kompagnie war, soll außerdem dem Rechtsanwalt geheime Karten aus dem Kompagniearchiv zum Kopieren überlassen haben. Nach Aussagen seiner Tochter Agatha soll *van der Hem* diese Karten zu Lebzeiten niemandem gezeigt haben. Nach seinem und der beiden Töchter Tod, die trotz hoher Gebote einem Verkauf stets widerstanden hatten, ließ die dritte Generation den Atlas im November 1730 in Den Haag versteigern. Er wurde von *Prinz Eugen von Savoyen* für 22.000 Gulden ersteigert und später von seinen Erben zusammen mit seiner Bücher-Sammlung an die Wiener Hofbibliothek – heute Nationalbibliothek – verkauft.

Erstaunlich ist, daß trotzdem auch heute noch bekannte und wichtige Kartensammlungen auf dem Kunstmarkt angeboten werden. So wurde erst jüngst der »La Rochefoucauld-Atlas« auf einer deutschen Versteigerung offeriert (siehe Farbabb. F4). Dieser um 1760 zusammengetragene Sammel-Atlas besteht aus 33 Groß-Folio-Bänden und enthält ungefähr 1800 meist doppelseitige Landkarten, einige Pläne und wenige Ansichten. Der Inhalt stammt aus der Zeit von etwa 1550 bis 1760. Der Atlas enthält kleine Karten, von denen zwei oder auch drei zum Teil auf eine der 560 x 420 mm großen Seiten montiert sind, ebenso wie großformatige, gefaltete Wand-Landkarten die zum Teil mit dem Besitzerstempel »Château de la Roche-Guyon-Bibliothèque« gezeichnet sind. Die in grünem Pergament gebundenen Bände sind rot betitelt und tragen auf Vorder- und Rückseite das »La Rochefoucauld-Wappen«. Mit einem Schätzpreis von 750.000,– angeboten, erbrachte dieser 33-bändige Atlas einen Erlös von DM 600.000,–.

Im Abbildungsteil sind nach den Einzelkarten auch immer wieder Bücher und Atlanten aufgeführt, in denen die betreffende Karte enthalten ist. Dadurch erhält der Leser insgesamt einen guten Überblick über die Produktion alter Atlanten. Trotzdem sollen abschließend noch einige wichtige Atlaseditionen und Kartenwerke des 19. Jahrhunderts erwähnt werden.

Die Kartographie des vorigen Säkulums stand vorwiegend im Einfluß der sich ungeahnt entwickelnden Wissenschaften und des Militärs. Ein gutes Beispiel hierfür ist die Schweiz. Abgesehen von heimischen Kartographen, hatte es hier bis zum Ende des 18. Jahrhunderts keine bedeutenden bodenständigen Karten-Offizin gegeben. Selbst der »moderne« »Atlas Suisse« von *J. R. Meyer*, 1802, war vorwiegend von dem Straßburger *Christoph Guérin* gestochen worden. Und noch um die Jahrhundertwende verhandelte die Schweiz mit Frankreich über gemeinsame Ausführungen geodätischer Arbeiten für eine genaue schweizerische Landeskarte. Erst 1822 erklärte man die Landesaufnahme zu einer eidgenössischen Angelegenheit. Hierauf wurde 1837 ein topographisches Bureau errichtet und General *G. H. Dufour* zu dessen Leiter ernannt. Zwischen 1842 und 1864 erschien die sogenannte »Dufour-Karte« im Maßstab 1:100.000 auf 25 Blättern. Von 1870–1901 folgte auf 581 Blättern die sog. »Siegfriedkarte« – das Gebirge im Maßstab 1:50.000, das Hügelland und die Ebene 1:25.000 –, die bis heute auf 604 Blätter erweitert wurde. Daneben sind noch die privaten Kartographen *Heinrich Keller* mit Reise- und Schulkarten sowie *Jakob Melchior Ziegler* zu erwähnen. Einen umfassenden Überblick über die Schweizer Kartographie gibt die »Bibliographie der Gesamtkarten der Schweiz« von *Walter Blumer*.

Die militärische Einflußnahme wird für Deutschland anhand der sog. »Reymannschen Karte« deutlich. 1805 hatte *G. D. Reymann* eine topographische Spezialkarte von Mitteleuropa im Maßstab 1:200.000 begonnen; sie wurde von *C. W. von Oesfeld* fortgeführt, der bis 1844 150 Sektionen erarbeitete. In diesem Jahr übernahm die Buchhandlung von *Carl Flemming* in Glogau das Kartenwerk und erweiterte es auf 405 Blätter. 1874 übernahm der königlich-preussische Generalstab die Karten-Sammlung und stellte bis 1894 548 Blätter fertig. Daneben wurden die Atlanten von *Emil von Sydow* (»Methodischer Handatlas für das wissenschaftliche Studium der Erdkunde«, 1842) und *Heinrich Berghaus* (»Physikalischer Atlas«, 1838–1848) sowie von *Adolf Stieler* (»Handatlas über alle Teile der Welt«, 1817) publiziert, die bereits durch ihre Titel den wissenschaftlichen Anspruch verdeutlichen

»Harmonia macrocosmica seu atlas universalis ...« von A. Cellarius, erschienen bei Janssonius 1661. Einer der schönsten Himmelsatlanten des Barock (RA 42/16002).

bzw. deren entsprechende Bedeutung, wie im Falle von *Stieler*, durch fachliche Beurteilung dokumentiert wird: »*Stielers Handatlas könnte man als graphische Darstellung des jeweiligen kartographischen Standpunkts der Erde, eine Sammlung sämtlicher Ausgaben desselben als entwicklungsgeschichtliche Darstellung der Vermessungs- und Entdeckungsarbeiten des 19. Jahrhunderts bezeichnen.*« (H. Habenicht)

In Österreich erschien 1822 unter Leitung von Oberst *Fallon* die »General-Karte vom Kaisertum Österreich« im Maßstab 1:864.000 auf neun Blättern.

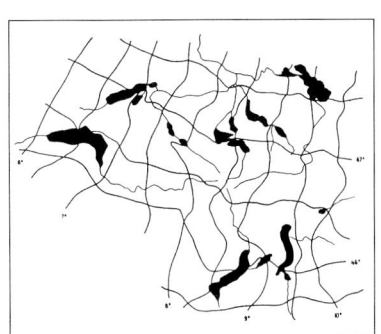
Aegidius Tschudi 1538

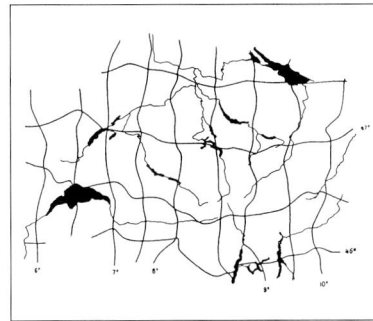
Hans Conrad Gyger 1657

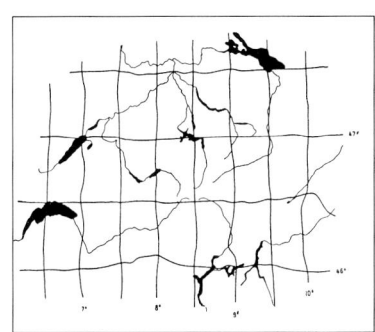
Joh. Rudolf Meyer 1802

Verzerrungsgitter alter Schweizer Karten. Nach Ed. Imhof. Aus W. Blumers »Bibliographie der Gesamtkarten der Schweitz«. Der Vergleich zeigt, wie sich die exakte Lage von Orten, die Ausdehnung von Seen u. ä. im Laufe von knapp 300 Jahren verbessert hat. Hierzu haben neben verbesserten Meßgeräten auch das vermehrte Wissen beigetragen.

Kartenarten nach Inhalt und Gebrauch

Alpenvereinskarten. Topographische Karten alpiner Vereine, die besonders auf die Bedürfnisse von Bergsteigern und -wanderern ausgerichtet sind. Die Forderung nach Alpenvereinskarten wurde erstmals bereits in den Statuten der in der zweiten Hälfte des 19. Jahrhunderts gegründeten Alpenvereine von Österreich (1862), der Schweiz (1863), Deutschland (1869) und Frankreich (1874) erhoben.

Bergbaukarten (Mineralienkarten). Karten mit besonderer Kennzeichnung von Bodenschätzen, daher auch Mineralienkarten genannt. Sie gehören zu den geologischen Karten. Bereits im alten Ägypten und Babylonien wurden mineralische Lagerstätten durch bildhafte Zeichen dargestellt. So hat sich z. B. in Turin eine Papyruskarte eines ägyptischen Goldbergbaugebiets aus dem 13. Jahrhundert v. Chr. erhalten. (Siehe Kat.nr. 199)

Bevölkerungskarten. Thematische Karten, die die Bevölkerung als Ganzes oder bestimmte Gruppen in kartographischer Darstellung wiedergeben. Sie gehören zu den statistischen Karten.

Binnengewässerkarten haben die Wiedergabe von Gewässern, d. h. Flüssen oder Seen, zum Hauptinhalt. Zu den bekanntesten zählt *N. Sansons* »Carte des rivières de la France« von 1641. Sie diente der ältesten deutschen Binnengewässerkarte »Hydrographia Germaniae« von *P. H. Zollmann/J. B. Homann* von 1712 zum Vorbild. Im weitesten Sinne des Wortes können auch Karten wie der »Rheinlauf« von *W. Blaeu* oder die »Donau« von *C. Sgrotten*, um 1570, dazu gezählt werden. (Vgl. Kat.nr. 200)

Eisenbahnkarten. Bei ihnen liegt der Schwerpunkt auf der Wiedergabe von Eisenbahnlinien. Zu den ersten Karten gehören die »Map of the London & Birmingham Railway«, 1838, und die »Great Western Railway Map«, 1839. In Deutschland zählt hierzu die »Karte von der Eisenbahn zwischen Potsdam und Berlin«, 1838. Im weiteren Sinn gehören auch Straßen- und U-Bahnpläne in diese Gruppe. (Siehe Kat.nr. 201)

Ereigniskarten sind historische Karten, denn sie nehmen in ihrem Inhalt auf außergewöhnliche Ereignisse Bezug. Mit den zahlreichen topographischen Büchern im späten 16., vor allem aber im 17. und 18. Jahrhundert, wurde es gebräuchlich, besondere Ereignisse kartographisch und topographisch darzustellen. Auch die Schlachtenschilderungen auf Landkarten sind Ereigniskarten. (Siehe auch Kat.nr. 202)

Ethnographische Karten siehe Sprachen- bzw. Völkerkarten.

Generalkarten. Meist aus mehreren bzw. vielen Blättern bestehende topographische Kartenwerke in mittlerem Maßstab (1: 100.000/1:500.000).

Geschichtskarten siehe Historische Karten.

Gletscherkarten. Großmaßstäbliche Karten, die ausschließlich der kartographischen Darstellung von Gletschern und deren Geschichte dienen. Geometrisch genaue Gletscherkarten entstanden ab 1880, seit genauere Meßverfahren zur Verfügung standen.

Grenzkarten. Dabei wird das Hauptaugenmerk auf die Darstellung eines Grenzverlaufs gerichtet (Besitz- oder politische Grenzen). Sie sind eine der ältesten Kartenarten, da es bereits frühzeitig nötig war, Besitzgrenzen eindeutig zu fixieren, um Unterlagen für eventuelle Grenzstreitigkeiten zu besitzen. Sie werden daher auch Grenzstreitigkeitskarten genannt. Alle Katasteraufnahmen zählen hierzu. Sie hatten im privaten wie im staatlichen Bereich ihre Bedeutung. (Siehe Kat.nr. 205)

Himmelskarten. Ebene, kartographische Darstellung eines Teils des gestirnten Himmel. Die Gesamtheit ist auf Planiglobenpaaren (nördlicher und südlicher Sternenhimmel) oder auf Kartensätzen in Himmelsatlanten abgebildet. Da alte Darstellungen von Sterngruppen meist mit bildhaften mythologischen Figuren verbunden wurden, kann man die alten Himmelskarten den Phantasiekarten zuordnen. Seit der Erfindung des Fernrohrs und seiner stetigen Verbesserung wurden die Himmelskarten immer genauer und präziser.

Historische Karten stellen einen geschichtlichen Sachverhalt dar, daher werden sie auch als Geschichtskarten bezeichnet. Im Zusammenhang mit der »Wiedergeburt« der Antike in der Renaissance entstanden erstmals zahlreiche Karten zur Geschichte der Antike. Als eigentlicher Begründer der Geschichtskartographie gilt *A. Ortelius*, der in seinem Atlasanhang »Addimenta« Geschichtskarten veröffentlichte. Im 19. Jahrhundert entstanden sogar spezielle Geschichtsatlanten zum Schulgebrauch, außerdem verschiedene »Historische Atlanten«. (Siehe Kat.nr. 207 und 208)

Höhenschichtenkarten sind hypsometrische Karten, seit dem 19. Jahrhundert auch Schichtenkarten genannt. Sie zählen zu den physikalischen Karten.

Inkunabelkarten sind Kartenfrühdrucke vor 1501 in Holzschnitt oder Kupferstich. Sie kommen als unselbständige Textabbildungen, als Einblattdrucke und als Kartenserien vor, z. B. in den »Geographien« nach Ptolemaeus.

Kinderspielkarten. Wie in anderen Bereichen auch, versuchte man bereits früh, Kindern Geographie spielerisch beizubringen. Kat.nr. 209 und 210 sind zwei anschauliche Beispiele für diese ungewöhnliche Kartenart.

Klimakarten geben sowohl einzelne kartographische Darstellungen von Klima-Arten an, wie Wind, Luftdruck, Temperatur, Niederschläge, Bewölkung, Sonnenscheindauer, Gewitter u. ä., aber auch Klimaprovinzen für Großräume oder weltweit. Siehe auch unter Wetterkarten. Eine Sonderform sind die frühen Klimazonenkarten. Das waren mittelalterliche Weltkarten, bei denen die Weltkugel parallel zum Äquator in mehrere Klimazonen unterteilt wurde. (Siehe Abb. rechts oben und unten)

Kompaßkarten sind eine Sonderform der Seekarten, meist in kleinem Maßstab, dafür mit mehreren Kompaßrosen, deren ausgezogene Strahlen sich überschneiden und das Kartenbild bedecken. (Siehe Kat.nr. 70)

Landaufnahmekarten. Hier sind vor allem diejenigen mit den eingezeichneten Dreiecken der Landesvermessung durch Triangulation zu erwähnen (siehe Kat.nr. 211). Es gehören hierher auch alle anderen der Landaufnahme dienenden Karten und Pläne.

Luftfahrtkarten (Fliegerkarten). Karten zur Hilfe bei Start, Flug und Landung sowie zur Navigation. Nach der Ballonfahrt in Paris 1784 entstand bereits die »Carte des Marches Aerographiques dediée à Monsieur Charles« (sechs Luftfahrten über Paris bzw. nördlicher Umgebung). Ähnliche Erzeugnisse wurden in Belgien, England, Deutschland und Italien erst im 19. Jahrhundert publiziert. 1892 erschien in Berlin »Flugbahnen der Ballonfahrten am 8. Nov. 1884 in Projektionen auf dem Boden«. 1900 erschien »Fahrkurven des Zeppelinischen Luftschiffes«.

Manuskriptkarten sind im weitesten Sinn des Wortes alle gezeichneten oder gemalten kartographischen Darstellungen. Bis sich die Druckkunst durchgesetzt hatte, d. h. bis zur Mitte des 15. Jahrhunderts, wurden Karten gezeichnet. Auch handschriftliche Kopien und Vervielfältigungen von Originalkarten sind Manuskriptkarten. Gezeichnet wurden in späterer Zeit hauptsächlich noch Militärkarten und Karten für den privaten Gebrauch. (Siehe Kat.nr. 129, 212 und 213)

Meereskarten sind thematische Karten aus dem Bereich der maritimen Wissenschaften. Dabei können Meeresströmungen und Wassertiefen durch Linien eingezeichnet sein. Letztere nennt man Isobathen. 1737 entwarf *Philipp Buache* eine Isobathenkarte des Ärmelkanals. Bereits 1665 hatte *Athanasius Kircher* die erste physikalische Karte mit der Darstellung der Hauptströme der Ozeane herausgebracht. (Siehe Kat.nr. 214 und 215)

Militärkarten sind Karten für die speziellen Bedürfnisse des Militärs. Deren Einfluß auf die Kartographie reicht bis weit in die Antike zurück. Eine militärische Kartographie im heutigen Sinne kam jedoch erst im frühen 16. Jahrhundert auf. Als erster bedeutender Militätkartograph gilt *Jakob van Deventer*. Er wurde 1543 wohl entsprechender Verdienste wegen zum königlichen Geographen Carls V. bestellt. Karten mit großem Maßstab und deshalb großer Genauigkeit werden im Volksmund gerne als Generalstabskarten bezeichnet. Zu den Militärkarten gehören Schlachtenkarten (siehe dort), Pläne von Truppenbewegungen, Feldlagern, Befestigungen u. ä.

Mondkarten. Kartographische Darstellung der sichtbaren Vorderseite des Erdmondes. Nach Beobachtung zunächst mit freiem Auge, ab 1609 mit dem Fernrohr (Teleskop), nach 1880 unterstützt von Mondphotographien dargestellt.

Navigationskarten siehe See- oder Luftfahrtkarten.

Ökonomische Karten siehe Wirtschaftskarten.

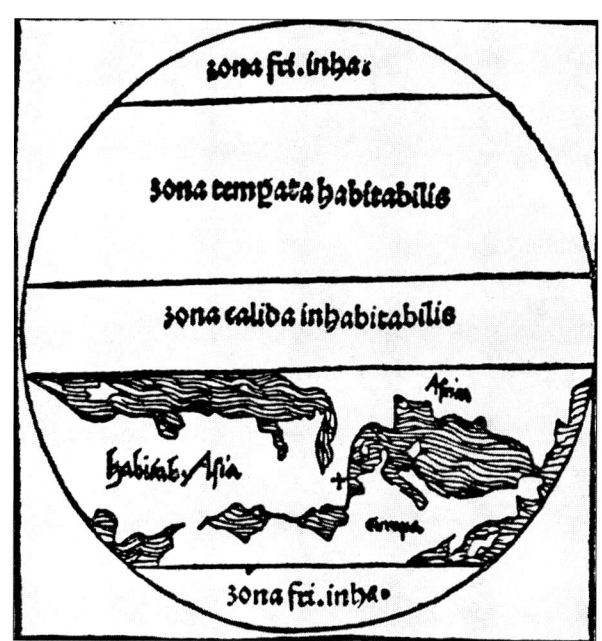

Klimazonenkarte, Holzschnitt, um 1550. Zeigt die bewohn- und unbewohnbaren Zonen der Erde: Nord- und Südpol (oben!) sowie die äquatoriale Zone sind demnach unbewohnbar.

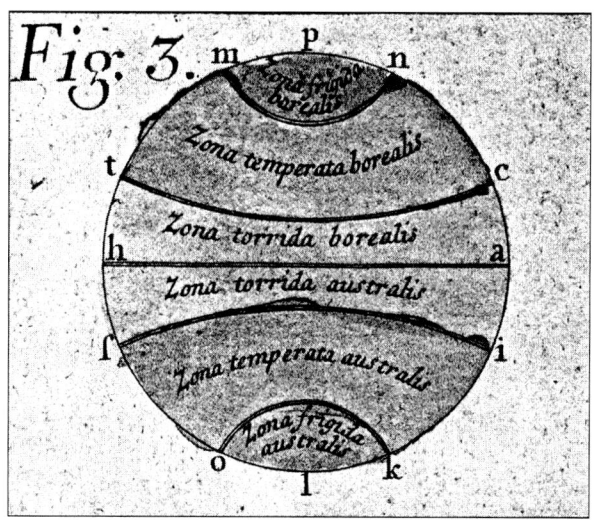

Klimazonenkarte aus dem Homann-Atlas (Kat.nr. 24).

Phantasiekarten. Die Spannbreite bei diesen Karten ist ungewöhnlich groß. Zunächst muß man hierzu alle alten Himmelskarten rechnen, da die Vermengung von Sternbildern mit der antiken Mythologie gänzlich der Phantasie entsprang. Entsprechend sind auch terrestische Karten zu sehen, bei denen die tatsächliche Geographie in der Darstellung einem bildlichen Schema untergeordnet wird. Zu den bekanntesten Beispielen zählt die *Ptolemaeus/Münster*-Europakarte in Form einer Kaiserfigur (siehe Kat.nr. 111) oder die Darstellung der Niederlande als belgischer Löwe (siehe Kat.nr. 121 und 122). Auch die Weltkarte in Form eines Kleeblattes mit Jerusalem als Zentrum (siehe Kat.nr. 216) muß als Phantasiekarte bewertet werden, während die nicht minder phantastischen mittelalterlichen Radkarten genau genommen keine Phantasiekarten sind, da deren Darstellung dem Wissenstand bzw. der Überzeugung jener Zeit entsprach. Aus diesem Grund kann man auch den jahrzehntelang von einem Kartographen beim anderen kopierten Fehler, Kalifornien als Insel darzustellen, nur bedingt als Phantasiekartographie ausweisen. Entsprechend gilt das für die Darstellung einer quer durch den nordamerikanischen Kontinent verlaufenden Flußsystemverbindung, der sagenhaften Nordwestpassage. Die vollkommenste Art der Phantasiekarte ist u. a. die erste Isohypsenkarte einer imaginären Insel, die *Du Carla* 1777 zeichnete. Noch trefflicher aber entspricht die Karte vom Schlaraffenland (Kat.nr. 217) einer echten Phantasiekarte, die auch »Utopische Karten« genannt werden.

Prähistorische Karten sind kartographische Darstellungen auf beweglichen archäologischen Objekten, beispielsweise Keramiken. Es zählen jedoch auch Felszeichnungen dazu, soweit sie Grundrisse oder bildhafte Darstellungen topographischer Kosmologien wiedergeben. In solchen weitweit gefundenen prähistorischen Karten haben wir den Ursprung kartographischer Aktivitäten zu sehen.

Physikalische Karten (physische Karten) sind thematische Karten mit reduzierten topographischen Inhalten, dafür betonter Geländeform. Hierher gehören z. B. die Isohypsenkarten, auf welchen Orte gleicher Höhenlage durch Linien verbunden sind. Der französische Ingenieur *Millet de Mureau* setzte 1748 erstmals bei Festungsplänen zu jedem nivellierten Punkt eine entsprechende Höhenzahl. 1749 schlug er in einer Abhandlung vor, die Terrainformen durch Parallellinien mit Höhenzahlen auszudrücken. 1777 zeichnete *Du Carla* eine solche erste Isohypsenkarte von einer imaginären Insel, um den Wert der Niveaulinien für die Darstellung des Bodenreliefs darzulegen. Aber erst 1791 veröffentlichte der Franzose *J. L. Dupain-Triel* die erste wirkliche Isohypsenkarte von Frankreich. Damit kam die dritte Dimension der Erdoberfläche – die absolute Höhe – kartographisch zur Darstellung.

Plattkarten sind alte Seekarten. Bei dieser Kartenart wurde die kartographische Erdoberfläche wie eine Apfelsine aufgeschnitten, abgeschält und auf die Kartenfläche ausgebreitet. Die Zwischenräume und die ausgebreiteten Kugelsegmente wurden nun flächig mit einem Gradnetz überspannt. Dadurch ergaben sich Verzerrungen in Richtung Ost-West. Diese Verzerrung ist umso größer, je höher z. B. eine Insel gegen die Pole zu liegt (siehe hierzu die Skizze S. 7).

Politische Karten geben Aufschlüsse über die politisch-territorialen Verhältnisse des dargestellten Gebiets. Staats-, Länder-, Provinz- oder Kriegsgebiete werden durch Grenz- oder Flächenkolorit voneinander getrennt dargestellt. Dies war bereits in der zweiten Hälfte des 16. Jahrhunderts üblich. Aber vor allem die von *Joh. Hübner* in Hamburg für den Homann'schen Verlag geschaffene flächenkolorierte Deutschlandkarte förderte die besondere Beliebtheit politischer Karten bei uns. Der Grund mag wohl in der politischen Zerrissenheit des damaligen Reiches gelegen haben.

Postroutenkarten (Postkurskarten, »Postkarten«) zählen zu den Straßenkarten, wobei Entfernungsangaben, Art des Postdienstes (Kurier, Kutsche, Fracht usw.) und die Poststationen angegeben sind. Mit der Einrichtung von regelmäßigen Postverbindungen (die erste wurde um 1500 von Franz von Taxis zwischen Wien und Brüssel etabliert) wurde es sinnvoll, die Routen auf Landkarten zu publizieren. Die älteste bekannte Karte stammt von *M. Tavernier*, Paris 1632. 1709 erschien die bahnbrechende Karte des Feldpostmeisters *J. P. Nell*, zuerst bei E. H. Friex in Brüssel, danach bei Homann. Dabei wurde die Entfernung in Querstrichen angegeben: 1 Stich = 1 sog. »Post«, ca. 2 deutsche Meilen = knapp 15 km = 2 Stunden Fahrt. (Siehe Kat.nr. 219)

Radkarten, auch TO-Karten. Diese nach Osten orientierten Rund- (Rad-) Karten bestimmten spätestens seit Isidor von Sevilla, also während neun Jahrhunderten, das Schema für christliche Weltdarstellungen. Man stellte sich die Erde als von Wasser umgebene Scheibe vor. Betrachtet wird sie etwa von Gibraltar aus – gegen Osten –, so daß links Europa, rechts Afrika und oben Asien liegt. Das »O« steht für die runde Scheibe, das »T« für die Gewässer, welche die Erde T-förmig unterteilen, und zwar das senkrechte Mittelmeer zwischen Europa und Afrika, die waagrecht durch die Tanais-Nil-Linie gegen Asien abgeteilt werden (siehe Abb. S. 29).

Radfahrerkarten sind eine Sonderform der Straßenkarten. Nachdem sich das unpraktische Hochrad in die Urform des Niederrades gewandelt hatte und 1888 die Fa. Dunlop mit einer Luftbereifung für gewisse Bequemlichkeit sorgte, entstand ein Bedarf für derartige Sonderkarten. Bereits 1880 erschien in England »Cyclist's map of the Environs of London«, und 1896/7 gab der Verlag Mittelbach in Deutschland eine »Deutsche Straßenprofilkarte für Radfahrer« heraus. Dabei wurde im bergigen Bereich nicht der reale Straßenverlauf, sondern geradlinige Verbindungen zweier Orte mit einem Straßenprofil dargestellt, mit zusätzlichen Angaben

Zwei typische Beispiele der sogenannten »T-O-Karten«, die zu hunderten in den spätmittelalterlichen Handschriften zu finden sind (siehe unter Radkarten).

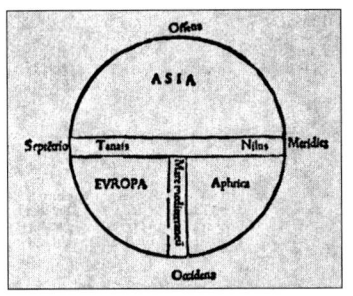
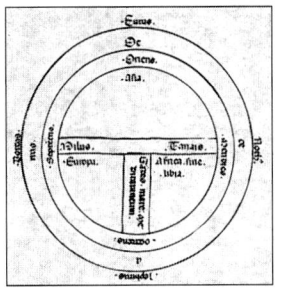

über Beschaffenheit, Steigungen und gefährlichen Stellen der Straße. Heute werden Radfahrkarten häufig in Form von Ausflugsvorschlägen veröffentlicht, wobei Strecken ausgewählt werden, welche die Verkehrsstraßen meiden. (Siehe Kat.nr. 220)

Reisekarten siehe Straßenkarten oder Eisenbahnkarten.

Reisewegkarten zählen zu den historischen Karten, da sie Reisewege bekannter Persönlichkeiten oder Entdeckungsfahrten darstellen. *Ortelius* brachte in seinen »Theatrum« Ende des 17. Jahrhunderts eine Karte mit den Reisen des Apostels Paulus heraus. *Jodocus Hondius* publizierte um 1600 eine Reisewegkarte über die Fahrten von Sir Francis Drake von 1577–1580. *Willem Blaeu* stellte auf seinem Globus von 1602 die Weltumrundung von Olivier van Noort von 1598–1601 dar. Ende des 18. Jahrhunderts kam eine besondere Art der Reisewegkarten auf, bei denen der Wegeverlauf nur in Kartenstreifen vorgestellt wurde (siehe Kat.nr. 222–224).

Schlachtenkarten sind historische Militärkarten, da sie stets nach dem Ereignis aufgenommen wurden. Ursprünglich waren es Manuskriptkarten, aber bereits die zahlreichen Publikationen kriegsberichterstattender Bücher im 17. Jahrhundert sorgten für vielfältige Verbreitung. Meistens sind es Karten kleinerer Gebiete, ursprünglich in Kavaliersperspektive oder aus der Vogelschau, vor allem seit dem 18. Jahrhundert vermehrt auch in Grundrißdarstellungen. (Siehe Kat.nr. 249 und 251)

Seekarten werden in »Übersegler«, Segel-, Küsten-, Küsten-, Sonderkarten und Hafenpläne eingeteilt. »Übersegler« im großen Maßstab von z. B. 1: 12.000.000 dienen nur zur Übersicht. Segelkarten stellen einzelne Meeresteile dar und dienen mit einem Maßstab von 1:3.000.000 der Schiffsführung. In Küstennähe benötigt man noch genauere Karten, z. B. mit 1: 100.000 im Maßstab, und zur Ansteuerung eines Hafens z. B. Pläne im Maßstab 1: 50.000. Die älteste Form der Seekarte stellt die Plattkarte dar. Die quadratische Plattkarte ist in Zylinderprojektion so dargestellt, daß die Meridiane und der Äquator längengetreu wiedergegeben sind. Ab 1500 wurden Breiten- und ab 1520 Längengrade angegeben. Die Kompaßkarte entwickelte sich aus der einfachen Plankarte mit Zentralrose. Die älteste Kompaßkarte stammt von *Pietro Visonte* aus dem Jahr 1311. Bereits 1318 gab er neun gebundene Karten und damit den ersten Seeatlas heraus (siehe Kat.nr. 227 und 228).

Sprachenkarten sind eigentlich ethnographische Karten. Sie dienen der Darstellung über die Verbreitung von Sprachen bzw. Völkern, gelegentlich auch Rassen. Die älteste ist eine Holzschnittkarte der Oberlausitz von *B. Sculterus*, Görlitz 1593. Sie gibt die Grenzen zwischen deutschen und sorbischen (»wendischen«) Siedlungen an. Eine typische Sprachenkarte ist die von *L. ten Kate Hermansz*, Amsterdam 1723, in seiner Schrift »Aenleiding tot de Kennisse van hat verhevene deel der Nederduitsche sprake« publizierte Karte »Volk- en Taelverspreiding over Europa«. (Siehe Kat.nr. 230)

Spezialkarten. Darunter versteht man ursprünglich Regio-

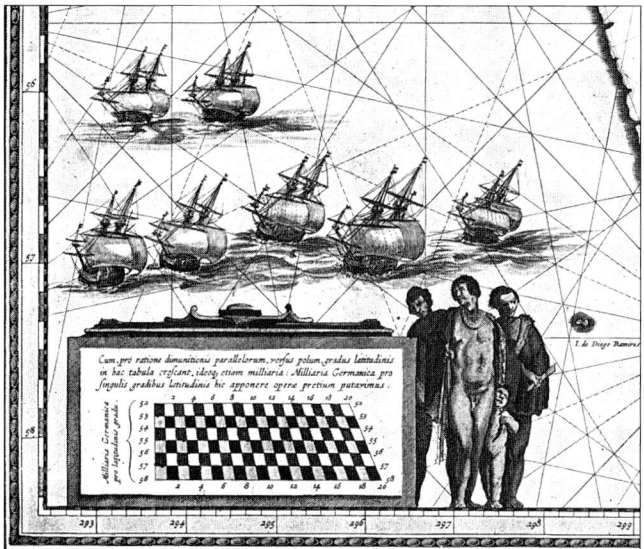

Ausschnitt einer Blaeu-Karte (Kat.nr. 74). neben der reizvollen Figuren- und Schiffsstaffage sind die sich überschneidenden Kompaßstrahlen zu beachten.

Frühes Beispiel einer Straßenkarte: »Das ist der Rom-Weg ...«, Landkarte von Europa (Oberitalien) (oben = süd-orientiert!) von Erhard Etzlaub (Germanisches Nationalmuseum, Nürnberg).

nalkarten in mittlerem Maßstab. Im 18. Jahrhundert setzte sich in Europa der Ausdruck für amtliche topographische Kartenwerke durch.

Stadtkarten. Großmaßstäbliche, topographische Karten einer urbanen, administrativen Einheit. Ursprünglich hatten solche Stadtkarten – meist mit Plan und Prospekt (siehe Kat.nr. F 24) – dekorativen und informativen Charakter. Seit dem 16. Jahrhundert fehlte diesen Karten jedoch der inhaltliche Wert. Ab diesem Zeitpunkt wurden sie zunehmend bei Bau- und Verwaltungsmaßnahmen herangezogen (Kat.nr. 244). In relativ großem Maßstab wird die Stadtkarte zum Stadtplan, der vor allem zur Orientierung dient.

Statistische Karten. Dazu gehören Bevölkerungs-, Wirtschaftskarten u. a. Dabei werden statistische Erhebungen in Relation zu Gebieten oder Ländern gesetzt. Daten werden anschaulicher durch eine kartographische Darstellung als durch Diagramme oder Schaubilder. Vor allem die Bevölkerungsdichte wird gerne in verschiedenen Farben auf statistischen Karten dargestellt. Man kann z. B. die »Bayerischen Landtafeln« von *Philipp Apian*, 1586, hierzu zählen, da er entsprechende Angaben zu Weinbau, Viehzucht und Eisengewinnung machte. (Siehe Kat.nr. 164 und 231)

Straßenkarten. Orientierungskarten mit besonderer Hervorhebung des Wegenetzes samt Klassifizierung und Entfernungsangaben bzw. Angaben von Wegzeiten. Hier zählen die römischen »Itineraria picta« zu den frühesten Beispielen (siehe Peutinger'sche Tafel Abb. S. 9). Im Mittelalter schuf *K. v. Paris* eine Straßenkarte von London über Paris und Rom bis Otranto. 1501 druckte *Georg Glockendon* in Nürnberg eine Holzschnittkarte der Landstraßen durch das heilige römische Reich. Die Straßen sind dabei in punktierten Linien angegeben, wobei der Abstand zwischen zwei Punkten eine Meile beträgt. Sie zählt zu den großen Seltenheien und ist wegen der damals noch wenig vorkommenden Straßenbezeichnungen bemerkenswert. Ein weiters seltenes Beispiel einer alten Straßenkarte stellt die erste »Reise-Charte« von Deutschland dar, welche die Gebrüder *Georg und Konrad Jung* von Rosenburg a. d. T. 1641 in Nürnberg veröffentlichten. Ab 1700 wurde in Frankreich die Reform der Kartographie zur Grundlage der modernen Darstellung der Verkehrswege. Doppelte, einfache und strichlierte Linien werden je nach Zustand und Art der Straße als Zeichen verwendet. Zu den Straßenkarten sind auch die Auto-, Postrouten, Radfahrer- und Wanderkarten, die Reise- und Reisewegkarten zu rechnen. (Siehe auch Abb. S. 31 unten)

Thematische Karten bringen meist auf topographisch-reduzierter Grundlage besondere Themen zur Darstellung. Sie wurden zunächst mit Begriffen wie »Spezial-« oder »angewandte Karten« belegt. Hierher gehören z. B. Telegraphenkarten. Ein Beispiel dieser seltenen thematischen Karten findet sich als Detailkarte bei Kat.nr. 197. (Siehe S. 31)

Topographische Karten. In großem Maßstab werden Bodenverhältnisse, Gewässer, Vegetation, Besiedlung, Verkehrswege und markante Einzelheiten einer Landschaft möglichst exakt wiedergegeben. Die »Bayerischen Landtafeln« von *Philipp Apian* im Maßstab 1:144.000, 1568 in Holzschnitt auf 24 Blättern, werden als »topographisches Meisterwerk« und ihr Schöpfer als der »erste Topograph des Mittelalters« bezeichnet (E. v. Sydow). Heute werden topographische Karten im Maßstab 1:25.000 hergestellt. (Siehe Kat.nr. 195)

Touristikkarten sind einerseits Verkehrskarten, andererseits den Stadtkarten zuzurechnen. Vor allem sind hier auch Werbekarten von Fremdenverkehrsvereinen und Reiseunternehmen zu nennen. In der zweiten Hälfte des 20. Jahrhunderts fand dieser Kartentypus große Verbreitung. (Siehe Kat.nr. 203, 204, 235, 236)

Vegetationskarten. Erst im 19. Jahrhundert wurde es üblich, besondere Karten mit der charakteristischen Darstellung von Pflanzen, Pflanzengemeinschaften sowie Vegetationsformen auf speziellen pflanzengeographischen Karten darzustellen.

Verbreitungskarte. Hierzu gehören Bevölkerungs-, Sprachen- und Vegetationskarten. Sie zählen zu den statistischen Karten.

Verfremdete Karten sind kartographische Erzeugnisse, wobei der primäre Sinn nicht mehr die Kartographie darstellt. Hierzu zählen Karten auf Briefmarken, Münzen u. a. Auch die beiden Kat.nr 239 und 240 sind anschauliche Beispiele dafür.

Verkehrskarten. Vielfältig differenzierte Kartenart, die Verkehrsstraßen und -anlagen einschließen. Es gehören Auto-, Eisenbahn-, Luftfahrt-, Postrouten-, See-, Straßen-, Radfahrer-, Seekarten u. ä. dazu.

Wandkarten. Großformatige Karten von bis zu mehreren Quadratmetern Größe. Sie dienen zur Dekoration und zu schulischen Zwecken. Zu den ersten Wandkarten gehören die großen mittelalterlichen Mönchskarten, wie die Hereforder Weltkarte von Richard von Haldingham, um 1300, oder die aus 30 Pergamentblättern zusammengesetzte Ebstorfer Karte mit einer Größe von 358 x 356 cm (siehe Abb. S. 10). In den Niederlanden wurden im späten 16. Jahrhundert und während des 17. Jahrhunderts solche große Karten auch in Wohnräumen zur Dekoration aufgehängt (siehe Abb. S. 33). Bekannt sind Wandkarten z. B. von *Jodocus Hondius* und *Willem Blaeu* (siehe Abb. S. 13). Mit der Veröffentlichung von *Emil v. Sydows* »Wandatlas über alle Teile der Erde« 1838-1840 wurde eine neue Epoche der Entwicklung von Schulwandkarten eingeleitet. Nicht nur Welt- oder Generalkarten wurden als Wandkarten herausgebracht. 1882 erschien in *Ed. Hölzels* geographischer Anstalt in Wien eine Wandkarte der Alpen im Maßstab 1:600.000. Als Sonderform der Wandkarte sei noch die direkt auf die Wand gemalte Landkarte erwähnt. Eine solche fertigte beispielsweise *Gastaldi* im 16. Jahrhundert für den Dogenpalast in Venedig.

Weltkarten. Im Mittelalter durch biblische Vorstellungen geprägte, dogmatische Karten, die wenig mit der Realität gemein hatten. Im Zeitalter der Entdeckungen entstand dann ein immer exakteres und richtigeres Weltbild, so daß die schönen Weltkarten mit zwei Hemisphärendarstellungen im 16./17. Jahrhundert unsere Erde bereits sehr gut wiedergaben. (Siehe Kat.nr. 29–46 und Farbabb. F5–F7)

Karten nach Inhalt und Gebrauch 33

Wetterkarten werden uns täglich via Fernsehen ins Haus gebracht. Doch erst die Isothermenkarte von *A. v. Humboldt*, 1807, führte die graphische Methode in die Meteorologie ein. Dabei wurden Orte gleicher mittlerer Jahres- und Monatstemperaturen durch Linien (Isothermen) miteinander verbunden. Ensprechend wurden dann Isobare – das sind Linien, die Orte gleichen Luftdrucks miteinander verbinden – auf Wetterkarten festgehalten.

Wirtschaftskarten. Ökonomische Karten, die Bereiche der materiellen Produktion unter Einfluß von Verteilung, Austausch und Konsumation zum Gegenstand haben. Es gibt unter den Wirtschaftskarten solche, die sich mit der Industrie, dem Bergbau (siehe Kat.nr. 199), der Landwirtschaft (siehe Kat.nr. 243), den Forsten, der Fischerei und dem Handel befassen, außerdem finanzwirtschaftliche, wirtschaftspolitische, Investitionskarten u. ä. auch entspechende statistische Karten sind hier zu nennen.

Gemälde vom L. de Jongh (1616–1679) mit einem typischen niederländischen Interieur des 17. Jh. Im Dunkel des Hintergrundes kann man eine Wand-Landkarte erkennen, die seinerzeit neben Gemälden zum beliebtesten Wandschmuck zählten. 725 x 635 mm (Historisches Museum, Amsterdam).

Drei Kartenausschnitte mit Teilgebieten der Schweiz (Aus W. Blumers »Bibliographie der Gesamtkarten der Schweitz«). Sie geben einen anschaulichen Eindruck von der Entwicklung der Landschaftsdarstellung auf alten Karten in knapp 300 Jahren.

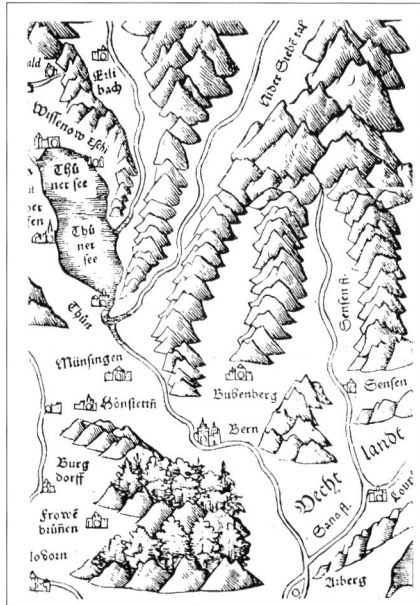  

Aegidius Tschudi. 1538. 1:1. Erste, die ganze heutige Schweiz umfassende Karte.

Homanns Erben. Atlas Rei publicae Helvetiae, Blatt Kanton Glarus, 1768, von Gabriel Walser. 1:1.

Joh. Rudolf Meyer. 1802. 1:1. Carte générale de l'Atlas Suisse.

Drucktechniken

Wenn wir etwas bildlich oder schriftlich festhalten wollen, greifen wir automatisch zu Bleistift und Papier. So einfach ist das nicht immer gewesen. Felsmalereien, gravierte Tontafeln oder entsprechend geritzte Knochen bezeugen, daß sich der Mensch bereits in den frühen Epochen seiner Geschichte auf andere Weise helfen mußte. Die unterschiedlichsten Techniken geographischer Darstellungen lassen sich anhand verschiedenster Beispiele weit zurückverfolgen und geben damit gleichzeitig einen geschichtlichen Überblick.

Von 3 800 v. Chr. ist uns ein graviertes Tontäfelchen erhalten, das die schematisch-kartographische Darstellung des nördlichen Mesopotamiens zeigt. Ein aus dem 13. Jahrhundert v. Chr. stammendes Papyrus gibt den Plan einer ägyptischen Goldmine wieder. Aus Überlieferungen wissen wir, daß Kaiser Karl der Große (768–814) eine Weltkarte sowie auf Silbertafeln gravierte Pläne von Rom und Konstantinopel besaß. Der Materialwert war dann auch Schuld daran, daß sein Enkel Lothar (795–855) diese Silberlandkarten zerstückeln ließ, um 842 seinem Heer im Krieg gegen seine Brüder den Sold zahlen zu können. Eine vergleichbare silberne Erdscheibe fertigte der arabische Geograph *Idrissi* 1154 für König Roger II. von Neapel und Sizilien (1102–1154).

Naturvölker, wie beispielsweise die Indianer Nordamerikas, malten die Wege ihrer Streifzüge auf gegerbte Tierfelle oder präparierte Birkenrinde. Eskimos überschnitzten Holzstücke so, daß sich aus dem Relief Küstenlinien »ablesen« lassen. Südseeinsulaner schließlich benutzten für ihre oft tagelangen Meeresfahrten aus Bambusstäben kompliziert zusammengebundene Kartengitter mit aufgebrachten Muschelzeichen, die Strömungen, Windrichtungen und andere wichtige nautische Anhaltspunkte markierten.

Um wieviel einfacher war da der Gebrauch von Pergament oder Papier und Federkiel oder Kohlestift! Als im 12. Jahrhundert in Mitteleuropa die ersten Papierimporte in Gebrauch kamen, erkannte man schnell ihren enormen Nutzen. Wie so viele andere Dinge, war auch Papier – bereits im ersten vorchristlichen Jahrhundert – in China erfunden worden. Von chinesischen Kriegsgefangenen in Samarkand übernahmen die Araber 751 die Kenntnis der Papierherstellung, die sich in den folgenden Jahrhunderten über das gesamte Gebiet des Islams verbreitete und so auch in das damals von Muselmanen besetzte Spanien gelangte. Importwaren aus den arabischen Gebieten lagen den ersten europäischen Papierdokumenten des 12. Jahrhunderts zugrunde. Und es dauerte bis zum Ende des 14. Jahrhunderts, bis die erste Papiermühle – die Gleismühl bei Nürnberg – entstand. Die Verfügung über ausreichend Papier aber war die Voraussetzung für die folgende Entwicklung.

Es ist ein Phänomen der Menschheitsgeschichte, daß eine Entdeckung oder Erfindung stets befruchtend auf weitere Fortschritte wirkt. Da das Bedrucken von Stoff mit einfachen Modeln bereits bekannt war, mußte diese Technik nur verfeinert werden, um der Vervielfältigung auf Papier auch für Schrift und Bild zu dienen. Etwa ab 1430 wurden zunächst derbe Spielkarten von entsprechenden Modeln auf Papier gedruckt. Bald schnitt man aber auch bildliche Darstellungen oder Texte in Holzdruckstöcke.

Beim **Holzschnitt** muß zunächst eine Platte aus hartem, kurzfaserigem Holz sorgfältig vorbereitet werden. Darauf wird die gewünschte Darstellung oder Schrift spiegelbildlich vorgezeichnet. Spiegelbildlich deshalb, weil beim Druck die Wiedergabe seitenverkehrt erfolgt. Die Vorzeichnung wird

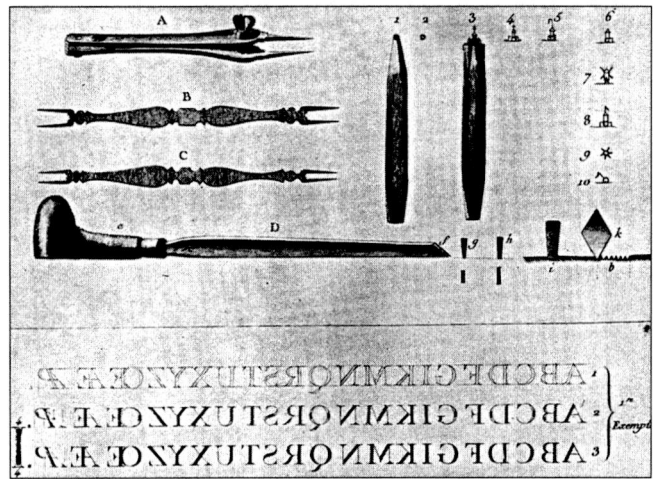

a

Kupferstecher-Werkzeuge. Abbildung aus Denis Diderots „Encyclopedie".

Roll-Lineal für die Kartenbearbeitung, im originalen Etui mit Hoheitszeichen der britischen Seefahrt, 19. Jh, Länge 46 cm (PK 62/200).

Drucktechniken 35

dann mit speziellen Messern »umschnitten«, d. h. die Oberfläche um die Linien der gezeichneten Darstellung so abgetragen, daß das gewünschte Druckbild in Linien oder Flächen erhaben stehen bleibt. Das Druckbild wird nun mit Druckerschwärze (Farbe) eingefärbt, das Papier aufgelegt und durch Druck die Farbe vom Holzdruckstock auf das Papier »gestempelt«. Der Holzschnitt ist an den technisch bedingten, derberen Drucklinien zu erkennen. Er beschränkt sich auf klare Konturen, parallel verlaufende Schraffierungen und Uniflächen. Nuancen und Abstufungen, wie sie durch die Kreuzschraffuren beim späteren Kupferstich möglich sind, kennt der Holzschnitt nicht.

Erst mit dem **Holzstich** – einer grundsätzlich entsprechenden Technik – wurde dies im 19. Jahrhundert möglich. Hierbei wird anstelle des bis dahin gebräuchlichen Langholzes (vorwiegend Obsthölzer) das härtere Buchsbaum als Hirnholz verwendet. Diese Art der Holzverwendung – quer zum Faserverlauf – läßt allerdings keine beliebig großen Formate zu, da die Stammquerschnitte relativ klein sind. Anstelle des Messers tritt hier der Stichel, denn die harten Platten ließen größere Feinheiten zu, mit denen auch Tonwirkungen erzielt werden konnten.

Ein bedeutender Fortschritt war die Erfindung des **Buchdrucks** 1436, d. h. die Herstellung von Druckformen aus beweglichen Buchstaben durch *Johann Gutenberg*. Bei den bisherigen Druckplatten hatte eine Gefahr darin bestanden, daß von den erhabenen Stegen – den eigentlich »druckenden« Linien – etwas ausbrach und damit der gesamte Druckstock unbrauchbar wurde. Bei den einzeln zusammengesetzten Lettern einer Textseite konnte man hingegen einfach den betreffenden Buchstaben auswechseln. Außerdem ließen sich die Lettern einer wenig benützten Druckplatte gegebenenfalls für einen anderen Text wiederverwenden. Diese Vorteile führten dazu, daß sich der Holzschnitt nur noch bei integrierten Textabbildungen hielt, während die relativ derben und groben Druckstege schon bald nach besseren Möglichkeiten für feine bildliche Darstellungen suchen ließen. Und gerade für die immer exakter und genauer werdenden Landkarten mußte eine subtilere Drucktechnik gefunden werden.

Hier diente ebenfalls eine bereits bekannte Art der Vervielfältigung als Vorbild. Silberschmiede bedienten sich der seit dem Altertum bekannten Technik der Metallgravierung. Für den im Verlauf des zweiten Viertels des 15. Jahrhunderts aufkommenden **Kupferstich** wurde diese Technik folgendermaßen angewandt: Eine Kupferplatte wurde auf der Druckseite blank poliert und dann mit einem Grabstichel die gewünschte und – ebenfalls spiegelbildlich – vorskizzierte Darstellung eingraviert. Da hierzu auch die sog. »kalte Nadel« verwandt wurde, spricht man von »gestochen«. Danach wurde die Platte mit Druckschwärze so eingerieben, daß Farbe in den eingravierten Vertiefungen zurückblieb, die übrige Plattenoberfläche jedoch blank und ohne Farbe war. Wurde nun ein Papier auf die Platte gepreßt, nahm es die Druckerfarbe aus den gravierten Linien an. Auf diese Weise

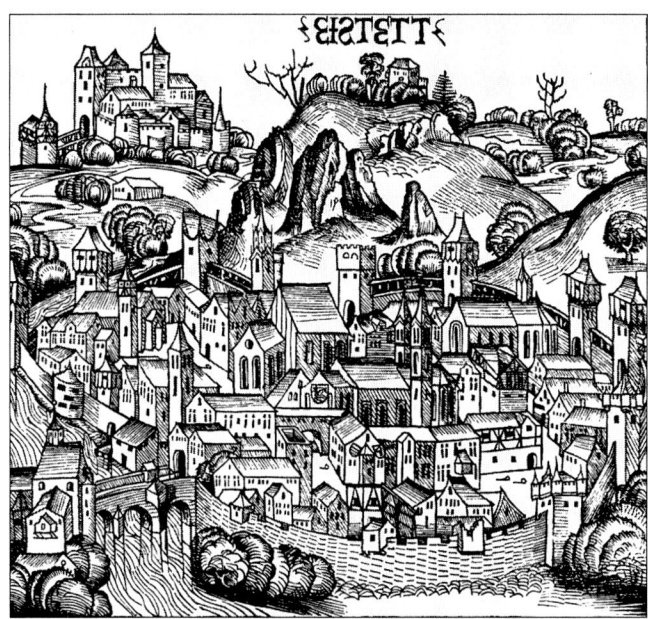

»Eichstett«, typische Vedute in Holzschnitt aus der Chronik von Schedel (aus einer Reprint-Ausgabe des Verlags Konrad Kölbl KG, München).

ließen sich natürlich Abbildungen mit wesentlich feineren Linien erzielen, und somit wurde der Kupferstich in den folgenden Jahrhunderten zur Haupttechnik für Landkarten.

Für die über die Ansprüche der topographischen Abbildung hinausgehende Vedutendarstellung fanden allerdings auch Varianten des Kupferstichs Verwendung. Hierzu zählt in erste Linie die **Radierung**. Sie basiert auf der grundsätzlich entsprechenden Technik, nur mit einer einfacheren Herstellung der Druckplatte. Dabei wird die Kupferplatte mit einer Schicht aus Harz und Wachs überzogen und in diesen Überzug die Darstellung mit einer Nadel »eingeritzt«. Danach wird

Blick in eine Druckerei des 17. Jh. Kupferstich von M. Merian, 17. Jh.

Typische Kupferstich-Titelkartusche. Ausschnitt aus der Landkarte Kat.nr. 181.

Drucktechniken 37

Beispiele für die Arbeitsvorgänge und Probedrucke bei Stahlstichen. Vor allem bei der Rom-Ansicht mit dem charakteristischen Turm der Engelsburg ist – besonders im Himmel an den Wolken – die schrittweise Fertigstellung einer Stahlstich-Druckplatte am ersten und zweiten Probedruck sowie am dritten, endgültigen Abzug zu erkennen. Die linke Seite zeigt die entsprechenden Arbeitsstufen bei einem Stahlstich vom »Schiefen Turm« zu Pisa. (Stahlstich v. Bernhard Metzeroth).

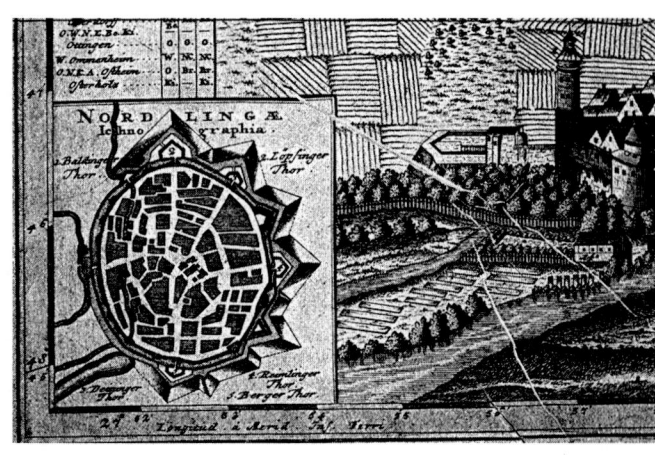

Beispiel, wie beim wenig sorgfältigen Arbeiten in der der Druckpresse (links) Falten entstehen können (rechts). Ausschnitt aus der Landkarte Kat.nr. 183.

die Oberfläche mit Säure übergossen, welche nun die schwere Arbeit des »Kupferstechens« übernimmt, indem sie die geritzte Zeichnung aus der Kupferoberfläche heraussätzt; die abgedeckten Flächen bleiben dabei unberührt. Nach Entfernen der Restsäure und der Harz-Wachsschicht sowie nach einer Überarbeitung kann ebenso wie mit Kupferstichplatten gedruckt werden.

Bei der **Schabkunst** (Mezzotinto) wird die Kupferoberfläche mit dem feingezähnten Granierstahl gleichmäßig aufgerauht, um beim Drucken ein samtiges Schwarz zu erzielen. Die hellen Stellen werden zuvor mit einem Schabeisen wieder geglättet, da sie rein weiß erscheinen sollen. Bei der **Punktmanier** wird die Platte entsprechend mit Punzen so bearbeitet, daß Schattierungen durch die gepunzten Punkte entstehen. Die **Aquatinta** ist ein besonderes Ätzverfahren. Dabei läßt man die Säure durch angeschmolzenen Harzstaub einwirken, wodurch die Wirkung einer Tuschzeichnung erzielt werden kann. Diese besondere Technik wurde im dritten Viertel des 18. Jahrhunderts entwickelt.

Als weitere Tiefdrucktechniken ist noch die **Heliogravüre** (griech.: helos = Sonne) zu erwähnen. Nach der Mitte des 19. Jahrhunderts wurde sie durch *Emanuel Mariot* im k.k.-militär-geographischen Institut in Wien eingeführt. Sie trat anstelle des Kupferstichs bei der Herstellung der Druckplatten für größere, permanente Kartenwerke. Technisch gesehen handelt es sich um ein normales manuelles Tiefdruckverfahren, jedoch mit photomechanischer Bildübertragung. Ein Halbton-Diapositiv wird auf ein Pigmentpapier kopiert, wobei die vom Licht getroffenen Stellen aushärten. Dieses Papier wird auf eine Kupferplatte mit aufgeschmolzenem Aquatintakorn gequetscht und nach dem Entfernen des Papiers geätzt. Dabei dringt die Säure je nach deren Härtungsgrad durch die ungehärteten Teile der Gelatine und frißt entsprechend große Vertiefungen. Ansonsten wird wie mit Kupferstichplatten gedruckt.

Ähnlich wie beim Holzstich entwickelte sich im 19. Jahrhundert noch der **Stahlstich** als weitere Tiefdrucktechnik für kleine Formate. Da sich von gravierten Kupferplatten nicht viele, von radierten Kupferplatten meist sogar nur wenige Abzüge herstellen lassen – die Abnützung beim weichen Kupfermaterial ist groß –, suchte man nach anderen Lösungen. Ein bereits 1817 in Amerika von *Perkins* und *Fairman* entwickeltes Verfahren ließ sich der Engländer *Charles Heath* um 1820 patentieren. Dabei wird anstelle des weichen Kupfers der härtere Stahl als Druckplatte benützt. Allerdings muß man dabei die Stahlplatte durch Verglühen (Entzug von Kohlenstoff) fast so weich wie Kupferplatten machen, damit sie entsprechend bearbeitet werden können. Werden die Platten danach wieder gehärtet, sind Auflagen von 20 000 bis 40 000 Abzüge pro Platte möglich. In Deutschland arbeitete ab 1825 *Karl Ludwig Frommel* mit seinem Karlsruher Betrieb als einer der Ersten mit dieser Technik. Die zwischen 1834 und 1841 erschienenen zehn Bände »Das malerische und romantische Deutschland« sind das erste berühmte Stahlstichwerk. Einziger Nachteil dieser Technik war, daß nicht beliebig große Druckplatten hergestellt werden konnten und der Stahlstich daher auf kleine Formate beschränkt blieb, was ihn jedoch zu einer idealen Technik für die Buchillustration machte.

Für die enormen und vielfältigen Umwälzungen im 19. Jahrhundert ist es charakteristisch, daß innerhalb kurzer Zeit weitere Drucktechniken entwickelt wurden, während sich Holzschnitt und vor allem der Kupferstich über Jahrhunderte gehalten hatten. 1825 wurde die **Lithographie** zur Reproduktion von Karten eingeführt, nachdem diese von *Aloys Senefelder* 1798 erfundene Flachdrucktechnik bereits lange für andere Druckaufgaben verwendet worden war. Die Entdeckung *Senefelders* beruht auf der einfachen Erfahrung, daß die mit fetter Kreide imprägnierten Stellen eines Kalksteins Wasser abstoßen, aber Druckerschwärze annehmen, der Kalkstein aber andererseits dort, wo er mit Wasser angefeuchtet wurde, die fette Druckerfarbe abstößt. Da weder – wie beim Holzschnitt – erhabene Linien noch – wie beim Kupferstich – Vertiefungen den eigentlich Druckvorgang bewirken, wird die Lithographie – oder der Steindruck – als Flachdruck bezeichnet. In der Praxis wird auf die gründlich geschliffene und entsäuerte Steinplatte mit einem fetten Kreidestift die Darstellung – wiederum spiegelbildlich – aufgetragen. Danach wird die Platte mit Talkum eingestäubt, um die lithographische Darstellung gegen Verwischen zu schützen. Hierüber verteilt man mit einem Breitpinsel oder Schwamm eine siruppartige Lösung aus schwacher Salpetersäure, Wasser und Gummiarabicum. Damit wird die Farbe der Zeichnung stabiler mit dem Stein verbunden, gleichzeitig werden die freien Steinstellen für eine bessere Wasseraufnahme vorbereitet. Mit einem terpentingetränkten Lappen wird das beim letzten Arbeitsgang ebenfalls gummierte Steinbild so lange berieben, bis die Farbe der Zeichnung entfernt ist. Nach gründlichem Reinigen der Oberfläche – dem Entfernen aller Terpentinreste und überschüssiger Gummilösung – wird der Stein mit einer dichtkonsistenten und wasserunlöslichen Druckfarbe mittels einer Lederwalze eingefärbt, nachdem zuvor der gesamte Stein mit einem Schwamm befeuchtet worden ist. Die Farbe haftet nur auf den fetthaltigen Stellen der ursprünglichen Zeichnung. Nun kann der erste Abzug durch Papierauflegen und Drucken in der sog. Reiberpresse »gedruckt« werden. Vor jedem weiteren Abzug muß der Stein erneut angefeuchtet und mit der Walze neu eingefärbt werden. Mit dem Lithostein sind theoretisch unbegrenzte Auflagen möglich.

Die **Chromolithographie** (griech.: chromo = Farbe) oder **Farblithographie** ist eigentlich nur die konsequente Anwendung der Verfahren farbiger Hoch- und Tiefdrucke. Für jede Farbe und ihre im fertigen Druck vorgesehenen Bildteile ist ein eigener Farbträger, d. h. eine Druckplatte, nötig. Durch das Übereinanderdrucken der einzelnen Farbplatten entstehen so Farbholzschnitte, aber auch Farblithographien. Durch das Unterdrucken eines oder zweier Farbtöne auf die gesamte Bildfläche bei gleichzeitigem Ausschaben der weiß gewünschten Stellen auf dem Farbdruckstein lassen sich für dekorative Zwecke preiswert Farbeffekte erzielen. Diese Technik fand gerne bei Ansichten und Landschaftsdarstellungen Anwendung.

Die **Zinkographie** stellt nur eine Abwandlung des Steindrucks dar. Bereits 1827 soll *G. Schadow* Zinkplatten als Farbträger benutzt haben. Ähnlich wie Lithosteine geschliffen, binden sie nach Aufrauhen der Oberfläche Wasser und können somit ebenso verwandt werden. Verständlicherweise sind die Zinkplatten leichter und daher einfacher in der Handhabung als Lithosteine. Sie wurden vorherrschend in der industriellen Nutzung um 1900 eingesetzt.

Die Möglichkeit, bei der Übertragung von Kopiervorlagen fotografische Mittel einzusetzen, hatte bereits 1859 zur Einführung der **Photozinkographie** in die Kartographie durch das Ordnance Survey Office in Southampton, England, geführt.

Die **Algraphie** oder der **Aluminiumdruck** stellt ebenfalls eine Weiterführung der Lithographie dar. Er wurde 1892 von dem Mainzer Lithographen *Josef Schulz* entwickelt. Das patentierte Verfahren verwendet Aluminiumplatten, wobei auf dem Metall eine Oxydschicht gebildet wird, die Wasser annimmt und Farbe abstößt. Die Aluminiumplatten haben ein extrem niedriges Gewicht.

Während Lithographie als Sammelnamen für alle diese geschilderten Varianten des Senefelderschen Flachdrucks dient, wird **Offset** als kollektive Bezeichnung für alle Arten der industriell fortentwickelten Lithographie verwandt. Es gibt allerdings zwei grundlegende Unterschiede zum alten Verfahren: erstens die fotografische Übertragung des Bildes auf eine biegsame Metallplatte und zweitens die indirekte Übertragung dieses Plattenbildes in der Rotationspresse. In der Praxis bedeutet dies, daß von der Vorlage zunächst ein Rasternegativ in der Größe des späteren Drucks angefertigt und in ein Diapositivbild kopiert werden muß. Dieser Fotofilm wird nun fotomechanisch auf die metallene Offsetplatte übertragen. Sie besteht aus einer Bimetallfolie aus Kupferblech und Chromauflage und ist mit einer lichtempfindlichen Schicht überzogen, wodurch das Diapositiv auf die Platte übertragen werden kann. Bei der folgenden Ätzung bleiben die »freien« Stellen stehen – sie entsprechen den gummierten Stellen des Lithosteins. Die freigeätzten Kupferplatten sind dagegen wasserabstoßend und nehmen Fettfarbe an. Die Offsetplatte, die sowohl die Möglichkeiten der Foto- als auch der Lithotechnik in sich vereint, ist biegsam und wird um den Zylinder der Offset-Druckmaschine gespannt. Davon könnte nun gedruckt werden. In der Praxis hat es sich jedoch als sinnvoll erwiesen, zuerst auf eine sich gegenläufig drehende Gummiwalze zu »drucken«, welche dann ihrerseits die angenommene Farbe an das Papier abgibt. Man bezeichnet es deshalb als »indirektes« Verfahren. Da die Offsetmaschine das Befeuchten und Einfärben mittels spezieller Walzen selbsttätig übernimmt, erhält man ein vollmaschinelles Produkt. Es können nicht nur hohe Auflagen, sondern auch sehr kurze Druckzeiten erreicht werden. Der Farbdruck erfolgte zunächst in vier gesonderten Farbdruckgängen, wobei Zwischentöne und Mischfarben durch Übereinanderdrucken entstehen. Inzwischen können alle vier Farben in einem Druckvorgang aufgebracht werden.

Abschließend kann zusammengefaßt werden: Für die Kartographie bedeutete die Erfindung der Druckkunst einen enormen Aufschwung. Die ersten Landkarten wurden in Holzschnittechnik gedruckt. Die ältesten sicher datierten Holzschnittkarten sind eine Welt- und eine Palästinakarte aus dem »Rudimentum Novitiorum«, Lübeck 1475. Da mit den erhabenen Linien der hölzernen Druckstöcke gearbeitet wird, spricht man von Hochdruck. Im Gegensatz dazu handelt es sich beim Kupferstich und seinen Varianten, bei denen die

Farbe durch die eingegrabenen Vertiefungen der Metalldruckplatten übertragen werden, um Tiefdruckverfahren. Für die Landkartenproduktion war über Jahrhunderte hinweg der Kupferstich die maßgebliche Technik, mit der sich feine, »gestochen scharfe« Karten herstellen ließen. Für Kleinformate wurde im 19. Jahrhundert der Stahlstich beliebt. Die übrigen Tiefdrucktechniken hatten nur gelegentlich für topographische Ansichten Bedeutung. Der von *Senefelder* Ende des 18. Jahrhunderts entwickelte Steindruck wird – da weder Hoch- noch Tiefdruck – als Flachdruck bezeichnet. Zu dieser auch als Lithographie bezeichneten Technik rechnet man sowohl die handwerklichen Varianten des *Senefelderschen* Flachdrucks wie auch die industriell weiterentwickelten Offsetverfahren. In Verbindung mit letztgenannter Lithotechnik hat in jüngerer Vergangenheit die Photographie eine große Bedeutung für Kartographie und Topographie erlangt.

Das Stilleben von Simon Luttichujs (1610-1662) charakterisiert die große Leidenschaft der damaligen Zeit für das Sammeln. Selbstverständlich gehörten Landkarten und Globen dazu. Ölgemälde, signiert und datiert 1646, 45 x 65 cm (Privatarchiv, Stuttgart).

Vom Sammeln alter Landkarten

Zwei Beispiele mittelalterlicher Karten bezeugen, daß das Sammeln von Karten auf eine sehr lange Tradition zurückblicken kann. Die Tatsache, daß in beiden Fällen nur Kopien bzw. Nachbildungen auf uns überkommen sind, verdeutlicht die ungewöhnliche Länge des Zeitraums. Im einen Fall handelt es sich um die Kartensammlung eines der bedeutendsten Geographen des Altertums. Wir wissen nicht sicher, ob *Claudius Ptolemaeus* die Karten zu seiner »Geographia«, einem geographischen Lehrbuch mit Anleitung für die Darstellung der Erde auf 26 Karten, selbst gefertigt hat. Auf uns sind jedoch entsprechende Nachzeichnungen eines gewissen *Agathodämon* – zusammen mit den Ptolemäischen Handschriften – überkommen. Ähnlich verhält es sich mit einer »Itineraria picta«, einer römischen Straßenkarte aus der Zeit um 230 n.Chr. Sie existiert heute nur noch in einer Kopie des 12./13. Jahrhunderts. Zu Anfang des 16. Jahrhunderts befand sich diese Nachzeichnung im Besitz des Augsburgers *Konrad Peutinger*, weshalb sie »Tabula Peutingeriana« genannt wird (siehe Abb. S. 9). Sie wird heute in der Österreichischen Nationalbibliothek in Wien aufbewahrt, wo sich – wie in anderen großen Bibliotheken und Museen – eine bedeutende Kartensammlung befindet.

Heute sind die Pflege und Erhaltung erebten Kulturgutes die maßgeblichen Gründe für das Kartensammeln. Wir erfreuen uns an den kunstvollen, meist reich verzierten und staffierten Kartenbildern, die uns außerdem aufzeigen, wie sich der Mensch die Erde allmählich »untertan« machte, indem er sie entdeckte und erforschte. Zunächst stand bei den ersten Kartensammlungen jedoch sicherlich der unmittelbare Nutzen im Vordergrund – den wir heute aus unserem Auto- oder Weltatlas beziehen. Seinerzeit war jedoch Wissenschaftlern, Kloster- und Universitäts-Bibliotheken, aber auch Adeligen, hohen Militärs oder Handelsreisenden eine möglichst umfangreiche Kartensammlung sicherlich von Nutzen. Zunächst als kostbare Manuskripte, nach Erfindung der Druckkunst auch als Holzschnitte oder Kupferstiche gesammelt, waren alte Karten Wertobjekte und Gebrauchsgegenstände. Hierfür sind auch so ausgefallene Karten wie die drei Silbertafeln Karl des Großen anschauliche Beispiele (siehe S. 34).

Für den Gebrauch auf See waren schon früh Kartenkollektionen – meist in Buchform gebunden – von besonderem Nutzen. Zwar gab es seit uralten Zeiten Seebücher, Periplen oder Portulani genannt; dies waren allerdings noch keine Seeatlanten in unserem heutigen Sinn. Sie enthielten kaum Karten, dagegen Kursangaben, Hinweise auf Entfernungen zwischen verschiedenen Orten, Hafenweiser, Angaben zu Ankerplätzen oder Sandbänken. Der wohl älteste z. Zt. bekannte tatsächliche Seeatlas stammt von *Pietro Visconte* aus dem Jahr 1318 und enthält neun Einzelblätter, darunter Karten vom Schwarzen Meer, ionischen und adriatischen sowie sardinischen Meer, ferner von den spanisch-marokkanischen und den französisch-englischen Küsten. Interessant ist in diesem Zusammenhang eine Verordnung des aragonischen Hofes von 1359, wonach jede katalanische Geleere mindestens zwei Seekarten an Bord haben mußte.

Zu den ersten Sammlern im heutigen Sinn des Wortes zählt *Abraham Ortelius*, der belgische Geograph und Verleger. *Fr. v. Wieser* sieht in ihm einen »eifrigen Sammler«, und so wird diese Leidenschaft der Grund dafür gewesen sein, daß er seinem Atlas von 1570 (»Theatrum oribs terrarum«) ein Verzeichnis von Kartographen und damit einen Katalog aller ihm bekannten bis dato erschienenen Karten beifügte. Im 17. Jahrhundert wurde es dann vor allem in den Niederlanden üblich, Karten zu sammeln. Leider sind kaum größere Kollektionen aus dieser Zeit auf uns überkommen. Eine der bedeutendsten war die Sammlung von 2115 Karten und Topographien des Amsterdamer Rechtsanwalts *Laurens van der Hem* (siehe S. 26). Daß nach seinem Tod ein Tauziehen um den Besitz der Karten begann, das schließlich in der Versteigerung endet, beweist die damalige Sammellust und den Wert der Karten.

Auch von staatlicher Seite erkannte man den Nutzen des Kartensammelns. Dies dokumentiert sich in der Gründung der ersten bedeutenden Kollektion unter dem Ministerium Louvois. Ursprünglich im Dépôt de la Guerre in Paris, entwickelte sich daraus 1793 unter dem Nationalkonvent das kartographische Institut, das man mit der Herstellung der großen Karte Cassinis beauftragte. Für die Bedeutung dieses

Blick in eine Druckerei. Kupferstich aus »Die wol-eingerichtete Buchdruckerey ...« von J. H. G. Ernesti, verlegt bei Endters Erben, Nürnberg 1721, Qu-4° (HH 71/1156).

aus einer Kartensammlung hervorgegangenen Instituts spricht dessen Tätigkeit bis 1887, als es dann vom Service géographique de L'armée übernommen wurde. Diese Kartensammlung wurde in der gesamten Zeit nicht nur gepflegt, sondern auch erweitert. Eine weitere bedeutende französische Sammlung befindet sich heute ebenfalls in staatlichem Besitz. Der Kartograph *Bourguignon d'Anville* trug bis zu seinem Tod 1782 eine kostbare Kollektion von ca. 10.500 (!) Karten zusammen, die 1799 von der französischen Regierung für die Nationalbibliothek in Paris angekauft wurde.

In Österreich war bereits 1737 die bedeutende Kollektion des Prinzen Eugen von Savojen – zusammen mit dem berühmten Atlas des *Laurens van der Hem* und allen prinzlichen Büchern – an die Hofbibliothek in Wien verkauft worden (heute in der Österreichischen Nationalbibliothek). Eine weitere wichtige österreichische Karten-Kollektion von *Franz Ritter von Hauslab* (1798 – Wien 1883) wurde allerdings vom Fürsten von Liechtenstein erworben (vgl. F. v. Haradauer »Die Feldzeugmeister Ritter von Hauslabsche Kartensammlung« 1886).

Trotzdem war das Kartensammeln – wie das Bücher- oder Kunstsammeln überhaupt – bis ins 19. Jahrhundert vor allem das exklusive Hobby der relativ dünnen Oberschicht von Adel, hoher Geistlichkeit und Militärs, Wissenschaftlern und Großbürgertum. Mit den enormen gesellschaftspolitischen und sozialen Umwälzungen des vorigen und unseres Jahrhunderts änderte sich diese Situation. Heute gibt es unzählige private Kartensammlungen, angefangen von einigen Dekorationsstücken bis zu kulturgeschichtlich wichtigen Kollektionen.

Literatur

E. Arnberger (Hrsg.), *Lexikon zur Geschichte der Kartographie*, F. Deutricke, Wien 1986.

F. Bachmann, *Die alten Städtebilder. Ein Verzeichnis der geographischen Ortsansichten von Schedel bis Merian*, Neudruck, Stuttgart 1966.

F. Bachmann, *Wer hat Himmel und Erde gemessen?* Zürich-Frankfurt-Wien 1965.

Bagrow-Skelton, *Meister der Kartographie*, Berlin 1977.

J. N. L. Baker, *A history of geographical discovery and exploration*, London 1931.

W. Beckér, *Vom alten Bild der Welt (Alte Landkarten und Stadtansichten)*, Leipzig 1971.

H. M. Berthaut, *La carte de France 1780–1898*, Bd. 1-2, Paris 1898–1899.

W. Bonacker, *Kartenmacher aller Länder und Völker*, Wiesbaden 1966.

A. Breusing, *Leitfaden durch das Wiegenalter der Kartographie bis zum Jahre 1600*, Frankfurt 1883.

Bricker-Tooley, *Gloria Cartographiae*, Gütersloh 1971.

L. A. Brown, *The story of the maps*, Boston 1949 (1953).

G. R. Crone, *Early Maps of the British Isles AD 1000–1579*, London 1961.

G. R. Crone, *Maps and their makers*, London 1962.

M. Destombes, *Catalogue des cartes gravées au XVe siècle*, Paris 1952.

M. Eckert-Greiffendorf, *Die Kartenwissenschaft*, Bd. I-II, Berlin-Leipzig 1921–25.

W. Engelmann, *Bibliotheca geographica (Verzeichnis der deutschen Geographie- und Reise-Werke mit Landkarten, Plänen, Ansichten)*, Amsterdam 1965.

E. Geleich/Fr. Sauter, *Kartenkunde geschichtlich dargestellt*, Stuttgart 1894. (Gute Einführung in die Kartenkunde)

G. Grosjean/R. Kinauer, *Kartenkunst und Kartentechnik vom Altertum bis zum Barock*, Bern-Stuttgart 1970.

H. Harms, *Künstler des Kartenbildes. Biographie und Porträts*, Oldenburg 1962.

Heusersche Verlagsbuchhandlung, *Katalog von kartographischen Werken: Atlanten, Karten, Pläne etc.*, Neuwied 1877.

C. Koeman, *Collections of maps and atlases in the Netherlands*, Leiden 1961.

K. Kretschmer, *Die Entdeckung Amerikas in ihrer Bedeutung für die Geschichte des Weltbildes*, Berlin 1892.

R. Lister, *How to identify old maps and globes 1500–1850*, London 1965.

O. Muris/G. Saarman, *Der Globus im Wandel der Zeiten*, Berlin 1961.

A. E. Nordenskiöld, *Faksimile Atlas to the Early History of Cartography*, Stockholm 1898 (reprint New York 1961). (Ein Quellenwerk ersten Ranges)

R. Oehme, *Der deutsche Südwesten im Bild alter Karten*, Konstanz-Stuttgart 1961.

O. Regele, *Beiträge zur Geschichte der staatlichen Landesaufname und Kartographie in Österreich bis zum Jahre 1918*, Wien 1919.

R. A. Skelton, *Decorative printed maps of the 15th to 18th centuries*, London 1952.

A. Steinhauser, *Grundzüge der mathematischen Geographie und der Landkartenprojektion*, Wien 1857. (Noch immer eines der besten populärwissenschaftlichen Lehrbücher der Kartographie)

E. L. Stevenson, *Terrestial and celestial globes, Their history and construction*, 2 Bde., New Haven 1921.

R. V. Tooley, *Maps and mapmakers*, London 1961.

R. V. Tooley, *Tooley's Dictionary of mapmakers*, New York-Amsterdam 1979.

L. Weisz, *Die Schweiz auf alten Karten*, Zürich 1945 (1969).

D. Woodward, *Five Centuries of Map Printing*, Chicago 1975.

(Weitere Literaturhinweise finden sich im Text!)

Stichwortregister und Erläuterungen

Algraphie → S. 39

Alpenvereinskarten → S. 28

Aluminiumdruck → S. 39

Armillarsphäre (armilla = Ringkugel). Altes astronomisches Meßgerät zur Bestimmung von Rektaszension und Deklination oder von Längen- und Breitendifferenzen. Es enthält mehrere teils fest montierte, teils bewegliche Metallringe mit Kreiseinteilungen, welche die gegenseitige Lage der wichtigsten Kreise der Himmelskugel darstellen: Äquator, Ekliptik, Wendekreise, Polarkreise, Horizont u. a.

Atlas. Zusammenstellung aufeinander abgestimmter Einzelkarten in gebundener oder loser Folge, welche die gesamte Erde (Weltatlas), einzelne Staaten (Nationalatlas) oder einzelne Regionen (Regionalatlas) wiedergibt. Sammlungen von Seekarten ergeben Seeatlanten, Himmelskarten bilden Himmelsatlanten. Nach dem Format spricht man von Hand- oder Taschenatlanten (siehe dort). Karten mit entsprechenden Themen ergeben thematische Atlanten, wie z. B. Geschichts- oder Schulatlanten. Bei unterschiedlichen zusammengetragenen Karten spricht man von Sammelatlanten (siehe dort). Die Blütezeit der Atlanten war das ausgehende 16. Jh. und das 17. Jh. (siehe auch S. 24–27).

Aquatinta → S. 38

Aufnahme, topographische. Vermessung und Aufzeichnung von Gelände, wobei alle für den Karteninhalt in Betracht kommende Fakten des aufzunehmenden Gebiets, wie Siedlungen. Gewässer, Küsten, Verkehrswege – und deren Namen –, Grenzen u. a. berücksichtigt werden. Die Aufnahme erfolgte in der Frühzeit nach Augenschein, später mittels einfacher Meßmethoden und ab dem späten 16. Jh. durch die Meßtisch-Methode. Wissenschaftlich exakte Aufnahmen ergab seit der zweiten Hälfte des 19. Jh. die photogrammetrische Methode, die zu Beginn des 20. Jh. noch durch die Stereophotogrammetrie verbessert wurde.

Aufriß. Darstellung eines Gegenstandes in der senkrechten Ebene durch senkrechte Projektion seiner Punkte auf diese Ebene; meist Vorderansicht.

Aufrißsignatur. Kartenzeichen vom Aufriß des abzubildenden Objekts, charakteristische Ansicht bzw. typisierende Stilisierung. Damit wird eine schnellere Orientierung auf der Karte erreicht.

Ausgestaltung, dekorative. Hierunter versteht man die Ergänzung des geographischen Inhaltes von Land- und Seekarten durch Ornamente und Verzierungen verschiedenster Art. Sie wurde oft verwendet, um Leerräume auf Karten zu füllen oder um den Mangel an geographischen Informationen zu vertuschen (siehe Abb. S. 14). Zu den beliebten dekorativen Ausschmückungen zählten Vignetten, Pflanzen und Tiere, Phantasiegestalten, Städte, Herrscher u. ä. (siehe auch Abb. S. 15).

Azimut (arab. as sumut = »die Wege«). Der Winkel auf dem Horizontalkreis zwischen Höhenkreis eines Gestirns und Ortsmeridian.

Bergbaukarten → S. 28

Bevölkerungskarten → S. 28

Binnengewässerkarten → S. 28

Buchdruck. Ältestes, heute noch angewandtes Druckverfahren. Während aus China bereits frühere Versuche bekannt sind, gebührt dem Mainzer Johann Gutenberg das Verdienst, in Europa den Buchdruck (um 1440 in Straßburg) erfunden zu haben, so besonders die Herstellung gegossener, justierter Typen für das Setzen in Satzform und deren Vervielfältigung durch die ersten, damals noch hölzernen Druckpressen (siehe Abb. S. 11). Von Mainz aus verbreitete sich der Buchdruck rasch in ganz Europa. Erst im 19. Jh. setzte die technische Weiterentwicklung des Buchdrucks – u. a. um 1800 mit der eisernen Handpresse, um 1812 mit der Schnellpresse und um 1860 mit der Rotationspresse sowie 1886 mit der Zeilenguß-Setzmaschine – ein (siehe auch S. 11).

Bussole. Magnetkompaß. Horizontal drehbare Magnetnadel mit drehbarer Windrose, verbunden mit Visiervorrichtung. Die Bussole fand neben der Verwendung als Marschkompaß auch für einfache topographische Aufnahmen Anwendung.

Chromolithographie → S. 39

Chronographie. Anleitung, Land mittels Meßschnur und Bussole zu kartographieren (siehe S. 12).

Cosmographie (Kosmographie). Beschreibung der Welt – im Gegensatz zur Geographie als Beschreibung der Erde – durch mathematisch-geographische und astronomisch-geographische Darstellungen. Der Begriff erhielt durch Sebastian Münster einen neuen Sinn, nachdem er seine Kompilation von geographischem, historischem und alterskundlichem Wissen als »Cosmographey« publiziert hatte (siehe S. 12).

Druckstock, auch Bildstock. Im Buchdruck ein schrifthoher Holzschnitt oder ein Klischee auf Holzfuß.

Eisenbahnkarten → S. 28

Ereigniskarten → S. 28

Ethnographische Karten → S. 28

Exemplar (Stück). Vor allem bei Graphiktechniken mit rasch abgenützten Druckplatten ist es wichtig, ein frühes, druckfrisches Exemplar zu besitzen. Heute dient die Numerierung der Druckfolge bei Graphiken vor allem der Werterhöhung, da die modernen Techniken ansonsten riesige Auflagen zulassen.

Farblithographie → S. 39

Flächentreue ist neben der Winkeltreue eine wichtige Voraussetzung der Kartenprojektion (siehe S. 6 f).

Foliant. Buch in Folio-Format.

Folio (ital.: Bogen). Abgekürzt: fol. oder 2°, größtes Buchformat: Seite = 1/2 Bogen; Papierformat 21 x 33 cm.

Geländedarstellung. Zu verschiedenen Zeiten waren unterschiedliche Arten der kartographischen Darstellung üblich. Die bereits im Altertum bekannte Aufrißzeichnung stellte Gelände als in die Ebene umgeklappte Profile dar. Daraus entwickelte sich in der Renaissance die schablonenhafte Profildarstellung. Dabei entstanden allerdings große »sichttote« Räume, z. B. hinter Bergsilhouetten. Es entsprach dem Wunsch der größtmöglichen Nutzen von Karten, daß möglichst das gesamte Gelände dargestellt wurde. Durch die Kavaliers- bzw. Vogelperspektive (siehe dort) konnte dieser Anforderung verbessert nachgekommen werden. Eine allumfassende Geländedarstellung ermöglichte die seit dem 17. Jh. eingeführte Grundrißdarstellung (siehe Grundriß).

Generalkarten → S. 28

Geographie, Erdkunde. Behandelt als allgemeine Geographie das Erdganze nach seinen Eigenschaften, und zwar in der mathematischen Geographie die Gestalt und Größe der Erde sowie ihre Stellung im Weltenraum; in der physikalischen Geographie oder Geophysik ihre physikalischen Eigenschaften wie Dichte, Schwere, Wärme, Magnetismus und schließlich in der physischen Geographie die Erdoberfläche mit ihrer Stein-, Wasser- und Lufthülle sowie das davon abhängige Tier- und Pflanzenleben (Bio-Geographie) und den Menschen (Anthropo-Geographie).

Geographische Breite eines Ortes ist sein auf dem Meridian in Bogengraden gemessener Abstand vom Äquator.

Geographische Länge ist der Winkel zwischen dem Meridian (Längenkreis) eines Ortes und dem Nullmeridian von Greenwich (westlich oder östlich bis 180°). Orte gleicher geographischer Länge haben gleiche Uhrzeit (wahre Ortszeit). Bei Abstand von 1° beträgt der Zeitunterschied 4 Minuten.

Geschichtskarten → S. 28

Gletscherkarten → S. 28

Globus (lat. = Kugel). In der Frühzeit »Erdapfel« genannt. Ist das körperlich verkleinerte kugelförmige Abbild der Erde, das Flächen, Strecken und Winkel richtig, d. h. ohne Verzerrungen wiedergibt. Neben Erdgloben gibt es Abbilder der scheinbaren Himmelskugel (Himmelsglobus, seltener Mondglobus). Zu den ältesten Globen zählt der »Erdapfel« von Behaim (siehe Abb. S. 21), zu den größten der von Coronelli für Ludwig XIV. von Frankreich gefertigte Globus mit einem Durchmesser von 384 cm (siehe S. 23). Zur Geschichte der Globen siehe auch S. 21–23.

Gradabteilung, Gradfeld. Der Teil des Erdellipsoids, der von zwei aufeinanderfolgenden Längen- und Breitengraden eingeschlossen wird. Karten, die von Längen- und Breitengraden begrenzt werden, heißen Gradabteilungskarten, z. B. die topographische Karte 1 : 25 000 (wurde früher auch Meßtischblatt genannt).

Grenzkarten → S. 28

Grundriß. Zeichnerische Darstellung eines Gegenstandes als Projektion auf die waagrechte Ebene. Im kartographischen Sinn ein Aufsichtsplan z. B. einer Stadt oder eines kleineren Gebiets. Damit lassen sich umfassend natürliche Gegebenheiten kartographisch darstellen (vgl. Kat.nr. 265).

Grundrißsignatur. Kartenzeichen, dessen geographische Form vom Grundriß des wiederzugebenden Gegenstandes abgeleitet wird. Sie gehören zu den bildhaften (sprechenden) Zeichen der Kartographie. Sie kommt bildhaft, bildhaft-stilisiert, abstrahiert und in schematisierter Form vor.

Heligravüre → S. 38

Himmelskarten → S. 28

Historische Karten. Siehe Geschichtskarten → S. 28

Höhenschichtenkarten → S. 28

Holzschnitt → S. 34

Holzstich → S. 35

Inkunabelkarten → S. 28

Isolario, Insularium, Inselbuch. Vor allem im 15. bis 17. Jh. von Reisenden und Seeleuten benützte Mischform aus Portulanatlas (Karten) und historischem Handbuch mit Reisebeschreibungen und Wegerläuterungen. Bartolomeo brachte 1485 das erste gedruckte Isolario heraus, das Bordone 1528 deutlich erweiterte (siehe Kat.nr. 99).

Itineria (Itinerar). Routenkarte. Ursprünglich Reisehandbuch mit Straßenkarten der römischen Zeit mit Angaben über Straßennetz, Stationen, Entfernungen u. ä. Ein getreues Bild einer römischen Itineriakarte hat sich in der Peutingerschen Tafel (siehe Abb. S. 9) erhalten (siehe auch S. 10).

Jakobstab. Wegen der Ähnlichkeit mit entsprechenden Pilgerstäben so benanntes astronomisch-geographisches Gerät, das hauptsächlich zur Messung terrestrischer Distanzen (Turmhöhen, Flußbreiten u. ä.) sowie zur astronomischen Bestimmung von Winkeldistanzen zweier Himmelskörper diente. In der Seefahrt verwandte man den Jakobstab zur Bestimmung von Sonnenhöhe und zur Festlegung geographischer Breiten. Daraus resultiert seine Bedeutung für die Kartographie (siehe Abb. S. 12).

Kartenarten → S. 28–33

Kartenprojektion. Methode der Abbildung der Koordinatenlinien einer sphärischen Fläche (Kugel, Globus) in die Ebene (Fläche, Karte) zum Zwecke der Konstruktion von Land-, See- und Himmelskarten. Erste Anleitungen zur Gradnetzkonstruktion in der Ebene stammen von Ptolemaeus. Er stellte zwei Abbildungsarten für Weltkarten vor, die später als echte und unechte Kegelabbildung gedeutet wurden. In der Renaissance nahm die Entwicklung einen bedeutenden Aufschwung und gipfelte in der gebräuchlichsten, sogenannten Merkatorprojektion (siehe hierzu Abb. S. 7 sowie Abb. S. 6). Die Kartenprojektion gehörte zu allen Zeiten zum größten Problem der Kartographie (siehe S. 6).

Kartierung. Geographische Kartenaufnahme, deren Ergebnisse ins Kartennetz eingetragen werden.

Kartographie (lat.-griech.). Kartenwissenschaft, Entwurf und Erstellung aller Arten von Landkarten.

Kartusche. Eine vor allem seit der Renaissance in der Baukunst, dann aber auch in allen kunsthandwerklichen Bereichen verwendete Ornamentenform. Eine schild- oder medaillonförmige Reserve (freie Fläche) für Inschriften, Wappen oder Signaturen wird von Voluten, Rollwerk u. ä. reich geschmückten Umrahmungen eingefaßt (siehe Abb. S. 13 und Abb. S. 15).

Kavaliersperspektive. Der Name leitet sich aus dem Befestigungswesen des 30-jährigen Krieges ab. Den erhöhten Abschnitt (Turm) des Hauptwalls einer Festung nannte man »Kavalier«. Die aus diesem Standpunkt gefertigte Parallelprojektion auf eine lotrechte Bildfläche (Aufrißebene) bildete Breiten und Höhen in wahrer Größe, die Tiefe auf die Hälfte verkürzt ab. Es handelt sich um eine halbperspektivische, aufrißtreue Darstellung unter Winkeln von 30° bis 45°.

Kinderspielkarten → S. 28

Klimakarten → S. 28

Kolorierung. Verwendung von Farbe als Mittel zur Verdeutlichung kartographischer Informationen, z. B. der Grenzkolorierung oder der Geländedarstellung durch Flächenkolorit. Daneben fand die Kolorierung jedoch auch aus rein ästhetischen Gründen Anwendung. Bei Veduten wurde durch die natürliche Kolorierung eine erhöhte Bildwirkung von Graphiken erzielt.

Kompaß. In einem Gehäuse über einer Windrose drehbar angebrachte Magnetnadel zur Bestimmung der Nordrichtung. Der Schiffkompaß wurde zur Waagrechthaltung in kardanischer Aufhängung angebracht. Anfangs verwendete man einen auf einer Holzplatte schwimmenden länglichen Magnetstein »Lapis polaris« (siehe Abb. S. 18). Nach 1250 erhielt die Magnetnadel eine Windrose (siehe Abb. S. 16). Anfang des 14. Jh. begann die Positionsbestimmung mit Kompaß und Jakobstab (siehe dort), ab ca. 1400 die Koppelnavigation mit dem Kompaß.

Kompaßkarten → S. 29

Kupferstich → S. 35

Längenbestimmung. Teil der astronomischen Ortsbestimmung. Dadurch wird die geographische, aber auch astronomische Länge eines Erdortes festgelegt. Die geographische Länge ist der Winkel, den der Meridian eines Ortes mit dem Bezugs- bzw. Nullmeridian einschließt. Die Längenbestimmung war bis ins 18. Jh. eines der größten Probleme der Geographie.

Landesaufnahme. Im weiteren Sinn Landesvermessung. Man versteht darunter die Summe der Arbeiten für einheitliche Vermessung, topographische Aufnahme und kartographische Darstellung eines Landes oder eines größeren Gebietes (siehe Kat.nr. 211).

Landesaufnahmekarten → S. 29

Landkarte. Verkleinerte Abbildung der Erdoberfläche oder eines Teiles davon. Zu den verschiedenen Landkartenarten siehe auch S. 28–33.

Landtafel. In der Renaissance gebildeter Begriff für großmaßstäbige Karten kleiner Gebiete. Später auch größere territoriale Einheiten sind jedoch durch entsprechend einheitliche Rahmung zusammengefaßt, auch wenn sie aus mehreren Teilen bestehen (siehe S. 12 und Kat.nr. 164).

Legende (lat. = »das zu Lesende«). Erläuterungen (Zeichenschlüssel) zu den Symbolen und Piktogrammen, Farben, Ausschnitten aus der Karte, den Abkürzungen, Buchstaben und Ziffern. Meist als Block am Kartenrand oder früher in kunstvollen Reserven (siehe unter Kartusche). Beispiele zeigen die Abb. S. 7.

Lithographie → S. 35

Luftfahrtkarten → S. 29

Manuskriptkarten → S. 29

Maßstab (Kartenmaßstab). Das Verhältnis der Verkleinerung eines Kartenbildes gegenüber der Natur. Z. B. bedeutet der Maßstab 1 : 100 000, daß 1 cm auf der Karte 100 000 cm = 1 km in der Landschaft entspricht. Mit kleiner werdendem Maßstab vergrößert sich der Ausschnitt der Karte. Danach teilt man Karten in Pläne (Maßstäbe 1 : 5 000 bis ca 1 : 10 000), topographische Karten (Maßstäbe 1 : 10 000 bis 1 : 100 000, selten 1 : 300 000) und in die kleinmaßstäblichen General- oder Übersichtskarten ein.

Meereskarten → S. 29

Meridian. Mittagskreis: der durch beide Himmelspole und durch Zenit und Nadir eines Ortes gezogene Kreis, in dem alle Sterne ihre höchste (und niedrigste) Stellung erreichen (Meridianhöhe). Den Meridianen des Himmels entsprechen die auf dem Globus durch die Erdpole senkrecht zum Erdäquator verlaufenden Meridiane (Längenkreise). Die parallel zum Äquator verlaufenden Breitenkreise teilen alle Meridiane in 180 Breitengrade.

Militärkarten → S. 29

Minaralienkarten. Siehe Bergbaukarten → S. 28

Mondkarten → S. 29

Nachstich. Eine nach der Originalplatte hergestellte Druckplatte (vor allem Kupferstichplatte) wurde zum Herstellen von Nachstichen verwandt. Diese waren vor allem im 17., aber auch 18. Jh. bei den Landkarten üblich.

Navigationskarten → S. 29

Offizin (lat. = Werkstätte). Vor allem im Verlagswesen und bei Buchdruckereien sprach und spricht man von einer Offizin oder bei großen Unternehmen in der Mehrzahl von Offizin.

Orientierung. Ausrichtung nach Himmelsgegenden. In der Kartographie versteht man darunter die Himmelsgegend am oberen Kartenrand. Heute ist es üblich, daß unsere Karten nord-orientiert sind, d. h. der Norden befindet sich bei diesen Karten oben. Frühchristliche Karten waren ost-orientiert. Es gab aber auch süd- oder west-orientierte Karten (siehe S. 22).

Ökonomische Karten → S. 29

Panorama. Rundblick, Gesamtansicht einer Landschaft. Vor allem im 19. Jh. war es beliebt, auf breiten, schmalen Papierbahnen Landschaften im Rundblick – bis zu 360° – darzustellen (vgl. Kat.nr. 334, 373, 395).

Periplus (griech. = Umfahrt, Mehrzahl Peripli, korrekt: Periploi). Im Altertum gebräuchliche Handbücher mit Beschreibungen von Meeresküsten, Erdteilen, Inseln. Meist mit nautisch-technischen Angaben über Tiefe der Häfen, Sandbänke und dergleichen (siehe S. 10).

Phantasiekarten → S. 30

Photozinkographie → S. 39

Physikalische Karten → S. 30

Piktogramme. Bilderzeichen, d. h. bildhafte, »sprechende« Zeichen zur Darstellung geographischer Situationen auf Karten (siehe Abb. S. 7). Vergleiche auch unter Legende und Zeichenschlüssel.

Plan, Grundriß. Karte eines kleinen Gebiets, z. B. einer Stadt, in großem Maßstab (siehe S. 65, Kat.nr. 244 ff).

Plattkarten → S. 30

Politische Karten → S. 30

Portolan. Mittelalterliche Seekarte, vor allem für die Schiffahrt entlang der Küste aufgezeichnet.

Postroutenkarten → S. 30

Prähistorische Karten → S. 29

Privileg(ien). Sonderrecht bzw. Sonderregelungen zugunsten einer Person, einer Zunft oder einer Vereinigung. Hierzu gehörten in Städten und Ländern die Verleihung von Titeln, verbunden mit Einräumung eines Monopols oder sonstigen Vergünstigungen, wie steuerliche Vergünstigungen u. ä. Auch Karten- und Globenhersteller (siehe S. 22 f) bemühten sich um solche Privilegien (siehe auch Kat.nr. 183).

Prospekt, Ansicht, Aussicht. In der Topographie versteht man darunter die bildliche Darstellung von Straßen, Plätzen, Städten u. ä., wobei die sachliche Wiedergabe wichtiger ist als künstlerische Gesichtspunkte (vgl. Kat.nr. 349, 350, 374, 391).

Punktmanier → S. 38

Quadrant. Winkelmeßinstrument, dessen Teilkreis ein Viertel des Vollkreises, also 90°, umfaßt (Sextant = 60°, Oktant = 45°). Astronomisch-geographisches Gerät; in der Kartographie zur Breitenbestimmung bedeutsam (siehe Abb. S. 12).

Radierung → S. 35
Radkarten → S. 30
Radfahrerkarten → S. 30
Reisekarten → S. 31
Reisewegkarten → S. 31

Reserve. Eingefaßte, freie Fläche zur Aufnahme von Inschriften u. ä. (siehe unter Kartusche).

Sammelatlas. Im Gegensatz um üblichen Atlas (siehe dort) werden hier unterschiedlichste Karten unter Sammleraspekten zusammengefaßt. In diesem Sinn war die Sammlung von Karten, die Lafreri um 1556 bis 1572 in Rom zusammengestellt und herausgegeben hat, der erste Sammelatlas (siehe S. 24). Im engeren Sinn versteht man jedoch darunter Kollektionen von Karten, teils vermischt mit topographischen Ansichten unterschiedlicher Art und verschiedener Epochen. Neben dem Prinz-Eugen-Atlas (siehe S. 26) ist hier der Sammelatlas des Freiherrn Ph. von Stosch zu nennen, den dieser zwischen 1720 und 1757 zusammengetragen hat, und der 324 Bände mit 28 253 Karten umfaßt haben soll. Ein außergewöhnlicher Sammelatlas ist derjenige des »Großen Kurfürsten« Friedrich Wilhelm (regierte 1640–1683), der riesige, hervorragend kolorierte Wandkarten des 17. Jh. enthält.

Schabkunst → S. 38
Schlachtenkarten → S. 31
Seekarten → S. 31
Spezialkarten → S. 31
Sprachenkarten → S. 31
Stadtkarten → S. 32
Stahlstich → S. 38
Statistische Karten → S. 32
Straßenkarten → S. 32

Taschenatlas. Kleinformatiger Atlas, was auch die fremdsprachigen Bezeichnungen bezeugen: Atlas minor, Atlas portatilis, Atlas minimus, Atlas portatif, Petit atlas, Atlas de poche, pocket atlas. Im 15. Jh. gab es bereits Portolane im Taschenformat, jedoch kann man erst P. Galles »Spieghel der Werelt« von 1577 mit 72 Karten im Format 24 x 19 cm tatsächlich als einen Taschenatlas ansprechen (vgl. Kat.nr. 17).

Topographie (griech. = Ortsbeschreibung). Ursprünglich die Beschreibung der Bodenform, Gewässer, Vegetation, Besiedlung, Verkehrswege u. ä. eines Landes, einer Gegend oder eines Ortes. Inzwischen versteht man auch die Darstellung der Erdoberfläche in Sonderkarten (topographischen Karten) auf Grund von topographischen Aufnahmen (Landesvermessung) darunter.

Topographische Karten → S. 32
Touristische Karten → S. 32

Triangulation (Dreiecksmessung). Klassisches Verfahren zur Erstellung eines trigonometrischen Netzes für die Zwecke der Erdmessung, der Landesaufnahme sowie als Grundlage für weitere Vermessungsarbeiten (siehe auch Kat.nr. 211).

Vedute. Ansicht, Bild einer Stadt oder Landschaft, das die Örtlichkeit möglichst sachgetreu wiedergibt. Die Grenzen zur Architekturmalerei sind fließend. Die Veduten sind seit dem 15. Jh. in der Graphik – ein Höhepunkt waren die Merian-Stiche im 17. Jh. – verbreitet (vgl. Kat.nr. 381, 385). Im 18. Jh. nahm sich besonders die italienische Malerei – erinnert sei an Canaletto und Guardi – dieses Sujets an. Verwandt mit der Vedute ist der Prospekt und das Panorama, das nach einem Sehwinkel bis zu 360° gearbeitet ist.

Vegetationskarten → S. 32
Verbreitungskarten → S. 32
Verfremdete Karten → S. 32
Verkehrskarten → S. 32

Vignette. Kleine Verzierungen – meist ornamental, seltener figürlich oder mit bildlicher Darstellung – am Anfang oder am Ende einer Buchseite oder auf dem Titelblatt. Diese Verzierungen in der Buchkunst waren besonders im Rokoko beliebt.

Völkerkarten. Siehe ethnographische Karten → S. 28

Vogelperspektive (Vogelschaudarstellung). Schrägsicht aus großer Höhe auf schräge Bildebene. In Zentralperspektive ergibt sich dabei ein Vogelschaubild, durch Parallelperspektive entsteht eine Vogelschaukarte. Die Vogelperspektive gibt im Gegensatz zur horizontalen Karte (Senkrechtluftbild) oder zur lotrechten Bildebene (Ansicht, Profil) den dreidimensionalen Raum anschaulich wieder.

Wandkarten → S. 32
Weltkarten → S. 32
Wetterkarten → S. 32 f

Windrose. Scheibe, auf der die Himmelsgegenden aufgezeichnet sind. Die Windrose beim Kompaß ist außerdem in Grade unterteilt (siehe Abb. S. 16).

Wirtschaftskarten → S. 33

Zeichenschlüssel (Zeichenerklärung, Legende). Liste der in einer Karte enthaltenen Zeichen sowie deren begriff-verbale Erklärung. Die Zeichen als Symbole, Farben, Abkürzungen, Buchstaben, Ziffern u. ä. finden sich meistens in einem Block am Kartenrand, bei Atlanten im Vorwort.

Zinkographie → S. 39

Der Markt und die Preise

Der Markt für alte Landkarten, Atlanten und Globen sowie für topographische Bücher und Ansichten unterscheidet sich nur unwesentlich vom Antiquitäten- und Kunstmarkt allgemein. Trotzdem hat sich ein spezialisierter Kreis von Antiquaren, Auktionatoren und Buchhandlungen den Löwenanteil dieses Marktes gesichert. Und wenn auch in den Kunstauktionshäusern immer wieder entsprechende Objekte offeriert werden, so wird ein Sammler ein bestimmtes Stück am ehesten im Spezialhandel finden. Trotzdem kann es viel Geduld erfordern, bis die Suche nach einer speziellen Landkarte oder Ansicht zum Erfolg führt. Sammelwürdige Atlanten, topographische Bücher sowie Einzelblätter sind alte Druckerzeugnisse. Sie können nicht einfach bestellt werden, sondern man ist auf das Angebot des Marktes angewiesen. Daher spielen auch die einstigen Herstellungskosten für die heutige Preisgestaltung keine Rolle mehr. Angebot und Nachfrage bestimmen den Preis.

Das Angebot rekrutiert sich aus Verkäufen aus Privatbesitz, aus Auflösungen von Sammlungen und Nachlässen. Junge Sammler, Kunstfreunde, Archive und Bibliotheken stellen das Gros der Interessenten und Käufer. Soweit es sich um private Erwerber handelt, kommen die erworbenen Stücke früher oder später wieder auf den Markt. Von diesem Kreislauf lebt der Handel mit kartographischen und topographischen Erzeugnissen. Werden bedeutende Atlanten oder Sammlungen jedoch von öffentlichen Museen oder Bibliotheken erworben, so kommen sie in der Regel nicht mehr auf den Markt. Anschauliche Beispiele dafür wurden bereits im Kapitel »Vom Sammeln alter Landkarten« angeführt (siehe S. 41 und 42).

Es ist verständlich, daß unter diesen Umständen das Angebot immer kleiner wird. Berücksichtigt man außerdem die unseligen Kriegsverluste, die Reduktion durch Unverstand u. ä., so wird deutlich, daß einer begrenzten Offerte eine stetig steigende Nachfrage gegenüber steht. Seit dem 19. Jahrhundert wurde aus dem elitären Hobby, Kunst und Antiquitäten sowie Verwandtes zu sammeln, eine Sammelleidenschaft, die alle Schichten der Bevölkerung erfaßte. Voraussetzung dafür waren die großen wirtschaftlichen und sozialen Veränderungen des 19. und frühen 20. Jahrhunderts. Sie gipfelten in einer für alle erfreulichen Prosperität nach dem Zweiten Weltkrieg. Fast jeder Liebhaber alter Landkarten oder Ansichten wurde damit in die Lage versetzt, sich seine Sammelwünsche zu erfüllen. Wie der Kunstmarkt ingesamt, so erlebte auch das Antiquariat eine ungeahnte Blütezeit. Wenn heute die wirtschaftlichen Voraussetzungen nicht mehr so rosig sind, behauptet sich doch – abgesehen von einer Beruhigung der überhitzten Nachkriegsphase – der Graphikmarkt insgesamt sehr konstant. Als Beweis dafür werden von aktuellen Auktionen immer noch Ergebnisse in sechsstelliger Höhe vermeldet (vgl. Farbabb. F4).

Ausgefallenen Angebote mobilisieren kapitalkräftige Käufer, folglich werden beachtliche Preise erzielt. Und da die hier abgebildeten Objekte leicht und problemlos im- und expor-

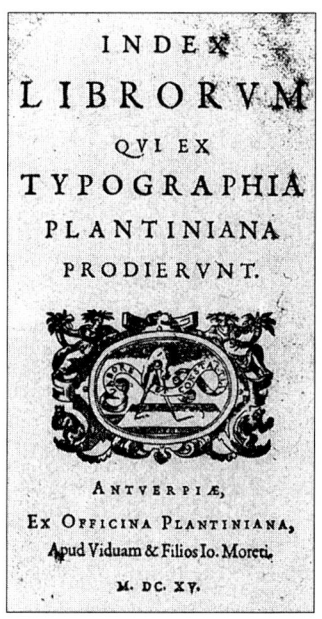

»Wolfgang Endter der älter Buchhändler ...«, 1593-1659. Kupferstich von J. M. Dilherz, 18 x 13 cm. Daß auch seine Nachkommen in dieser Profession tätig waren, bezeugt der Kupferstich auf S. 41 aus dem Endters-Verlag 1721.

Titelseite zu »Index librorum qui ex typographiea Plantiniana« von Plantin-Moretus, Antwerpen 1615 – Platins erster Verlagskatalog (RA 47/57). Mit Verlagsverzeichnissen und Angebotslisten (siehe Abb. S. 25) machten die weltweit liefernden holländischen Offizin auf ihre reichen Offerten aufmerksam.

»De Boekhandelaar« – »Der Buchhändler«, berufsständischer Kupferstich aus einer Sammlung von Berufsdarstellungen, 18. Jh.

tiert werden, kann jederzeit der zahlungskräftigste Markt erschlossen werden. Das ist vor allem für regionale Objekte von Bedeutung. Atlanten Landkarten, Pläne und Topographien haben in der Regel einen besonderen Bezug zu geographischen Orten. Dieser Bezugsort spielt daher für die Bewertung und den Preis eine wichtige Rolle. Eine süddeutsche Landkarte wird in der Regel vor Ort einen besseren Preis erzielen, genauso wie sich eine Hamburger Ansicht in München nicht so gut veräußern läßt wie im hohen Norden. Zwar haben die modernen Verkehrsmittel die Distanzen reduziert, doch immer noch ist der Kauf vor Ort einfacher und bequemer. Der eventuelle Mehrpreis kommt meist durch die gesparten Reisekosten wieder herein.

Außer dem Sujet spielt aber auch die Seltenheit eines Druckerzeugnisses eine wichtige Rolle. Diese Tatsache mag folgendes Beispiel anschaulich erläutern: Die Universitätsstadt Heidelberg war in früheren Jahrhunderten eine bekannte und dementsprechend häufig dargestellte Stadt. Heute spielt sie eine wesentlich unbedeutendere Rolle, daher sind alte Heidelberg-Ansichten in der Regel preiswert zu erwerben. Im Gegensatz dazu war Stuttgart bis ins 18. Jahrhundert hinein eine Provinzstadt: Ludwigsburg war die Residenzstadt der württembergischen Herzöge! Daher wurden Stuttgart-Ansichten früher in nur kleinen Auflagen herausgebracht. Heute dagegen ist Stuttgart Landeshauptstadt und ein wichtiges wirtschaftliches Zentrum. Als Dekorationen, aber auch als Geschenke für Firmen, werden Veduten oder Stadtpläne gesucht. Da hier einem relataiv kleinen Angebot eine große Nachfrage gegenübersteht, sind die Preise entsprechend hoch. Das gilt in gleicher Weise z. B. für Essen oder Gelnhausen. Ein weiteres Beispiel: Vor dem Fall der Mauer war die gesamte ostdeutsche Topographie wenig gefragt. Inzwischen ist hierfür ein neuer Markt entstanden: Selbstverständlich haben die Preise angezogen!

Natürlich hat auch der Zustand einen Einfluß auf den Preis: Eine gut erhaltene Karte, eine schöne Ansicht, komplette Atlanten oder Topographien bringen selbstverständlich höhere Erlöse als beschädigte, ausgebleichte, stockfleckige oder unvollständige Objekte. Und handelt es sich um druckfrische, frühe Exemplare, so kann das den Preis noch weiter steigern (vgl. Kat.nr. 300). Ebenso wirkt sich die alte, originale Kolorierung bei Landkarten und Ansichten werterhöhend aus. Und selbstverständlich, daß spätere Nachdrucke demgegenüber sehr viel preiswerter sind, und daß Reproduktionen in Licht- oder Offsetdruck nur Dekorationswert besitzen.

Diese Ausführungen machen hoffentlich verständlich, warum bei den **Preisangaben im Katalogteil** keine absoluten Einzelbewertungen angegeben wurden. Ebenso sollte man obige Ausführungen bei eventuellen Preisdifferenzen zwischen der angegebenen Preisspanne und abweichenden Forderungen im Handel bedenken und berücksichtigen. Der Wert eines kartographischen Objekts ist von zahlreichen individuellen Voraussetzungen abhängig! Ein angegebener Marktwert kann nur als Richtschnur dienen. Bei seltenen Stücken wird sich – gemäß Kaufmannregel Nr. 1 – meist sowieso ein unvorhersehbarer Liebhaberpreis herausbilden (vgl. Farbabb. F14, Kat.nr. 33, 39, 60, 61 u. a.).

Gemessen an den Preisen für moderne Graphik ist das Sammeln alter Landkarten und Ansichten ein erschwingliches Hobby. Wer den folgenden Katalogteil aufmerksam betrachtet, wird außerdem feststellen, wie interessant und ästhetisch reizvoll dieses Sammelgebiet ist. Außer dem – naheliegenden – Sammeln von Karten und Ansichten der eigenen Umgebung gibt es zahlreiche Möglichkeiten, unterschiedlich thematische Karten, Ansichten mit der Darstellung besonderer Ereignisse, Erzeugnisse bestimmter Kartographen oder Vedutenkünstler und ähnliches zusammenzutragen. Auch zeitlich begrenzte Kollektionenen – z. B. barocke Stadtansichten oder kriegerische Topographien des 30jährigen Krieges – können von ungewöhnlichem Reiz sein.

Was den Wert einer solchen Spezialsammlung betrifft, wird man feststellen, daß diese – gemessen an den Einzelpreisen - je nach Reiz des Themas einen bedeutend höheren Gesamtwert repräsentiert. Gerade in Zeiten stagnierender Preise können sich auf diese Art Sammlerfreude und Kapitalanlage zu einem letztendlich befriedigenden Ergebnis vereinen.

F 1

F 1 Porträt des Vizeadmirals Engel de Ruyter (geb. 1641). Auf dem Tisch neben ihm Seekarte und Navigationsbesteck. Ausblick auf salutfeuerndes holländisches Schiff. Ölgemälde von Paulus Hennekyn (1611-1672). **25.000,–/30.000,–**
NS 327/2583

F 2 JAPAN. »Nihon sankai zudo taizen«, sign. *Ishikawa Tomonobu*, Verleger: *Sagamiya Tahei*, Edo, dat. 1697. Mehrfach gefaltete Holzschnittkarte. 1060 x 1710 mm. Wie auch in Europa, befahlen die Regierenden – hier die Shogune – seit dem Ende des 16., vor allem aber im 17. Jahrhundert Kartenaufnahmen. So ist die Ryusenkarte von 1687 bekannt, wie das zweite der vier unter der Tokugawa-Herrschaft angeordneten Kartenprojekte bezeugt, während die vorliegende Karte den dritten Schritt markiert. Diese Karte begeistert durch ihre Farbigkeit, aber auch durch ihre zahlreichen Informationen, wie etwa Wegstationen, berühmte Plätze und Angaben zu Reisen oder Transporten. Die Karte erschien während der nächsten 100 Jahre in teils überarbeiteten Ausgaben. Sie wurde im Nov. 1993 für 15.000,– (Taxe 30.000) zugeschlagen. **20.000,–/28.000,–**
HH 74/4337

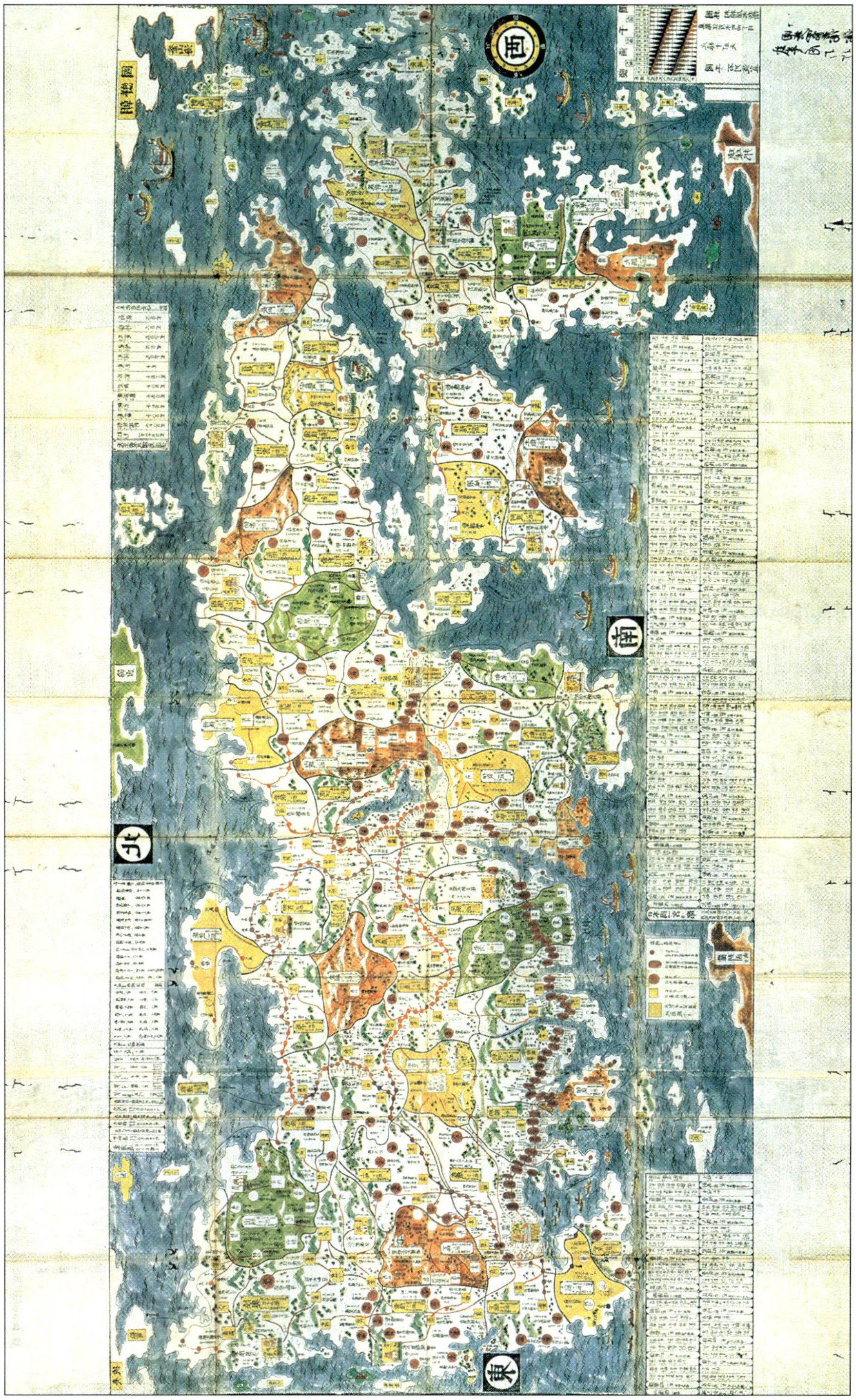

F 2

F 4

F 3 Isfahan-Sufti-Teppich, 19. Jh. 238 x 140 cm. Hochkünstlerische Inschrift in der Bordüre. Der Knüpfer signierte seine Arbeit in Nashischrift: »In Fleißarbeit von mir – Mohammed Hossein Ibne Mohammed. Sagegh – Al – Mussawi – Isfahani – wohnhaft (gebürtig) Bid-Abad (kleiner Ort bei Isfahan)«. Um die auf beiden Halbkugeln dargestellte Erde sind Figuren der persischen Sage und Geschichte plaziert.
19.000,–/25.000,–
NS 325/4402

F 4 Rochefoucauld-Atlas, benannt nach dem Vorbesitzer mit dem Besitzerstempel »Château de la Roche – Guyon – Bibliothèque«. Sammelatlas in 33 Groß-Folio-Bänden mit ca. 1800, meist doppelseitigen Landkarten, einigen Plänen und wenigen Ansichten. Der Inhalt stammt aus der Zeit von ca. 1550 bis 1760. Ca. 560 x 420 mm. Dieser bedeutende Atlas erzielte im Frühjahr 1974 600.000,–. **650.000,–/800.000,–**
RA 54/3005
(Vgl. auch Kat.nr. 37, 133, 186)

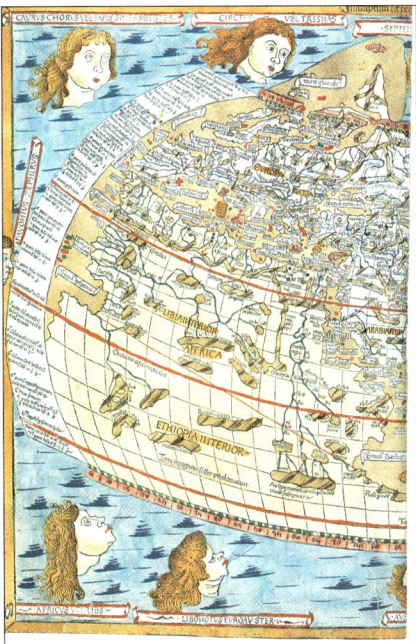

F 5

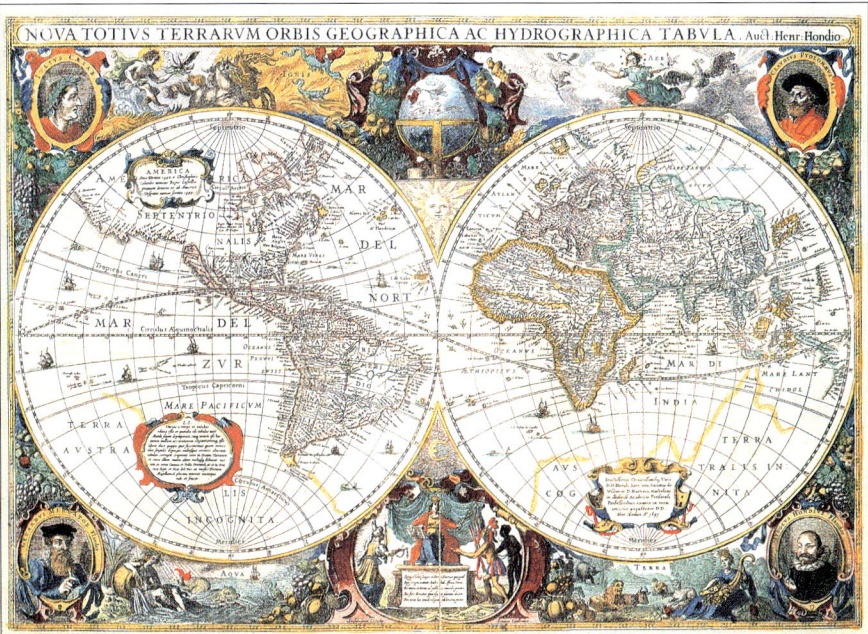

F 6

F 5 WELTKARTE aus der »Cosmographia« des *Claudius Ptolemaeus*. Eine der frühesten gedruckten Weltkarten. Auf der oberen Umfassungsleiste ist sie vom Künstler bez.: »Insculptum est per J(ohannes) Schnitzer (aus) Arnßheim« (Armsheim in Hessen). Doppelblattgroßer Holzschnitt von 1486, breitrandiges Exemplar.
413 x 288 mm (Detailabb.). **5.000,–/6.500,–**
Die Karte ist in der *Ptolemaeus*-Ausgabe (übersetzt von *Jacobus Angelus*), gedruckt von *Johann Reger*, Ulm 21.7.1486 für Justus de Albano aus Venedig enthalten. Ein Expl., Fol. 140 Bll. mit einigen schematischen Holzschnitten, 32 kolorierten Holzschnittkarten, in z. T. Orig.-Einband wurde im April 1993 für 315.000,– versteigert.
300.000,–/380.000,–

HH 71/253

F 6 WELTKARTE. »Nova Totius Orbis ...«, in zwei Hemisphären mit reicher Ausschmückung: oben mittig Globus, in den Ecken Julius Caesar, *Claudius Ptolemaeus*, *Gerardus Mercator* und *Judocus Hondius*, dazwischen die vier Elemente. Unten figürliche Allegorie: Asien, Amerika und Afrika huldigen Europa. Kolor. Kupferstich von *Henricus Hondius*, 1630. 380 x 545 mm.
7.500,–/9.000,–

RA 48/3018 und 49/2733

Dieselbe Karte findet sich auch in dem »Novus Atlas, Das ist Welt-Beschreibung mit schönen newen ausführlichen Tafeln. Inhaltende Die Königreiche und Länder des gantzen Erdtreichs« von *Johann Janssonius*, Amsterdam, 1649/47. Gr.-Fol. mit sieben goldgehöhten Kupfertiteln, 375 Kupferkarten und drei Kupfern sowie mehreren Holzschnitten – alle sorgfältig koloriert – in vier Bänden. Der Atlas wurde im April 1993 für über 87.500,– versteigert.
80.000,–/100.000,–

HH 71/805

F 7 WELTKARTE. »Typus oribis Terrarum«, in schöner, klarer Darstellung. Oben »Terra Septembtrionalis incogniat« und unten »Terra australis Nondum cognita« (vgl. Kat.nr. 110), eingefaßt von zeittypischem Roll- und Bandelwerk sowie Vegetabilien und floralem Beiwerk. In den vier Ecken Zitate von Cicero und Seneca. Bez.: »Ab(raham) Ortelius descrip. cum privilegio decennali 1587«. **6.000,–/9.000,–**

VH 62/12

F 7

F 8 **MITTEL- UND SÜDAMERIKA.** »Americae nova Tabula Aucto(ore): *Guiljelmus Blaeu* – cum privilegio decem annorum«. Teilkartusche mit Grönland. Kolor. Kupferstichkarte, um 1662, mit dem Versuch, die Erdkrümmung durch ein entsprechendes Gradnetz darzustellen. Auf den seitlichen Randleisten Eingeborenendarstellungen, oben Stadtpläne von Havanna, St. Domingo, Cartagena, Mexico, Tusca, Potasi, I(sola) la Mocha in Chili, Rio Janeira, Olianda in Pharnambuco. 411 x 552 mm. **5.000,–/6.500,–**

F 9 **VIRGINIA MIT DER CHESAPEAKE BAY.** »Nova Virginiae tabula«, west-orientiert mit der Innenansicht eines Versammlungslanghauses und der Darstellung eines Indianers sowie dem gekrönten englischen Königswappen. Kupferstich von *W. Blaeu*, um 1662. Die Karte entspricht damit in Darstellungsart – Westorientierung – und künstlerischem Beiwerk der Virginiakarte von *Kapitän John Smith*, die bereits 1631 in »Newe Welt« von *Johann Ph. Abelin* in Frankfurt/M erschien (siehe Kat.nr. 62). **4.000,–/5.500,–**
Aus dem Atlas »America quae est geographiae Blauianae ...« (vgl. F 8, F 10, F 11, Kat.nr. 64–79 sowie Nachtrag zu 61).

F 10 »**PRAEFECTURA** de Cirîii vel Seregippe Delrey cum Itapuama«, west-orientierte Kupferstichkarte aus dem *Blaeu*-Atlas (siehe Kat.nr. ???), um 1662. 431 x 545 mm.   **3.500,–/4.500,–**
(Siehe F 8–F 10, Kat.nr. 64–79 sowie Nachtrag zu 61)

F 10

F 11 **BRASILIEN.** PARAIBA und RIO GRANDE DO NORTE, »Praefectura de Paraiba et Rio Grande«, west-orientiert, interessante Darstellung einer Plantage. Entlang der Küste die zweite, dritte und vierte Seeschlacht zwischen Holländern und Spaniern 1640. Kolor. Kupferstich aus dem Atlas von *W. Blaeu*, um 1662. 437 x 555 cm.   **4.000,–/5.000,–**
(Vgl. F 8–F 10 und Kat.nr. 64–79 sowie Nachtrag zu 61)

F 11

F12

F 12 ASIEN. Amsterdam, *Joan Blaeu*, 1662. Gr.-Fol. **2.500,–/3.500,–**
HH 71/802
Aus dem Asienatlas »Asia, qua est Geographiae Blauianae par IV; libri II, vol. X. Gr.-Fol. mit elf doppelblattgroßen kolor. Karten und 17 entsprechenden Karten des »Atlas Sinensi«. **12.000,–/15.000,–**

F 13 EUROPA. »Tabula Europae III«, kolor. Radierung aus der *Ptolemaeus*-Ausgabe von *Moletius/Valgrisius*, Venedig 1562. Interessante perspektivische Darstellung der Nord- und Ostsee, von Dänemark und Deutschland. Osteuropa ist dicht mit Wild bevölkert. **1.500,–/2.500,–**
Aus der »Geographia« von *Claudius Ptolemaeus*. Erste von *Moletius* besorgte Quart-Ausgabe mit Karten der ital. Edition vom Vorjahr. Das versteigerte Expl. hat einen prächtigen geprägten Schweinsledereinband des Wittenberger Buchbinders *Gregor Bernutz* (gest. 1574). Es erbrachte im Herbst 1991 einen Zuschlag von 52.000,–.
60.000,–/80.000,–
HH 67/971

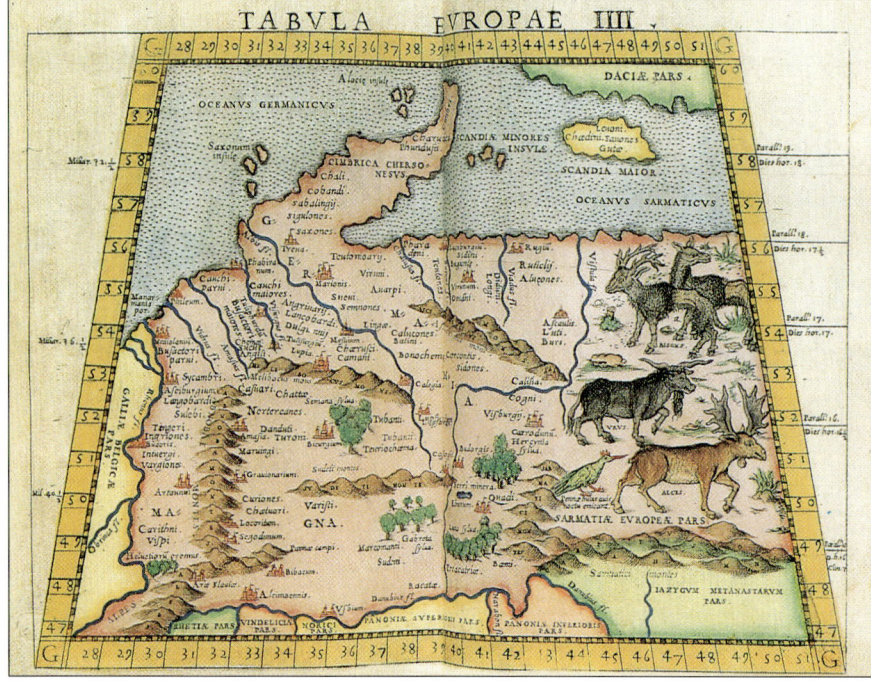

F13

F 14 ÄRMELKANAL – ENGLISCHE KÜSTE. »Carte nouvelle des costes d'Angleterre depuis la Rivière de la Tamise, jusques à Portland & des Isles voisines …«, sehr gute Seekarte mit Einzeichnung der Sandbänke, Felsen und Häfen. Prächtige Illustration mit Wappen, historischen Figuren, zwei Hafenansichten und einer Detailkarte mit Gesamtübersicht. Kolor. und goldgehöhter Kupferstich von *Romeyn de Hooghe*, um 1708. Doppelblattgroß.
1.800,–/3.500,–
Die Karte befindet sich im Seeatlas »Le Neptune francois ou Atlas Nouveau de Cartes marines. Levées et gravées par ordre expres du Roy. Pour l'usage de ses Armees de mer … Revue & mis en ordre par les sieurs *Pene, Cassini* & autres« enthalten. Teil 1 von *Hubert Jaillot*, Paris 1693, Teil 2 von *R. de Hooghe/Pierre Mortier*, Amsterdam 1708, Teil 3 ebenfalls von *Pierre Mortier*, 1700. Insgesamt 77 kolor. und goldgehöhte, meist doppelblattgroße Kupferstichkarten. Dieser Atlas – er zählt zu den schönsten überhaupt – erbrachte im Sept. 1990 einen Zuschlag von 110.000,– (Taxe 75.000,–). Das bedeutet mit Versteigerprovision und MWSt einen Gesamtpreis von fast 135.000,–.
120.000,–/180.000,–
VH 62/8

F 14

F 15 BELGIEN UND HOLLAND.
»Descriptio Germaniae inferioris«, mit von
Adler getragener Rollwerkkartusche. Kolor.
Kupferstich, Köln, 1587. Doppelblattgroß,
210 x 340 mm. **2.000,–/3.000,–**
Aus dem Atlas »Itenarium Belgium« von
Georg Braun, Köln, 1587. Der anonym
erschienene Atlas kann aufgrund einer
handschriftlichen Widmung im Kopenha-
gener Exemplar dem Kölner *Georg Braun*
zugeschrieben werden. Er gehört damit in
die Nachfolge des um 1580 erschienenen
»Itinerarium Orbis Christiani«, des ersten
speziellen Straßenatlasses. Aus diesem
Werk sind auch 20 Karten übernommen.
Mit insgesamt 44 doppelblattgroßen
Kupferstichkarten wurde der Atlas im
Sept. 1993 für 16.000,– (Taxe 18.000,–)
zugeschlagen. **18.000,–/23.000,–**
VH 68/61

F 15

F 16 GLATZ. »Comitatus Glatz« mit Titelkartusche, staffiert mit Trachtenfiguren, Tieren und gekröntem Wappen, ferner Meilenangabe und Legende. Kolor. westorientierter Kupferstich von *Jona Sculteto*, 1. Hälfte 17. Jh. 415 x 498 mm.
1.200,–/1.700,–

F 17 LUZERN. »Canton Lucern sive Illustratus Helveriorum Respublica Lucernensis ...«, mit Putten staffierte Schriftreserve, Teilkarte und Reserve für Zeichenerklärungen. Kolor. Kupferstich von *Gabriel Walser*, hrsg. von *Homann*-Erben, 1763. 470 x 560 mm. **1.200,–/1.800,–**
FL 335/5902

F 18   SCHWYZ. »Canton Schweiz sive Pagus Helvetiae Suitensis«, mit Rocaillen-Schriftkartusche sowie Ansicht von Einsiedel: »Prospect des Hoch-Fürstlichen Stiffts Einsideln«. Kolor. Kupferstich von *Gabriel Walser*, verlegt bei *Homann*-Erben, 1767. 470 x 560 mm.   **1.400,–/2.000,–**
FL 335/6034

F 18

F 19   BRAUNSCHWEIG. »Ducatus Brunsvicensis«, mit schöner Barockkartusche, von reichem Wappen bekrönt, unten mit integrierter Meilenangabe. Kolor. Kupferstich von *Janssonius*, verlegt und bezeichnet von seinen Nachfolgern *Waesberg*, *Moses Pitt* und *Stephan Swart*, nach 1665. 396 x 488 mm.   **1.600,–/2.200,–**

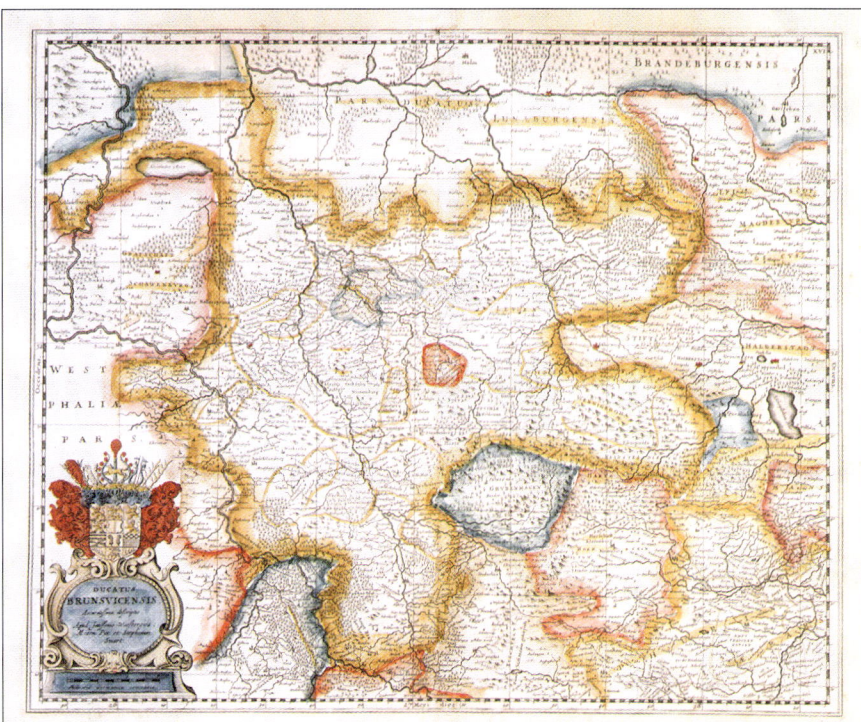

F 19

F 20

F 20 WÜRTTEMBERG. »Wirtenberg Ducatus«, Titelkartusche mit weinerntenden und -trinkenden Putten, unten Meilenangabe sowie württembergisches Herzogswappen. Kolor. und goldgehöhter Kupferstich von *Blaeu*, 2. Drittel 17. Jh. 412 x 494 mm.
1.800,–/2.800,–

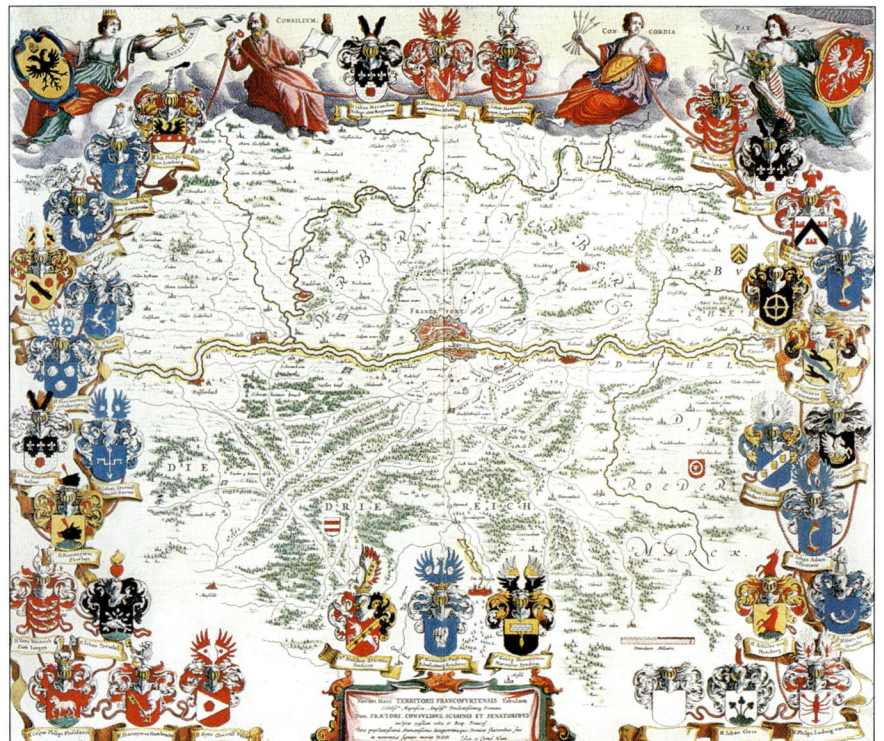

F 21

F 21 FRANKFURT UND UMGEBUNG. »Novam hanc Territorii Francufortensis Tabulam«, prachtvolle Gebietskarte, umrahmt von reich gezierten Wappen sowie figürlichen Allegorien der »Justitia, Consilium, Condordia und Pax«, unten Schriftenreserve. Doppelblattgroßer Kupferstich von *Johann* und *Wilhelm Blaeu*, um 1650. **2.800,–/3.500,–**
WH 47/243 und HH 62/590

F 22

F 23

F 22 KÖLNER CHRONIK. »Die Cronica van der hilliger Stat va Coelle«, Köln: *Johann Koelhoff d. J.*, 23. Aug. 1499, Fol., mit 368 kolor. Holzschnitten.
                                   55.000,–/65.000,–
VH 60/1943

F 23 NASSAU. »Nassovia Comitatus«, mit zwei dekorativ umfaßten Schriftkartuschen und reichem Wappen. Altkolorierter Kupferstich von *Guiljelmus Blaeu*, Amsterdam, 2. Drittel 17. Jh. 378 x 488 mm.
                                   1.800,–/2.500,–

F 24 »FRANKFURT AM MAYN«. Stadtplan und Vedute mit zweisprachigem (lat. und deutschem) Titel. Kolor. Kupferstich, »verlegt von *M. Seutter*, Röm. kaiserl. Geograph«. Augsburg, 1735. 495 x 572 mm.
                                   2.000,–/3.000,–

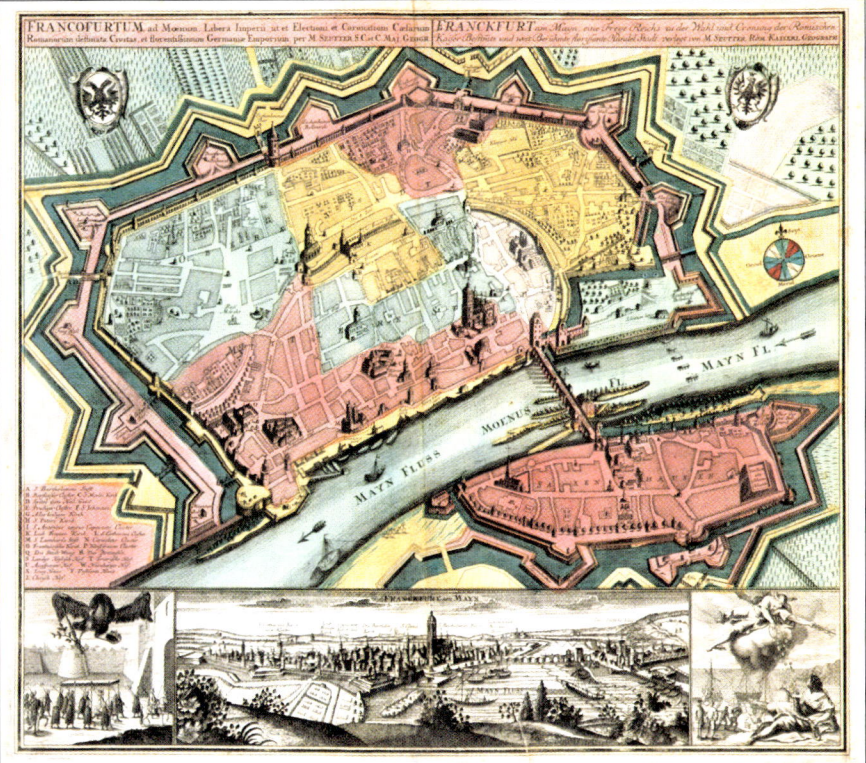

F 24

F 25

F 26

F 25   »PROSPECT VON BERLIN. Ansicht des Alexander Platzes in Berlin«, flächig-dekorativ kolor. Guckkastenbild. Kupferstich mit dreisprachigem Untertitel. Bez. Augsburg bey *Jos. Carmine*, 18. Jh. 250 x 390 mm.   **1.800,–/2.600,–**
VH 62/388

F 26   »ANSICHT VOM RATHAUS UND MARKTPLATZ IN STUTTGART«. Aquarellierte Tuschpinselzeichnung v. *L. v. Yelin*, 1. Viertel 19. Jh. 210 x 290 mm.
                                                2.500,–/3.500,–
NS 328/2592

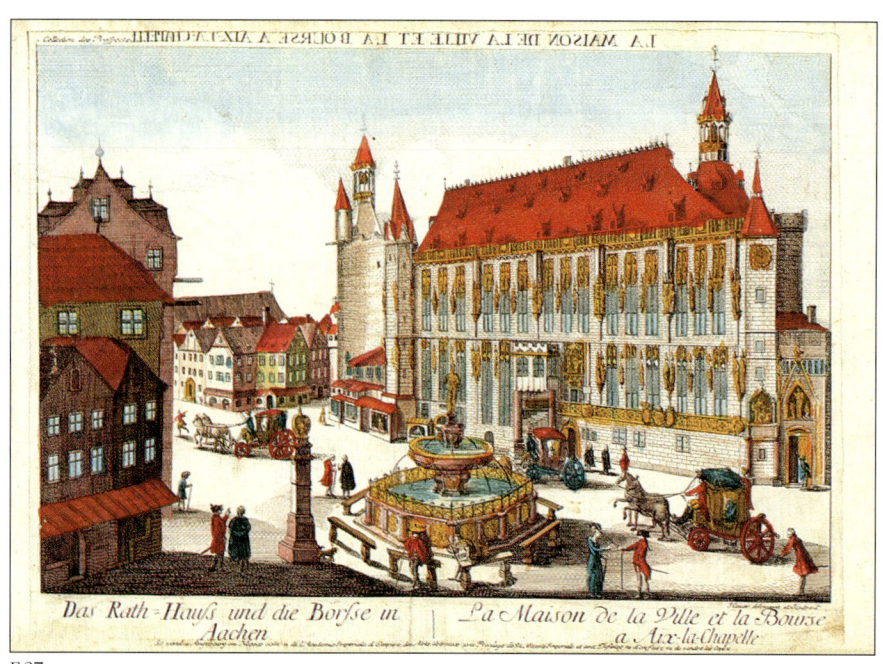

F 27

F 27   »DAS RATH-HAUS UND DIE BÖRSE IN AACHEN«. Kräftig kolor. Guckkastenbild. Kupferstich, sign. *J. Cauer* delineavit et sculpsit. 255 x 38 mm.
                                                1.200,–/2.500,–
VH 62/462

Farbteil 61

F 28 »**VUE DE THOUN**«. Umrißradierung, in Gouache ausgemalt von *J. H. Biedermann*. Schweiz, um 1800. 400 x 600 mm.
3.500,–/5.800,–
NS 323/3129

F 29 »**BIELEFELD – ANSICHT DER STADT**«. Altkolor. Umrißradierung von *Wilhelm Strade,* 1801. 417 x 603 mm.
15.000,–/20.000,–
GB 4

F 30

F 30 KIRCHHEIM U. T. Farblitho von E. Emminger/Druck von *A. Müller's* art. Anstalt in Stuttgart/Verlag von *C. Riethmüller* in Kirchheim. Sr. Majestät dem König Karl von Württemberg in tiefster Ehrfurcht gewidmet von C. Riethmüller. 417 x 624 mm. **2.500,–/3.500,–**
NS 322/3557

F 31

F 31 BAD KISSINGEN. Ansicht der Stadt. Farb-Lithographie, um 1858. 340 x 440 mm. Farbdruckerei Bonifaz Bauer, Würzburg. Zus. mit elf weiteren Blättern der Folge »Rhön-Album«: **12.000,–/17.000,–**
GB 2

Farbteil 63

F 32 »**DECEM ET TRIA LOCA CONFOE-DERATORUM HELVETIAE**«. Kolor. Gruppenblatt mit 13 kolor. Kupferstichansichten der Hauptorte aus *Braun-Hogenbergs* »Civitates orbis terrarum«, um 1600.
365 x 470 mm.   **1.500,–/2.000,–**
FL 335/5614

F 32

F 33 HANNOVER. »Die königl. Hanoverische Armee«, kolor. Umrißstich von *Hilscher* nach G. E. Opiz, verlegt von *Ludwig von Kleist*, Dresden, um 1840.
490 x 680 mm.   **4.800,–/5.800,–**
NS 325/2151
Aus einer Folge von 16 bzw. 23 europäischen und deutschen Armeedarstellungen mit deutsch-französischen Titeln (vgl. auch Kat.nr. 354).

F 33

F 34

F 34 »**ANSICHT DER STADT BELLINZONA** denen innern Theile und merkwürdigsten Umgebungen«. Gruppenstich mit Ansicht von Bellinzona und zwölf Randbildern. Aquatinta, *A. D. Schmid* (del.)/*C. Burckhardt* (sculp.), Hrsg. *I. B. Isenring* in St. Gallen, 1833. 370 x 495 mm.
2.000,–/2.800,–

FL 335/6064

F 35

F 35 »**ERINNERUNG AN DAS ALTE ZÜRICH**«. Gruppenstich mit neun kolor. Aquatinta-Stahlstich-Ansichten, anonym, um 1860. 390 x 490 mm.   **1.800,–/2.000,–**
FL 335/6205

Alte Globen

1 ARMILLARSPHÄRE. Illustration aus »Cosmographiae introductio...«, von *Peter Apian*, Paris 1550. 8° mit 30 Textholzschnitten, darunter eine Griechenlandkarte.
    1.500,–/2.000,–
HH 71/113 und 114

2 HIMMELSGLOBUS von *Joh. Gabriel Doppelmaier* und *Joh. Gg. Puschner*, Nürnberg, 1730. D. 195 mm. Kolor. Radierung auf Pappe mit Gipskreidegrund in zwölf Segmenten zu den Ekliptikpolen laufend. Wurde im Nov. 1993 für 4.200,– versteigert.
    4.000,–/6.000,–
HH 74/4205

1   2

3 HIMMELSGLOBUS. Frankreich, Ende 18. Jh. »Globe Celeste par. *M. Delalande* de l'Acadamie R'le des Scienc. 1775« und »A Paris, chez *Lattré*, Graveur Ord. de M. le Dauphin, de M. le Duc D'Orleans et de la Ville, rue St. Jacq. la Porte cochere vis-à-vis celle de la Parcheminerie.« Herausnehmbare Kugel und Meridianring mit teilweise kolor. Karten in vierarmiger Halterung mit Tierkreisring. Gedrechselter, schwarz lackierter Holzfuß.   **5.500,–/7.500,–**
SZ 52/665

4 ARMILLARSPHÄRE. Frankreich, Ende 18. Jh. »A Paris, chez le Sr. *Fortin*, rue de la Harpe, 1773«. Drehbare und herausnehmbare Ringkonstruktion mit der Erdkugel in der Mitte, in vierarmiger Halterung mit Tierkreis auf gedrechseltem und schwarz lackiertem Standfuß. Karten und Ringe teilweise koloriert. Sonnen- und Mondscheibe an Metallhalterung drehbar.
    4.000,–/5.000,–
SZ 52/666
Vgl. auch die Armillarsphäre, Frankreich, um 1800. H. 53 cm (RM 456/1799) Abgeb. in Battenberg »Kunst•Auktionen•Preise 1994«, S. 519.

3   4

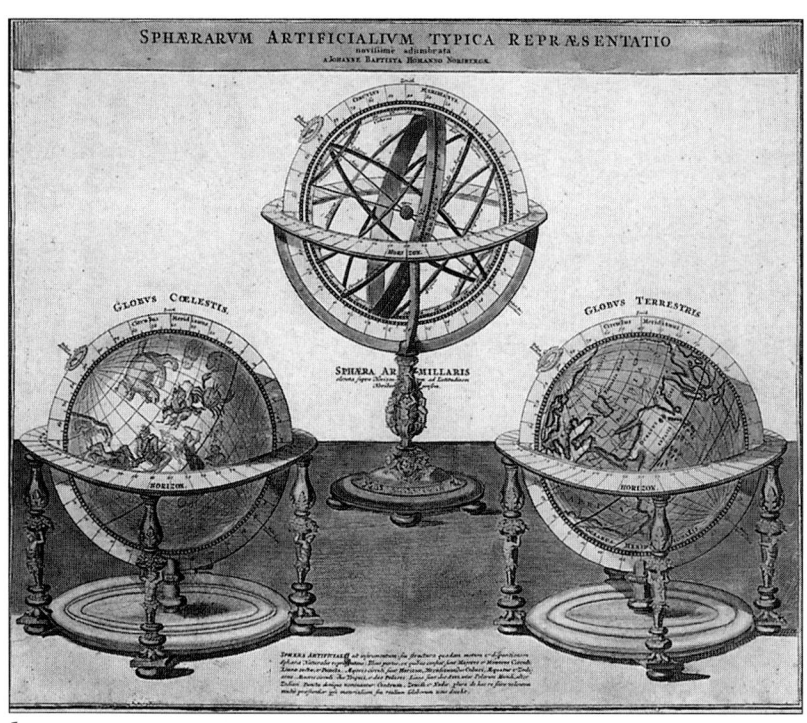
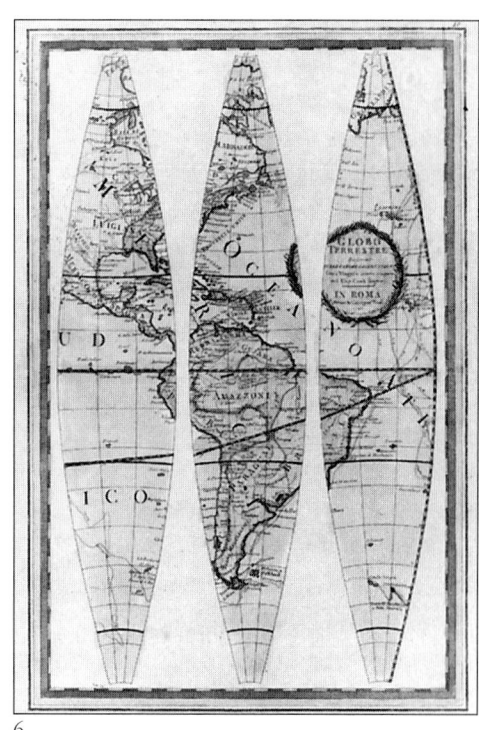

5   6

5 Darstellung eines HIMMELSGLOBUS, einer ARMILLARSPHÄRE und eines ERDGLOBUS, »Shaerum artificialium typica repräsentatio«. Kolor. Kupferstich aus dem Renard-Atlas. Vgl. Kat.nr. 19.
VH 60/10

6 DREI ERDGLOBUS-SEGMENTE. Kolor. Radierung einer Serie von kolor. Kupferstichen von je zwölf Segmenten (drei pro Blatt) für einen Erd- und Himmelsglobus mit Zubehör. D. jeweils 340 mm. Von *G. M. Cassini*, Rom 1790–1795. Insgesamt 14 Blatt, ca. 365 x 280 bis 495 x 335 mm.   **6.000,–/8.000,–**
HH 69/4326

7 WELT UND HIMMELSGLOBUS. »Die Erde So wie Sie Jetzt bekant, entworfen von *J. B. Bauer*, Mechanicus in Nürnberg 1791«. Kolor. Kupferkarten-Segmente auf Holzkern, gefirnist. D. ca. 70 mm. Als Erdkugel lose in »Globus Coelestis. ex tabulis celebrimi Astronomi Bode Delineatus a Johann Bern. Bauer«. Kolor. Kupfer des Himmelsglobus mit den Sternbildern, von *Christ. Heinr. Kummet*. Die Segmente aufgezogen auf Holzkugelhälften, die beiden Globen zum Ineinanderstecken. Gefirnist. D. ca. 100 mm.   **2.500,–/4.000,–**
VH 60/309

8 TASCHENGLOBUS. Erdglobus: »*Newton's* New & Improved Terrestial Pocket Globe« 1817. Kolor. Kupferkarten-Segmente auf Gipsgrund über Holzkern-Geoid mit Stahlachse. D. ca. 80 mm. In Fischhaut-Kapsel über Pappmaché und Holz mit Messingscharnier und Messing-

7   8

Alte Globen 67

schließhaken, ausgekleidet mit Himmels-
kartensegmenten in kolor. Kupfern.
D. ca. 100 mm. **2.500,–/3.500,–**
VK 69/2147

9 GROSSER ERDGLOBUS. »Geographische Verlagshandlung *Dietrich Reimers
– Ernst Vohsen*, Berlin.« Metallkorpus mit
Papier. Auf hohem schwarzgelacktem
Holzfuß. Bez.: *Dietrich Reimers* Erdglobus
für den Weltverkehr. Entworfen v. Prof.
Dr. Kiepert. Neue Ausgabe. Hergestellt im
kartographischen Institut v. D. R. Maßstab
1:1.650.000. Geographische Verlagshandlung *Dietrich Reimers* (ehemals; jetzt *Ernst
Vohsen* 1895-1919), Berlin, um 1911/14.
4.000,–/6.000,–
SB 568/1811

10 ATLAS MIT DER WELTKUGEL. Wohl
Oberitalien, 16. Jahrhundert. Bronzefigur
mit Steinkugel. Durchbrochener Bronze-
sockel 17. Jh. Gesamth. 340 mm.
2.000,–/2.800,–
NS 350/1369

9

10

11 ATLAS ALS TISCHLAMPE. Bruno
Zach, Entwurf um 1920/30, Ausf. Firma
Argentor, Wien. Bronze, Alabaster-Welt-
kugel. H. 475 mm. **3.500,–/4.000,–**
DW 1677/164

12 GEOGRAPHIE. Allegorische Darstellung mit Erdglobus. Alt-Wien, unterglasur-
blauer Bindenschild, um 1765. H. 330 mm.
2.500,–/3.000,–
DW 1681/508

11

12

Atlanten

13

14

14 Der erste **QUAD-ATLAS** im Expl. des *Petrus Bertius* »Europae totius orbis terrarum partis praestantissimae, universalis et particularis descriptio«, mit Kupfertitel in reicher allegorischer Umrahmung (siehe Abb.) und 33 Kupferstichkarten von *Matthias Quad* (15 Stück) und *Henricus Nagel* (18 Stück). Hrsg. von *Johann Bussemacher,* Köln 1592. Qu.-4° (Blattgröße 245 x 315 mm), handschriftliche Besitzerangabe: »*Petrij Bertij*«. Initiator dieses Atlasses war der Kölner Kunstdrucker und Verleger *Bussemacher*. In seiner endgültigen Form erschien das Werk erst 1594 mit 50 bzw. 1596 mit 68 Karten, die rückseitig mit den landeskundlichen Texten von *Quad* bedruckt sind, der am Gesamtbestand auch die meisten Karten schuf. Über seinen Kollegen *Henricus Nagel* ist leider nichts näheres bekannt. Der Atlas in der vorliegenden Form ist eine Vorläuferausgabe von 1592 mit nur 33 Karten, ohne die rückseitigen Texte und im Querformat. Er erzielte im Sept. 1993 einen Zuschlag von 6.500,–.
6.000,–/8.500,–
VK 68/62

13 PRÄCHTIGER SCHWEINSLEDER-EINBAND zu *Ptolemaeus* »Geographia« in der ersten durch *Moletius* besorgten Ausgabe, Venedig 1562. Der schöne Prägeband zeigt die Porträts von Kaiser Karl V. bzw. dem Kurfürsten Johann Friedrich von Sachsen, umgeben von den Tugenden und Rankenwerk-Bordüren. Er stammt von dem Wittenberger Buchbinder *Gregor Bernutz*. Zum Inhalt vergleiche die Farbabb. F 13. Der Zuschlag für den seltenen Atlas betrug im Nov. 1991 52.000,–. **50.000,–/70.000,–**
HH 67/971

15 Titelseite zu *J. Janssonius'* **ATLAS** »Nieuwen Atlas, ofte Weerelts-Beschrijvinghe (hier zum zweiten Teil) Tweede Deel. Inhoudende Nederlandt, Vranckrijck, en Hispanien«. Amsterdam, o. J. (1652). Gr.-Fol. Zwei Teile in einem Band. Mit zwei Titelblättern und 120 doppelblattgroßen Kupfer-Karten. Im Herbst 1989 war der Atlas mit 20.000,– offeriert worden.
22.000,–/30.000,–
RA 42/1612

15

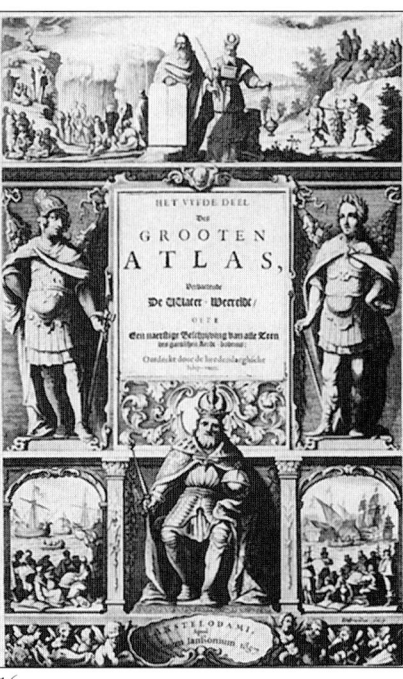

16

17a

Atlanten 69

17 b   17 c

16 Titelseite zu *J. Janssonius'* **ATLAS** »Het vyfde deel des Grooten Atlas, vervattende de Water-Weereld«, Amsterdam 1657. Gr.-Fol. mit Titelseite und 23 doppelblatt-großen Kupferstichkarten mit Rückentext. Der vollständige See- und Küstenatlas, jedoch ohne den zweiten Teil mit zehn Karten der Alten Welt, wurde im Herbst 1989 für 15.000,– angeboten.
16.000,–/20.000,–
RA 42/1646

17 Anhand der neun Abbildungen aus diesem **TASCHENATLAS** von *Hans Georg Bodenehr*, Augsburg 1679, soll aufgezeigt werden, wie man sich einen Reiseatlas des 17. Jh. vorzustellen hatte: a) reich ausgestaltete Schmuck-Titelseite, b) gefaltete Europakarte »Europae compendiose representatio – Vorstellung Europa sampt dessen vornehmbsten Theil- und Angrentzungen« unten mit Verleger-Signatur. c) Übersichts-

17 d   17 e

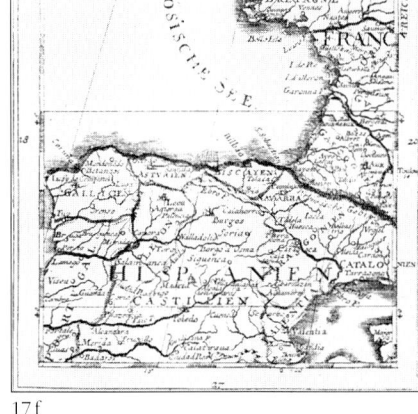
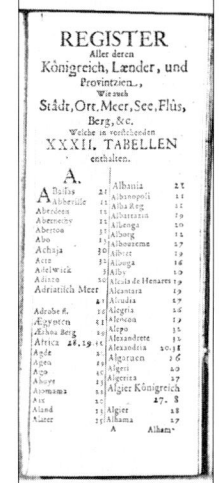
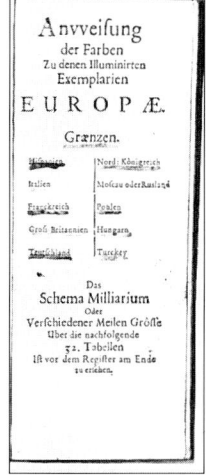

17 f   17 g   17 h   17 i

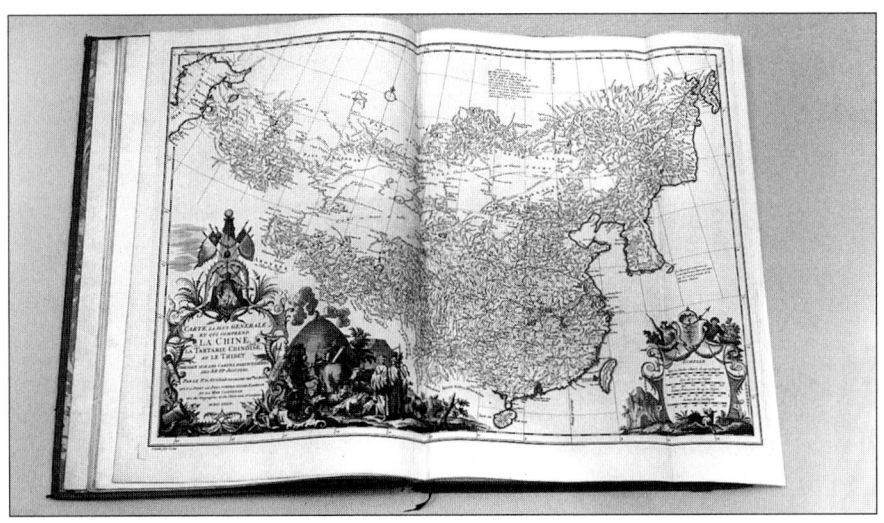

18

19

20

21

22

karte, wie sich die folgenden 32 Teilblätter zusammensetzten; »Typus Europae in Seqq. XXXII Tabulas Divisae – Anweysung über nachfolgende 32 Tabellen Europae«, d-g) vier der Teilblätter und zwar die Nr. 11 und 12 sowie 19 und 20, welche zusammen das Gebiet der britischen Inseln, Teile von Skandinavien, Deutschland, Oberitalien und der iberischen Halbinsel sowie ganz Frankreich ergeben, h) Register-Seite und i) Seite mit Anweisungen und Erläuterungen. Der Text der Schmucktitelseite erläutert am besten die Vorstellung des Herausgebers und den von ihm angesprochenen Leserkreis, der von Staatsleuten bis Reisenden reicht: »Provinciarum Europae Descriptio – Europa mit angrentzenden Welt-Theilen denen Staats-, Kriegs- und Gelehrten Personen auch Handels- und Reisenden Leuthen zu sonderbar bequemen Gebrauch 32 aufeinander zutreffenden Tabellen vorgestellten Taschenatlas von *Hans Georg Bodenehr*, Kupferstecher in Augsburg 1679«. 170 x 73 mm.

800,–/1.400,–

18 »**NOUVELLE ATLAS DE LA CHINE**, de la Tartarie chinoise et du Tibet«. Mit 42 kartuschengeschmückten Kupferkarten von *D'Anville/Schwedischer Offizier«*. Den Haag bei *H. Scheurleer* 1734.

6.500,–/8.500,–

NS 310/2503

19 ATLAS. Titelseite zu *L. Renards* »Atlas van Zeevaert en Koophandel door de geheele Weereldt. Vernieuwt door *R. en J. Ottens«*. Amsterdam, bei Ottens, 1745. Gr.-Fol. Mit Widmungsblatt, Front, Titelvignette und 32 grenzkolor. Kupferstichkarten. Sehr dekorativ die Darstellung des Atlas. Ein Expl. der dritten Ausgabe des prächtigen Seeatlas – von den *Gebrüdern Ottens* überarbeitet unter Berücksichtigung der neue-

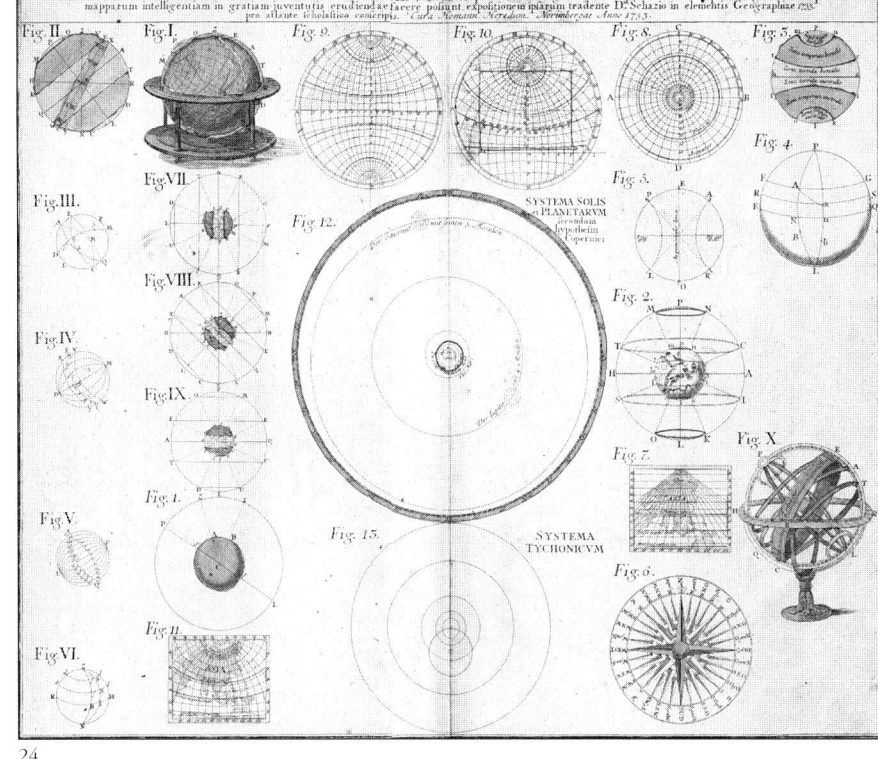

sten Entdeckungen – war im Nov. 1989 für 18.000,– angeboten worden.
20.000,–/27.000,–
RA 42/1647

20 ATLAS. »Atlas Selectus von allen Königreichen und Ländern der Welt«. *J. Gg. Schreiber,* komplett mit 33 Kupferkarten und Register. Leipzig 1676–1750. 225 x 305 mm. **2.000,–/3.500,–**
NS 319/1328

21 ATLAS. »Atlas Compendarius ... HOMAN INARUM«. Atlas der *Homann*-Erben mit 50 teilkolor. Kupferkarten. Nürnberg 1752. **7.000,–/15.000,–**
NS 315/2500

22 HIMMELSKARTE. »Planisphaerium coeleste«, mit astronomischen Nebendarstellungen und Figurenstaffage. Doppelblattgroßer, kolor. Kupferstich von *M. B. Grophius/J. Chr. Weyerman* bei *M. Seutter,* Augsburg 1728–36. 490 x 580 mm.
800,–/1.500,–
Aus dem »Atlas Novus Sive Tabulae Geographicae« .... mit 50 kolor. Kupferstich-Karten v. *M. G. Grophius/J. Chr. Weyerman* bei *Matthaeo Seutter,* Augsburg 1728–36. 490 x 580 mm. **9.000,–/17.000,–**
NS 321/1980

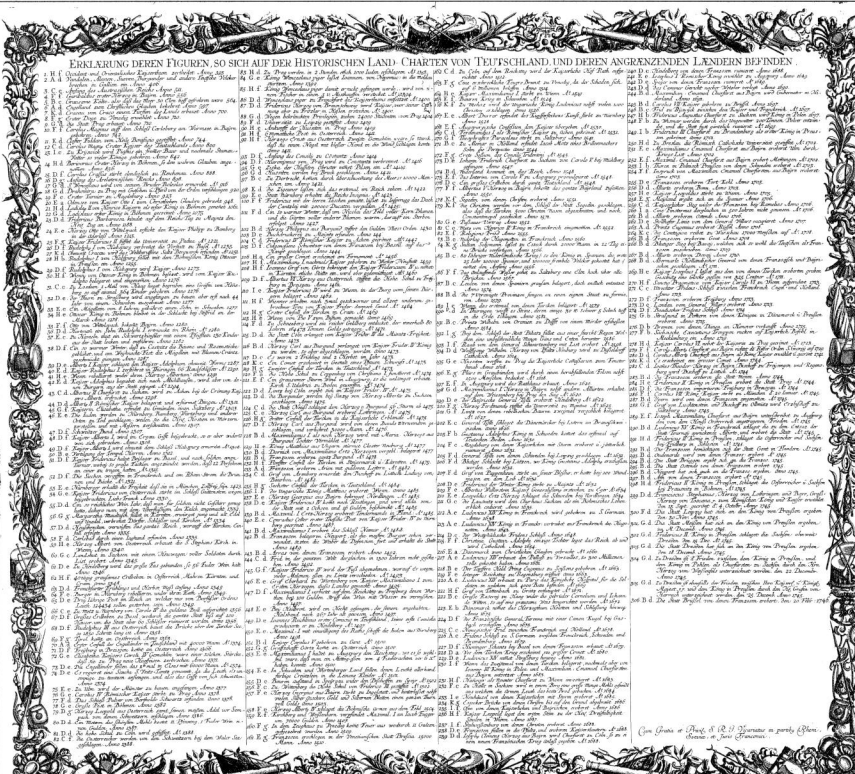

26

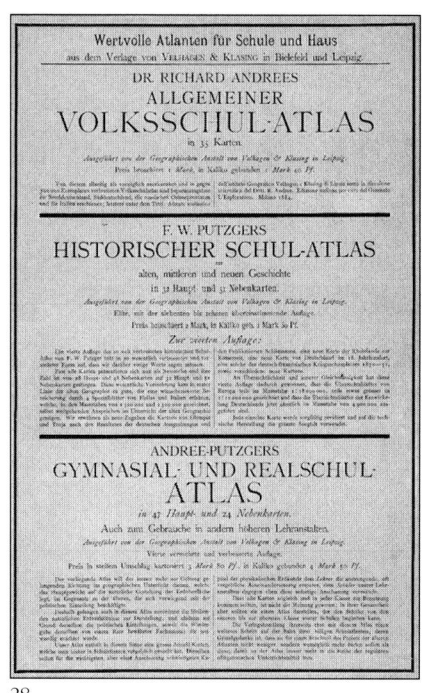

27   28

23 ATLAS. Innentitel zu *Homanns* »Maior Atlas Scholasticus« (Erstausgabe 1710) für die Ausgabe von *Homanns Erben* 1752, mit zweisprachiger Inhaltsübersicht. 402 x 228 mm. Ein nicht komplettes Expl. erbrachte 1989 8.000,–. **15.000,–/20.000,–**

24 ATLAS. Doppelblatt »Schematismus Geographiae mathematicae ... expsitionem ipsarum tradente D° *Schazio* in dementis Geographiae 1753 pro atlante scholastico conscriptis ...«. Kolor. Kupferstich aus obigem Atlas (Kat.nr. 23) mit Abbildungen zur Problematik der Kartenprojektion. Sehr schön zeigen die Fig. 7 und 11 die Verzerrungen bei unterschiedlichen Projektionen. **100,–/200,–**

25 ATLAS. Doppelblatt aus obigem Atlas (Kat.nr. 23) »Erklaerung deren Figuren, so sich auf der Historischen Land-Charten von Teutschland, und deren angraenzenden Laendern befinden«. Die Auflistung der geschichtlich bedeutsamen Daten beginnt mit: »Occident- und orientalisches Kayserthum zertheilet Anno 395« und endet mit: »Die Statt Brüssel von den Franzosen erobert, den 20. Febr: 1746«. *Homann-Erben*, Nürnberg, um 1755. 495 x 568 mm. **80,–/160,–**

26 ATLAS. Allgemeiner Großer Schrämblicher Atlas. Vorbericht und Elenchus. 131 Karten und Doppelkarten, darunter Sternkarte, östliche, westliche, nördliche und südliche Halbkugel, Kontinente, Länderkarten. Wien, *J. Th. Schalbacher* 1800. 600 x 450 mm. **6.000,–/9.000,–**
NS 319/1330

27 ATLAS. Titelseite zur ersten Supplement-Lieferung (von dreien für je 2 M, d. h. zusammen 6,– Mark) zu »Richard Andrees Handatlas enthaltend die 33 Seiten neuer Karten der zweiten Auflage von 1886 – Hrsg. von der Geographischen Anstalt von *Velhagen & Klasing* in Leipzig«. 397 x 235 mm. Durch die Nachlieferung solcher Supplemente konnte man seinen Atlas auf den aktuellen Stand bringen (vgl. Kat.nr. 104 aus diesem Atlas) **80,–/150,–**

28 Weitere typische Ankündigungen von »wertvollen Atlanten für Schule und Haus aus dem Verlage von *Velhagen & Klasing*«.

Weltkarten

29 WELTKARTE aus dem »Liber chronicarum« von *H. Schedel*. Doppelblattgroße Holzschnittkarte von 1493, umgeben von Bordüren mit den antiken Windgöttern, in drei Ecken Halbporträts von Sem, Cham und Japhet, links Leiste mit sieben Monstern und Fabelwesen. 310 x 435 mm.
4.000,–/6.000,–
Diese Karte – vom gleichen Holzstock gedruckt – ist in der ersten Ausgabe der berühmten Chronik enthalten. Der Karten-Kopftitel der bei *A. Koberger* in Nürnberg am 12.7.1493 erschienenen deutschen Ausgabe lautete: »Das ander alter der Welt« (siehe Abb.). Die Karten-Kopfleiste der bereits im Dezember folgenden lateinischen Ausgabe: »Secunda etas mundi«. *Schedels* Weltchronik ist die am reichsten illustrierte Inkunabel überhaupt. Die zwei doppelblattgroßen Holzschnittkarten (Welt und Deutschland) und über 1800 Holzschnitte sind von hohem künstlerischen Rang. Viele sind die ersten typographisch getreuen Darstellungen der betreffenden Städte überhaupt. **40.000,–/50.000,–**
RA 45/283 und VH 60/200

30 WELTKARTE. Aus »Somnium scipionis expositio« von A. T. Macrobius. Halbseitige Holzschnittkarte, umgeben von den symbolischen Windgottheiten und floralen Eckzwickeln. Die Nordhälfte zeigt – allerdings seitenverkehrt – die damals bekannte Alte Welt. Die südliche Hemisphäre ist von einem Großkontinent bedeckt mit der Inschrift »Perysta temperata, antipodum nobis incognita, frigida«. Ebenso wie die Gesamtgestaltung noch sehr an die mittelalterlichen TO-Karten erinnert, reiht sich die etwas mythische Vorstellung von einem großen Südkontinent, der »Terra australis nondum cognita«, in eine Serie entsprechender Darstellungen ein, wie sie sich auch bei *Ortelius* findet. Diese erstmals 1483 in Brescia gedruckte Karte gibt es in vier Variationen, wovon die vorliegende von 1500 die letzte ist. **700,–/1.000,–**
Macrobius war ein bedeutender Neoplatoniker (5. Jh.), der anhand von Ciceros »Somnium Scipionis« u. a. die neuplatonische Seelenlehre, Probleme der Astronomie und Musiktheorie erläutert. Sein Werk wurde vor allem durch die darin enthaltene Weltkarte berühmt, deren geographisches Konzept sich völlig von dem Ptolemaeus' unterscheidet. Das am 29.10.1500 bei *Ph. Pincius* in Venedig erschienene Werk enthält neben der Karte weitere sieben Textabbildungen. Fol. Rom. Type, 122 Bll. Es wurde im Oktober 1990 für 9.000,– offeriert und für 10.000,– zugeschlagen.
RA 44/98 **9.000,–/12.000,–**

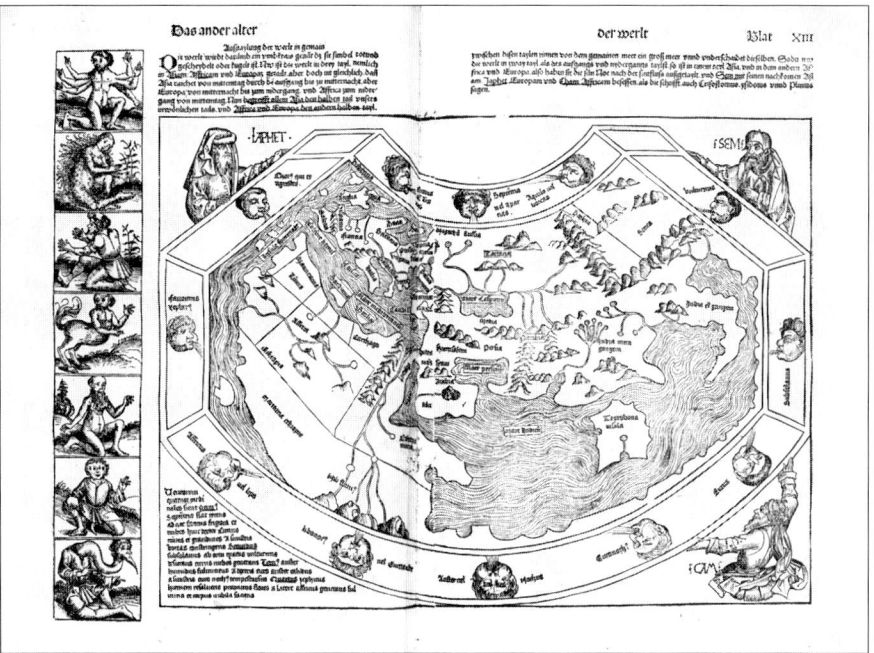

29

30   31

31 WELTKARTE. Aus »Somnium Scipionis« von *A. T. Macrobius* Holzschnitt-Karte aus der Baseler Ausgabe, *J. Herwag* von 1535. D. 90 mm. Der Vergleich zu oben zeigt, daß die Weltkarte hier in einer völlig überarbeiteten Fassung vorliegt. Der phantastische Südkontinent ist völlig verschwunden, dafür ist Afrika nach den neuesten damaligen Entdeckungen dargestellt. Die alte Welt ist kartographisch – wenigstens in den groben Umrissen – fast richtig dargestellt. **500,–/1.000,–**
Aus der Ausgabe von 1535, Fol. 20 Bll., 334 S. Einzige Baseler Ausgabe des 16. Jh. Die Karte stammt aus dem ersten, seit 1950 auf einer deutschen Auktion aufgetauchten Expl., das im Frühjahr 1991 mit 2.700,– zugeschlagen wurde.
3.000,–/4.000,–
RA 45/191

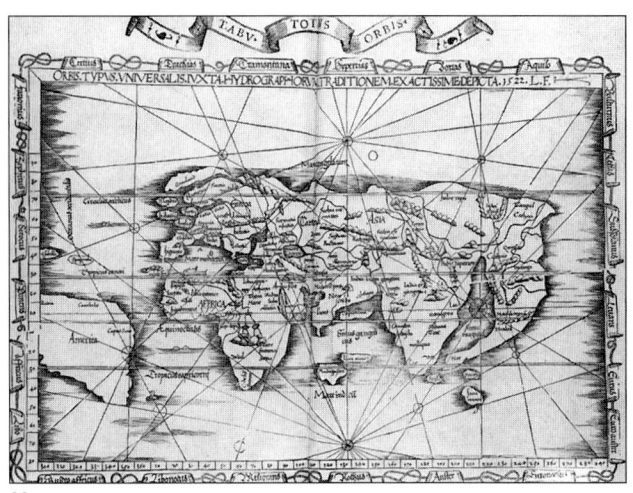

32 WELTKARTE. »TABULA TOTIS ORBIS«. Doppelblattgroßer Holzschnitt von *Laurens Fries* von 1522, auf welchem erstmals der Name »America« auftaucht. Fol.
3.000,–/4.500,–
Aus der »Geographia« von *Claudius Ptolemaeus*, erste Ausgabe von *Michael Servetus* (Villanovanus), verlegt bei *M.* und *G. Trechsel*, Lyon 1535. Mit den Holzschnitt-Karten der Straßburger Ausgabe von 1522 und 1525, (darunter 27 alte ptolemaeische und 23 neue Karten). Das Werk wurde im April 1992 für 30.000,– und im April 1993 für 25.000,– offeriert. Die Zuschläge lagen bei 19.000,– und 26.000,–.
20.000,–/32.000,–
RA 47/353 und 49/1154

33 WELTKARTE. Aus der »Cosmographia« von *Peter Apian,* in Herzprojektion (vgl. die berühmte *Waldseemüller*-Karte S. 22). Doppelblattgroßer Holzschnitt von 1524, 4°. **1.000,–/2.000,–**
Obige Karte stammt aus einer Ausgabe der »Cosmographia« von *Peter Apian*, die Gemma Frisius seit 1529 in immer neuen Auflagen hrsg. hat. Eine Edition erschien 1564 bei *Diest* für Birckmanns Erben. Ein Expl. davon wurde Nov. 1994 für 3.500,– offeriert und für über 5.000,– verkauft.
5.000,–/7.000,–
HH 74/65
Bereits im April 1993 wurden zwei weitere Expl. der Ausgabe von 1574 für 2.300,– (darin fehlten die beweglichen Teile) und für 3.000,– angeboten. Sie wurden für 2.300,– und 3.000,– zugeschlagen.
3.500,–/6.500,–
HH 71/115 bzw. 116

34 WELTKARTE. Aus »Rudimentorum cosmographicorum« von *J. Honter*. Doppelblattgroßer Holzschnitt, dat. 1546, mit einer Weltkarte in Herzprojektion (vgl. die berühmte *Waldseemüller*-Karte S. 22).
700,–/1.400,–
Obige Karte stammt aus der vierten bzw. siebten Züricher Ausgabe von *Honters* »Rudimenta« von 1552 bzw. 1565. Sie enthalten die Karten der ersten *Froschauer*-Ausgabe von 1546. Beide Ausgaben wurden im April 1990 bzw. Okt. 1990 für 8.500,– bzw. 7.500,– angeboten. Das Expl. im April wurde mit 7.200,– zugeschlagen.
7.500,–/10.00,–
RA 43/1496 bzw. 44/78

35 WELTKARTE. Aus »Procius Diadochus« von *J. Honter*. Doppelblattgroßer Holzschnitt mit einer Weltkarte in Herzprojektion. Im Gegensatz zu der vorangegangenen Karte wurde hier Amerika vollständig und aktualisiert dargestellt. Die Einfassung bilden Sterne, Wolken und windblasende Köpfe, Basel 1561.
800,–/1.500,–
Diese Karte stammt aus »Procius Diadochus«, der zweiten Ausgabe dieser Sammlung antiker astronomischer und kosmo-

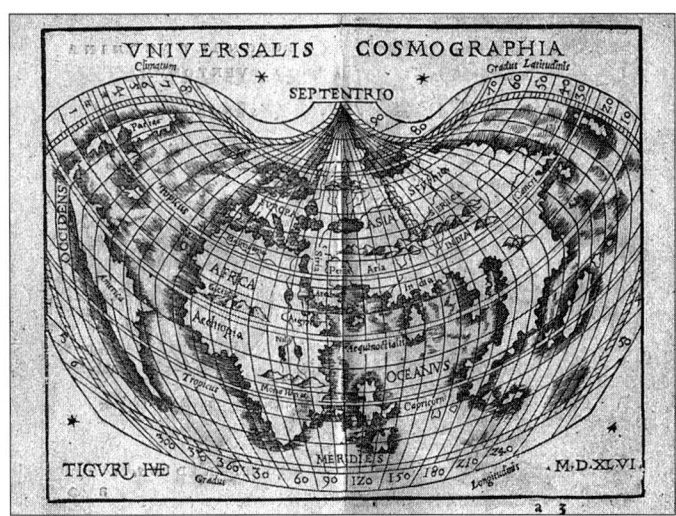
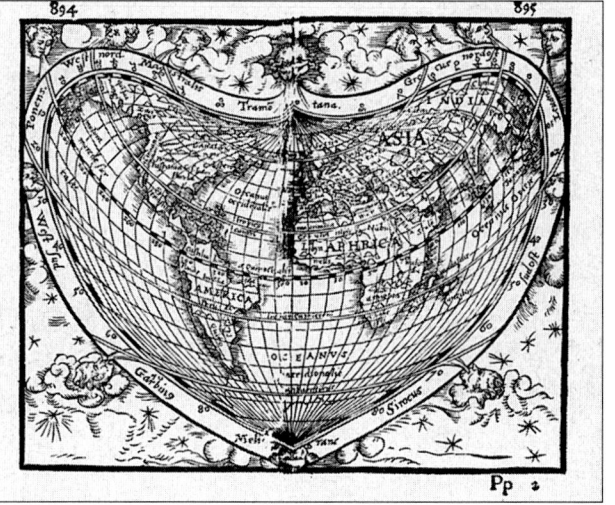

graphischer Texte, jedoch erstmals unter Beifügung von Honters »Rudimenta« und mit gänzlich neuen Karten gegenüber den vorausgegangenen Züricher *Froschauer*-Ausgaben. Erschienen in Basel bei *H. Petri* 1561 mit 14 Textholzschnitten und 24 Holzschnittkarten. Angeboten im April 1991 für 5.000,–, erfolgte der Zuschlag zu 7.000,–. Eine spätere Ausgabe von *Henricpetri*, Basel 1585, konnte 1993 nicht abgesetzt werden. **6.000,–/8.500,–**
RA 45/149 und HH 71/250

36

36   WELTKARTE. »ORBIS TERRAE COMPENDIOSA DESCRIPTIO« in zwei Hemisphären, umgeben von ornamentalen Verzierungen mit Armillarsphäre (Mittelzwickel oben) und Windrose (Mittelzwickel unten). Kolor. Kupferstich von *Rumold* nach *Gerhard Merkator* 1587. 290 x 520 mm.   **4.000,–/5.000,–**
DH 135/2815
Aus einer der späteren, französischen Ausgaben (erkenntlich an den kleinen Plattenschäden in der Schriftleiste). *Rumold*, der Sohn von *Gerard Merkator* fertigte diese in den *Merkator*- bzw. *Merkator-Hondius*-Atlanten verwendete Weltkarte.

37   WELTKARTE. »Orbis Terrae Novissima descriptio« in zwei Hemisphären und geographisch-wissenschaftlicher Ausschmückung, darunter eine Armillarsphäre und Windrose. Kolor. doppelblattgroßer Kupferstich, »*I. Hondius* sculp – *J le Clerc* excud.« 1602 Gr.-Fol.   **5.000,–/7.000,–**
Die Karte findet sich auch in dem »La Rochefoucauld Atlas«, einem Sammelatlas, der um 1760 zusammengestellt und in 33 Großfolio-Bänden in grün gefärbtem Pergament gebunden wurde. Er enthält ca. 1800 Karten, einige in Holzschnitt, die Mehrzahl in Kupferstich, aus der Zeit 1550 bis 1760 (siehe Farbabb. F4). Dieser prächtige Atlas erzielte einen Zuschlag von 600.000,–.
600.000,–/750.000,–
RA 54/3005
(Vgl. auch die Kat.nr. 131, 186, 341, 342)

37

38   WELTKARTE. Aus »NOVA TYPIS TRANSACTA NAVIGATIO...« von Honorius Philoponus. Kupferstich von *Wolfgang Kilian*, 1621. Die halbseitige Fol-Illustration zeigt Kolumbus als »Almirante de nauios para las Indias« und eine interessante Hemisphärendarstellung mit Europa, Afrika, West-Asien sowie das angeschnittene östliche Amerika.
800,–/1.000,–
Aus »Nova typis transacta navigation. Novi Orbis Indiae Occidentalis« von *Honorius Philoponus*, 1621 mit 18 Kupferstichtafeln von *W. Kilian*. Eine legendenhafte Schilderung der Entdeckung Amerikas durch Kolumbus mit der eigenwilligen kreisförmigen Atlantik-Karte. Die seltene Publikation wurde im April 1993 für ca. 10.000,– versteigert.
8.500,–/12.000,–
HH 71/728

38

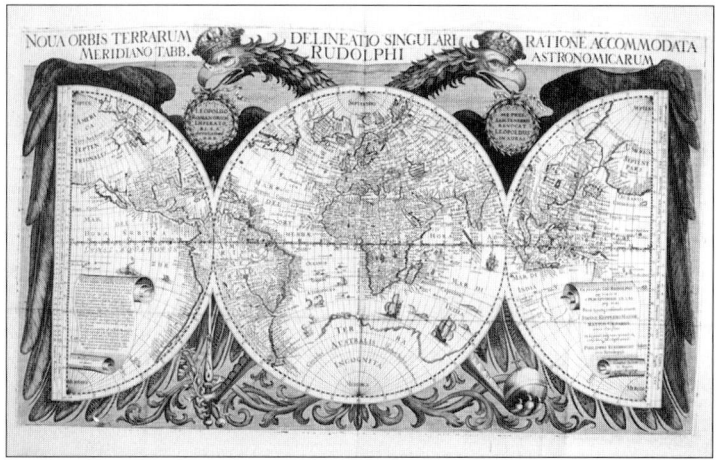
39

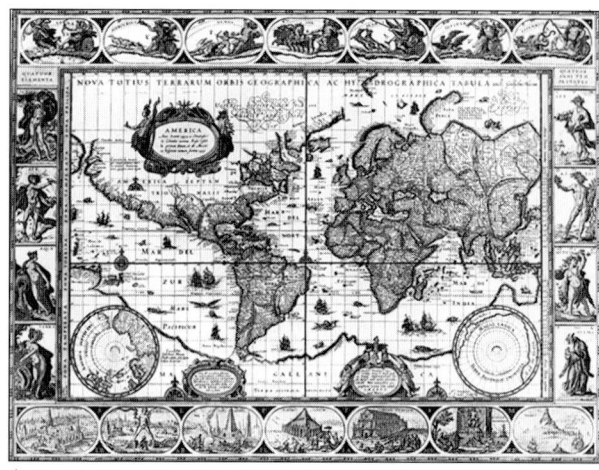
40

39 WELTKARTE »Tabulae Rudolphinae...« von *Ph. Eckebrecht*, in Kupfer gestochen von *J. P. Walch*, dat. 1630. Allerdings scheint sie auf Grund der Inschriften in den Medaillons erst unter Kaiser Leopold I. (1658–1705) herausgegeben worden zu sein. Bemerkenswert die Darstellung der Westküste von Australien, die nur wenige Jahre zuvor entdeckt worden war.
8.000,–/12.000,–
Obige Karte stammt aus *Johann Kepler* »Tabulae Rudolphinae, quibus astronomicae sientiae...« Obwohl bereits im Text der erstmals 1627 erschienenen »Rudolfinischen Tafeln« auf die Karte hingewiesen wird, war sie beim ersten Erscheinen des Werkes noch nicht fertiggestellt und ist posthum erschienen. *Kepler* leitete mit diesem Werk eine neue Epoche in der Entwicklung der astronomischen Wissenschaft ein und zwar auf der Grundlage der wahren Planetengesetze. Außerdem führte er die logarithmische Rechnung in die Astronomie ein.

Erschienen bei *Sauer*, Ulm 1627–30, Fol. 8 Bll., 125 S., l Bl. 119 S. mit einigen Diagr. und der mehrfach gefalteten Weltkarte. Im April 1993 für 30.000,– angeboten, erbrachte das Buch einen Zuschlag von 37.000,–.
HH 71/412 **40.000,–/50.000,–**

40 WELTKARTE »Nova Totius Terrarum Orbis Geographica ac Hydrographica Tabula« mit zwei kleinen Polar-Hemisphären und drei Kartuschen. Bez. von dem Stecher *Josua van den Enden* und »auct(ore) *Guiljelmus Blaeuu*«. Umgeben von kolor. Bildleisten: oben Sonne, Mond und fünf Planeten, seitlich figürliche Allegorien der vier Elemente und Jahreszeiten, unten die sieben Weltwunder. Kolor. Kupferstich von *Blaeu* 1635. 410 x 545 mm.
DH 135/2816 **7.000,–/9.500,–**

Dieselbe Karte findet sich auch in einem *Blaeu*-Atlas »Theatrum Oribs Terrarum, Sive Atlas Novus«, Amsterdam 1643/40. 276 Kupferkarten in drei Bänden mit insges. sechs Teilen. Der Atlas erbrachte im Nov. 1992 einen Zuschlag von 55.000,–.
HH 70/936 **55.000,–/70.000,–**

41 WELTKARTE. »Nova Totius terrarum Orbis...« mit zwei kleinen Polarhemisphären und einer Kartusche. Allseitig von kolor. Bildleisten umgeben: römische Kaiser, figürliche Darstellungen versch. Nationalitäten, Veduten mit Hauptstädten, Allegorien der Erdteile. Kolor. Kupferstich »Auctore N. J. Piscator (Nicolaas Visscher d. Ä) – *Claes Jansz. Visscher* excudebat 1652«. 450 x 560 mm. **10.000,–/14.000,–**
FL/1462

42 WELTKARTE. »(Nova et Accuratissima Totius Terrarum Orbis Tabula)«, zwei Hemisphären mit Gottheiten, Gelehrten, Jahreszeiten. Kolor. Kupferstich von *Joan Blaeu* 1662f. 400 x 540 mm. **8.000,–/9.500,–**
DH 135/2818

41

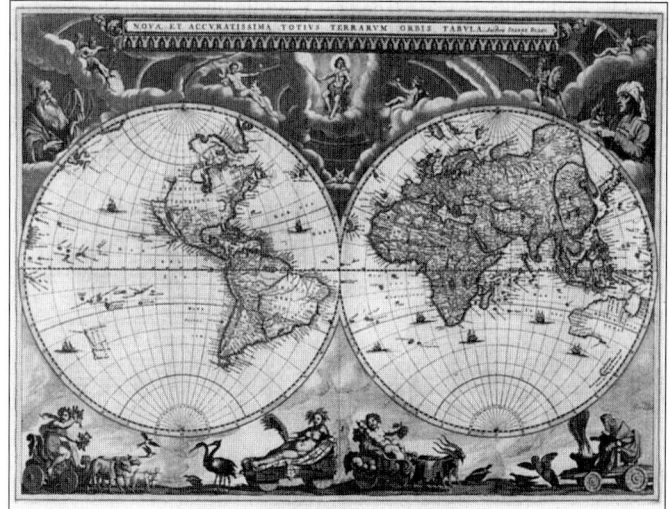
42

Weltkarten

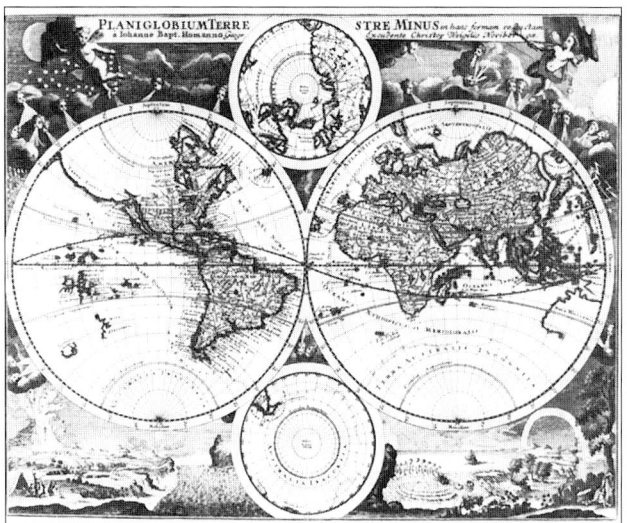
43

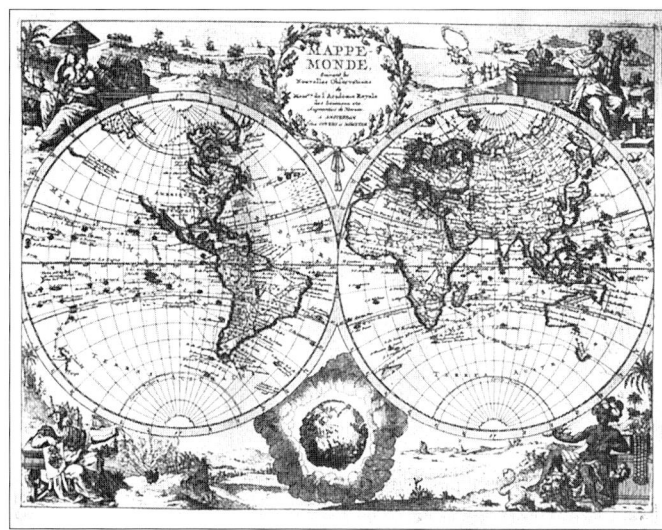
44

43 WELTKARTE. »(Planiglobium Terrestre Minus)« aus dem Schul- und Reiseatlas von *Homann/Weigel,* Nürnberg, vor 1725. Kolor. Kupferstich mit den üblichen zwei Hemisphären, dazwischen zwei Polar-Hemisphären und reicher Ausschmückung mit allegorischen Figuren des Tages und der Nacht sowie windblasende Köpfe.
1.500,–/2.000,–
Obige Karte stammt aus dem »Atlas scholastichodoeporicus oder immer stärker anwachsender Schul- und Reisen-Atlas« von *Christoph Weigel,* Nürnberg, vor 1725. Fol. mit 52 doppelblattgroßen kolor. Kupferkarten. **8.000,–/12.000,–**
RA 47/816

44 WELTKARTE. »Mappe Monde« in zeittypischer Gestaltung. In den Ecken figürliche Allegorien der Erdteile. Grenzkolorierter Kupferstich von *Covens & Mortier* um 1735. Qu.-fol.
1.800,–/2.000,–

»Nouvel Atlas, tres-exact et fort commode pour toutes sortes de personnes, contenant les principales cartes geographiques« von *Covens & Mortier,* Amsterdam, um 1735. Dabei handelt es sich um eine Replik des »Nouvel Atlas« von *P. van der Aa* von 1714, dessen Namen auf den Karten von *Covens & Mortier* gelöscht wurde. Ein Expl. mit gest. Titel und Inhaltsverzeichnis sowie 101 grenzkolor. Karten wurde im Oktober 1990 für 7.000,– angeboten und für 9.500,– zugeschlagen. **9.000,–/12.000,–**
RA 44/1657

45 WELTKARTE. »Wereld Kaart«, in schmuckloser, aber sehr klarer Gestaltung mit nur einem eleganten Schriftband. Kolor. Kupferstich von *Tirion* 1744. Fol., doppelblattgroß. **1.000,–/1.500,–**
Aus dem »Nieuwe en beknopte Hand-Atlas« von Isaak *Tirion,* Amsterdam 1744–1769. Ein frühes Expl. des schönen Weltatlasses mit 111 altkolor. Kupferkarten wurde im Okt. 1990 für 25.000,– angeboten, jedoch nicht verkauft. **15.000,–/20.000,–**
RA 44/1688

46 WELTKARTE. »Mappa universalis«, dargestellt in zwei Hemisphären. Doppelblattgroßer Kupferstich von *Georg Christo Kilian,* Augsburg 1760. 4°.
1.000,–/1.200,–
Aus den »Americanische Urquelle derer innerlichen Kriege des bedrängten Teutschlands...« von L. F. von der Heiden. Seltene Geschichte des 7jährigen Krieges mit besonderer Berücksichtigung der Seekämpfe und des Kolonialkrieges zwischen Frankreich und England in Nordamerika, Kanada usw. Ein Expl. des 1760 bei *G. C. Kilian* in Augsburg erschienenen Buches mit 354 S. und 60 meist gefalteten Kupferkarten und Plänen wurde im April 1991 für 6.000,– offeriert und für 6.300,– zugeschlagen. **7.000,–/9.000,–**
RA 45/2098

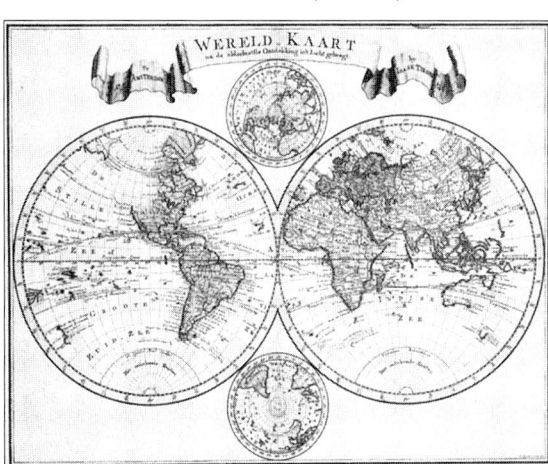
45

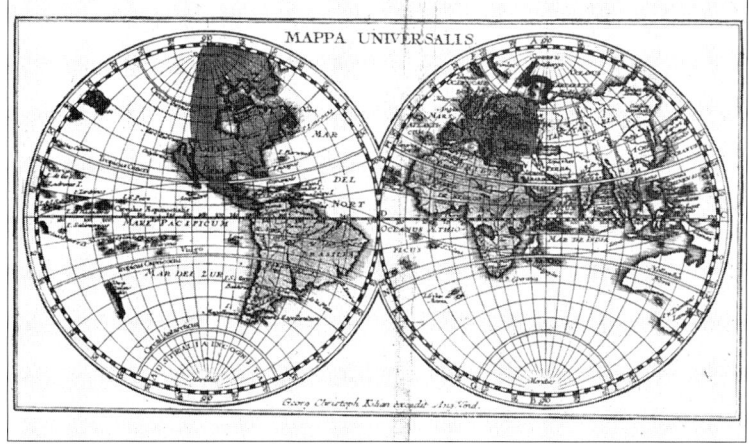
46

Afrika

47

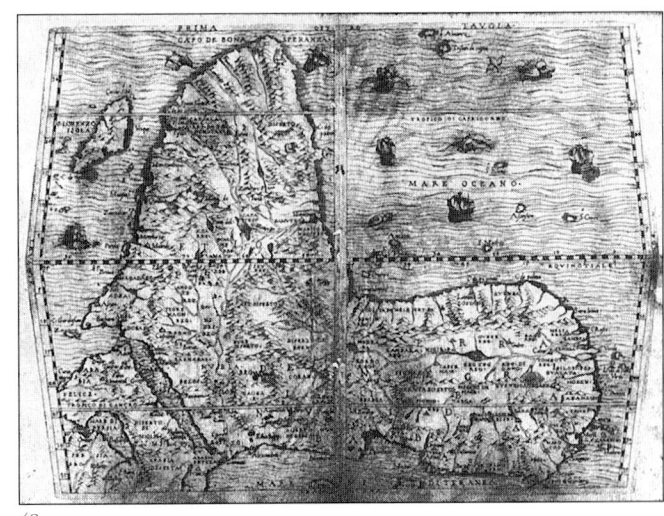
48

47 AFRIKA. »Aethiopia«, im Kartenbild betitelt mit klarer Schriften-Kartusche und reizvoller Staffage. Holzschnitt von *Seb. Münster* aus der Ptolemäeus-Ausgabe von 1540. Bemerkenswert die Bezeichnung an der Südspitze »Caput bone spei« (Kap der guten Hoffnung) und das einäugige Wesen, das an der Westküste sitzt und sicherlich auf die zeitgenössischen, phantasievollen und abenteuerlichen Reiseschilderungen zurückgeht. **800,–/1.300,–**

48 AFRIKAKARTE. »Prima Tavola«, aus »Delle Navigationi et Viaggi« von G. Rasmusio. Doppelblattgroße, süd-orientierte, gestochene Karte, rhombenförmig und mit weißem Mittelstreifen. Von 1563. 270 x 385 mm. 1554 erstmals in Holzschnitt erschienen, wurde die Karte von dem italienischen Karthographen *Giacomo Gastaldi* für die vier Ausgaben von *Rasmusio* – zwischen 1563 und 1613 – in Kupfer nachgestochen. Die Karte wurde im Okt. 1990 auf 2.200,– taxiert und mit 1.800,– zugeschlagen. **2.000,–/2.500,–**
RA 44/2238
Aus G. Rasmusio »Della Navigationi et Viaggi«, das zwischen 1563 und 1613 in vier Ausgaben erschien.

49 AFRIKAKARTE. Süd-orientierte ganzseitige Holzschnitt-Illustration. Fol. 1566. Der Nil ist dominierend dargestellt. **800,–/1.400,–**
Aus *François Alvares* »Warhafftiger Bericht Von den Landen, auch Geistlichen und Weltlichem Regiment, des Mechtigen Königs in Ethiopien...«, erschienen 1566 in Eisleben bei Heller. **20.000,–/24.000,–**
HH 71/110.

50 AFRIKAKARTE. »Africae nova descriptio«, mit Kartusche, reicher Tier- und Schiffsstaffage. Bildleisten mit je fünf Eingeborenenpaaren und oben neun Ansichten. Kolor. Kupferstichkarte von *W. Blaeu*, um 1630. Qu.-Fol.

49

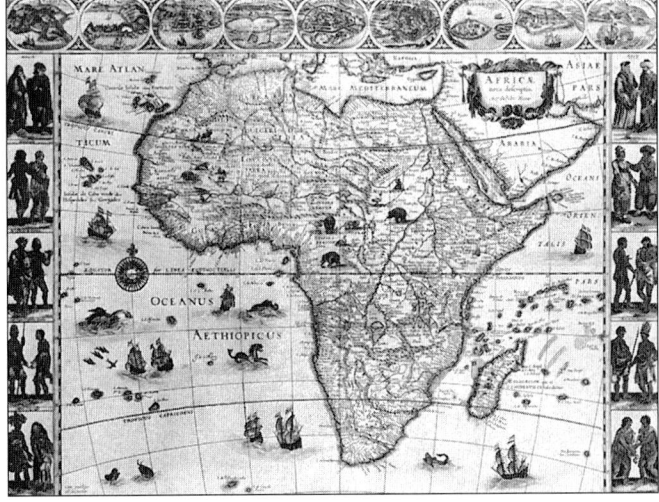
50

51

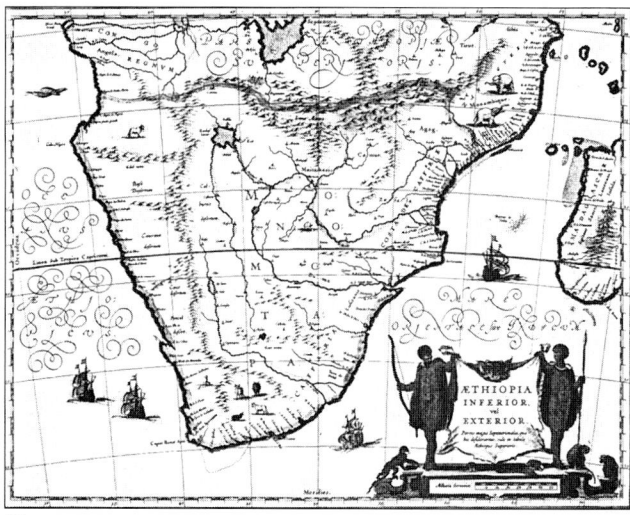

52

Eine der dekorativsten und bekanntesten der frühen Afrikakarten. Ein Expl. wurde im Oktober 1992 für 2.000,– angeboten und mit 1.850,– zugeschlagen.
RA 48/3089 **2.500,–/4.000,–**

51 AFRIKAKARTE. »Nova Africa descriptio«, mit zwei ausgemalten figürlichen Kartuschen. Bildleisten ähnlich wie oben, jedoch mit jeweils vier Einzelfiguren und nur sechs Ansichten. Kolor. Kupferstich von *F. de Witt* 1660. Qu.-Fol. Obiges Vorbild ist unverkennbar. Offensichtlich nur in kleiner Stückzahl publiziert, da die Karte selten ist. Ein Expl. wurde im Herbst 1990 für 2.500,– angeboten und für netto 2.000,– zugeschlagen. **2.500,–/3.500,–**
RA 44/2241

52 AFRIKA. »Aethiopia inferior vel exterior«, mit reicher Kartusche und Staffage. Kolor. Kupferstich von *Joan Blaeu,* Amsterdam, nach 1642. Gr.-Fol. An dieser Karte läßt sich sehr schön beobachten, daß sich unsere Erdoberfläche doch relativ schnell verändert. Der zentralafrikanische See, aus dem der Zambere (Sambesi) entspringt, soll wohl den Ngami-See darstellen. Als er 1849 erstmals erforscht wurde, war er noch 30 Kilometer lang, heute ist es nur noch ein Sumpfgelände. **600,–/1.000,–**

53 SÜDAFRIKA. »The Dutch colony of the Cape of Good Hope«, mit staffierter Landschaftskartusche. Kupferstich von *Louis de la Rochette.* 1795 erschien die zweite Ausgabe bei *William Faden.* Da inzwischen die Engländer die Kolonie besetzt hatten, wurde die Platte von 1782 etwas verändert und aktualisiert, z. B. durch den Zusatz zur Legende (links): »The red Line describes the route of the British Army from its landing at Simons Bay to Cape Town.« **600,–/800,–**

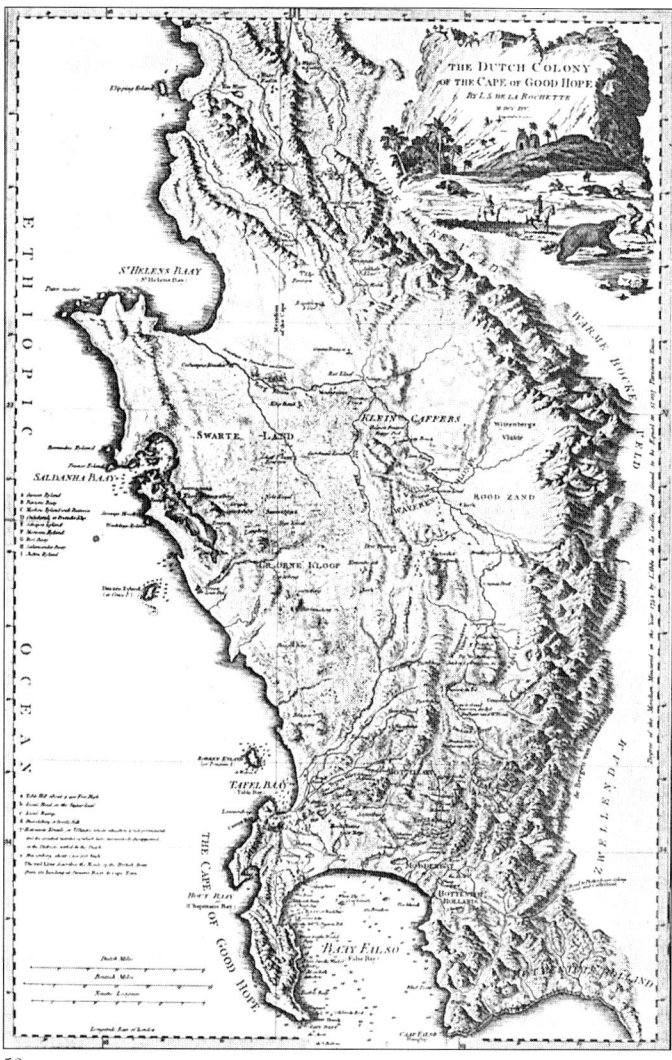

53

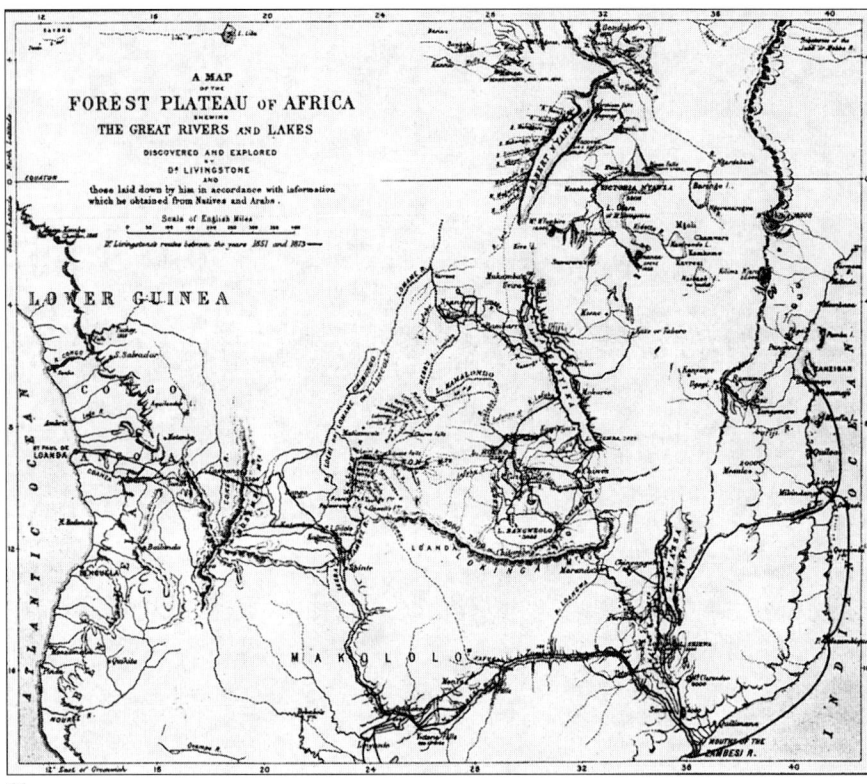

55

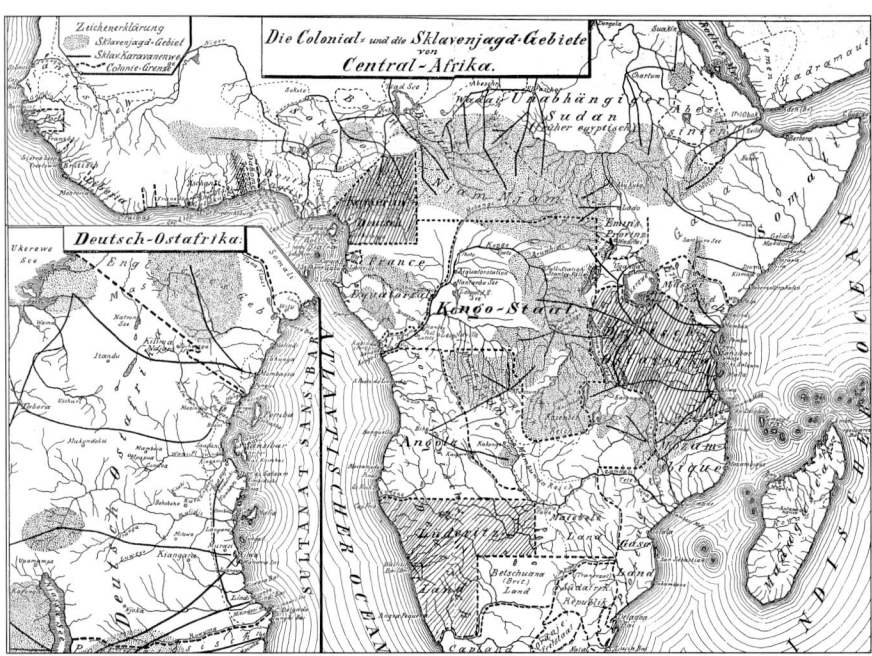

56

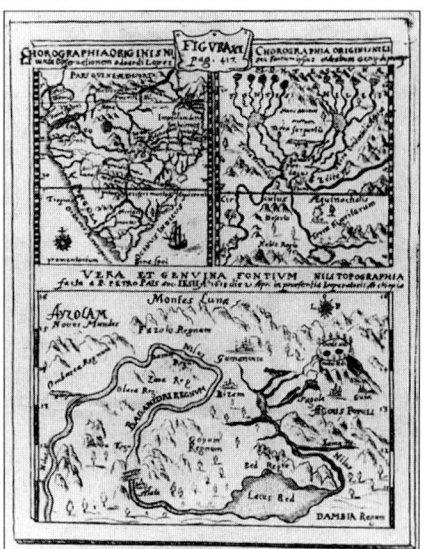

54

54   AFRIKA-TEILKARTEN. Drei Holzschnittkarten auf einer Falttafel von *C. Paez,* 17. Jh. 8°. **200,–/400,–**
Aus einer Betrachtung von *G. Paez* über die Erforschung der Nilquellen mit drei kleinen Karten auf einer Falttafel, der zentralafrikanischen Seen und des Tana-Sees. Als Anhang zu *Caspar Schott* »Anatomia physico-hydrostatica fontium ac fluminum libris«, Würzburg, Hertz für Schönwetter, 1663 erschienen. Ein Expl. mit 433 Seiten, 7 Bll. Register und 14 Kupfertafeln wurde im Frühjahr 1993 – auf 1.000,– taxiert – für 1.200,– zugeschlagen.   **1.200,–/1.500,–**
HH 71/643

55   AFRIKA. »A map of the Forest Plateau of Africa showing the great rivers and lakes discovered and explored by D Livingstone«. Stich aus einer Reisebeschreibung des berühmten Entdeckungsreisenden, um 1875.   **80,–/180,–**

56   AFRIKA-TEILKARTEN über die »Colonial- und die Sklavenjagd-Gebiete von Central-Afrika«. Illustration aus einem Buch, um 1900. 240 x 333 mm.   **50,–/60,–**
Slg. L., Stgt.

Amerika

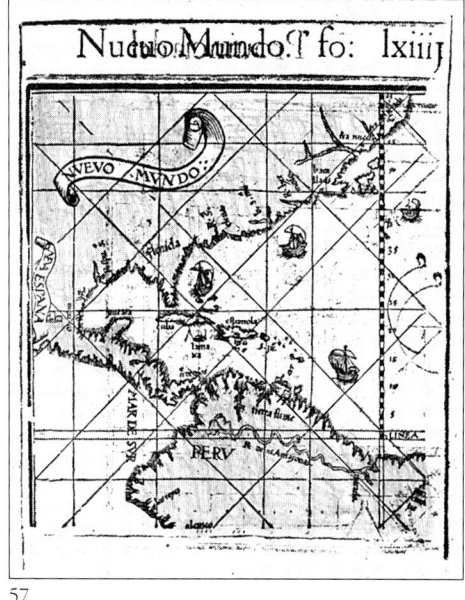

57

59

57 AMERIKAKARTE. »Nuevo Mundo«, stellt das westliche Nord-, ganz Mittel- und das nördliche Südamerika dar. Ganzseitige Textkarte in Holzschnitt, 1566. Fol.
350,–/650,–
Aus dem »Libro de grandezas y cosas memorables de España« von *P. de Medina, Alcala de Henares, P. de Robles y J de Villanueva* für *L. Guitierrez* 1566. Pedro de Medina (1493–1576), Historiker, Mathematiker und Bibliothekar des Herzogs von Medina-Sidonia wurde vor allem durch seine »Arte de navegar« bekannt. Ein Expl. des obigen Buches mit zwei Holzschnitt-Karten und ca. 120 Textholzschnitten mit Ansichten war im Okt. 1991 auf 3.500,– geschätzt und erbrachte 8.500,–.
7.500,–/9.500,–
RA 46/198

58 AMERIKAKARTE. »Universale della parte del Mondo nuovamente ritrovata«, wobei Amerika zum erstenmal als westliche Halbkugel dargestellt ist. Rechts ist noch die Westküste von Europa und Afrika zu erkennen. Runde Holzschnittkarte, erstmals 1565 erschienen. Der abgebildete Abzug von 1606. D. 260 mm.
2.800,–/4.000,–
RA 44/2266 und GB 1
Aus G. B. Rasmusio »Della navigationi et viaggi«, 3. Auflage bei Giunta, Venedig 1606, gewöhnlich Gastaldi zugeschrieben (vgl. Kat.nr. 58 und 80).

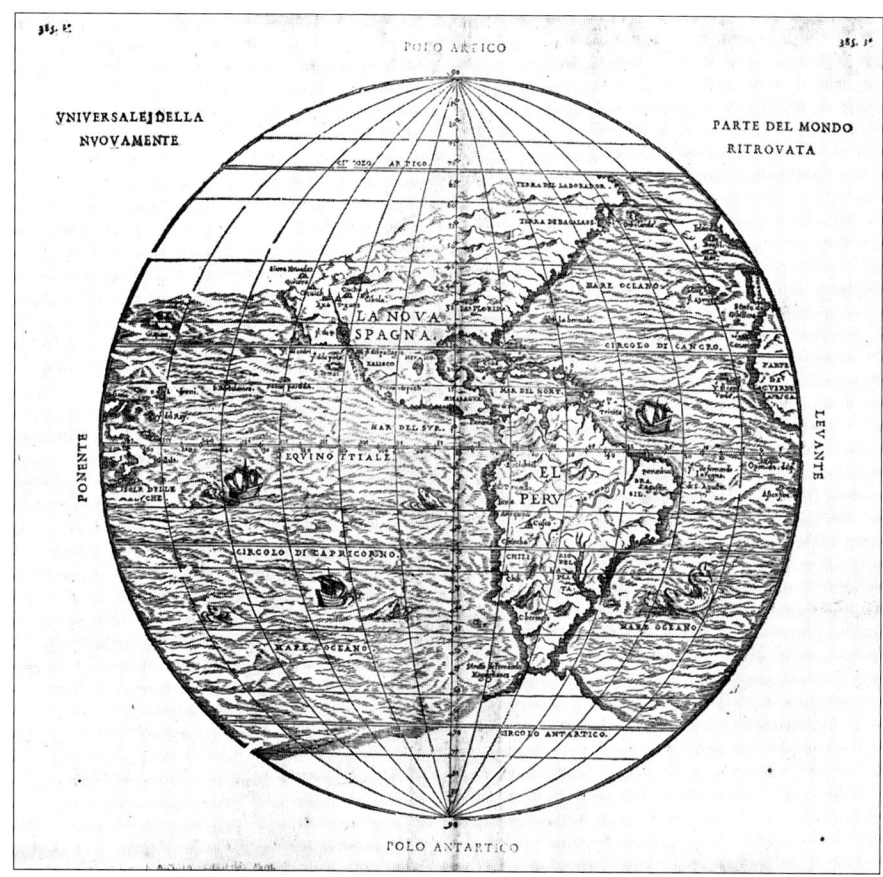

58

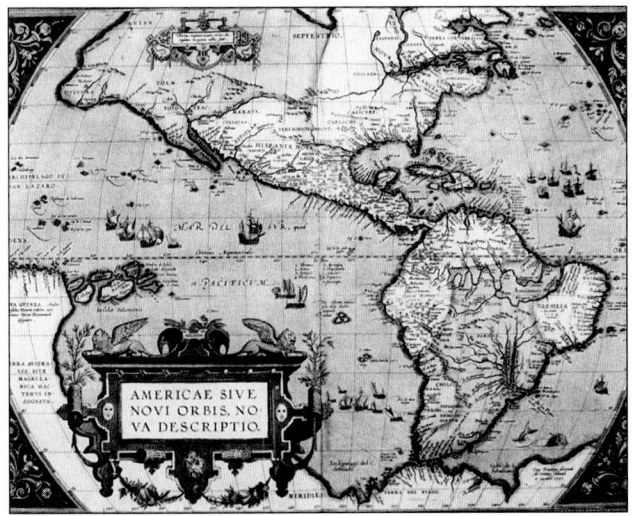
60

61

59 AMERIKAKARTE. »America«, mit Titelreserve, Fabeltieren und Kogge staffiert. Interessant ist die große Landmasse links unten, betitelt »Terra incognita«, die mit »Nova Guinea« zusammenhängend dargestellt ist. Kupferstich aus dem Taschenatlas von *Abraham Ortelius*, 1601. Qu.-8°.
380,–/460,–
Aus »Epitome theatri orbis terrarum de nouo recognita, aucta, et geographica ratione restaurate, a M. Coigneto« Antwerpen, Keerberg 1601. Erste Ausgabe dieser Fassung des Ortelius'schen Taschenatlasses. Der Text von Michel Coignet, der für seine maritimen Arbeiten und Übersetzungen der Schriften von *Petrus de Medina* (siehe vorausgegangene Karte) bekannt ist. Alle kleinen Karten dieser Ausgabe sind neu und besser gestochen als die Originale von Galle. Ein Expl. mit 123 blattgroßen Kupferkarten wurde im April 1993 für 5.000,– (Taxe 3.600,–) versteigert.
4.500,–/6.000,–
HH 71/813

60 AMERIKAKARTE. »Americae sive novi orbis, nova descriptio«, mit prächtiger Schriftkartusche und reicher maritimer Staffage, floral gefüllte Eckzwickel. Kolor. Kupferstich von *Abraham Ortelius*. Antwerpen Vrintius 1603. Gr.-Fol. Ein Auszug aus der spanischen Ausgabe von 1612, rückseitiger Titel »El Orbe nuevo« und auf der Druckplatte ausgekratzte Datierung, erbrachte im Frühjahr 1993 einen Zuschlag von 8.500,– (Taxe 3.500,–).
4.500,–/6.500,–
RA 49/2791
Aus dem »Theatrum Orbis Terrarum«, gegenüber der Ausgabe von 1602 um sechs Karten vermehrt. Ein vollständiges Expl. dieses prächtigen Atlasses in einheitlich altem Kolorit – zwei Teile in einem Band – mit 156 doppeltblattgroßen Kupferkarten wurde im Frühjahr 1993 für insgesamt mehr als 90.000,– (Taxe 70.000,–) versteigert.
80.000,–/120.000,–
HH 71/812

61 AMERIKAKARTE. »Americae nova Tabula«, mit dem Versuch, die Erdkrümmung durch ein entsprechend gebogtes Gradnetz darzustellen. Zwei Schriftkartuschen, eine Detailkarte, seitlich Bilderleisten mit je fünf Eingeborenenpaare und oben neun Ansichten bzw. Stadtpläne.

Kolor. Kupferstich: »Auct(ore) *Guiljelmus Blaeuw* – cum privilegio decem annorum«, um 1640. Gr.-Fol.
4.000,–/7.500,–
Aus *W*. und *J. Blaeu* »Theatrum oribs terrarum, Sive Atlas novus, ...«, l. Ausgabe 1643. Ein Expl. von drei der insgesamt sechs Bänden von 1643/40 mit 276 (statt 279) Kupferkarten wurde im Nov. 1992 für 55.000,– (Taxe 10.000,–) Zuschlag versteigert.
50.000,–/70.000,–
HH 70/930
Dieselbe Karte findet sich auch in einem weiteren *Blaeu*-Œuvre, in welchem außerdem die nachfolgenden Teilkarten enthalten sind: »America quae est geographiae Blauianae pars quinta liber unas volumen undecimum. Amstelaedami – labore & sumptibus Joannis Blaeu – MDCLXII«, 1662. Der Atlas enthält neben den Kupferstichkarten – die sämtlich sorgfältig koloriert und goldgehöht sind – eine lateinische Beschreibung. Die Karten sind reich staffiert, viele davon sign. (Siehe die Kat.nr. 64–79 und Farbabb. F8–F11)

62 VIRGINIA. »Virginia«, west-orientiert, mit einer Windrose, dem englischen Königswappen sowie Darstellung von Indianern. Durch die Bildunterschriften soll die Authentizität unterstrichen werden. »Powhatan – In solcher Majestät hat sich der König für den gefangenen *Captain Schmidt* erzeigt und sehen lassen« steht unter dem Interieur des Eingeborenen-Versammlungshauses. »Sasqúesahanougs – die Giganten sein also bekleytet« ist unter der Indianerdarstellung zu lesen. Außerdem wird angegeben, was selbst erkundet wurde: »Die Bedeutung der Merckzeichen – wo ein + bey stehet, ist es durch sie selbst erkundiget worden: was weiter ist hat man aus der Einwohner Relation und Bericht«. Dann sind noch als Legenden-

62

63

Amerika 83

64

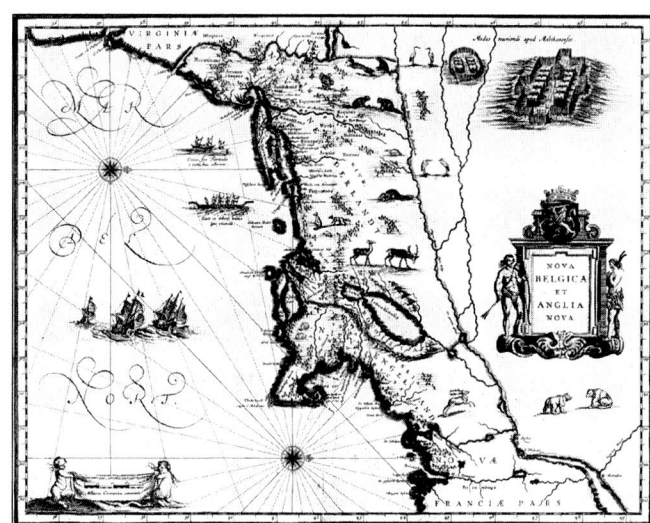
65

Angaben »königliche Heuser« und »gemeine Heuser« in winzigen Skizzen gezeigt. Kein Wunder, daß solche Karten seinerzeit beliebt waren, ließen sie doch des Betrachters Phantasie in die Ferne schweifen.
Kolor. Kupferstichkarte; »erforschet und beschriben durch *Capitain Johan Schmidt*«, erschienen bei *Johann Ph. Abelin Ffm*, 1631. Doppelblattgroß, Fol.
2.500,–/3.000,–

63 AMERIKA-TEILKARTE. »Virginiae item et Floridae...«, mit reicher Staffage, zwei Rollwerkkartuschen, die obere flankiert von Reserven mit der Darstellung von Eingeborenendörfern. Doppelblattgroßer Kupferstich von *Gerhard Merkator* und *Jodocus Hondius,* hrsg. von *Hendricus Hondius,* Amsterdam 1630. Gr.-Fol.
2.000,–/2.500,–

Aus *Gerhard Merkator* und *Jodocus Hondius* »Atlas sive Cosmographiae Meditationes de Fabrica Mundi et Fabricati Figura«, hrsg. von *Hendricus Hondius*, Amsterdam 1630. Ein Expl. mit Kupfertitel, doppelblattgroßen Porträts von *Merkator* und *Hondius* sowie 164 doppelblattgroßen Kupferstichkarten wurde im April 1993 für 48.000,– (Taxe 30.000,–) zugeschlagen.
38.000,–/60.000,–
HH 71/810

64 KANADA MIT DEM ST.-LAWRENCE-GOLF. »Extrea Americae versus Boream, ubi Terra nova, Nova Francia«, mit sehr schöner Signaturkartusche (siehe Abb. S. 13, vgl. Nachtrag zu Kat.nr. 61).
2.000,–/3.000,–

65 DIE WESTKÜSTE DER USA VON MAINE BIS DELEWARE. »Nova Belgica et Anglia nova«, west-orientiert, mit reicher Tier- und Indianerstaffage sowie der Darstellung von zwei Eingeborenendörfern. Vgl. Nachtrag zu Kat.nr. 61. **2.000,–/3.500,–**

66 SÜD-VIRGINIA UND FLORIDA. »Virginiae partis australi et Floridae partis orientalis...«, mit sehr schön figurenstaffierter Kartusche. Die »weißen Flecken« auf der Karte sind sehr gekonnt mit einer schwungvollen Schrift gefüllt.
Vgl. Nachtrag zu Kat.nr. 61. **2.500,–/3.500,–**

67 MEXIKO. »Nova Hispania et nova Galicia«, mit prächtiger Kartusche und Sign. »*Guiljelmus Blaeuw* excudit«. Auf der Maßstabkartusche sehr naturalistische Darstellungen von Gürteltieren. **2.000,–/2.500,–**
Vgl. Nachtrag zu Kat.nr. 61.

66

67

68

69

68 YUCATAN UND GUATEMALA. »Yucatan conventus Iuridici Hispaniae Novae Pars occidentalis, et Guatimala«, mit Putten staffierte Schriftkartusche. **2.000,–/3.000,–**
Vgl. Nachtrag zu Kat.nr. 61 und Detailabb. S. 13.

69 WESTINDISCHE INSELN. »Insulae Americanae in Oceano septentrionali...«, Widmungskartusche mit Signatur: »Tabulam hanc inscribit *Guiljelmus Blaeu*«.
2.000,–/3.000,–
Vgl. Nachtrag zu Kat.nr. 61.

70 KLEINE ANTILLEN (KARIBISCHE INSELN). »Canibales Insulae«, in Art der Seekarten mit Windrosen überzogen, westorientiert. **1.500,–/2.000,–**
Vgl. Nachtrag zu Kat.nr. 61.

71 KOLUMBIEN. »Terra firma et novum Regnum Granatense et Popayan«, mit Signatur: »Amstelodami *Guiljelmus Blaeuw* excudit«. **2.000,–/2.800,–**
Vgl. Nachtrag zu Kat.nr. 61.

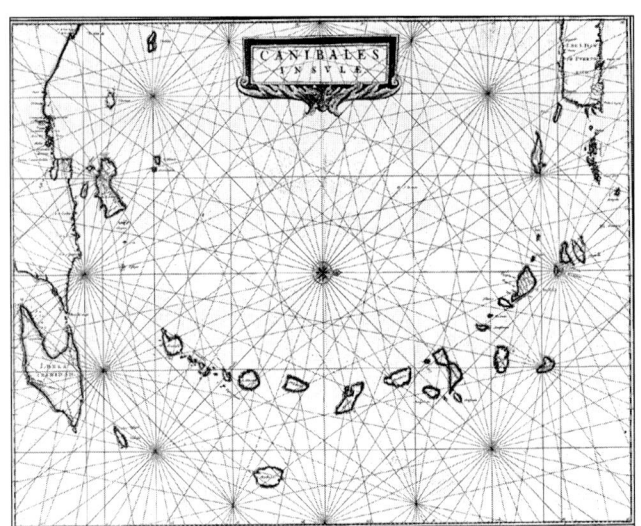

70

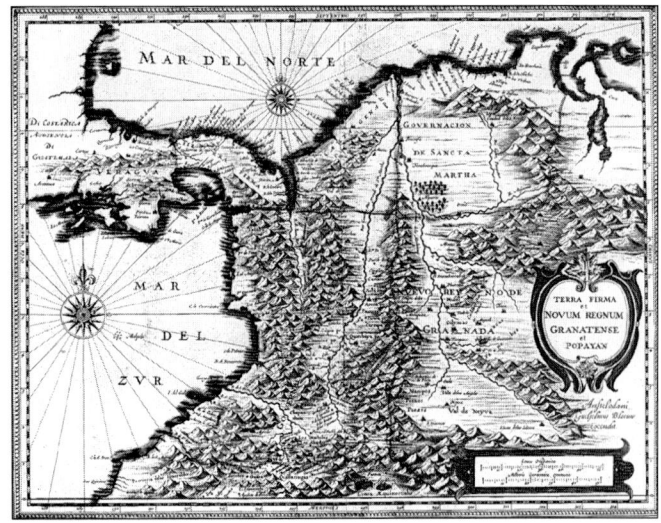

71

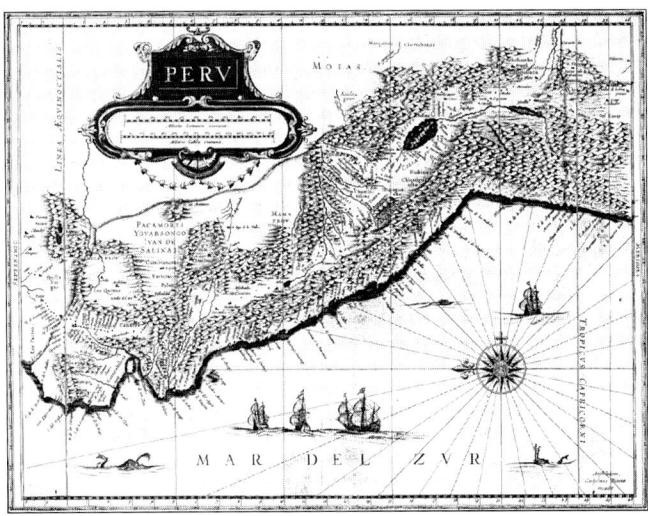

72 PERU. »Peru«, ost-orientiert, mit klarer Schriftkartusche integrierten Maßstäben. Signatur: »Amstelodami *Guiljelmus Blaeuw* excudit«. **1.500,–/2.000,–**
Vgl. Nachtrag zu Kat.nr. 61.

73 CHILE. »Chili«, ost-orientiert, klare Schrift- und Signaturkartusche, diese bekrönt von Armillarsphäre. Schöne Windrosen, wobei deutlich erkennbar ist, daß der Norden stets – hier mit der Wappenlilienspitze – hervorgehoben wird, obwohl die Karten gelegentlich nach einer anderen Richtung orientiert sind. **1.500,–/3.500,–**
Vgl. Nachtrag zu Kat.nr. 61.

74 FEUERLAND MIT DER MAGELLANSTRASSE. »Tabula Magellanica qua Terra del fuego, cum celeberrimis fretis a F. Magellano et I. Le Maire detectis novissima et accuratissima descriptio exhibetur«, mit einer Widmung: »...dedicat *Guiljelmus Blaeu*«. Interessant ist die genaue Kartographierung der Magellanstraße, erkennbar das »Cap Horn«. **2.500,–/3.000,–**
Vgl. Nachtrag zu Kat.nr. 61 und Abb. S. 31.

75 BRASILIEN. »Brasilia...Christoph AB Artischav Arciszewski...excudebat *Johannes Blaeu*«, west-orientiert. BUCHT VON SALVADOR (Bahia). »Sinus omnium Sanctorum«, mit einer Detailkarte der Stadt S. Salvador. **3.000,–/4.000,–**
Vgl. Nachtrag zu Kat.nr. 61.

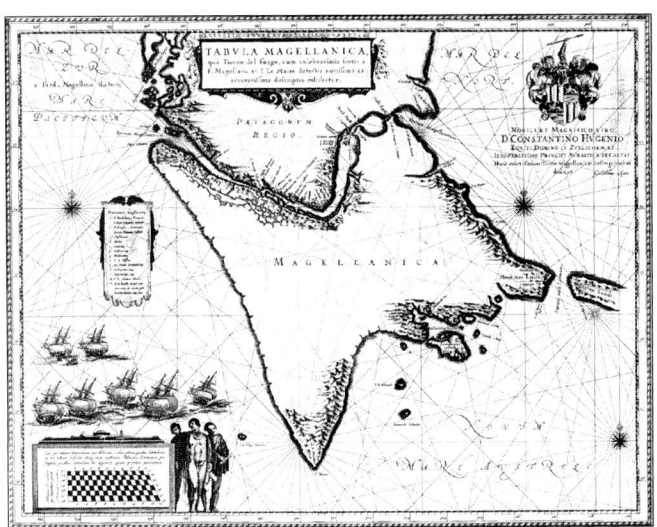

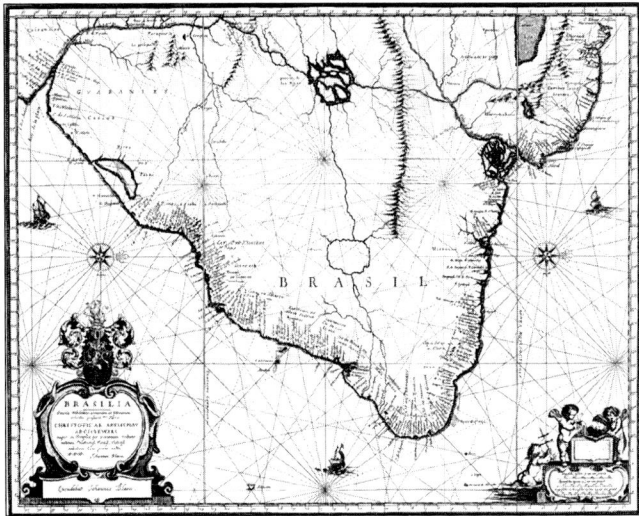

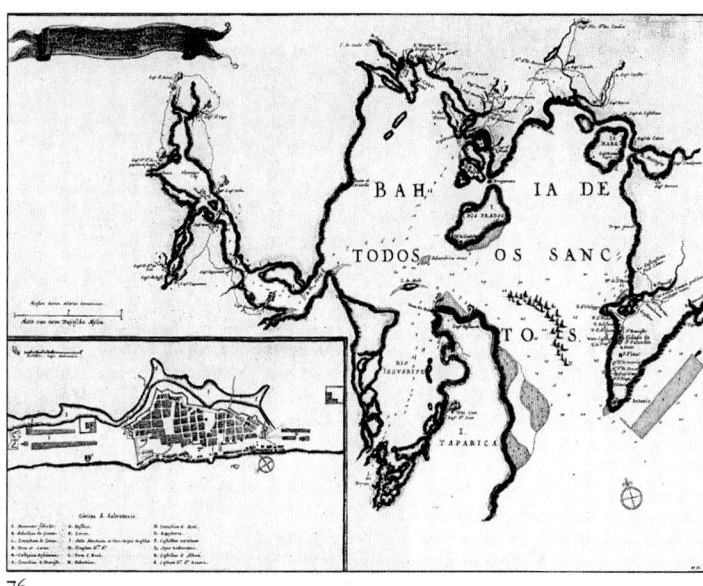

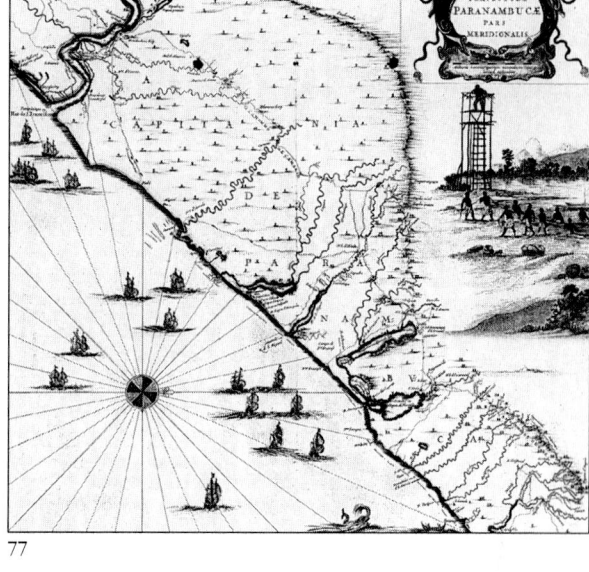

76 SERGIPE MIT DEM RIO SAO FRANCISCO. »Praefectura de Ciriii vel Seregippe del rey cum Itapuama«, west-orientiert, mit schöner Kartusche, Vegetabiliengirlanden.
2.000,–/3.000,–
Vgl. Nachtrag zu Kat.nr. 61.

77 PERNAMBUCO. »Praefecturae Paranambucae pars Meridionalis«, west-orientiert, mit Fischerszene. Besonders interessant, daß sich die Figurenstaffage auf den Brasiliendarstellungen (Kat.nr. 341) als vollständige Szene findet. **2.000,–/3.000,–**
Vgl. Nachtrag zu Kat.nr. 61.

78 GUYANA MIT DER AMAZONASMÜNDUNG. »Guiana siue Amazonum regio«, Titelkartusche und Windrose. Signaturkartusche. **2.000,–/2.800,–**
Vgl. Nachtrag zu Kat.nr. 61.

79 VENEZUELA. »Venezuela cum parte Australi novae Andalusiae«, mit Schrift- und Signaturkartusche »Amstelodami *Guiljelmus Blaeuw* excudit«. **2.500,–/3.500,–**
Vgl. Nachtrag zu Kat.nr. 61.

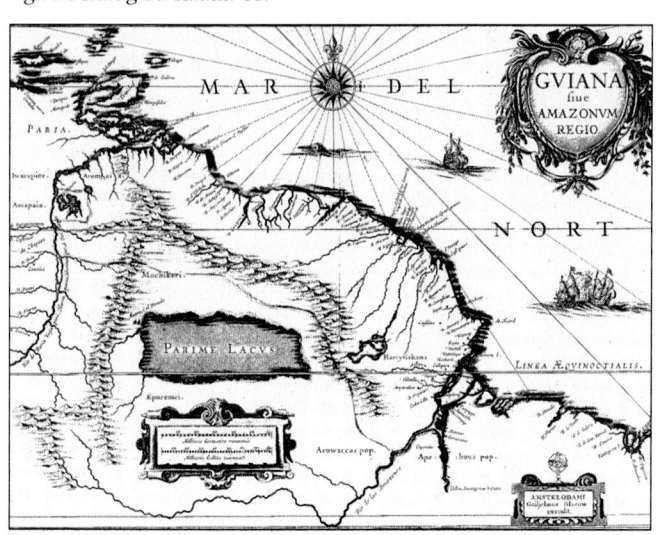

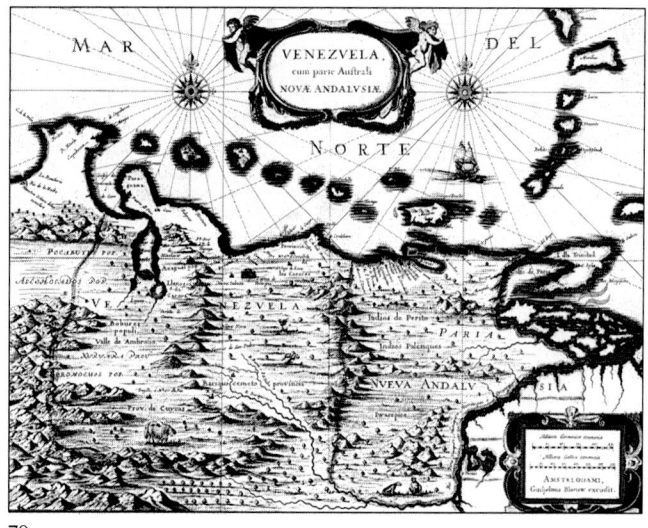

80

81

80 BRASILIENKARTE. Im Kartenbild betitelt »Brasil«, west-orientiert, reiche naturalistische Staffage. Holzschnitt von *J. Gastaldi.* 270 x 365 mm. Aus der 3. Ausgabe der berühmten Reiseschilderung von *G. B. Ramusi*, 1606. Im Okt. 1992 wurde ein auf 1.800,– taxierter Abzug für knapp 1.500,– versteigert. **1.800,–/2.500,–** *RA 48/3140*
Aus *G. B. Ramusio* »Della navigationi et viaggi«, 3. Ausgabe mit der für den Küstenverlauf Brasiliens wichtigen Beschreibung. Zu dieser berühmten Reisesammlung siehe auch Kat.nr. 58.

81 AMERIKAKARTE. »Americam utramque« mit gebogtem Gradnetz, Schrift- und Widmungskartusche und reicher figürlicher Staffage. Deutlich ist noch die damals vorherrschende Ansicht, daß Kalifornien eine Insel sei, dargestellt. Kupferstich bez.: Excud. *T. Danckerts.* 430 x 540 mm. **2.200,–/2.700,–** *BF 1*

82 BERMUDA. »Pas Kaart van I. La Bermuda«, typische Seekarte, die auch Kompaßkarten genannt wurden, da zur besseren Orientierung auf dem Kartenbild mehrere sich überschneidende Windrosen verteilt wurden. Kupferstich von *J. v. Keulen*, Amsterdam 1690. Den Reiz macht neben den figürlich staffierten Kartuschen die sorgfältige Kolorierung mit Goldhöhung aus. Die Karte wurde im Mai 1992 für 2.000,– offeriert und für 3.400,– zugeschlagen. *HH 69/4356* **3.000,–/4.500,–**

83 VIRGINIA. »Pas Koart van de Zee Küsten van Virginia«, west-orientiert, mit figurenstaffierter Schriftkartusche. Für eine Serie von Seekarten (siehe auch die vorausgegangene Karte) über amerikanische Teilküsten und Inseln typische Einteilung: Neben dem üblichen Gradnetz finden sich noch eine rautenartige Unterteilung sowie die für Seekarten üblichen Windrosenstrahlen. Kupferstich von *J. v. Keulen*, Amsterdam 1690. Sonst wie oben. Mit 2.000,– taxiert, brachte die Karte im Mai 1992 3.300,–. **3.000,–/4.500,–** *HH 69/4367*

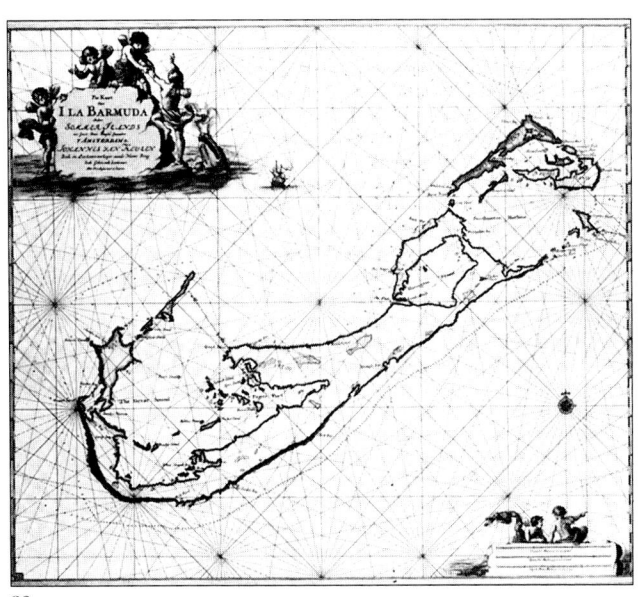

82

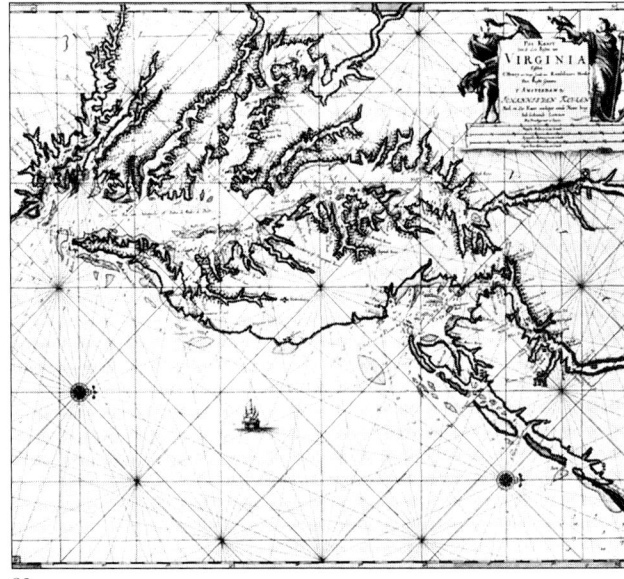

83

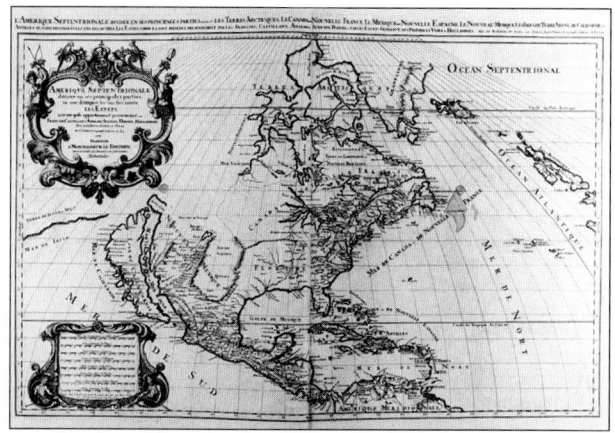

84

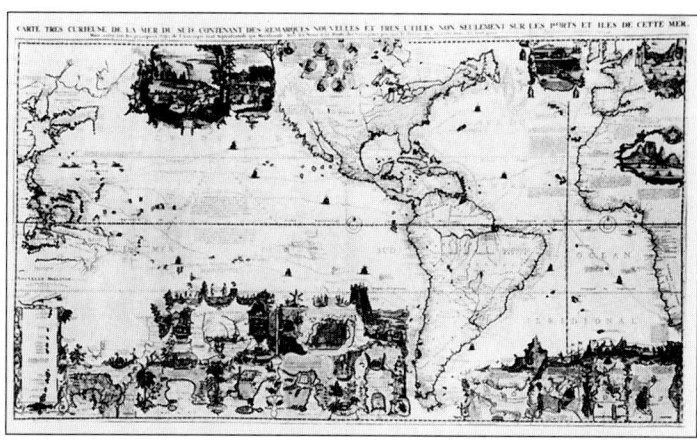

85

84 MITTELAMERIKA. »Amerique septentrionale...«, mit zwei bewegten Barockkartuschen und interessanter Projektion (fliehende Meridianlinien). Doppelblattgroßer Kupferstich von *Hubert Jaillot*, aus dem Atlas von *N. Sanson*, Paris 1692. Imp.-Fol.
2.000,–/2.300,–
Aus dem »Atlas nouveau« von *Nicolas Sanson d. J.*, 1692. Ein Expl. mit 30 gestochenen Karten wurde 1993 für 6.000,– versteigert. **6.000,–/8.000,–**
DW B 693/437

85 AMERIKA UND DER PAZIFIK. »Carte Tres Curieuse de la Mer du Sud«, mit reicher Staffage, Teilkarten und Abbildungen von wichtigen Hafenstädten. Die Karte zeigt auch das westliche Europa und Afrika, den Atlantik und Schiffahrtslinien. Kolor. Kupferstich, von mehreren Platten gedruckt und zusammengesetzt, *Henri Abraham Châtelain*. Amsterdam 1719. 780 x 1400 mm. Die als selten geltende Karte erbrachte im Dez. 1990 einen Gesamterlös von über 6.700,– (Taxe 6.000,–). Allerdings wurde die Karte auch schon auf 20.000,– geschätzt.
7.000,–/14.000,–
DH 137/2266 und GB 35/2360
Aus dem »Atlas Historique« von *Châtelain*, Amsterdam 1719. Diese Karte ist eine der aufwendigst gravierten, die je – Nordamerika betreffend – publiziert wurden. Die große Reserve zeigt den Niagarafall, andere bilden das Jagen und Trocknen von Fischen ab. Es werden viele historische Hinweise, auch auf Entdeckerreisen, gegeben. Kalifornien wird allerdings immer noch als Insel dargestellt.

86

86 MITTELAMERIKA. »Regni Mexicanae – Novae Hispaniae...«, dekorative Karte mit staffierter Titelkartusche, reicher Figurenszene und Darstellung einer Seeschlacht. Kolor. Kupferstich von *Johann Baptista Homann*, Nürnberg o. J. (ca. 1730). Gr.-2°.
2.000,–/2.800,–
Aus dem »Atlas novus Terrarum oribs imperia, regna et status exactis tabulis geographice demonstrans«. Erschienen bei *J. B. Homann*, Nürnberg, ca. 1728–1770. Es kam ein Expl. zum Angebot, das nicht den üblichen Kartenbestand enthält, dem dafür aber noch andere Karten beigebunden sind, d. h. insgesamt 41 doppelblattgroße bzw. mehrfach gefaltete Kupferkarten. Dieser Atlas erbrachte im Sept. 1993 den geschätzten Preis von 7.500,–.
8.500,–/12.000,–
VH 68/63

87 CAROLINA. »Carolina, Floridae nec non Insularum Bahamensium cum partibus adiacendibus...«, mit großer rocaillenumrahmter Schriftkartusche. Kolor. Kupferstich bei *Johann Seligmann,* Nürnberg 1755. 430 x 590 mm. **2.300,–/2.800,–**
BF 10

88 AMERIKA. »Americae-Mapa Generalis«, in Art der Hemisphärenkarten mit gebogtem Gradnetz. Rechts noch Teile von Europa und Afrika. Dekorative figurenstaffierte Schriftkartusche. Kupferstich bei *Homann-Erben,* Nürnberg 1796. Die Karte erbrachte im Sept. 1992 einen Erlös von 850,–. **800,–/1.200,–**
GB 92/1

89 KALIFORNIEN. »Mapa de la California Golfo...«, dreiseitig mit Bilderleiste umrahmt, darin sind Tiere und Eingeborene sowie die Schriftreserve dargestellt. Mehrfach gefalteter Kupferstich aus *Mig. Venegas* Buch über Kalifornien, erschienen 1757. **800,–/1.500,–**
Aus Miguel Venegas »Noticia de la California, y de su conquista temporal, y espiritual hasta la tiempo presente«, Madrid *Fernandez' Wwe* 1757. 4°, mit vier mehrfachgefaltenen Karten. Durch Informationen der Missionare vor Ort, die bis ins Jahr 1754 reichen, ist dieses Buch ungemein aktuell gewesen. Im Gegensatz zu der vorausgegangenen Châtelain-Karte ist Kalifornien hier richtig als Halbinsel dargestellt. Eine Erstausgabe wurde im Nov. 1993 mit einem Zuschlag von 7.000,– (Taxe 5.000,–) versteigert. **6.000,–/8.000,–**
HH 74/605

87

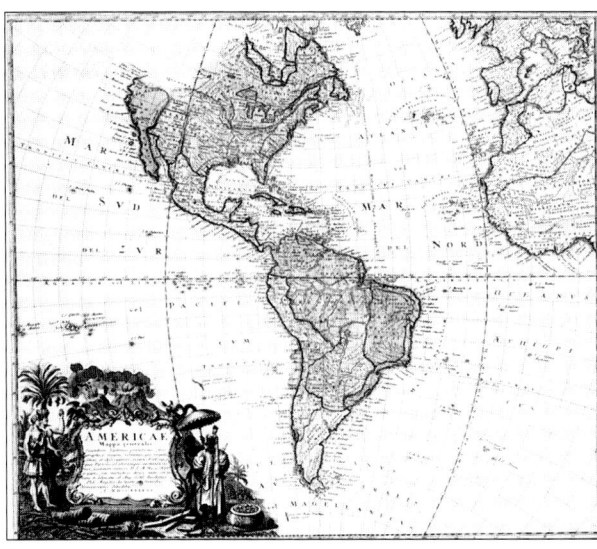

88

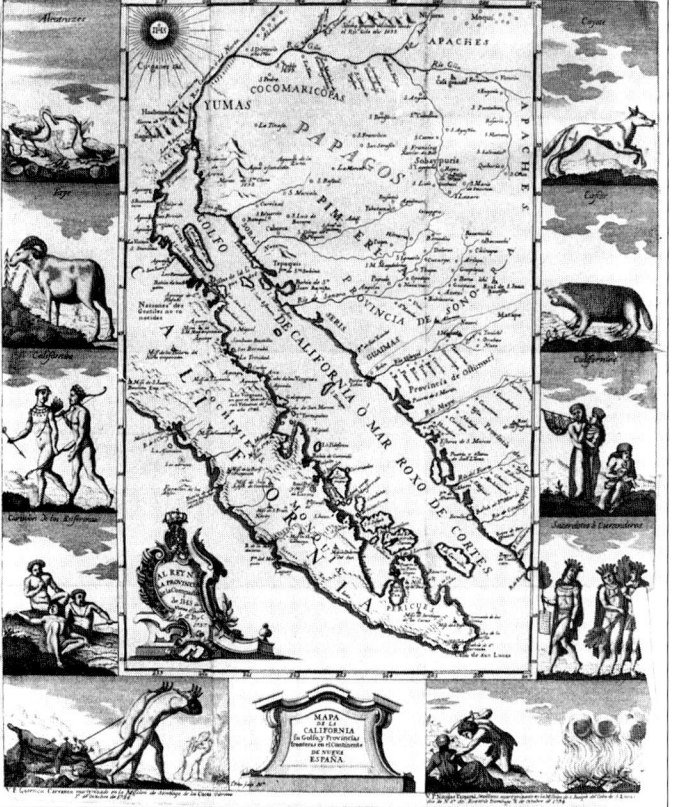

89

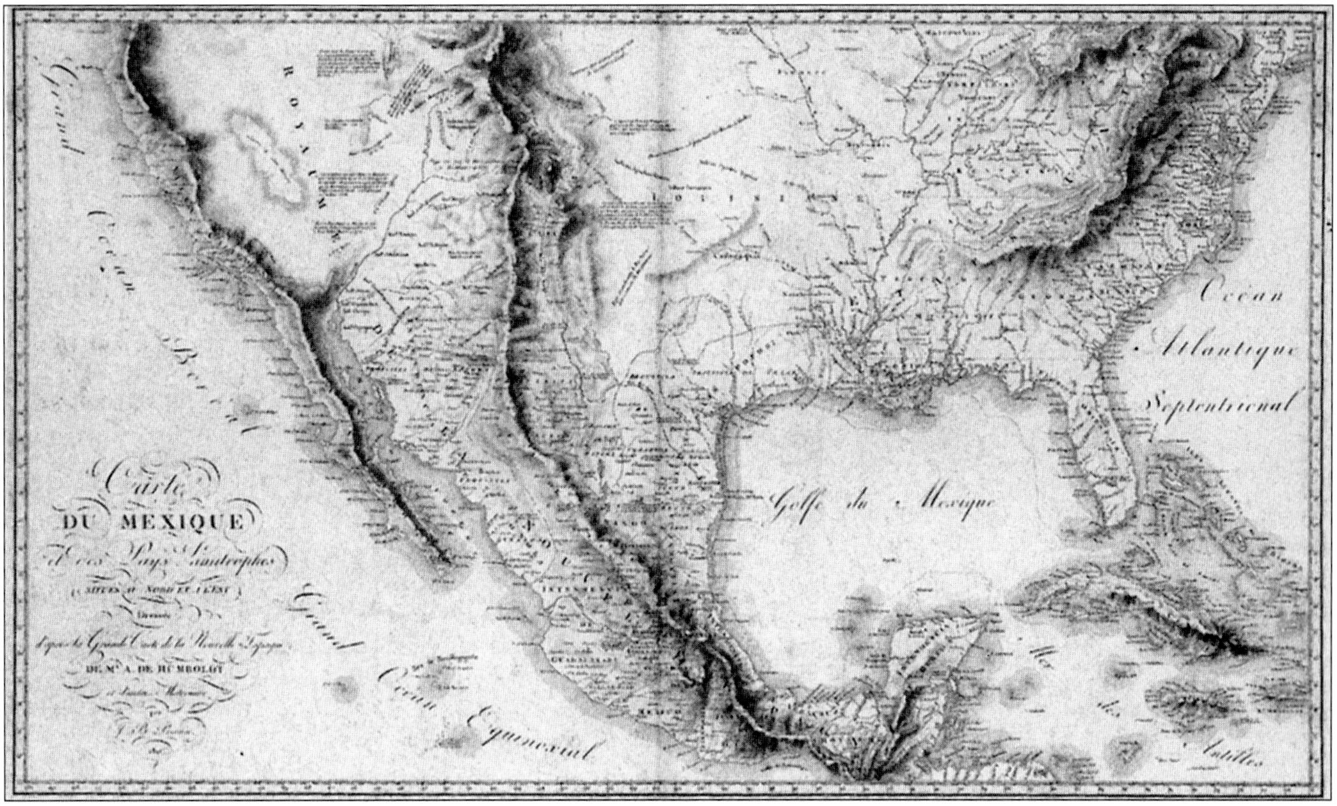

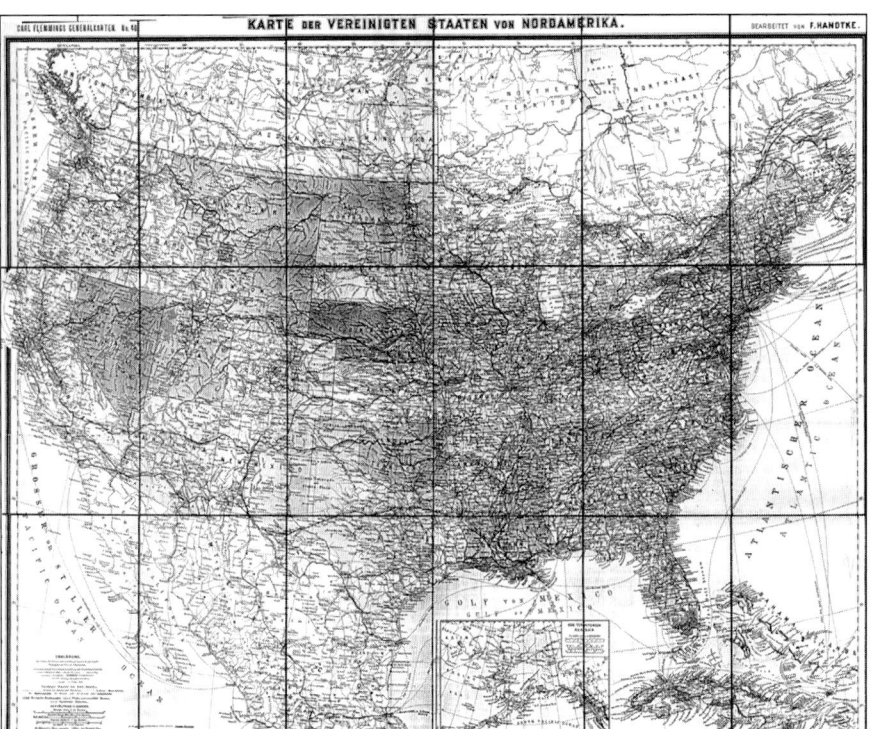

90 MEXIKO UND NEU-MEXIKO. »Carte du Mexique«. Kartographisch klares Bild. Kupferstich aus *Humboldt/Bonpland* »Essai politique...«, 1811–1812. Gr.-Fol. (mehrfach gefaltet). **500,–/700,–**
Aus A. v. Humboldt & A. Bonpland »Essai politique sur le Royaume de la Nouvelle Espagne«, Paris 1811–1812, zwei Bde. Gr.-4° mit einem Atlas, Gr.-Fol. 19 teils gefaltete, teils doppelblattgroße Kupfertafeln. Erste Ausgabe und bahnbrechendes Kernstück seines großen Reisewerkes. Das Œvre leitet die moderne Landeskunde ein. Es berücksichtigt in bisher ungebräuchlicher Gründlichkeit alle Zustände in physisch-geographischer Hinsicht. Im Oktober 1992 wurde ein Expl. für 11.000,– (Taxe 12.000,–) zugeschlagen. **11.000,–/15.000,–**
RA 48/2515

91 NORDAMERIKA. »Karte der Vereinigten Staaten von Nordamerika«, bearbeitet von *F. Handtke* (Carl Flemings Generalkarten No 40), Maßstab 1:6.000.000. Druck und Verlag Carl Fleming in Glogau, 1894. In 18 Einzelblättern gedruckt und auf Leinen aufgezogen. 675 x 825 mm.
250,–/300,–
Slg. L., Stgt.

Asien/Australien

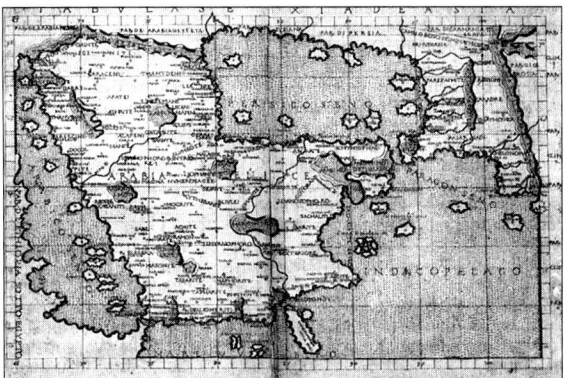
92

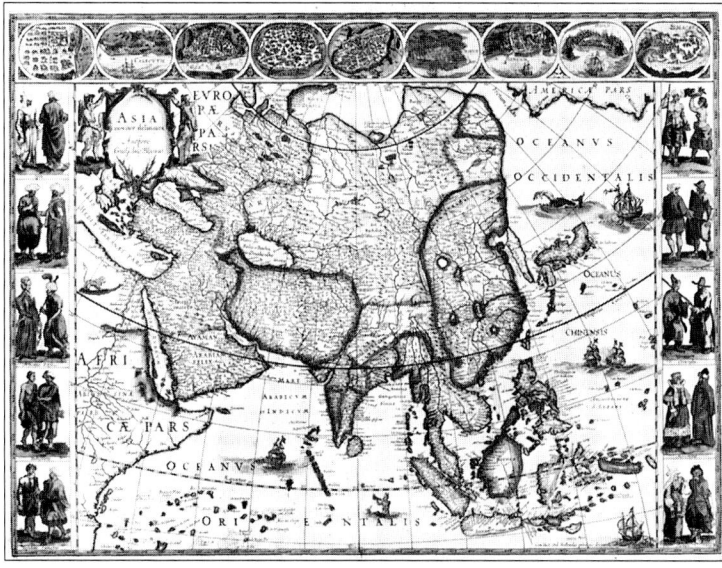
93

92 ARABIEN. »Tabula sexta de Asia«, die iranische Küste nach *Claudius Ptolemaeus*. Kupferstich aus der Ausgabe von *F. Berlinghieri* 1480/2. Qu.-Fol. Die Karte wurde im April 1990 mit 1.800,– (Taxe 2.000,–) zugeschlagen. **2.000,–/3.000,–**
RA 43/2750
Aus der *Ptolemaeus*-Cosmographie, die *F. Berlinghieri* 1480 und 1482 bei *N. Todescho* in Florenz herausbrachte. Die Kupferstichkarten – anstelle der üblichen Holzschnitte – aus dieser dritten gedruckten Ptolemaeus-Ausgabe sind sehr selten. Sie sind die einzigen Kopien von *Ptolemaeus*-Karten in der originalen Projektion.

93 ASIEN. »Asia noviter delineatia«. Dreiseitig von Bilderleisten umrahmt: mit zehn Paaren von Bewohnern dieses Kontinents und neun Plänen bzw. Ansichten von bedeutenden Städten. Altkolor. Kupferstichkarte bei *Guiljelmus Blaeu*, um 1640. 410 x 555 mm. Die Karte wurde 1993 im Antiquariat für 6.000,– angeboten.
BF 7 **4.800,–/6.800,–**
Die Karte findet sich auch in »Asia, quae est Geographiae Blauianae pars IV, libri II, Vol. X.« von *Joan Blaeu*, Amsterdam 1662. Gr.-Fol. mit elf doppelblattgroßen kolor. Kupferkarten. Enthält in Teil 2 den »Atlas Sinensis« des Jesuiten *M. Martinius* mit 17 Karten. Der Atlas wurde im April 1993 für 10.000,– angeboten und für 12.000,– zugeschlagen. **15.000,–/19.000,–**
HH 71/802

94 ASIEN. »Asia«, dargestellt in Form einer Wandkarte, die vom oberen Bildrand ausgerollt ist und unten noch den Blick auf botanische Besonderheiten frei läßt. Kupferstich von *M. und J. C. Haffner*, 1686. Fol. **2.000,–/4.000,–**
Aus »Interiora orientis detecta, Oder Grundrichtige und eigentliche Beschreibung aller heut zu Tag bekandten großen und herrlichen Reiche d. Orients...«, *Koppmayer*, Augsburg 1686. Mit 13 Kupferstichen und 12 Holzschnitten sowie 33 Kupfertafeln. Erste Ausgabe dieser Kompilation aus versch. Reiseschilderungen. Erbrachte im April 1993 einen Gesamterlös von über 6.800,– (Taxe 5.600,–). **6.500,–/8.500,–**
HH 71/796

94

95

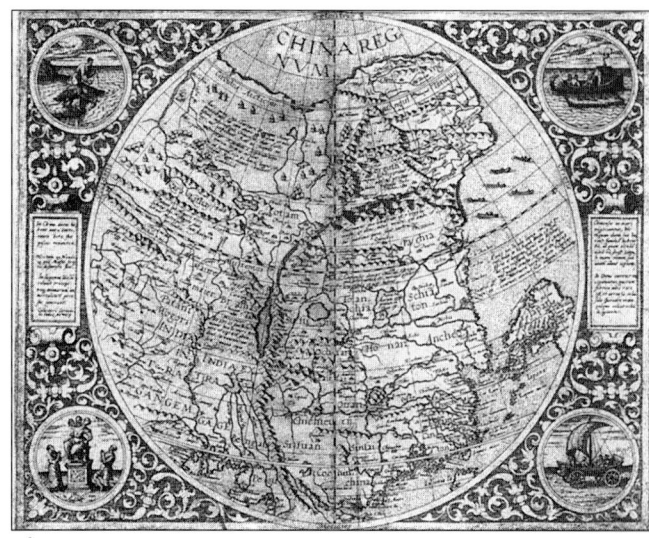
96

95　CHINA. »Chinae olim Sinarum regionis, nova descriptio«, west-orientiert, sehr dekorativ, mit drei schönen Rollwerkkartuschen. Interessant die Elefanten und Segelwagen (oben, im Westen) die chinesische Mauer (rechts und ganz rechts), die Nomadenzelte in der Wüste. Kolor. Kupferstich von *Ludovicus Georgius (= Luis Jorge de Barbuda)* aus dem *Oretlius*- Atlas von 1584. Die Karte wurde im Sept. 1993 für 2.100,– zugeschlagen.- **2.000,–/2.800,–**
VK 68/323

96　CHINA (OSTASIEN). »China Regnum« im Kartenbild betitelt. Rundkarte von floralen Ranken umrahmt. In den Eckzwickeln Rundreserven mit Darstellungen eines Fischers, eines Auslegerbootes, eines Segelwagens (wie er bei obiger Karte als Wüstenstaffage gezeigt wird) und ein dreiköpfiges Monster. Rechts und links je eine Rollwerkkartusche mit Legende. Kupferstich von *C. de Jode,* Antwerpen 1593, aus »Speculum Orbis Terrae« (siehe hierzu auch Kat.nr. 110). Diese Karte wurde im Okt. 1991 für 6.000,– (Taxe 5.000,–) zugeschlagen. **6.500,–/7.000,–**
RA 46/2590

97　CHINA UND JAPAN. »China veteribus sinarum Regio nunc Incolis Tame dicta«, mit zwei schönen Schriftkartuschen. Es sind auch Taiwan und der Norden der Philippinen dargestellt. Altkolor. Kupferstich von *Jean Blaeu* 1650. 410 x 495 mm. **2.500,–/3.500,–**
BF 9

98　JAKARTA/JAVA. »Der Hollaendisch-Ostindianischen Compagnie weltberühmte Haupthandels- und Niederlagstadt BATAVIA in Asien auf dem grossen Eyland Java in dem Königreich Jacatra …«, von *Homännischen Erben,* Nürnberg Anno 1733. Interessant die Maßstabsangabe von »500 Rheinl. Ruthen à 12 Schuh«. Reich staffiert mit Stadtplan, Vedute und Detailsichten. 456 x 537 mm. **2.300,–/3.800,–**

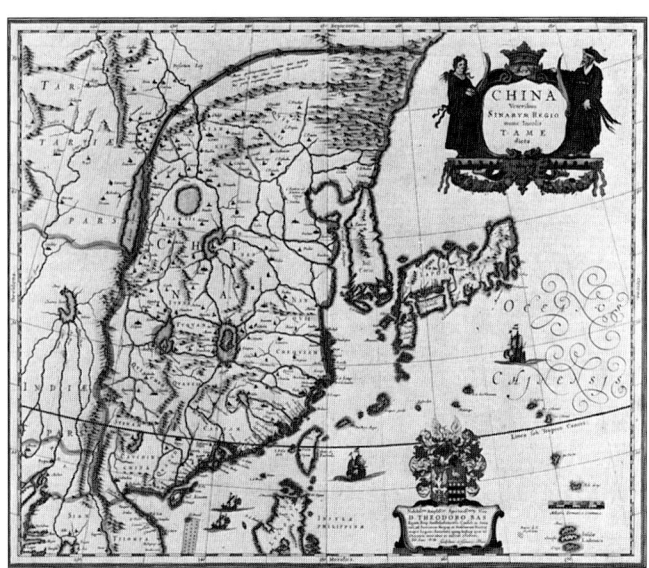
97

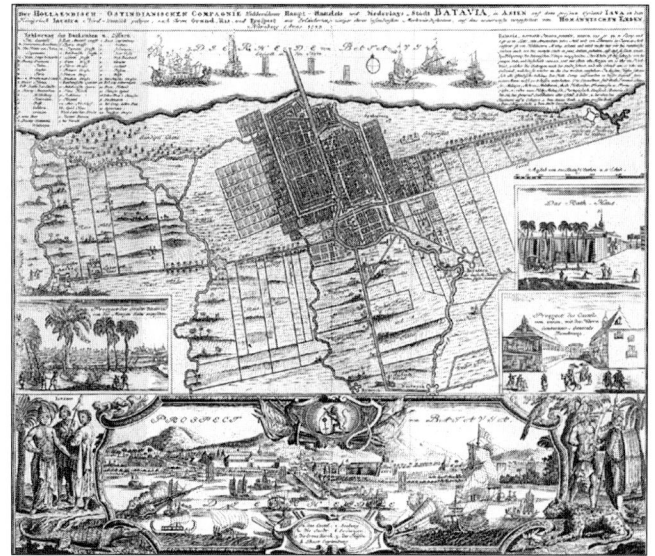
98

Asien/Australien

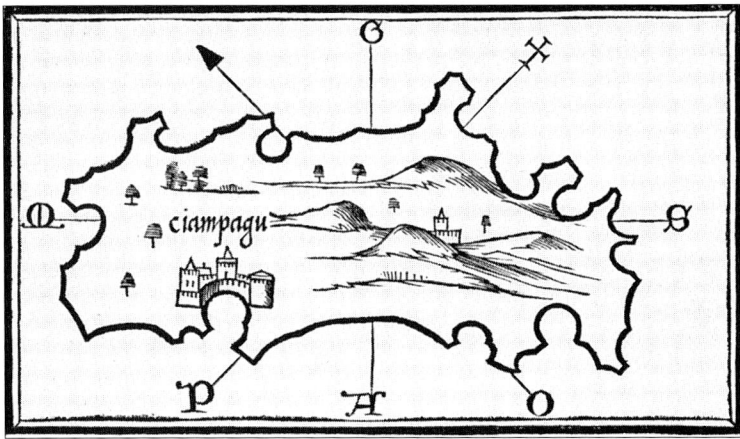

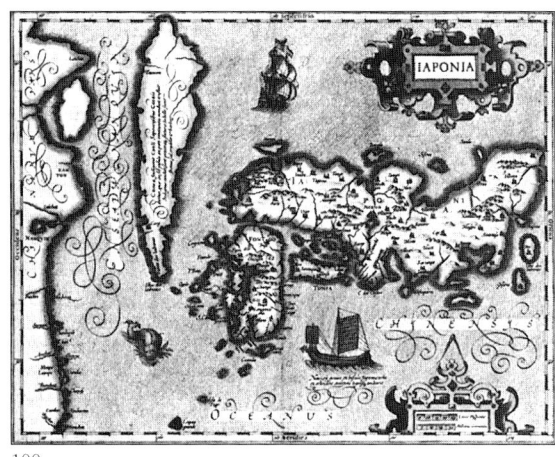

99 JAPAN. »Ciampagu« im Kartenteil betitelt: die erste so bezeichnete Karte von Japan als europäischer Druck. Obwohl die Karte noch ungenau ist, lassen sich doch deutlich die Küstenumrisse der japanischen Hauptinsel Hondo erkennen. Holzschnitt aus *Bordones* »Isolario« 1528. Fol.
1.000,–/2.000,–
Aus B. Bordone »Isolario, nel qual si ragiona di tutte le isole del mondo, con il lor nomi antichi & moderni historie, favole & modi del loro vivere ...«. Dritte Ausgabe von *F. di Leno*, Venedig 1537 (?), mit 112 Holzschnittkarten von Inseln der ganzen Welt. Das Buch wurde im Herbst 1992 mit 11.000,– (Taxe 12.000,–) zugeschlagen.
11.000,–/15.000,–
RA 48/2375

100 JAPAN. »Iaponia«, mit zwei Rollwerkkartuschen und reizvoller Staffage im Meer. Kupferstich, der zu den 36 neuen Karten gehört, die *Hondius* erstmals 1606 seinem *Merkator*-Atlas hinzufügte. Eine Karte aus der holländischen *Merkator-Hondius*-Ausgabe von 1634. Qu.-Fol. erzielte im April 1990 einen Zuschlag von 4.000,– (Taxe 3.500,–). **3.000,–/4.500,–**
RA 43/2797
In sehr ähnlicher Gestaltung erschienen Japan-Karten u. a. 1595 bei *A. Ortelius*, um 1650 bei *Janssonius* und 1655 bei *J. Blaeu*, um nur einige Beispiele aus der Flut von exotischen Karten des 17. Jh. zu nennen.

101 JAPAN. »Delineatio Insularum Iaponicarum, in quibus designatur...«, doppelblattgroßer Kupferstich aus *J. d. Thévenots* Reisebeschreibungen. Verlegt bei *Widerhold*, Genf 1681. Fol. **800,–/1.800,–**
Aus *Jean de Thévenots* »Beschreibung Der Sechs Reisen... in der Hoch-Teutschen Sprach ans Liecht gestellet durch *Joh. H. Widerhold*«, *fünf* Tle. in einem Bd., Genf 1681, mit versch. Kupfertafeln, ein Holzschnitt und obiger Japankarte. Erzielte im Frühjahr 1993 einen Zuschlag von 7.500,– (Taxe 3.000,–) **6.000,–/8.500,–**
HH 71/790

102 JAPAN. »Carte du Japon«, mit klarer Schrift- und Maßstabreserve sowie Windrose. Kupferstich von *Engelbert Kaempfer*, um 1712/1729. **400,–/600,–**
Aus »Histoire naturelle, civile, et ecclesiastique de l'empire du Japon« von *E. Kaempfer*, Amsterdam Uytwerf 1732. 8° und Fol. Drei Textbde und ein Tafelbd. mit elf gefalteten und blattgroßen Kupfertafeln. 1712 in lateinischer, 1727 in engl., 1729 in franz. Sprache erschienen. Im Frühjahr 1993 wurde ein franz. Expl. für 3.500,– (Taxe 4.000,–) zugeschlagen.
4.000,–/5.000,–
HH 71/764

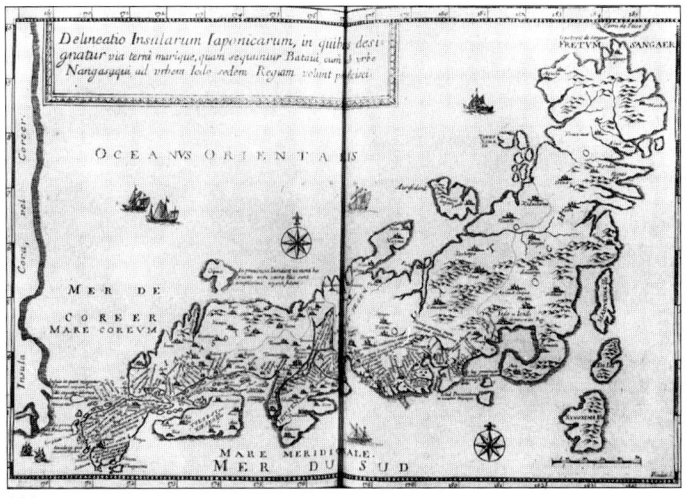

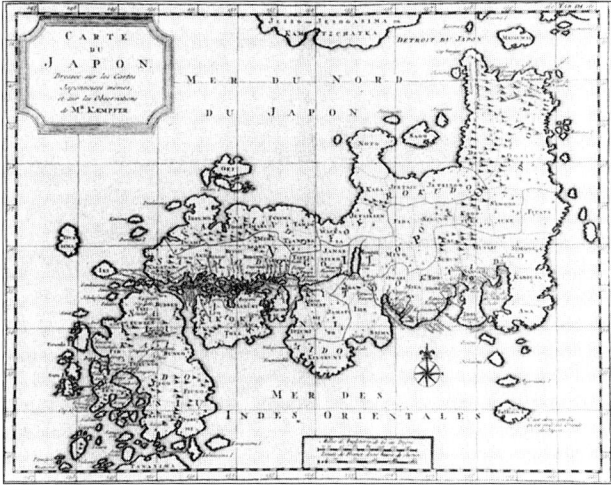

103

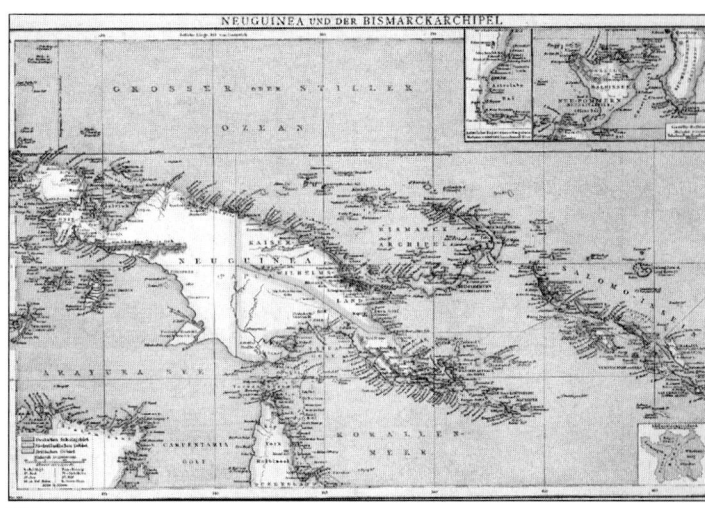

104

103 JAPAN. »Imperium Japonicum per regiones digestum sex et sexaginta atque ex ipsorum Japonesium mappis descr. ab Hadriano Relando«, »mit schöner Figurenstaffage und Detailkarte. Kolor. Kupferstich bei *R. und J. Ottens* (1725–1750), 470 x 600 mm. **5.800,–/6.800,–**
BF 2

104 NEUGUINEA UND DER BISMARCKARCHIPEL. Z. T. in Farben gedruckt, dat.: Nov(ember) 1886. Oben rechts eine Detailkarte von Neu-Pommern (ehem. Neubritannien) und Neu-Mecklenburg (ehem. Neuirland) im vergrößerten Maßstab. Untere rechte Ecke mit Südwestdeutschland als Größenvergleich. Der Lauf der Geschichte hat zwischenzeitlich nicht nur diese Kolonialgebiete nochmals neu benannt. Damit ist die Karte ein reizvolles Zeichen in welch' kurzen Zeitabständen selbst neuzeitliche Karten zu historischen kartographischen Beweisstücken werden können. 238 x 361 mm. **10,–/30,–**
Aus dem Handatlas von *Richard Andree*, hrsg. von der geographischen Anstalt von Velhagen & Klasing in Leipzig, versch. Ausgaben, je nach Kartenbestand.
(Vgl. Kat.nr. 27) **100,–/300,–**

105 PHILIPPINEN. »Carta Hydrographica y Chorographica del Yslas Eilipinas«, seitlich Bilderleisten mit je sechs Darstellungen von Plänen, Karten sowie Figurenszenen und Legenden. Gezeigt werden Eingeborene und Europäer u. a. beim Ackerbau, Rauchen der Wasserpfeife und Tanzen. Zwei davon sign. von Francisco Suarez. Große figürliche und heraldische Kartusche. Kupferstich von *P. Murillo Velarde*, Manila 1734. Von acht Platten gedruckt, 1085 x 1165 mm. Die Karte war seinerzeit sehr exakt, mit Eintragung von Sandbänken und Ankerplätzen sowie Reiserouten. Sehr seltene Karte, die als Vorlage für alle Karten dieser Region im 18. Jh. diente. Sie wurde im Herbst 1992 für 14.000,– zugeschlagen. **13.000,–/20.000,–**
RA 48/3262

106 SUMATRA (CEYLON). »Tabula Asiae XII – Taprobana«, Titelleiste und Inselname im Kartenbild, daneben eine bereits auffallend naturgetreue Darstellung eines Elefanten und Schriftkartusche. Holzschnitt von *Seb. Münster* aus der ptolemaeischen »Geographie«, 1540. 260 x 340 mm.
 1.000,–/1.800,–

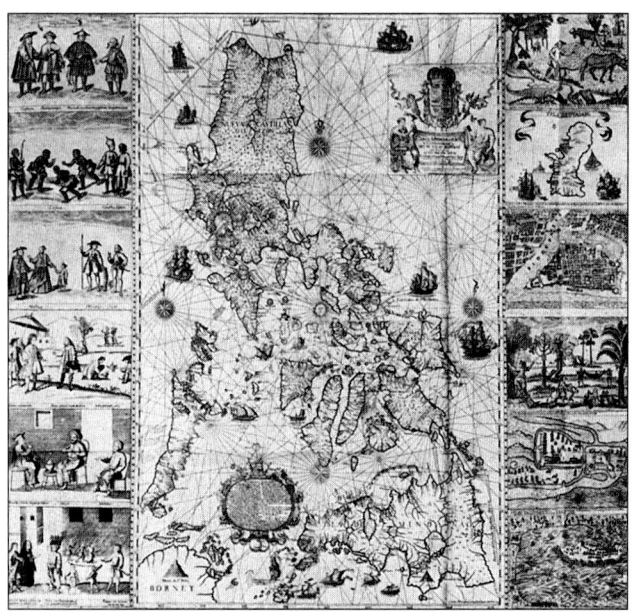

105

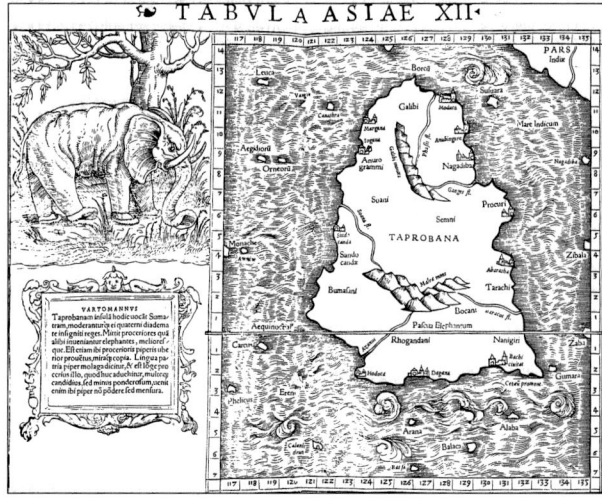

106

Asien/Australien 95

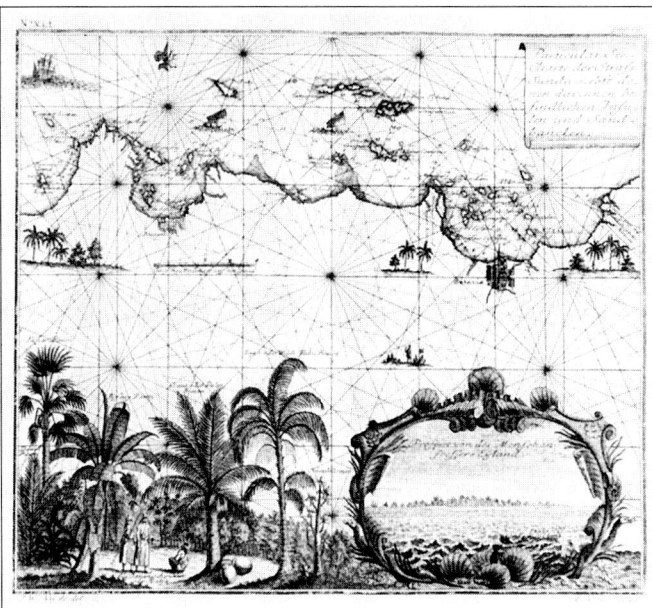
107

108

110

109

107 SUNDA-INSELN. »Particular Seecharte der Strass-Sunda, nebst denen darinnen befindlichen Insuln und Sandbänken«, mit Schriftreserve. Unten Darstellung eines Palmhaines und in einer muschelumrahmten Ovalreserve »Prospect von des Menschenfressers Eyland«. Kupferstich bei *Tetscher* und *Homann-Erben* 1744. Qu.-Fol.
1.200,–/2.500,–
Aus »Allerneuester Geographisch-Topographischer Schau-Platz von Africa und Ost-Indien«, Wilhermsdorf, *Tetscher* und Nürnberg, *Homanns Erben* 1744. Mit 115 Kupferstichtafeln und Beschreibung der wichtigsten Niederlassungen der ostindischen Kompagnie. Die Tafeln zeigen Gebäude, Städte, Landschaften mit interessanter Staffage sowie Karten von Ceylon, Grönland und eine Weltkarte. Im Frühjahr 1993 wurde das Buch mit 10.000,– (Taxe 8.000,–) zugeschlagen. **10.000,–/15.000,–**
HH 71/897

108 DAS MONGOLISCHE GROßREICH. »Magni Mogolis Imperium«, sehr dekorative Karte, die Schriftreserve von zwei Kostümfiguren flankiert. Kolor. Kupferstich bei *P. Schenk* und *G. Valk*, Amsterdam, nach 1683. 364 x 486 mm. **1.800,–/2.500,–**

109 DAS TARTARENREICH. »Tartaria sive magni Chami imperium«, mit einer ungewöhnlichen Figurenschriftreserve. Darunter der Bezieherhinweis: »Amstelodami venditant apud P. Schenk et G. Valk c(um) Priv(ileg) (= in Amsterdam zu Kaufen bei *P. Schenk* und *G. Valk*). Außerdem ist bei dieser Karte die skurrile Staffage von Ungeheuern und Teufeln in der mongolischen Wüste zu beachten. Sie sind im rechten Kartenteil, links vom »Grenzstreifen« zu China, zu finden. Rechts davon ist die Chinesische Mauer eingezeichnet. Kupferstich, Ende 17. Jh. 380 x 491 mm.
1.400,–/2.200,–

110 AUSTRALIEN. »Novae Guineae Forma & Situs«. Doppelblatt-Kupferstich von *C. de Jode* 1593. Qu.-Fol. Kann als die erste gedruckte kartographische Darstellung von Australien bezeichnet werden. Die seltene Karte wurde im Okt. 1991 zusammen mit »Amerika« als Doppelseite für 18.000,– angeboten und zu einem Gesamtpreis von 17.000,– versteigert.
RA 46/2481 **8.000,–/18.000,–**
Aus »Speculum Orbis Terrae« von *C. de Jode* 1593. Die Beischrift dieser Karte – die nur in der 2. Ausgabe des Atlas erschien – stellt fest, daß es unsicher ist, ob Neu-Guinea eine Insel oder Teil von Australien sei. Bei der linken Seite (nicht abgeb.) handelt es sich um eine der ersten regionalen Karten der Westküste von Nordamerika, wahrscheinlich hat *Jode* sie von *Plancius* kopiert.

Europa

111

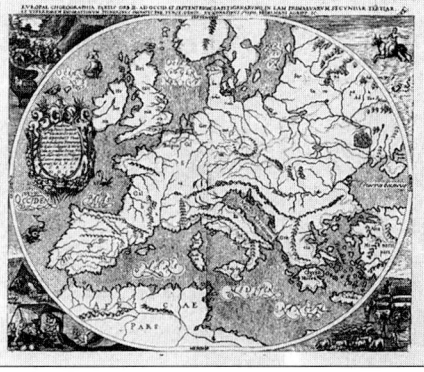
112

113

111 EUROPA. West-orientierte, doppelblattgroße Holzschnittkarte aus der Cosmographia von *Sebastian Münster,* verlegt bei *Henricpetri* 1598. Fol. Sehr dekorativ die Darstellung als königliche Figur, was allerdings etwas auf Kosten der kartographischen Wahrheit geht. Die einzelnen Länder betitelt. **1.500,–/2.800,–**
Die obige Karte stammt aus *Seb. Münsters* »Cosmographey oder beschreibung aller Länder, Herrschafften fürnehmsten Stetten, geschichten, gebreuchen, handtierungen etc... biß ins MDXCVIII jar gemehret«, d. h. aus der Basler Ausgabe von *Henricpetri* 1598. Mit 28 doppelblattgroßen Holzschnittkarten und 66 doppelblattgroßen Holzschnittansichten sowie ca. 1.200 Holzschnitten. Mit 20.000,– offeriert, erhielt das Expl. im April 1993 einen Zuschlag von 25.000,– **20.000,–/27.000,–**
HH 71/957

112 EUROPA. »Europae chorographia...«, aus St. Broelmann »Epideigma, sive specimen historiae... Rhenum Agrippensis oppidi, quod post Colonia Claudia Aug. Agruppinensis«, Köln, *G. Grebenbruch* 1608. Kl.-Fol. **400,–/700,–**
Ein Expl. des höchst seltenen Buches über die Geschichte des römischen Köln mit fünf doppelblattgroßen Kupferkarten und sieben Kupfertafeln wurde im Okt. 1990 für 7.500,– offeriert, blieb jedoch unverkauft. **5.000,–/6.000,–**
RA 44/4325

113 NORDEUROPA UND ATLANTIK. »Septentrionalium Regionum descrip«, mit staffierter Schriftreserve, reizvoller Meerstaffage. Deutlich sind Skandinavien, die britischen Inseln und Grönland zu erkennen. Island ist in seiner richtigen Westost-Ausrichtung dargestellt. Kolor. Kupferstich aus *Ortelius'* spanische Ausgabe von 1612. Qu.-Fol. Diese Karte erbrachte im April 1993 einen Zuschlag von 2.000,– (Taxe 2.500,–). **1.800,–/2.800,–**
RA 49/2745

114 EUROPA. »Europa recens descriptia«. Altkolor. Kupferstich bei *Guiljelmus Blaeu,* um 1630. 410 x 545 mm. Sehr dekorativ mit Schriftkartusche, reicher Meerstaffage, Tiere in Nordafrika. Dreiseitige Bildleiste: oben Ansichten bzw. Pläne von Amsterdam, Prag, Constantinopel, Venedig, Rom, Paris, London, Toledo und Lissabon; seitlich je fünf Trachten- bzw. Kostümpaare. **4.500,–/5.500,–**
EF 6

114

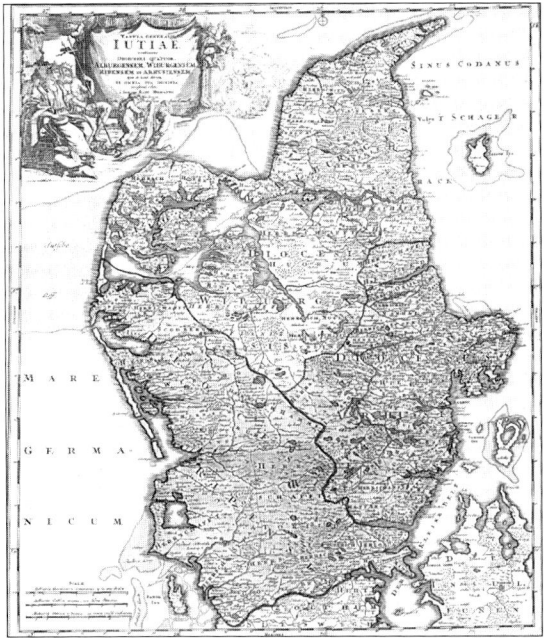
115

116

115 JÜTLAND. »Tabula generalis Iutiae continens Dioeceses Quatuor, Alburgensem, Wiburgensem, Ripensem et Arhusiensem«. Schön staffierte Karte des festländischen Teils von Dänemark. Kolor. Kupferstich bei *Johann Baptist Homann,* Nürnberg, 1. Hälfte 18. Jh. 570 x 490 mm.
900,–/1.500,–

116 DÄNEMARK. »Dania regnum«, dekorativ mit Königswappen, Marinestaffage, von Riesen flankierter Schriftkartusche verziert, außerdem barocke Reserve für Meilenangabe. Altkolor. Kupferstich aus einem *Blaeu*-Atlas, Mitte 17. Jh. 425 x 520 mm.
1.500,–/2.000,–

117 DIE BRITISCHEN INSELN. »Angliae, Scotiae, et Hiberni sive Britannicar: Insularum Descriptio«, west-orientiert mit schöner Titel- und Signaturkartusche, dekorative Staffage. Kolor. Kupferstich von *Johannes Ianssonius,* Amsterdam 1621. 346 x 494 mm.
2.500,–/3.800,–

118 ENGLAND. »A new map of the Kingdome of England and Pricipality of Wales«, mit prächtiger Staffage, Königswappen und Windrose. Kupferstich – auf Seide – gedruckt von *F. W. Oetjes,* 17. Jh. 495 x 550 mm.
3.000,–/4.500,–

117

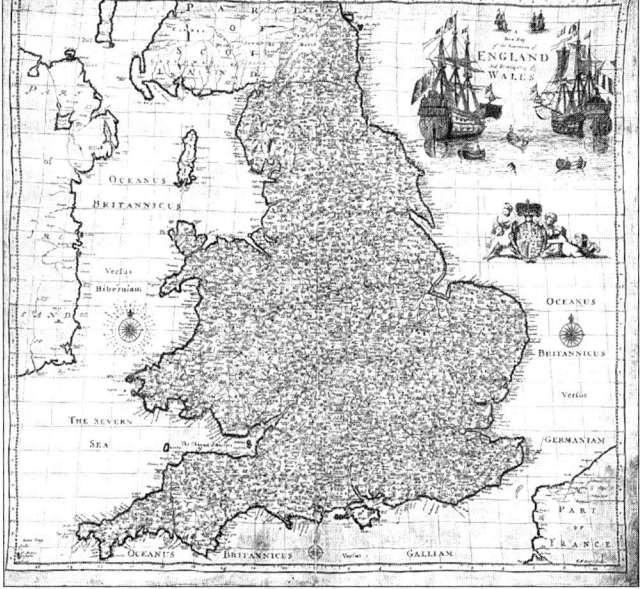
118

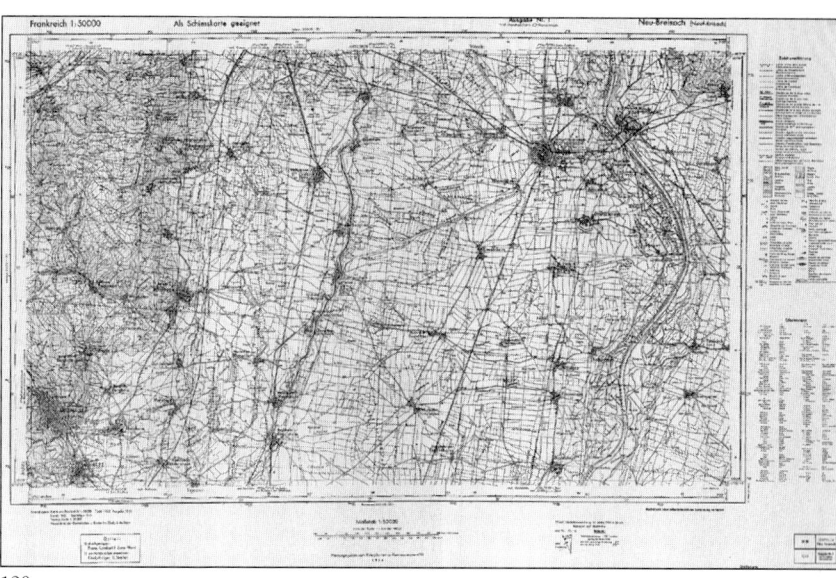

119 120

119 IRLAND. »Hiberniae Regnum...« Kol. Kupferstichkarte mit figürlichen Kartuschen v. *J. B. Homann,* Nürnberg, 1. Hälfte 18. Jh. 570 x 470 mm. **280,–/350,–**

120 FRANKREICH. »Generalstabskarte 1:50.000 – Neu-Breisach (Neuf-Brisach) – Als Schiesskarte geeignet – Ausgabe Nr. 1 mit deutschen Ortsnamen«, hrsg. vom Kriegskarten- & Vermessungsamt 10. 1944. Deutsch-französische Zeichenerklärung und Erläuterungen. Diese gehen so weit ins Detail, daß z. B. zwischen Tage- und Untertagebausteinbrüchen oder aufgeschüttetem oder eingesenktem Straßenverlauf unterschieden wird. Es werden einzelne Häuser, Feldkreuze, Weinberge oder Hopfenfelder angegeben. 510 x 800 mm.
150,–/200,–
Slg. L. Stgt.

121 BELGIEN UND DIE NIEDERLANDE. »Leo Belgius«, sehr schön ins Kartenbild integrierte Löwendarstellung, reich mit Erläuterungen und Legenden versehen. Kupferstich aus dem folgenden Buch. Köln 1584. 365 x 445 mm. **3.500,–/5.000,–**
Aus *Michael Eytzingers* »Niederländische Beschreibung in Hochteutsch...was sich...zugetragen hat vom Jar 1559 bis 1584. Jar«, verlegt bei *Gerhard von Campen,* Köln 1584. 4°, 183 S. mit obiger mehrfach gefalteter Karte. Mit entsprechenden Altersschäden erbrachte das Buch im März 1993 einen Zuschlag von 8.000,– (Taxe 2.000,–). **5.000,–/9.500,–**

122 BELGIEN UND DIE NIEDERLANDE. «Le Lion Belgique des Pais Bas contenant les XVII Provinces». Das Kartenbild in Form eines Löwen links oben und unten zahlreiche Gebietswappen und Legenden (345 x 335 mm). Links angesetzt – mit seperater Platte gedruckt – Reiterporträts von Ludwig XIV mit Reiterheer in Hintergrund (345 x 225 mm). Kupferstich nach *Le Febure von Lagnet* 1672. Gesamt: 375 x 560 mm. Im Oktober 1992 erbrachte dieser Doppelstich bei einem Schätzpreis von 4.000,– einen Zuschlag von 7.000,–.
RA 48/3555 **6.500,–/9.000,–**

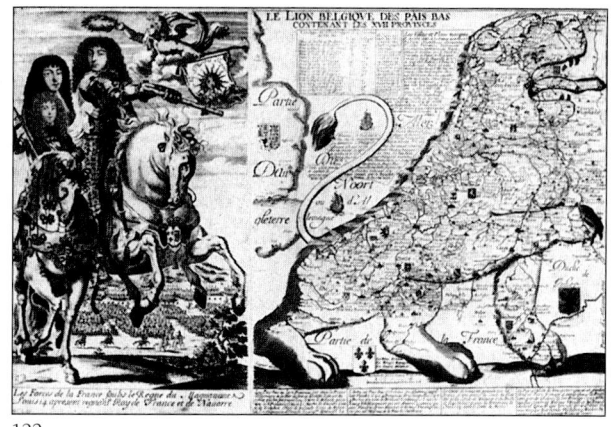

121 122

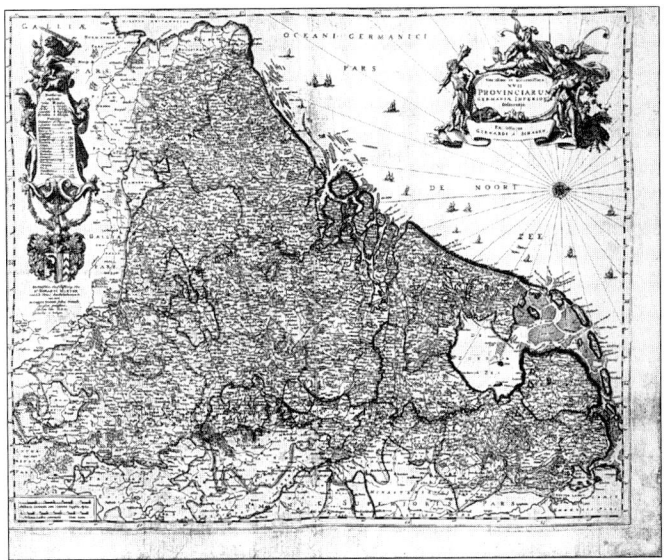
123

124

123 BELGIEN UND HOLLAND. »Novissima et accuratissima XVII Provinciarum Germaniae inferior delineatio – Ex officina Gerhadi à Schagen«, west-orientiert, mit figurenstaffierter Schriftkartusche und Windrosenstrahlen. Kolor. Kupferstich – auf Seide gedruckt – aus den Offizien von *Gerhard* in Schagen (Nordholland), 17. Jh. 485 x 560 mm.   **4.000,–/6.000,–**

124 ITALIEN. »Italia mit dreyen fürnemesten Inseln/Corsi Sardinia/und Sicilia«, mit einer Schriftkartusche, darin die Aufzählung der wichtigsten Städte: »In der Christenheit ist Italia mit den herrlichsten Stetten besetzt/und sind die fürnemesten/Heilig Rom/Edel Neapels/schön Florentz/reich Venedig/hoffertig Genua/Groß Meylandt/vest Bolonien/und als Ravenna.« Holzschnittkarte, 16. Jh. 322 x 362 mm.
1.500,–/2.500,–

125 PIEMONT (ITALIEN). »Pedemontium«, mit reicher Staffage, zahlreichen Wappen und Figurenstaffage sehr reizvoll dekoriert. Altkolor. Kupferstich nach *Thomas Borgonius,* gestochen von *Joan de Broen* und erschienen bei *Johann Blaeu.* 1682. 505 x 600 mm.   **1.200,–/1.700,–**
BF 13

126 DER KIRCHENSTAAT UND FLORENZ. »Status Ecclesiastici magnique Ducatus Florentini«, mit kirchlichen Symbolen Papst und Engel staffierte Schriftkartusche. Kolor. Kupferstich von *Johann Baptist Homann,* Nürnberg, 1. Hälfte 18. Jh. 486 x 573 mm.   **1.000,–/1.500,–**

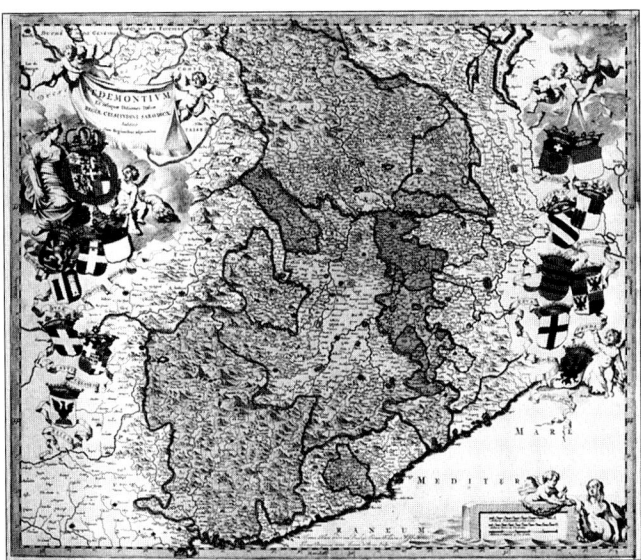
125

126

127

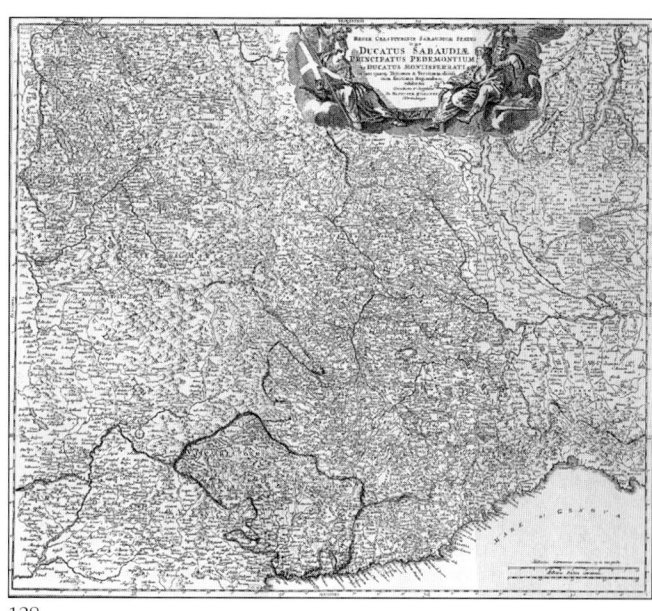

128

127 ITALIEN. »Italia in suos Status divisa et ex prototypo del Isliano desumpta elementis insuper geographiae Schazianis accomodata curantibus Homannianis Heredibus«, mit schöner figurenstaffierter Kartusche. Rechts unten eine Reserve mit 14 (!) in diesem Gebiet gebräuchlichen Maßstäben Vergleichs- und Abkürzungserläuterungen. Kolor. Kupferstich nach *de l'Isle* von *Schaz*, hrsg. von *Homann-Erben* 1742. 495 x 565 mm.   **800,–/1.200,–**

128 OBERITALIEN. »Ducatus Sabaudiae pricipatus pedemontium et Ducatus Montisferrati«, die figurenstaffierte Schriftkartusche sehr schön ins Kartenbild komponiert. Kolor. Kupferstich von *Johann Baptist Homann,* Nürnberg, 1. Hälfte 18. Jh. 495 x 564 mm. **800,–/1.200,–**

129 PIACENZA (ITALIEN). »Carta topogafica della massima parte dello Stato Piacentino«, mit einer von einem Vogel gehaltenen Schriftenreserve. Original-Manuskriptkarte. Italien, Anf. 19. Jh. (möglicherweise vom selben Autor wie Kat.nr. 212). 577 x 443 mm.   **800,–/1.500,–**

130 SIZILIEN (ITALIEN). »Beschreibung der Inselen und des gantzen Koenigreichs Sicilie«. Holzschnitt-Buchseite aus *Schedels* »Chronik«, Mitte 16. Jh. 193 x 146 mm.   **100,–/200,–**

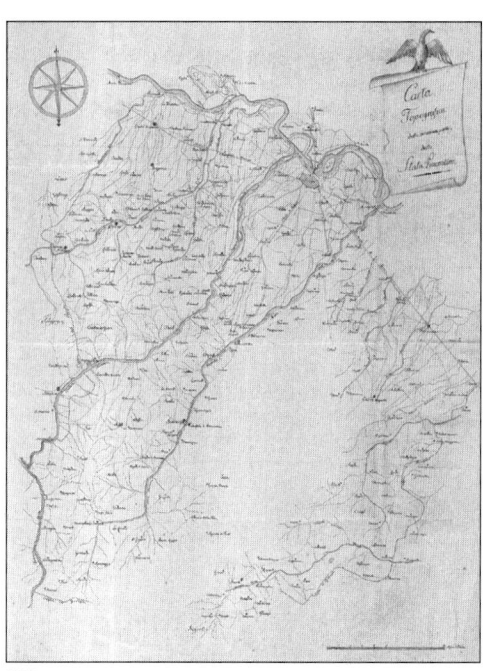

129

130

Europa 101

131

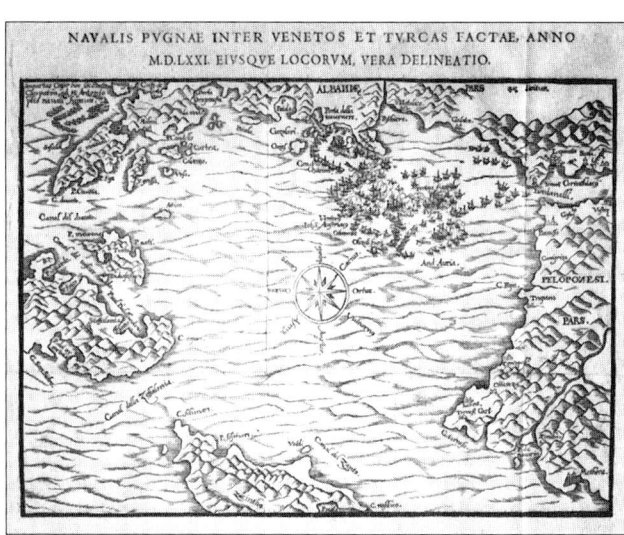
132

131　MALTA. »Isola di Malta olim Melita«, mit Schriftkartusche und von zahlreichen Wappen umrahmt. Kolor. Kupferstich von *Coronelli*, 1689. 450 x 600 mm.
1.300,–/1.900,–
BF 3

132　GRIECHENLAND (WESTKÜSTE MIT IONISCHEN INSELN). »Navalis Pugnae inter Venetos et Turcas Factae, Anno MDLXXI Eiusque Locorum verra delineatio«. Darstellung der Seeschlacht zwischen Venezianern und Türken vor der peloponesischen Küste 1571. Holzschnitt aus dem folgenden Buch. **300,–/500,–**

Aus der »Historiae de bello nuper Venetis a Selimo II Turcarum imperatore illato...«, *Giovanni P. Contarini*, Basel/Perne 1573. 4° mit obigem Holzschnitt. Wurde im März 1993 für 1.600,– zugeschlagen.
1.500,–/2.000,–
GB 34/309

133　GRIECHENLAND. »La Grece... Profil des Principales Villes de la Grece«, mit zwei Schriftkartuschen und von Bilderleisten umrahmt, darin sind die wichtigsten Städte mit Ansichten bzw. Plänen dargestellt. Kolor. Kupferstich von *Desgranges*, Paris 1688. **500,–/2.500,–**

RA 54/3005
Die Karte ist im Rochefoucould-Atlas (Farbabb. F4) enthalten.

134　GRIECHENLAND KORFU. »Plan de Siege de Corfu par Terre et par Mar...«, mit aufwendiger Staffage und umrahmt von Schriftleiste, in den Ecken Detailpläne. Kolor. Kupferstich von *Johann B. Homann*, Nürnberg, um 1720. 480 x 555 mm. Aus einer zeitgenössischen Kriegsdarstellung.
600,–/800,–
DH 147/2148

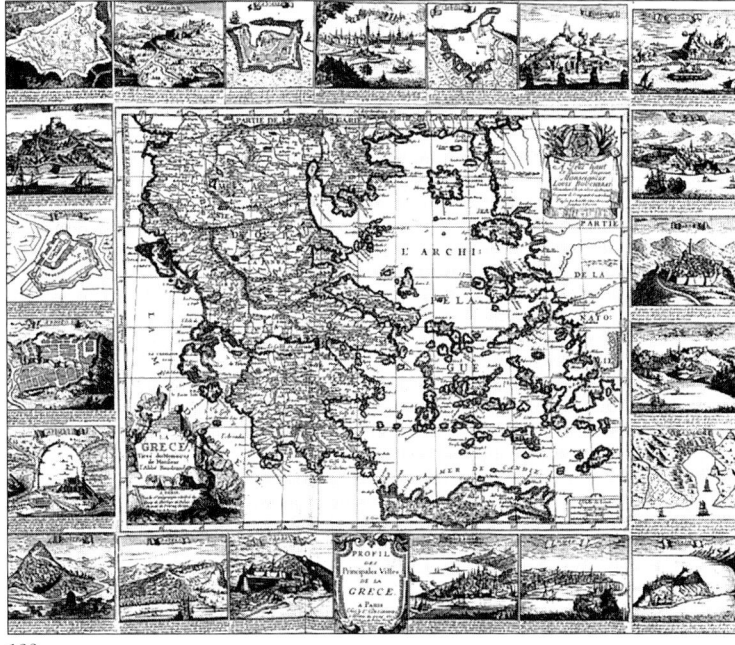
133

134

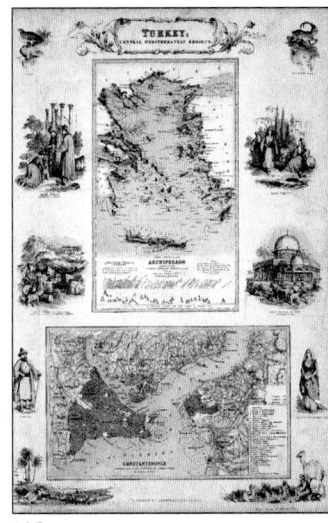 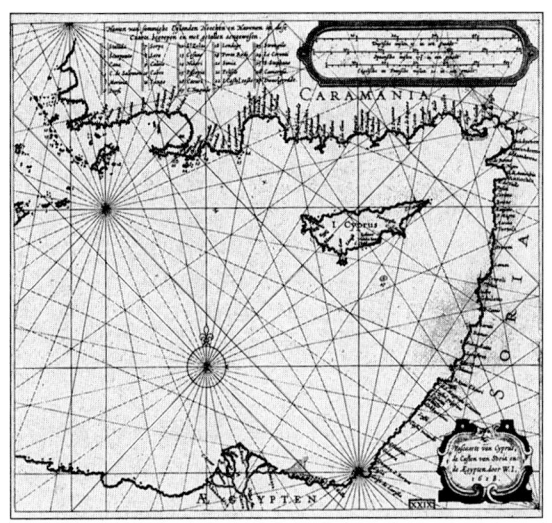

135   136

135 TÜRKEI. »Turkey; Central mediteranean Regions«, in Blau und Schwarz gedruckt sowie partiell zart koloriert. Mit Karten des griechischen Archipels und Constantinopel. Stahlstich nach *Dufour* und Admiralitätskarten von *G. H. Swanston/A. Fullarton* & Co., Edingburgh, London, Dublin. Umgeben von Ansichten, Trachten-, Tierdarstellungen und charakteristischen Szenen. 2. Hälfte 19. Jh. 471 x 314 mm.   **150,–/220,–**

136 ÖSTLICHES MITTELMEER. »Pascaarte van Cyprus, de Custen van Soria en de Aegypten – door W.I. 1618«, typische Seekarte mit Windrosen und Küstendarstellung Schrift- und Maßstabkartuschen sowie Aufstellung von Häfen, Inseln usw. Doppelblattgroße Kupferstichkarte aus »Het licht der Zee-vaet« von 1618. Qu.-Fol.   **300,–/600,–**

Die Karte findet sich auch in *W. Blaeus* Seeatlas »vierde deel der Zeespiegel inhoudene de Beschryvinghe der zeecusten van de Middellandtsche Zee«, Amsterdam 1635. Erste Ausgabe mit diesem Titel mit 33 (27 dpblgr) Kupferkarten, eine Kupferkarte im Text und zahlreichen Textholzschnitten mit Bergprofilen, Ansichten und Plänen. Der Atlas wurde im April 1990 für 27.000,– (Taxe 20.000,–) zugeschlagen.   **22.000,–/33.000,–**

137 PALÄSTINA-KÜSTE, mit »Mare Syriacum« und »Cyprus«. Doppelblattgroßer Holzschnitt von Heinrich Vogtherr, 1546. 8°.   **350,–/400,–**
Die Karte von *Vogtherr* findet sich zusammen mit weiteren zwölf (elf doppelblattgroßen) Holzschnittkarten in *Johann Honters* »Rudimentorum cosmographicorum, libri III. cum tabellis geographicis eleg. De variarum rerum nomenclaturis pwr classes, Liber I«, von *Froschauer* 1565 in Zürich verlegt. Ein Expl. wurde April 1993 für 2.500,– (Taxe 3.000,–) zugeschlagen.   **2.500,–/3.500,–**
HH 71/192
Eine weitere Ausgabe von 1573, bei welcher die halbe Asienkarte, die Afrikakarte und die nur blattgroße Sizilienkarte fehlte, wurde auf derselben Auktion für 1.500,– nicht verkauft.

138 PALÄSTINA. »Terra Sancta quae in Sacria Terra Promissionis olim Palestina«, die Rollwerk-Schriftkartusche flankieren Moses und Aaron. West-orientierter, kolor. Kupferstich aus den Offizin von *Guljelmus Blaeu,* Amsterdam 1629. 380 x 495 mm.   **1.500,–/2.000,–**
BF 8

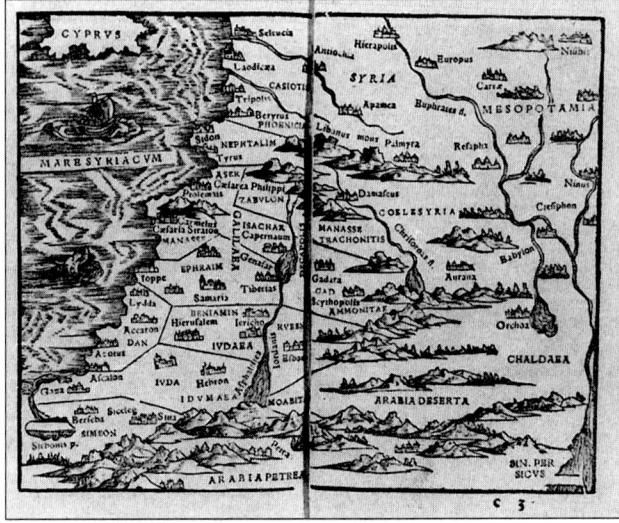 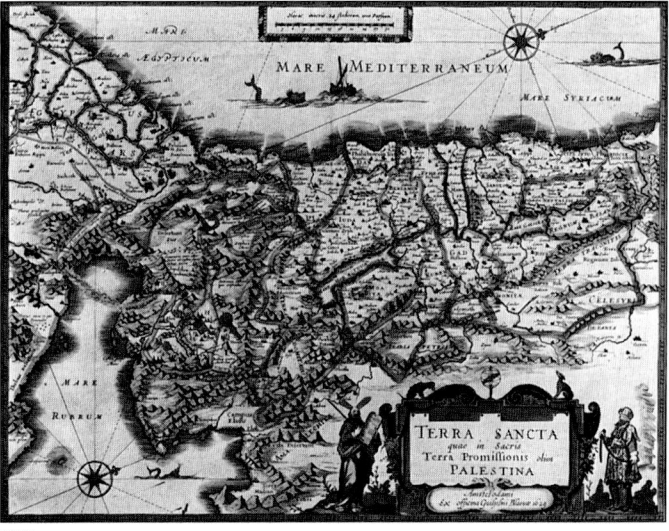

137   138

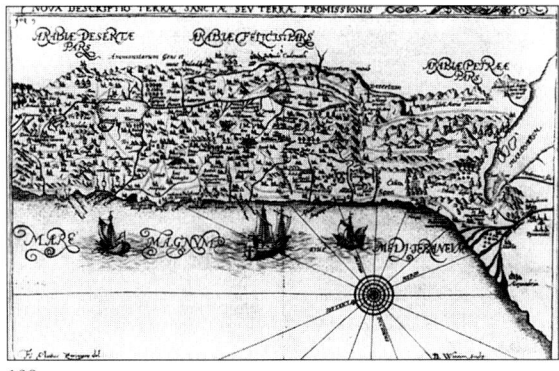
139

140

139 PALÄSTINA. »Nova decsriptio Terrae Sanctae seu Terrae promissions«, west-südwest-orientiert! Entsprechend eingezeichnete Windrose, reiche Schiffstaffage. Doppelblattgroße Holzschnittillustration von »*D. Wusim* sculp« (gestochen), vor 1661. 4°.
200,–/400,–
Die Karte befindet sich in *E. Zwinners* »Blumen-Buch des Heiligen Landes Palestinae«, München, *Schnell* für *Wagner* 1661. Es enthält außerdem zwei Kupferstiche und 17 Kupfertafeln und wurde im April 1993 für 4.600,– (Taxe 3.000,–) zugeschlagen.
4.500,–/5.800,–
HH 71/798

140 DONAULAUF. »Tractus Danubii, Fluminis in Europa Maximi, a Fontibus, per Germaniam et Hungarium Belgradum usque«, von mehreren Platten gedruckte Kupferstichkarte von *W. Blaeu*, 1635. 410 x 890 mm. Die Karte wurde im Oktober 1990 preiswert für 4.600,– (Taxe 7.500,–) zugeschlagen.
5.500,–/8.000,–
RA 44/3290

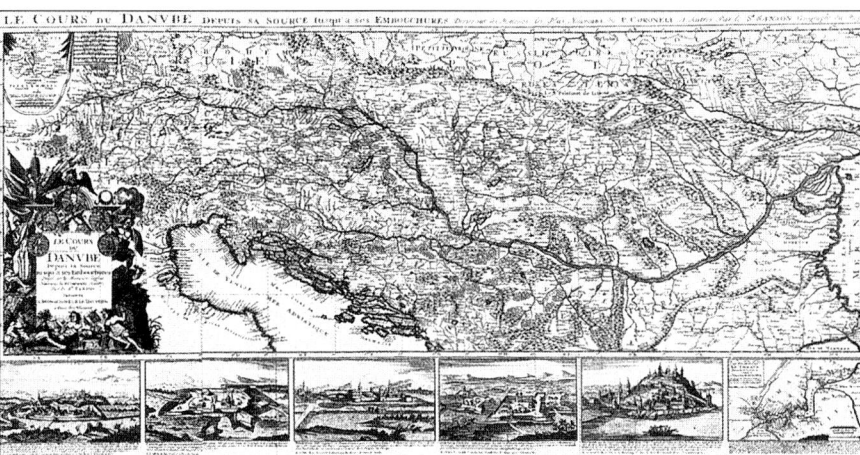
141

141 DONAULAUF. »Le Cours du Danube«, mit prächtiger Titelkartusche und kleiner Nebenkarte des Quellgebiets. Unten Leiste mit fünf kolor. Ansichten von Belgrad, Großwardein, Nagykanizsa, Szigetvar und Temesvar sowie kleiner Karte des Bosporus. Von drei Platten gedruckte und zusammengesetzte, grenzkolor. Kupferstichkarte von *Sanson* und *Coronelli* u. a., bei *P. Mortier* 1696 verlegt. 590 x 1200 mm.
2.500,–/5.000,–
RA 48/3800

142 KÖNIGREICH BÖHMEN. »Regni Bohemiae Descriptio«, mit Rollwerkkartuschen und klarem Kartenbild. Kolor. Kupferstichkarte von *A. Ortelius*, Antwerpen, 2. Hälfte 16. Jh. 335 x 507 mm.
800,–/1.000,–

142

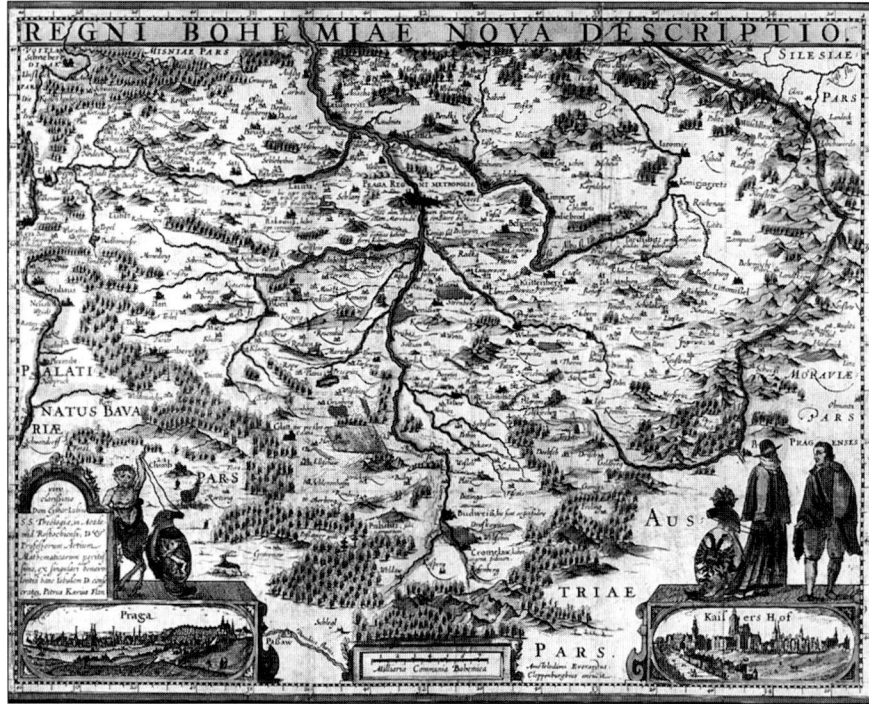

143

146

143 KÖNIGREICH BÖHMEN. »Regni Bohemiae nova descriptio«, oben Schriftleiste, in den unteren Ecken je eine Ansicht von Prag (der Stadt bzw. der Kaiserburg) sowie eine große Trachtendarstellung. Kolor. Kupferstich nach *Kaerius* bei *Everard Cloppenburg*, 1642. 395 x 515 mm.
BF 12 **2.500,–/3.500,–**

144 MÄHREN. »Circuli Olomu censis pars Borealis«, mit einer lebendigen Jagdszene auf Bären und Wildschweine. Interessant die beiden in Nordsüd-Richtung verlaufenden Poststraßen. Kolor. Kupferstich, Deutschland, 1. Hälfte 18. Jh. 480 x 569 mm. **3.000,–/4.500,–**

145 SCHLESIEN-GLOGAU. »Ducatus Silesiae Glogani vera Delineatio...«, von Wappen bekrönte Schriftkartusche mit zweisprachiger Zeichenerklärung. Ost-orientierte, kolor. Kupferstichkarte, bez. »*Iona Sculteto*; Sprotta Silensio«. 416 x 504 mm. **2.000,–/3.000,–**

146 SCHLESIEN. Mit Rocaillen-Schriftkartusche und heraldischer Figurenszene sowie Ansicht von Breslau. Altkolor. Kupferstich von *J. D. Schleuen*, Berlin, um 1747. Fol. Aus einer Folge von 16 Karten, eine der ersten Serien von Karten über Schlesien nach der Übernahme durch Preußen. Jede Karte mit einer dekorativen Ansicht.
650,–/1.000,–
Diese Folge von Karten unter dem Titel »Das Königl. Preussische Souveraine Herzogthum Schlesien nach der jetzigen Einteilung in die 3 Ober-Ämter eingetheilet und in einer General- und 15 Spezial-Carten vorgestellet« erschien 1747 mit 17 Karten. Eine Ausgabe mit 15 Karten wurde im Oktober 1992 für 8.000,– (Taxe 6.000,–) zugeschlagen. **8.000,–/10.000,–**
RA 48/5352

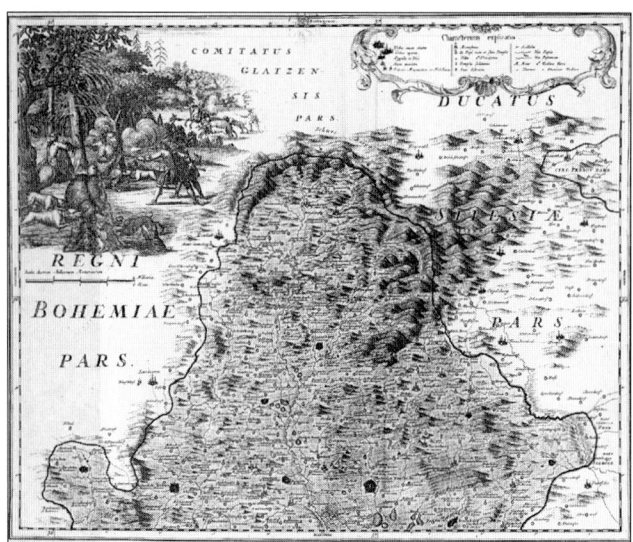

144

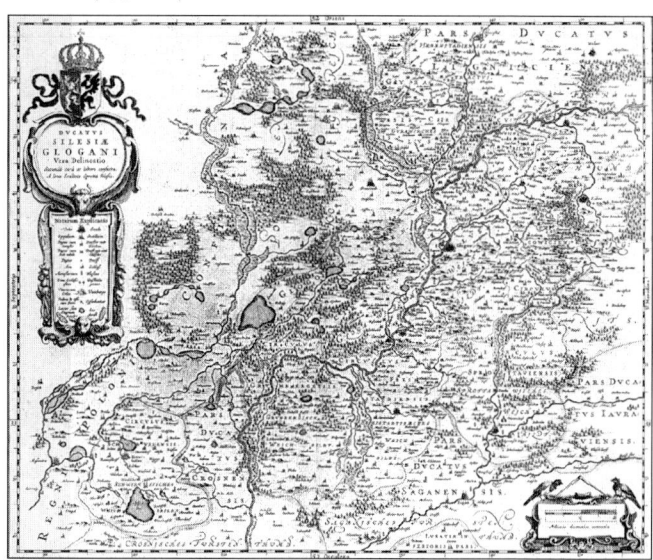

145

Europa 105

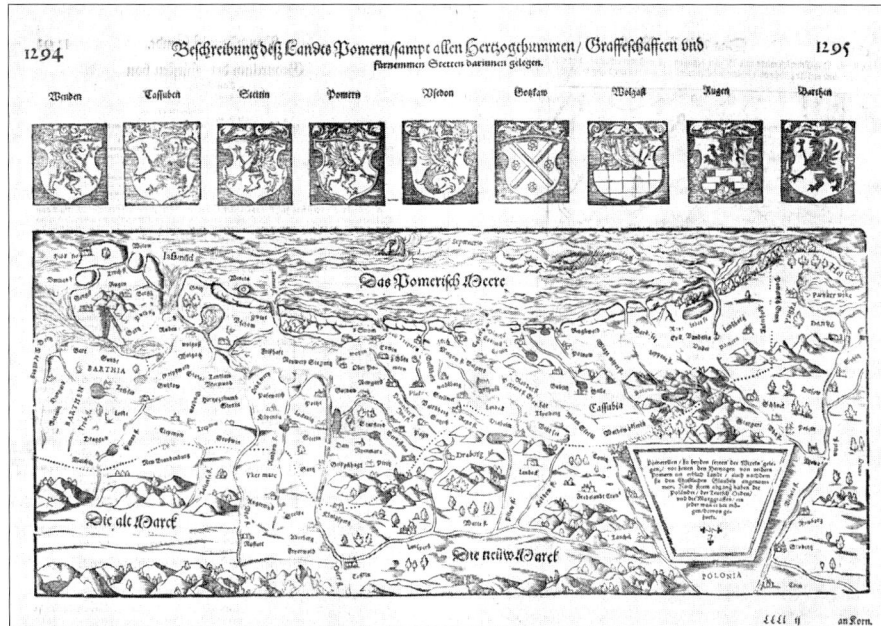
147

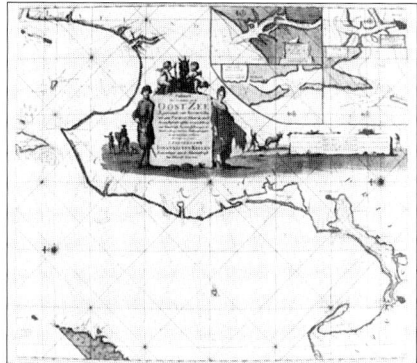
148

149

147 POMMERN. »Beschreibung deß Landes Pommern/sampt allen Hertzogthummen/Graffschaften und fürnemmen Stetten darinnen gelegen«, oben – unter der Unterschrift – neun Stadtwappen, im Kartenbild Legendenreserve. Holzschnitt, (doppelblattgroße Buchillustration S. 1294-5) von *Sebastian Münster*, Mitte 16. Jh. 250 x 380 mm.
1.200,–/1.500,–

150

148 POLEN – OSTSEE. »Paskaart Voor een Gedeelte van de Oost-Zee«, west-orientierter, kolor. Kupferstich der Ostsee-Küste von Rixhöft bis Pernau mit vier Nebenkarten der Umgebung von Danzig, Königsberg, Memel und Riga. In der Mitte Schriftkartusche mit Trachtenfiguren. Von *J. v. Keulen*, ca. 1690. Im April 1993 wurde die Karte mit 1.600,– (Taxe 800,–) zugeschlagen. **1.200,–/2.800,–**
HH 71/2814

149 SCHWEIZ. »Tabula nova Helvetiae«, stilisierte Darstellung. Holzschnitt von *L. Fries* aus der von *M. Servetus* herausgegebenen *Ptolemaeus*-Ausgabe bei *G. Trechsel*, Vienne 1541. 305 x 415 mm. In dieser *Ptolemaeus*-Ausgabe erscheint die Nachzeichnung der Karte von *Türst* zum letzten Mal. Im April 1990 konnte eine für 1.200,– offerierte Karte nicht abgesetzt werden.
900,–/1.400,–
RA 43/3209

150 SCHWEIZ. »Nova Helvetiae Tabula«, dreiseitige Bilderleiste seitlich mit je drei Trachten, oben und unten in den Ecken sieben Stadtansichten der wichtigsten Städte. Außerordentlich repräsentative Schweizkarte. Kolor. Kupferstich von *J. Hondius*, um 1650. 405 x 525 mm.
2.500,–/3.500,–
KZ 88/234

151

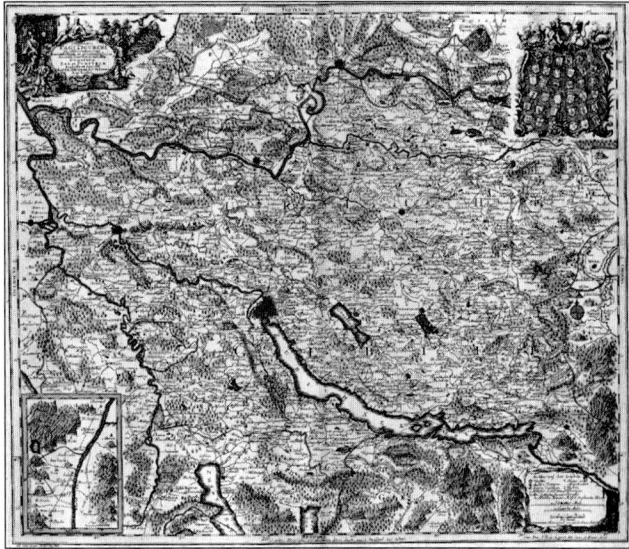
152

153

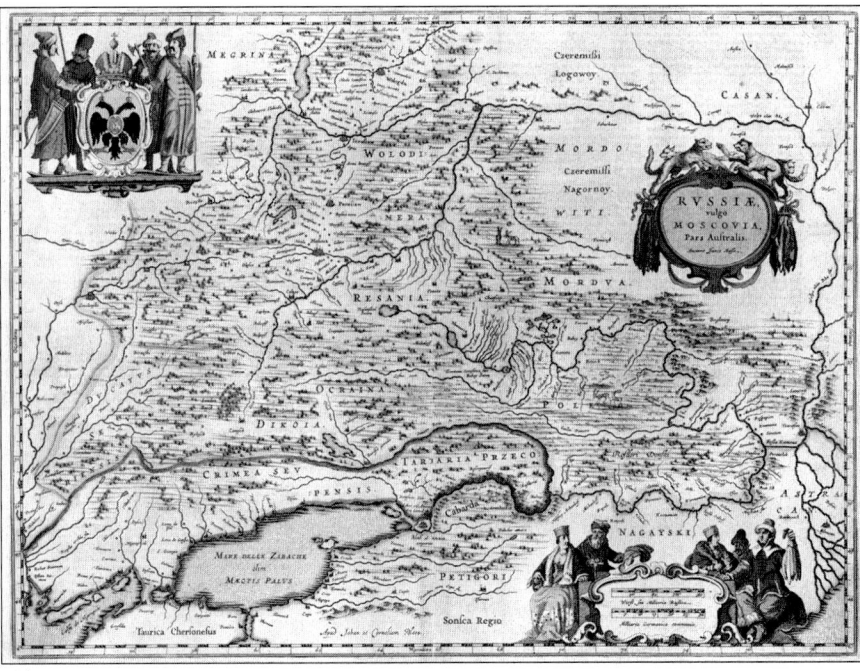
154

151 TURGAU mit dem Gebiet Schaffhausen, Bodensee, Uznach und Zürich. Ohne Titel und Beischrift. Blatt 8 der großen Schwabenkarte von Seutter. Altkolor. Kupferstich von *Mathäus Seutter,* um 1740. 425 x 545 mm. **2.300,–/3.200,–**
FB 14

152 TURGAU. »Delineatio Pagi Tigurini...«, informativ staffierte Schriftkartusche. Bemerkenswert die Einzeichnung von Hauptstraßen, die allerdings unvermittelt in einem Ort enden. Kolor. Kupferstich von *Mathäus Seutter,* 1. Hälfte 18. Jh. 503 x 588 mm. **2.500,–/3.500,–**

153 SKANDINAVIEN. »Norbegia & Gottia«, mit dem Versuch, durch perspektivische Verjüngung die übliche Verzerrung bei der Kugeloberflächendarstellung auf planem Papier zu vermeiden. Holzschnitt von *L. Fries* aus der von *M. Servetus* herausgegebenen *Ptolemaeus*-Ausgabe bei *G. Trechsel,* Vienne 1541. Qu.-Fol. Die Karte erbrachte im April 1990 einen Zuschlag von 2.200,– (Taxe 3.000,–).
1.800,–/2.800,–
RA 43/3351
Aus der letzten von vier Ausgaben der »Geographia« von *Ptolemaeus* mit den Karten von *Fries*. Sie wurden seit 1522 von den gleichen Holzstöcken gedruckt.

154 RUSSLAND. »Russiae vulgo Moscovia pars Australis«. Die klare Schriftkartusche mit Wölfen und zum Trocknen aufgehängten Fellen staffiert. Kolor. Kupferstich von *Isaak Massa, Johan* und *Cornelus Blaeu,* Mitte 17. Jh. 389 x 534 mm.
1.200,–/2.000,–

155

155 RUSSLAND. »Moscoviae seu Russiae Magnae Generalis Tabula qua Lapponia, Norvegia, Suecia, Dania, Polonia maximaeq partes Germaniae, Tartariae, Turcici, Imperii...«, mit sehr schön staffierter Titelkartusche. Kolor. Kupferstich von *Jacob Sandrat*, »Chalcographum Norimbergensem«, Nürnberg, Ende 17. Jh. 417 x 533 mm. **1.000,–/1.800,–**

156 RUSSLAND. »Spatiosissimun Imperium Russiae Magnae...«, mit Erläuterungs- und Titelkartusche, letztere sehr reich staffiert, u. a. mit dem Porträt der Kaiserin Anna Iwanowna sowie dem Braunschweig'schen Herzogpaar Anna und Anton Ulrich. Kolor. Kupferstich von *Mathäus Seutter*, Augsburg, 1. Hälfte 18. Jh. 498 x 570 mm. **800,–/1.500,–**

157 RUSSLAND. »Gerneralis Totius Imperii Russorum Novissima Tabula«, mit einer reich figürlich staffierten Titelkartusche. Interessant auf dieser Karte die naturalistische Darstellung der Chinesischen Mauer im rechten unteren Teil. Kolor. Kupferstich bei *Johann B. Homann*, Nürnberg, 1. Hälfte 18. Jh. 486 x 573 mm. **800,–/1.200,–**

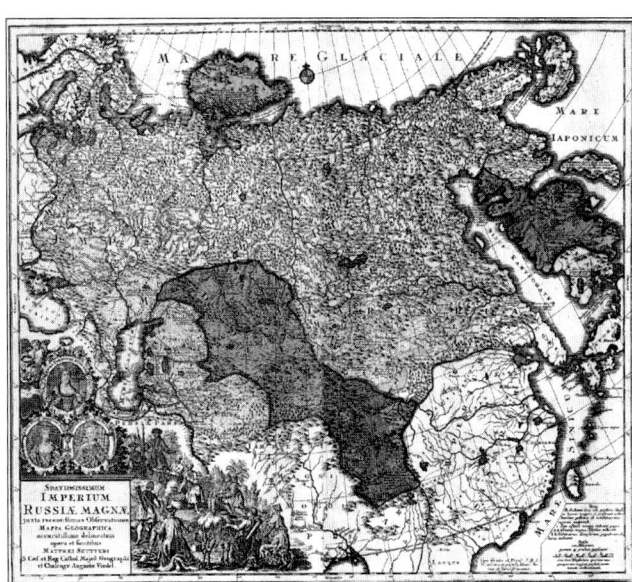
156

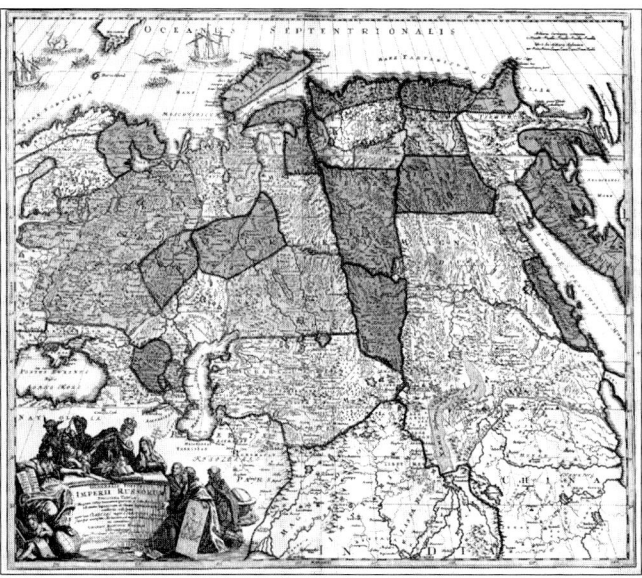
157

Deutschland

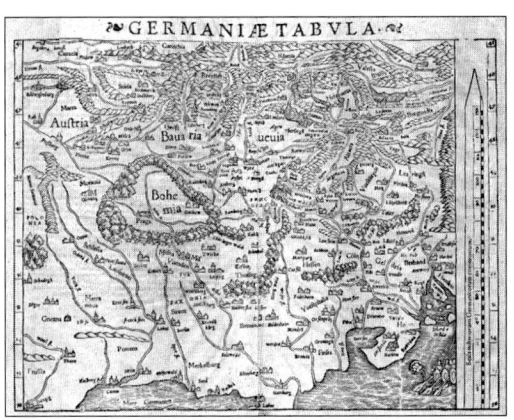

158

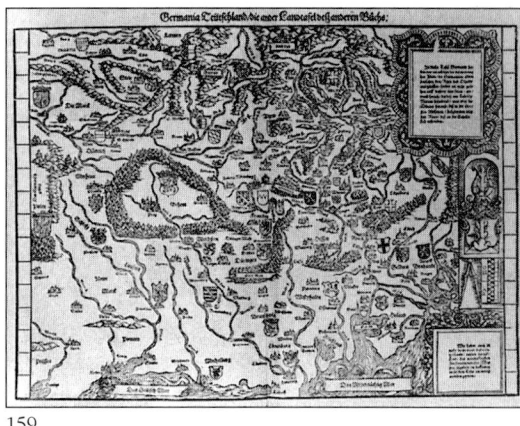

159

158 DEUTSCHLAND. »Germaniae Tabula«, oben betitelt, an der rechten Seite Maßstab. Süd-orientierter Holzschnitt aus der »Geographia« von *Ptolemaeus,* hrsg. von *Seb. Münster,* um 1540. 264 x 340 mm.
800,–/1.200,–

159 DEUTSCHLAND. »Germania Teutschland...«, rechts mit Schriftreserven und Wappen staffiert. Auch in die süd-orientierte Karte sind die Länderwappen eingestreut. Wie bei der vorangegangenen Karte ist auch hier Böhmen als völlig von Wald umschlossenes Gebiet dargestellt. Holzschnitt nach *Ptolemaeus,* 2. Hälfte 16. Jh. Fol. **500,–/900,–**
Diese Karte findet sich auch in *Johannes Stumpff* »Gemeiner loblicher Eydgenoschaft Stetten Landen und Völckern Chronicwürdigen Thaaten beschreibung«. 2. Auflage »Zürych, in der Froschow, 1586«. Fol. mit drei doppelblattgroßen Holzschnittkarten und zahlreichen Textholzschnitten. Enthält neben emblematischen und heraldischen Darstellungen zahlreiche Schweizer Ansichten. **2.500,–/3.000,–**
KZ 88/278

160 DEUTSCHLAND. »Germania«, mit klarer von Adler bekrönter Titelkartusche, Meilenanzeiger und Schiffsstaffage. Kolor. Kupferstich von *Gerhard Merkator,* um 1600. 357 x 485 mm. Im Mai 1993 wurde ein Expl. preiswert für 480,– (Taxe 500,–) versteigert. **600,–/800,–**
DH 147/2143

161 DEUTSCHLAND. »Germaniae post omnes in hac forma«, mit figurenstaffierter Schriftkartusche und umlaufender Bildleiste. Kolor. Kupferstich von *Claes Jansz. Visscher,* Amsterdam 1634. Mit 1.200,– angeboten, erbrachte ein Expl. im April 1993 einen Zuschlag von 3.000,–.
HH 71/2760 **2.500,–/3.500,–**
Als Beispiel für die allgemein geübte Unsitte, Karten zu kopieren, sei auf die sehr ähnliche, bereits 1626 bei *J. Janssonius* erschienene Karte »Nova Germaniae descriptio« hingewiesen. Die bei obiger Karte unter die Stadtansichten gesetzten Wappen finden sich bei der *Janssonius*-Karte als innere Bilderleiste. Insgesamt ist seine Karte wiederum ein Abdruck der 1615 von *P. Kaerius* herausgebrachten Karte. Geändert wurde nur die Adresse sowie der Adler – anstelle eines Emblems über der Schriftenkartusche. Die kleinen Ansichten auf der Bilderleiste sind ebenfalls Kopien nach dem Städtebuch von Saur. Ein überzeugendes, jedoch keineswegs außergewöhnliches Exemplar für die Raubdrucke des 17. Jh.

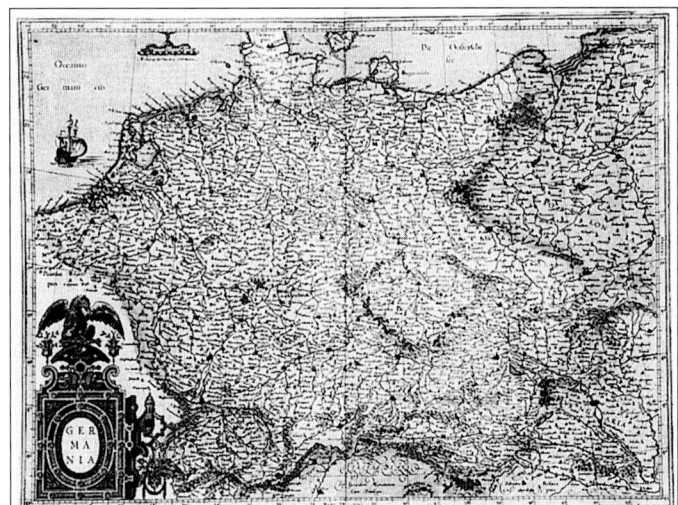

160

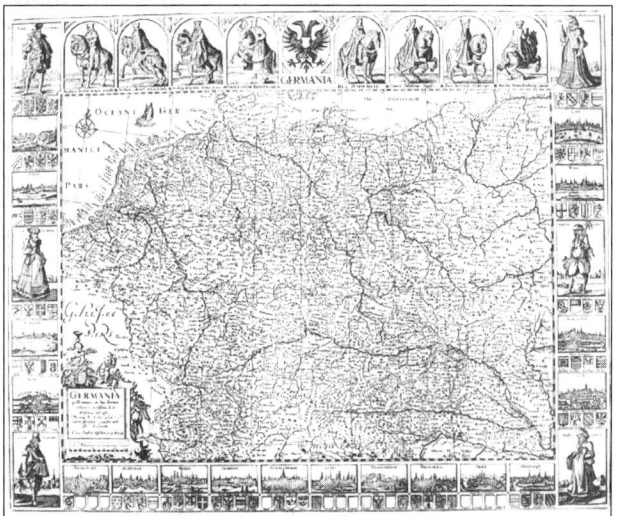

161

Deutschland 109

162

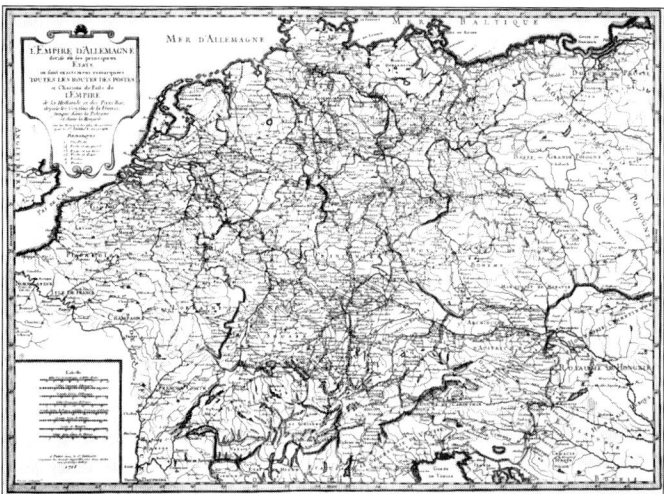
163

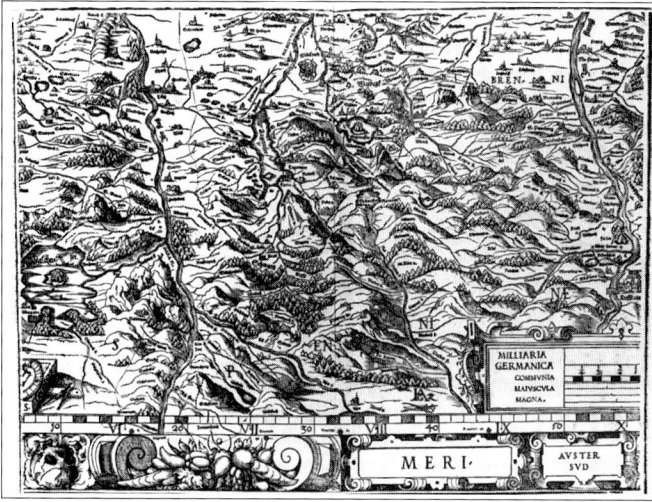
164

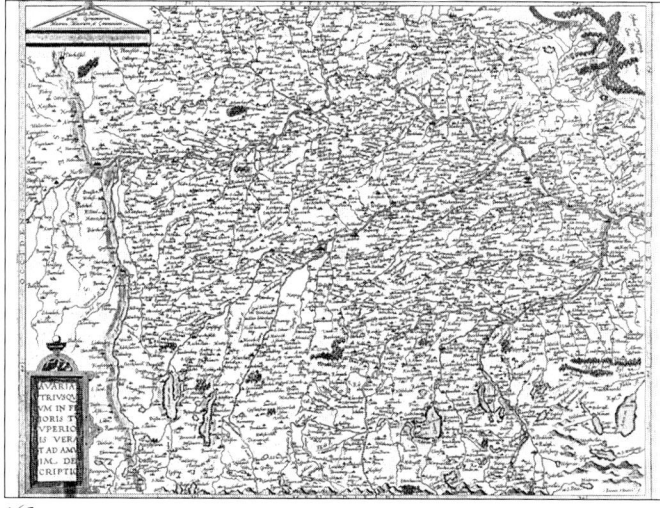
165

162 DEUTSCHLAND. »A newe mape of germany«, Übersichtskarte von der Ostsee bis zur Adria, von Brabant bis Ungarn. Grenzkolor. Kupferstichkarte mit topogr. und figürlicher Detaildarstellungen umrahmt. *V. Speed,* England 1626.
41 x 52 cm. **1.800,–/2.500,–**
NS 324/3590

163 DEUTSCHLAND. »L'Empire d'Allemagne divisé en ses principaux Etats, ou sont exactement remarquées Toutes les routes des postes et Chariots de Poste de L'Empire...«, mit Titel- und Legendenkartusche sowie den eingezeichneten Postwegen. Grenzkolor. Kupferstich bei *Jaillot,* Paris 1718. 460 x 645 mm.
2.500,–/3.500,–
BH 3

164 BAYERN. »Chur-Bairische Landtafln«, Teilkarte mit Walchensee und Kufstein. Aus der seltenen vierten Ausgabe von *Philipp Apian,* München 1651. Fol. Titel mit Holzschnittwappen und 24 Holzschnittkarten. Diese erste exakte kartographische Aufnahme Bayerns im Maßstab 1:144.000 wird als »Topographisches Meisterwerk des 16. Jahrhunderts« und Apian als »der erste Topograph des Mittelalters« (E. v. Sydow) bezeichnet. Im Nov. 1992 wurde diese Kartenserie für 8.500,– zugeschlagen (Abb. eines Kartenteils). **10.000,–/15.000,–**
HH 70/1190

165 BAYERN. »Bavariae Utriusque cum in Ferioris Tu Superioris vera et ad Amussim Descriptio«, mit klarer Titelkartusche. Kolor. Kupferstich, in der rechten unteren Ecke sign. »Joannes à Deutecum f.« (*Johannes Deutecum,* Graveur, der zusammen mit seinem Bruder *Lucas* u. a. für *Ortelius* arbeitete), letztes Drittel 16. Jh.
349 x 456 mm. **600,–/1.200,–**

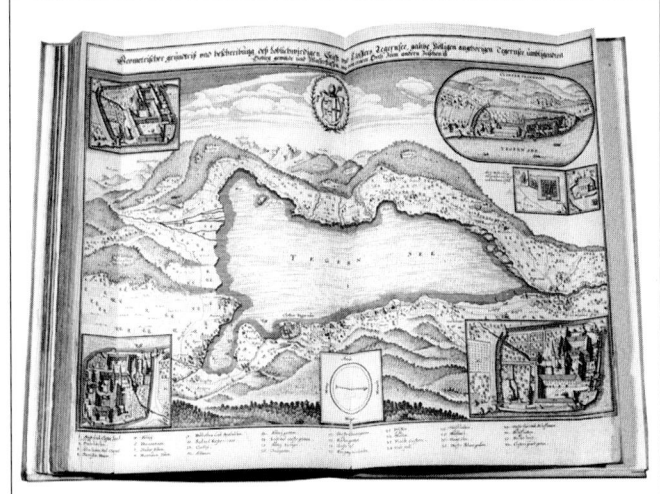

166

167

168

169

166 BAYERN – TEGERNSEE. »Geometrischer grundtriß und beschreibung deß loblichwirdigen Stifft und closters Tegernsee, Gantze Völligen angehörigen Tegernsee umbligendt Gebirg, gewäld und Wasserflüssen, wie von einem Orth zum andern Zusehen ist«, mit Wappen, Kompaß und vier Ansichtenreserven, unten Legende. Doppelblattgroßer Kupferstich von *Matthäus Merian*, um 1644. 4°. **1.000,–/1.300,–**
Aus *M. Merian* »Topographia Bavariae das ist Beschreib und Aigentliche Abbildung der Vornembsten Stätt und Orth in Ober und Nieder Beyern... verlegt durch *Matthaeum Merian*, 1644«, mit zwei Kupferstichkarten, 83 Ansichten auf 52 meist doppelblattgroßen Kupfertafeln. Wurde im Herbst 1993 mit 15.500,– Schätzpreis offeriert. **12.000,–/17.000,–**
WH 47/204

167 BAYERN. »Bavaria Ducatus per Ger. Mercatorem – Apud Guiljelmus Blaeu«, Titelkartusche in Form eines mit weiblichen Karyatiden verzierten Podestes, auf welchem zwischen Früchtegirlanden die »Bavaria« mit Wappen thront. Kolor. Kupferstich von *Gerhard Merkator/Guiljelmus Blaeu,* Amsterdam, 1. Hälfte 17. Jh. 385 x 498 mm. **700,–/1.400,–**

168 BODENSEE. »Lacús Constan. – XX. Tab. Nova«, wobei der Durchfluß des Rheins sehr anschaulich dargestellt ist. Holzschnitt bei *Sebastian Münster,* Basel, *Petri* 1540. Fol. **1.200,–/1.800,–**
Aus *Ptolemaeus'* »Geographia universalis, vetus et nova, complectens«, hrsg. von *Sebastian Münster* bei *Petri* Basel, 1540. Fol. mit 48 doppelblattgroßen Holzschnittkarten. Im April 1993 wurde ein für 18.000,– offeriertes Expl. auf 29.000,– angesteigert. **25.000,–/40.000,–**
HH 71/253

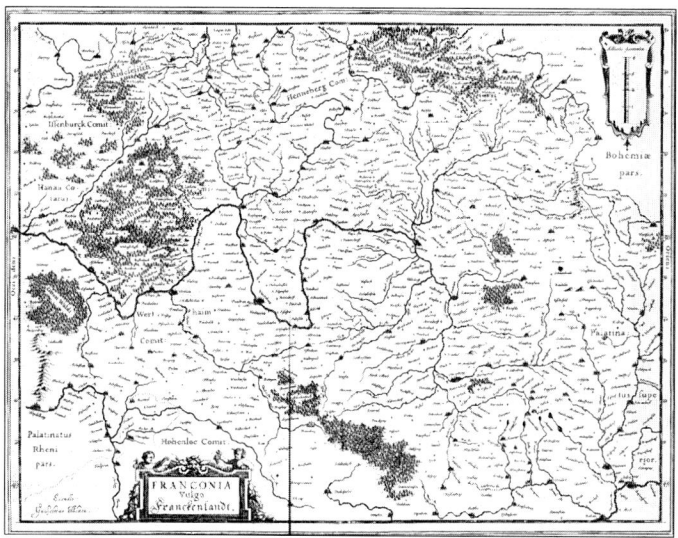

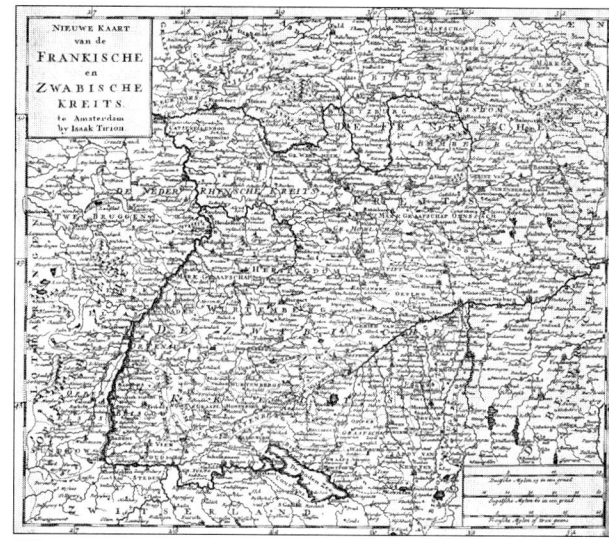

169 BODENSEE. »Lacus Podamscus – Der Boden See«, im Kartenbild betitelt. Gesamtansicht mit angrenzenden Ländern. Kupferstich v. *M. Merian,* Ffm., 1. Hälfte 17. Jh. 225 x 380 mm. **900,–/1.200,–** *NS 329/2043*

170 FRANKEN. »Franconia, vulgo Franckenlandt«, puttenstaffierte Titelkartusche und Reserve mit Meilenangabe. Kolor. Kupferstich »excudit *Guiljelmus Blaeu*«, Amsterdam, um 1600. 380 x 495 mm. **600,–/1.000,–**

171 FRANKEN UND SCHWABEN. »Nieuwe Kaart van de Frankische en Zwabische Kreits«, mit einfacher Titel- und Meilenangabenreserve. Kupferstich von *Isaak Tirion,* Amsterdam, 1. Hälfte 18. Jh. 283 x 332 mm. **180,–/250,–**

172 FRANKEN. »Il Circolo di Franconia – Diviso ne suoi Stati di nuove Projezione«, Titel über einer Landschaft, welche jedoch die italienische Autorenschaft verrät, denn die Gebäude sind südländisch und die Berge zu alpin, um als typisch fränkisch zu gelten. Kolor. Kupferstich aus dem Verlag *Antonio Zatta,* Venedig 1798. 441 x 319 mm. (Vgl. Kat.nr. 194) **300,–/500,–**

173 FRANKFURT. »Franckfurt am Mayn mit ihrem Gebiet...«, teilkolor. Kupferstichkarte mit Gesamtansicht der Stadt und zwei von Figuren flankierten Detailansichten, *J. B. Homann,* Nürnberg, 1. Hälfte 17. Jh. 490 x 580 mm. **1.800,–/3.000,–** *NS 329/2041*

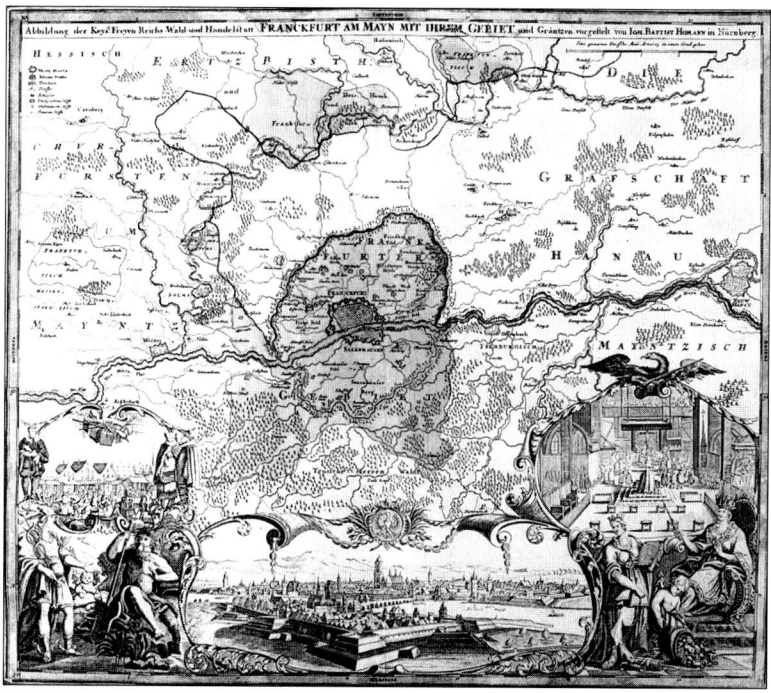

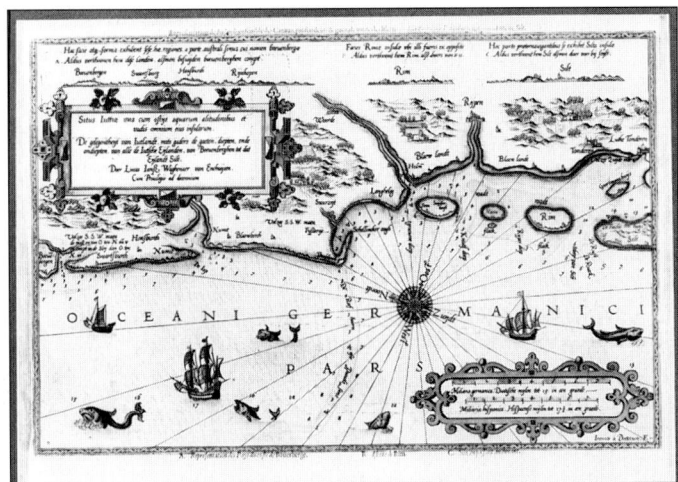

174

175

174 FRIESLAND. »De gelegentheyt van Jutlandt... van Boeuenbergen tot dat Eylandt Silt«, mit zwei dekorativen Kartuschen, reicher Meeresstaffage. Nordsee mit der Küste Jütlands und den Inseln Sylt, Fanö usw. Fast nach Osten orientiert. Siehe den markanten Kompaß mit seinen Strahlenlinien. Kolor. Kupferstich aus dem Seeatlas von *Waghenaer*, in der rechten unteren Ecke sign. von dem bekannten Graveur *Jan Deutecum*. 1584f. 340 x 530 mm.
4.000,–/5.000,–

DH 135/2792

175 FRIESLAND. »Typus Frisiae orientalis absolutissimus...«, mit dekorativer Titelkartusche, Meilenangabenreserve, darüber Instrumente. Kolor. Kupferstich von *Ubbo Emmius*, gestochen von *Nicolaas van Geelkerck*, um 1616. Fol. **700,–/1.000,–** Aus »Rerum Frisicarum historica«, dem umfassenden Hauptwerk dieses ostfriesischen Geschichtsschreibers, das die gesamtfriesische Geschichte von ihren Anfängen bis 1564 behandelt. Zwei Bde. in einem. Mit obiger Karte von Ostfriesland, elf Kupfertafeln mit Ansichten und Plänen sowie zwei kleinen Kostümkupfern. Hrsg. von *L. Elzevir* 1616. Fol. Wurde im Sept. 1993 für 2.600,– (Taxe 2.700,–) zugeschlagen. **2.800,–/3.500,–**

VK 68/242

176 HANNOVER und die weitere Umgebung mit Titel und Reserve mit Meilenangabe. Kupferstich »zu finden bey *Johann Walch* in Augsburg«, Ende 18. Jh. 183 x 219 mm. **150,–/250,–**

177 KÖLN. »Archiepiscopatus et Electoratus Coloniensis ut et Ducatum Juliacensis et Montensis nec non Comitatus Meursiae...«, mit von Wappen und Putten umringter Betitelung. Kolor. Kupferstich von *Johann B. Homann*, Nürnberg, 1. Viertel 18. Jh. 481 x 569 mm.
1.800,–/3.000,–

176

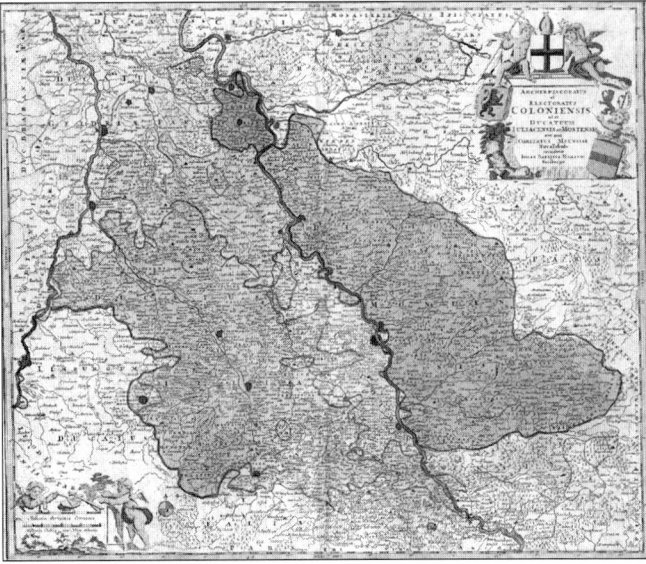

177

Deutschland 113

178

179

180

181

178 MAGDEBURG. »Charte des Herzogt(um) Magdeburg mit seinen Creisen und Ländern«, mit reicher Schriftkartusche, von Adler bekröntem Porträt Friedrich Wilhelm von Preussen sowie Ansichten von Halle und Magdeburg. Kolor. Kupferstich nach einer Zeichnung von J. P. von Gundling, um 1700. 510 x 550 mm.
BF 11 **1.500,–/2.500,–**

179 MAINZ. »Archiepiscopatus Moguntini Typus«, mit von Putten flankierter Titelkartusche sowie Landeswappen. Doppelblattgroßer Kupferstich bei Nicolaus Persson, um 1680–90. Gr.-Fol. (400 x 555 mm).
1.200,–/2.500,–
Aus »Novae Archiepiscopatus Moguntini Tabulae« von *Nic. Pers(s)on*, um 1660–90 mit einem gestochenen Erklärungsblatt und 17 doppelblattgroßen Kupferkarten. Ein Expl. dieses einzigen Spezialatlas des Mainzer Kurfürstentums – jedoch ohne die große Übersichtskarte – wurde im Oktober 1991 für 15.000,– erfolglos offeriert.
(Vgl. Kat.nr. 189) **10.000,–/15.000,–**
RA 46/4985

180 MECKLENBURG. »Meklenburg Ducatus«, mit drei z. T. schön ausgestalteten Schriftreserven, dem Landeswappen und Schiffsstaffage sowie Kompaßrose. Kolor. Kupferstich von *Johann Lauremberg*, bei *Guljemus Blaeu*, Amsterdam 1635. 365 x 483 mm. Im Mai 1993 wurde ein Expl. für 1.250,– (Taxe 500,–) zugeschlagen. **800,–/1.200,–**
DH 147/2152

181 NASSAU. »Nassoviae Principatus...«, mit Schriftkartuschen, von Putten, Diana und Wappen umrahmt. Kolor. Kupferstich von *Matthaeus Seutter*, Anf. 18. Jh. 492 x 570 mm. **1.200,–/1.800,–**

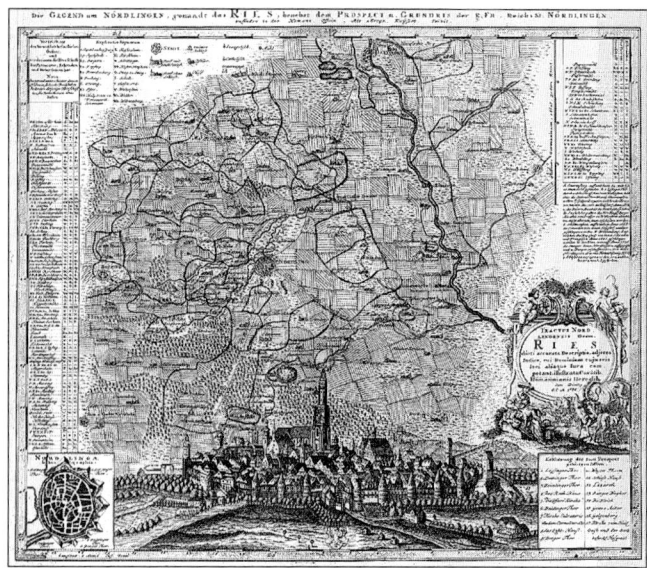

182

183

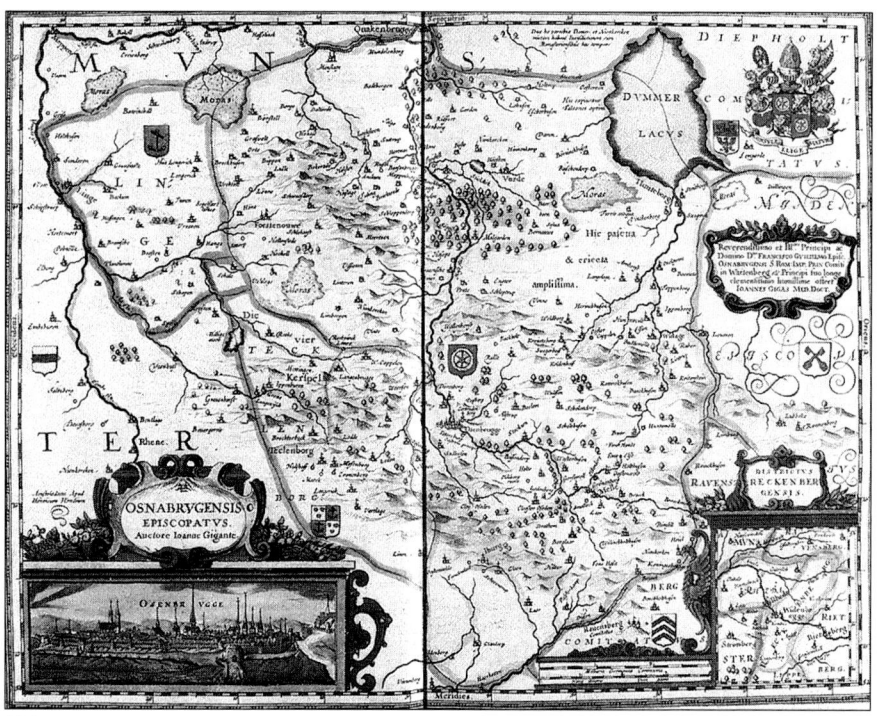

184

182 NÖRDLINGEN. »Die Gegend um Nördlingen, genandt das Ries benebst dem Prospect und Grundris der K(aiserlich) FR(eien): Reichs St. Nördlingen«, kolor. Kupferstich von *Johann B. Homanns Erben,* Nürnberg 1738. Interessant die teils eingezeichneten Straßen mit der entspr. Beischriften wie z. B. »Der Weg nach Dünkelspühl, ...nach Nürnberg, oder ...nach Würtemberg«. Die Straßen sind jedoch nicht immer bis zum Kartenrand ausgeführt: ein anschauliches Beispiel, daß selbst im 18. Jh. die Eintragung von Straßen nicht das Wichtigste auf Landkarten war – sehr im Gegensatz zu heute. 490 x 570 mm.
600,–/1.000,–

183 NÖRDLINGEN... »mit der Gegend«. Oben getitelt, unten rechts sign. »Augsburg *G. Bodenehr* fec et excudit«, Anf. 18. Jh. 185 x 280 mm. **160,–/220,–**

184 OSNABRÜCK. »Osnabrugensis Episcopatus«, mit Ansicht der Stadt, Teilkarte, Landeswappen, Titel- und Widmungskartuschen. Auch die einzelnen Kartengebiete mit den entsprechenden Wappen. Kolor. Kupferstich von *Johannes Gigante,* verlegt bei *Janssonius,* Amsterdam 1638. Gr.-Fol.
3.600,–/5.500,–
Diese Karte findet sich auch in *Janssonius'* »Newer Atlas oder Weltbeschreibung und vollkommene Abbildung aller unterschiedlichen Königreichen, Länder und Provintzen...«. Gr.-Fol., zwei Bde mit zahlreichen Kupfertafeln. Dieser Atlas ist mit einem Zuschlag von 85.000,– aufgeführt in »Battenberg Kunst Auktionen Preise Edition 1992«, S. 33. **90.000,–/110.000,–**
HH 63/619

Deutschland 115

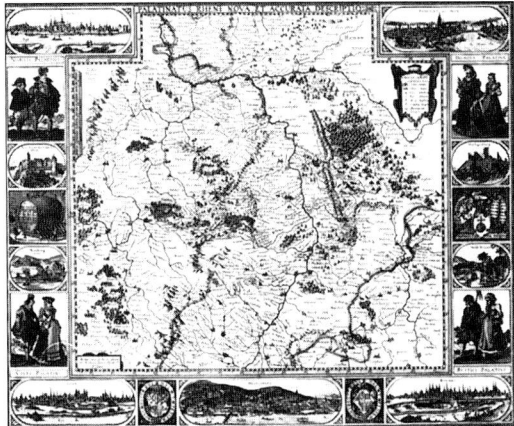
185

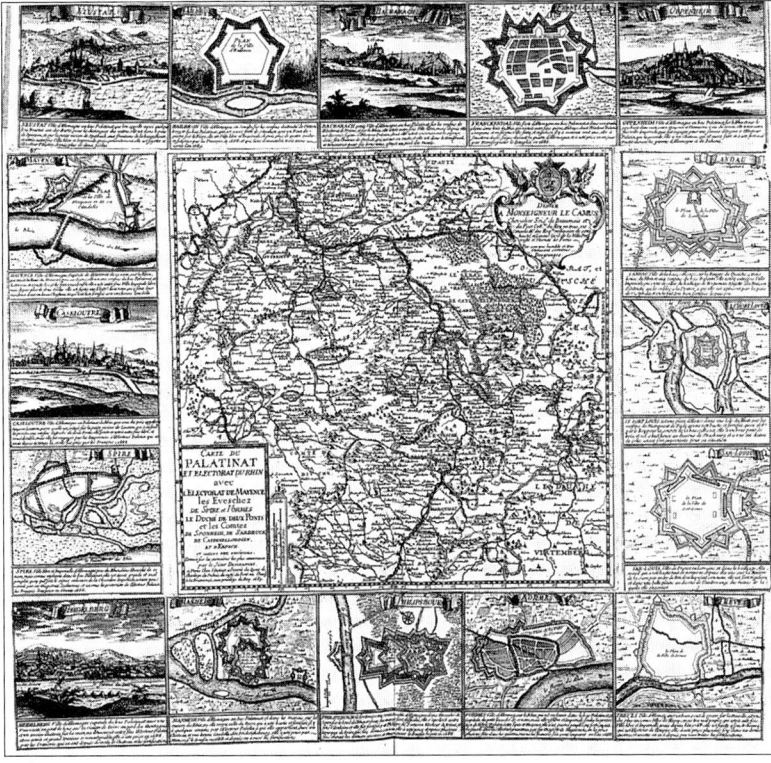
186

185 PFALZ. »Palatinus Rheni nova et accurata descriptio«, mit schmaler Titelleiste und von Bilderleisten umrahmt. In den oberen Ecken Ansichten von Mainz und Frankfurt, unten Speyer, Heidelberg und Worms, dazwischen Wappen, seitlich je zwei Trachtenpaare, zwei kleine Ansichten, ein Wappen und die Abbildung des großen Heidelberger Fasses. Kolor. Kupferstich von *Claes Jansz. Visscher*. Hier die letzte, mit kleinen Änderungen im Kartenbild versehene Ausgabe von seinem Sohn *Nicolas Visscher, gen. Piscator*, 1652. Qu.-Fol. Im Okt. 1992 wurde ein Expl. mit 4.000,– Taxe offeriert. **3.500,–/4.500,–**
RA 48/4272

186 PFALZ MIT RHEIN. »Carte du Palatinat et Electorat du Rhin...«, mit zwei Schriftkartuschen und breiter Bilderleiste. Darin fünf Stadtansichten und elf Stadtpläne. Kolor. Kupferstich von *Desgranges*, um 1639.
Die Karte ist im Rochefoucauld-Atlas (Farbabb. F4) enthalten. **2.500,–/3.500,–**
RA 54/3005

187 RHEIN. »Charte geographique de la Campagne du Haut Rhin«, mit durch Embleme verzierter Schriftkartusche, seitlich mit je vier Stadt- bzw. Befestigungsplänen, unten zwei Textreserven und Schlachtordnungsplan. Aus zwei Kupferstichen zusammengesetzte, teilkolor. Karte von *Matthäus Seutter*, um 1734.
503 x 1155 mm. **1.500,–/3.000,–**
WH 47/77

188 SCHLESWIG-HOLSTEIN. »Ducatus Holsatiae Nova Tabula«, mit Titelleiste, in den oberen Ecken Teilkarten, unten Reserven für Meileangabe und Signatur sowie Windrosen. Grenzkolor. Kupferstich bei *H. Hondius*, Amsterdam, um 1600. 379 x 510 mm. Im Mai 1993 wurde ein Expl. für 1.600,– (Taxe 450,–) zugeschlagen.
1.200,–/2.200,–
DH 147/2166

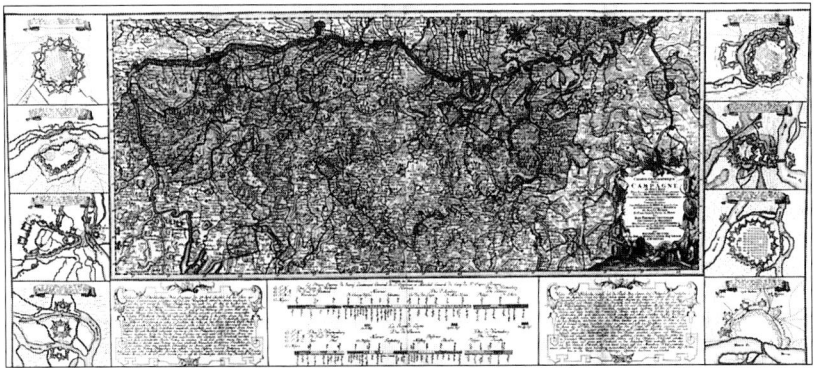
187

188

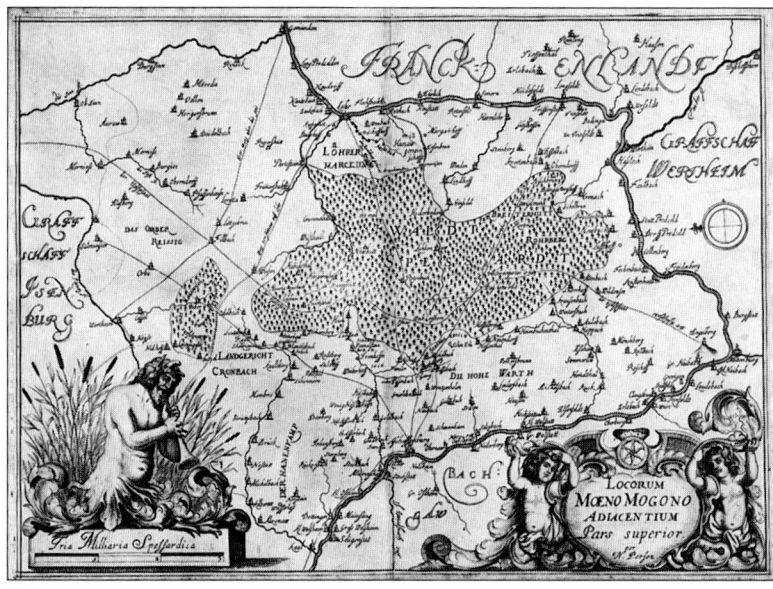
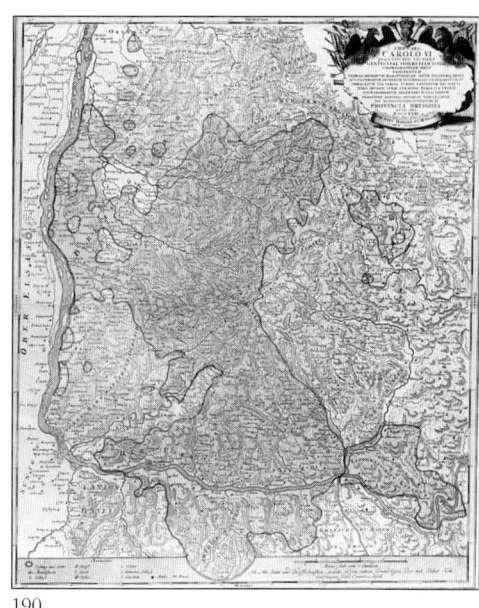

189 SPESSART. »Locorum Moeno Mogono adiacent pars superior«, Titelkartusche mit Mainzer Wappen, Meilenangabenreserve bekrönt von Pan. Kupferstich von *Nicolaus Pers(s)on* aus dem Mainzer Kurfürstenatlas von 1680–90. 100 x 555 mm. (Vgl. die Mainzer Karte Kat.nr. 179)
BF 15   **1.500,–/2.500,–**

190 BADEN MIT BREISGAU. »Provincia Brisgoia« unter Karl VI. Teilkol. Kupferstichkarte mit Kartusche und Legende von *Joh. B. Homann* 1718. 570 x 485 mm.
NS 324/3583   **1.800,–/2.500,–**

191 SCHWABEN. »Provinciarum Sueviae«, vom Bistum Worms bis zum Arlberg, von der Markgrafschaft Baden bis zur Markgrafschaft Burgau. Kolor. Kupferstichkarte aus 32 einzeln gedruckten Blättern. Mit reicher Vegetabilumrahmung und Schriftkartuschen. Von *Hurter* bei *Bodenehr*, Augsburg, 1. Hälfte 18. Jh. 1310 x 1000 mm.   **2.500,–/3.800,–**
NS 324/3597

192 SCHWABEN. »Circulus Sueviae continens Ducatum Wirtenbergensem...«, mit figurenstaffierter Titelkartusche und entspr. Reserve für Erläuterungen und Meilenangabe. Kolor. Kupferstich von *Johann B. Homann,* Nürnberg, 1. Hälfte 18. Jh. 488 x 556 mm.   **800,–/1.600,–**

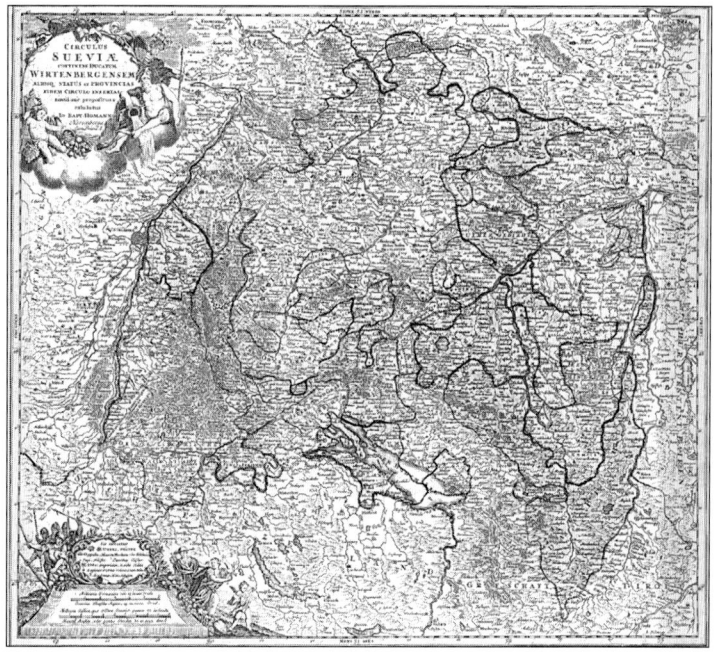

Deutschland 117

193

194

193 SCHWABEN. »Circuli Sueviae«, mit Titel- und Maßstabkartuschen. Kolor. Kupferstich *Johann Mathias Hase* aus dem Verlag *Homann-Erben*, 1745. 515 x 545 mm.
600,–/900,–

194 SCHWABEN. »Circolo di Suevia, divisone sùoi Stati di nuova Projezione«, die Beischrift – ebenso wie bei der Frankenkarte (Kat.nr. 172) – mit einer italienisch anmutenden Landschaft staffiert. Kolor. Kupferstich von G. Zuliani (inc) und G. Pitteri (scr), Verlag *Antonio Zatta*, Venedig 1781. 321 x 418 mm. **300,–/450,–**

195 SCHWÄBISCHE ALB. »Wanderkarte der Schwäbischen Alb, 1:50.000 – Sonderauflage für den Schwäbischen Albverein (B1 15 Zwiefalten bis Munderkingen). Hrsg. vom *Wrtthg Statistischen Landesamt 1936*«. 537 x 517 mm. Topographische Karte, die in der Qualität und Genauigkeit den größten Anforderungen entspricht. 2 Zentimeter auf der Karte entsprechen 1 km in der Natur. **50,–/70,–**
Slg. L., Stgt.

196 WÜRTTEMBERG. »Ducatus Wurtenbergici cum Locis limitaneis utpote maxima parte Circuli suevici praesertim Utroq Marchionatu Badensi et Sylva vulgo Nigra...«, prächtige Doppelkarte mit reicher Schriftenkartusche und dem Herrschermedaillon Eberhard Ludwigs, künstlerisch staffiert, außerdem mit den Miniaturansichten von Stuttgart und Tübingen. Seitliche Doppelleisten mit den Stadtwappen von Ober- und Unterstaig. Kolor. Kupferstich von dem Walddorfer Pastor *M. Johann Majer*, verlegt bei *Johann B. Homann*, Nürnberg 1710. 577 x 952 mm. **3.500,–/5.000,–**

195

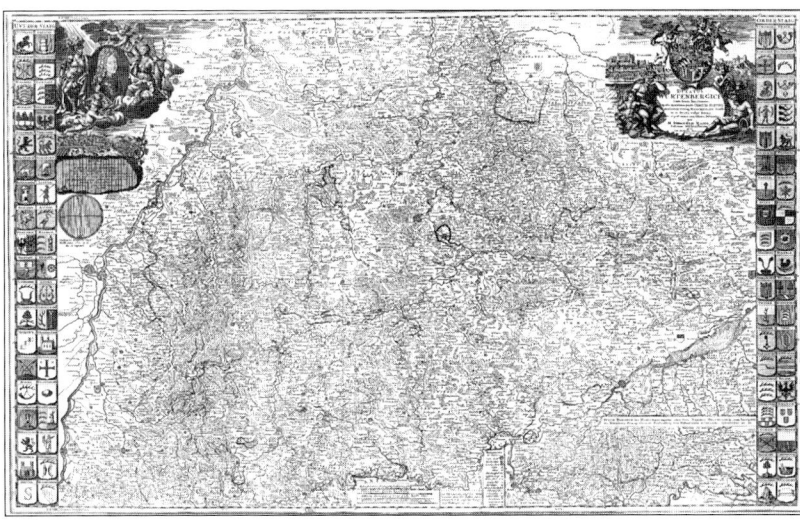
196

197

198

197 WÜRTTEMBERG. »Neueste Special-Karte von Württemberg mit besonderer Berücksichtigung historisch wichtiger Orte bearbeitet von *L. Rachel* 1870«, mit kleiner Beikarte, welche das Telegraphennetz in Württemberg 1872 zeigt. So manifestierten sich auch technische Neuerungen in der Kartographie. 807 x 614 mm.   **150,–/350,–**

198 WALDECK. »Waldecciae ac finitimorum Dominiorum Itterani & Cansteiniani nec non insertae Dioecesis Eimelrodensis...«, Schriftkartusche in Form eines Denkmals, das in figurenstaffierter Landschaft steht, wappengezierte Widmungskartusche. Kolor. Kupferstich von *I Nicolai* im Verlag *Homann-Erben,* Nürnberg 1733.
547 x 473 mm.   **1.000,–/1.800,–**

Verschiedene Kartenarten

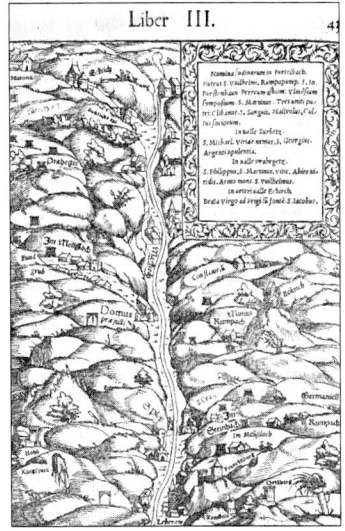
199

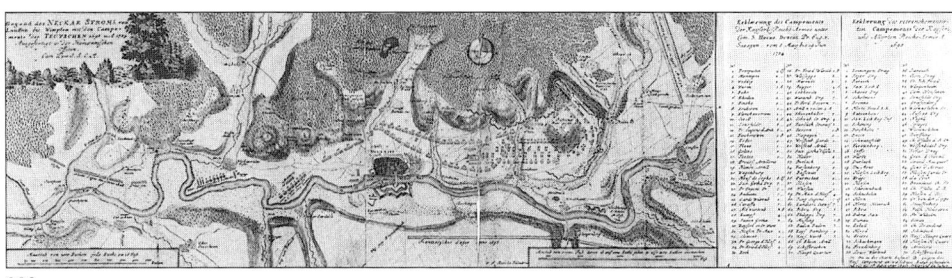
200

201

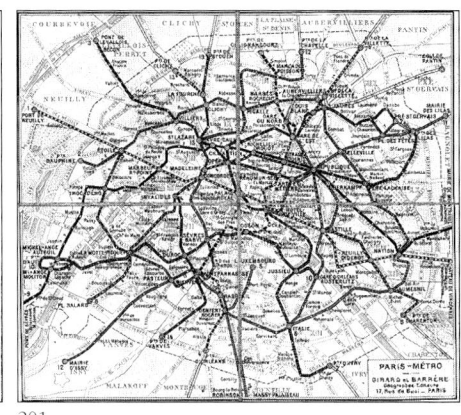
201

202

199 BERGBAUKARTE. Wirtschaftskarte mit der Darstellung des Lebertals im Elsaß. Bergwerke und Schmelzöfen sind durch bildhafte Symbole dargestellt. Mit Schriftkartuschen. Holzschnitt aus der »Cosmographia« von *Seb. Münster* (lat. Ausgabe), Mitte 16. Jh. 235 x 155 mm. **260,–/400,–**

200 BINNENGEWÄSSERKARTE des Neckarstroms von Lauffen bis Wimpfen. Kolor. Kupferstich mit beigefügter Legende von *Homann-Erben*, um 1734.
230 x 880 mm. **400,–/600,–**
NS 328/2572

201 U-BAHNKARTE. »Paris Métro«, Farbstich von *Girard & Barrère*, Paris, um 1900. Von vier Platten gedruckt und auf Leinen aufgezogen. 165 x 190 mm. **50,–/80,–**
Slg. B., Karlsruhe

202 EREIGNISKARTE. »Geographische Vorstellung der jämerlichen Wasser-Flutt in Nieder-Teutschland« mit allegorischer Darstellung und Teilkarte der Westfriesischen Inseln und einer Beschreibung der Sturmflut von 1717 etc. Kolor. Kupferstich von *J. Homann*, Nürnberg 1717.
490 x 560 mm. **3.000,–/4.000,–**
DH 147/2156

203

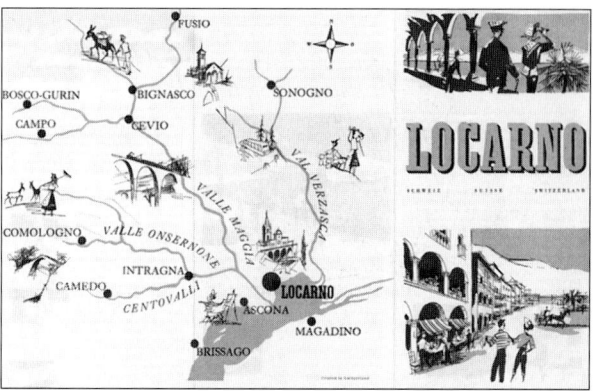
204

205

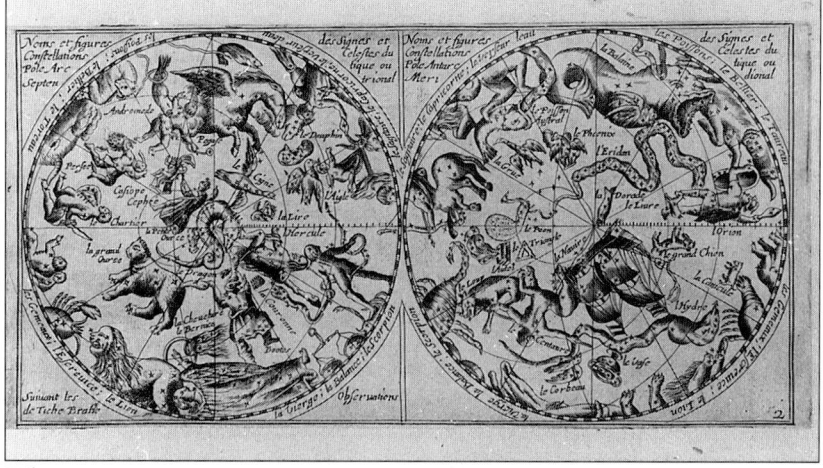
206

203/204 FREMDENVERKEHRSKARTEN. »Locarno«, zwei versch. Werbeprospekte mit Landkarten. Farbdruck in Vogelschau-Perspektive, Schweiz, um 1950. Gesamtgröße 225 x 480 mm. Vereinfachte, topographische Abstraktion zur oberflächlichen Orientierung. Zweifarbendruck, Schweiz, um 1950. 210 x 415 mm.

205 GRENZKARTE. »Kataster-Plan Oberamt Stuttgart Nr N.O. XIX 10 der Markung Plieningen – in ganz rectifiziert«. Graviert von *Walter*, um 1900. 540 x 540 mm.
250,–/600,–

206 HIMMELSKARTE, aus »Tresor des cartes geographiques des principaux estatz de l'univers« Paris, *Picart*, 1657–1659. Qu.-4°. **200,–/300,–**

207 HISTORISCHE KARTE. »Romani Imperii Imago«, Geschichtskarte zum römischen Reich, mit dem auf Remus zurückgehenden Stammbaum. Kolor. Kupferstich bei *Abraham Ortelius*, Parergon 1603. 350 x 500 mm.
BF 16 **1.000,–/1.400,–**

207

Verschiedene Kartenarten 121

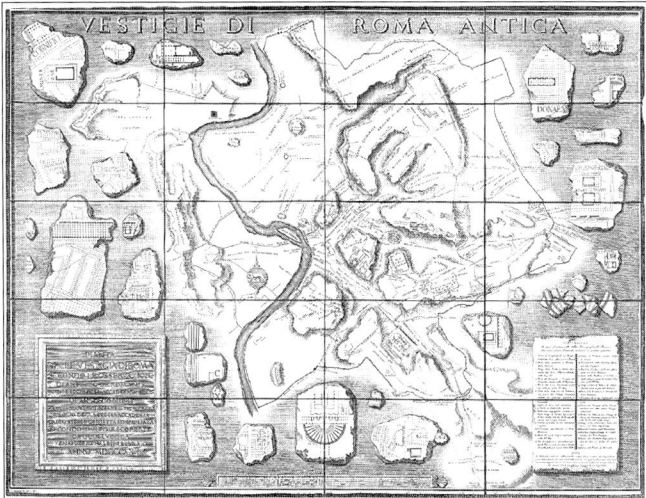
208

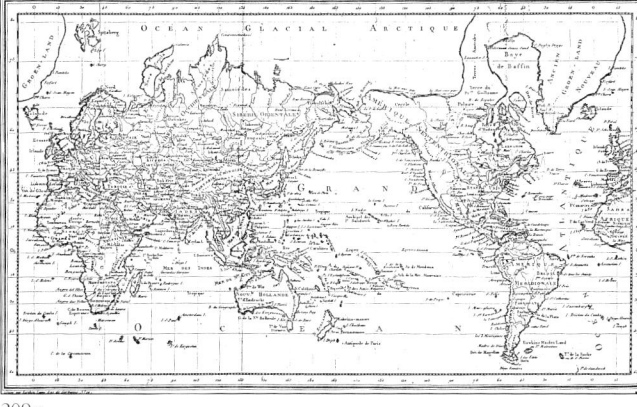
209 a

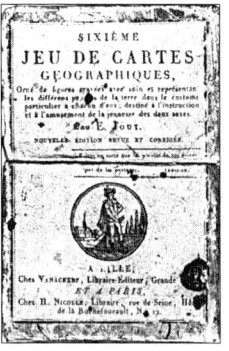
209 b

209 c

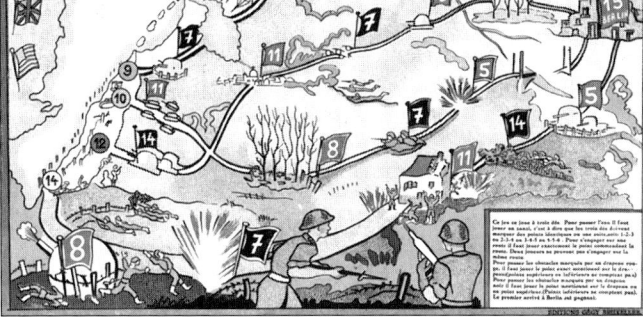
210

211

208 HISTORISCHE KARTE. »Pianta della Vestigia di Roma...«, Plan von Rom mit den antiken Bandenkmalen. Kupferstich in 20 Blättern von *Antonio Nibby*, Prof. der Archäologie, gestochen von *Gio Acquaroni* 1839. 625 x 830 mm. Auf Leinen aufgezogen.
Privatbesitz   300,–/500,–

209 KINDERSPIEL-LANDKARTE.
»Planisphère ou Carte réduite du globe terrestre. A l'Usage du Jeu de Cartes géographique – Par *J. B. Poirson*... 1806«. 175 x 288 mm. Dazu 48 Spielkarten. Original-Pappetui, bez.; vertrieben von Vanacker Verlagsbuchhandlung in Lille und H. Nicolle Buchhandlung in Paris.
110 x 75 x 30 mm.   500,–/800,–

210 KINDERSPIEL-LANDKARTE.
»Jeu de l'Invasion«, Militaria-Spiel mit Landkarte von der belgischen Küste bis Berlin. Chromolitho von Gégy, Brüssel,
20. Jh. 160 x 265 mm.   100,–/150,–
VK 68/915

211 LANDESVERMESSUNGSKARTE.
»Partie orientale de l'Amerique septentoriale«. Die eingezeichneten Dreiecke sind die Hilfslinien der Triangulation bei der Landesaufnahme durch Dreieckmessung. Kupferstich, Frankreich, 2. Hälfte 18. Jh. 205 x 330 mm.   **1.800,–/2.500,–**

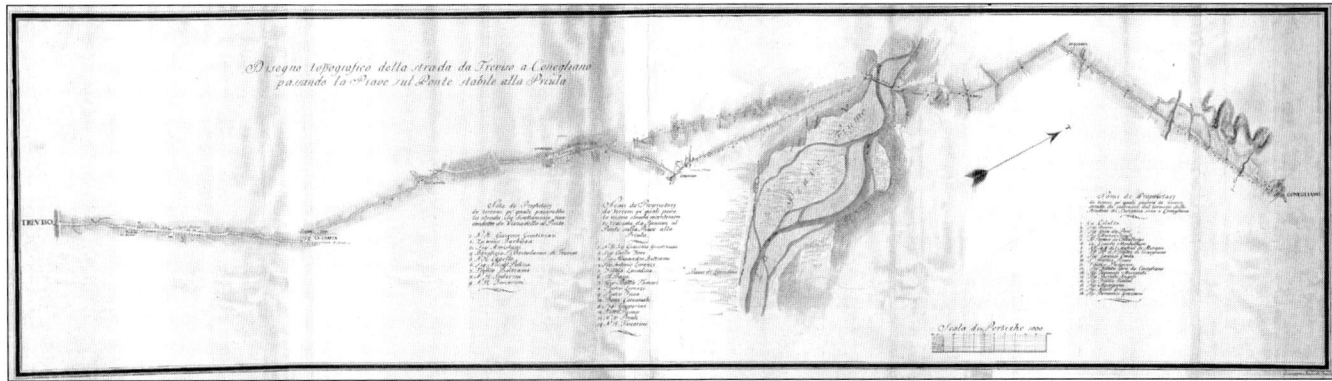
212

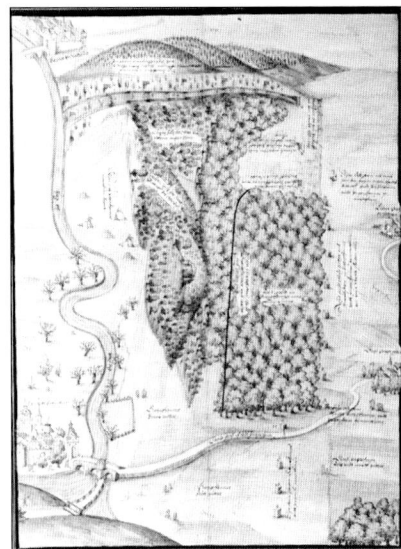
213

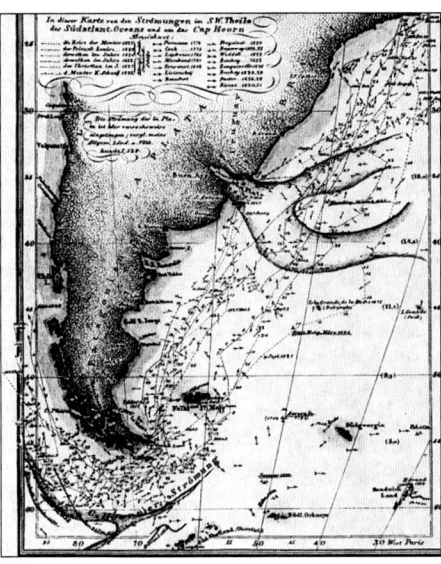
214

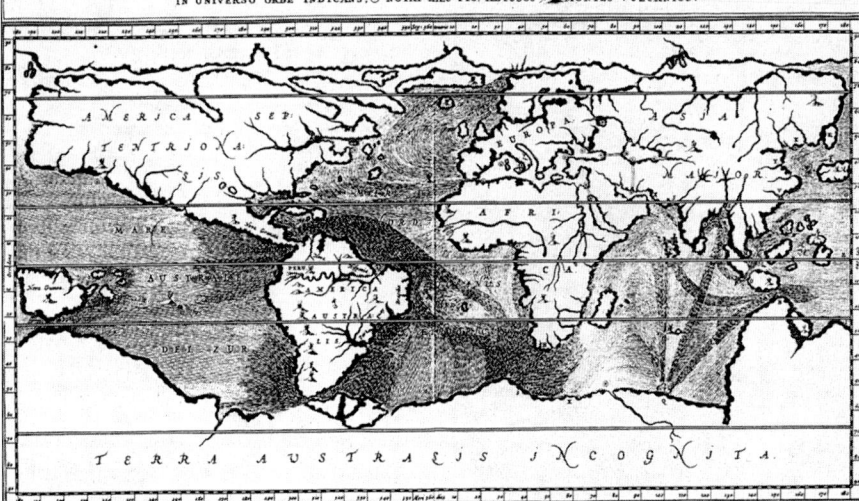
215

212 MANUSKRIPSKARTE. »Disegno topogafico della strada de Treviso a Conegliano poascando la Piave sul Ponte stabile alle Priula«. Aquarell mit Tusche, sign. »*Guiseppe Malvolti*, Ing(enieur) Civ(il)«, Anf. 19. Jh. 440 x 1620 mm. Entwurf für den Bau einer Straße von Trevis nach Conegliano mit numerischer Liste der Grundstückseigner, so daß durch entsprechende Ziffern entlang dem geplanten Neuverlauf die Besitzverhältnisse deutlich werden. Auch anschauliches Beispiel einer Grenzkarte.

213 MANUSKRIPT-KARTE. »Von Bietigheim nach Besigheim«, dazwischen – dem Verlauf der Enz folgend – verschiedene Stationen teils mit Staffage und Bezeichnungen. Aquarell, 19. Jh. 620 x 470 mm.
800,–/1.200,–

NS 325/2246

214 PHYSIKALISCHE KARTE. »In dieser Karte von den Strömungen im SW. Theile des Südatlant. Oceans und um das Cap Hoorn«. Aus dem »Physikalischen Atlas« von *Heinrich Berghaus*, Gotha 1838 (Heft 1) mit der Darstellung der Meeresströmungen. **180,–/250,–**

215 MEERESKARTE. »Tabula Geographico-Hydrographica motus oceani, currentes abyssos, montes igniuomos...«. Doppelblattgroßer Kupferstich mit Angabe der wichtigsten Meeresströmungen. Amsterdam, *Janssonius* 1678. Fol. **500,–/1.200,–**
Aus *Athan. Kircher* »Mundus subterraneus...«, zwei Teile in einem Band. Amsterdam, *Janssonius* 1678. Fol. Mit vielen Kupfern und Holzschnitten, zwölf Kupfertafeln, neun Karten. Ein Expl. wurde im April 1993 für 3.600,– zugeschlagen.
3.500,–/5.000,–

HH 71/517

Verschiedene Kartenarten   123

216   PHANTASIEKARTE. »Die gantze Welt in ein Kleberblatt, Welches ist der Stadt Hannover, meines lieben Vaterlandes Wappen«. Holzschnitt aus *H. Bünting* »Itinerarium Sacrae Scriptura« 1581. 255 x 355 mm. Originelle Phantasiekarte, die als Mittelpunkt eine Ansicht von Jerusalem zeigt, als Blätter die Kontinente Europa, Asien und Afrika. Das flächig stilisierte Meer -, mit Fischen, einem Segelschiff und Meerungeheuern staffiert – zeigt in der linken unteren Ecke »America – Die Newe Welt« und oben »Engeland«, »Dennemarck – Schweden«.   **2.000,–/3.000,–**
DH 135/2814
Das gesamte Buch »Itinerarium Sacrae Scriptura« von *Heinrich Bünting*, Magdeburg, *P. Donat* für *A. Kirchner* von 1595, mit zwei blattgroßen und acht doppelblattgroßen Holzschnittkarten sowie zwei doppelblattgroßen Holzschnittplänen ist in »Battenberg Kunst Auktionen Preise 1994«, S. 140, aufgeführt, die Weltkarte abgebildet und ein Marktpreis von 6.000,– angegeben.
5.500,–/7.000,–
GB 32/221

217   PHANTASIEKARTE. »Utopia Tabula. Das ist der Neu-entdeckten Schalckwelt oder des offt benannten und noch nie erkannten Schlaraffenlandes Neu erfundene lächerliche Land-Tabell«, mit Attacken auf die Eß-, Trink-, Liebes- und Lebensgewohnheiten der damaligen Zeit. Das eigentliche Schlaraffenland umgeben Nebenprovinzen wie: das Königreich Mammon, die Republik der venerischen Krankheiten, das Königreich Podagra, das höllische Reich usw. Kupferstich bei *Lotter*, Nürnberg, um 1750. 490 x 580 mm.
2.000,–/2.800,–

218   POLITISCHE KARTE. »Neueste Karte von Deutschland 1866 – mit sonderbaren Randzeichnungen von Felix Mäusle. Selbstverlag von *W. Breitschwert* in Stuttgart – Nicht zu verwechseln mit Breitschwert & Payer«. Trotz der Karikaturenumrahmung eine eindeutig politische Karte mit Bezeichnung aller Länder. Um 1870. 345 x 410 mm.   **150,–/250,–**

219   POSTROUTENKARTE. »Neue sächsische Post-Charte mit denen Postwegen und Straßen wie viel Meilen des Stationes von einander liegen – NB: In vieles Verbessert und nachgesehn mit vielen Stationes auff daß Accurateste – Anno 1734«. Kolor. Kupferstich von *P. Schenk jr.*, Amsterdam 1734. 490 x 590 mm.   **2.500,–/3.500,–**

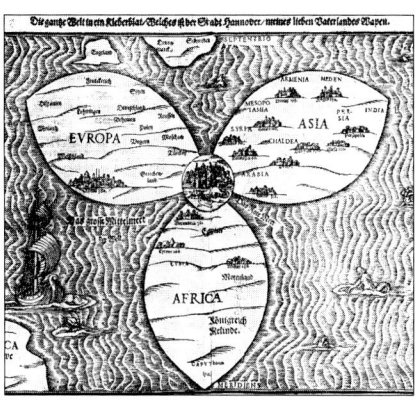
216

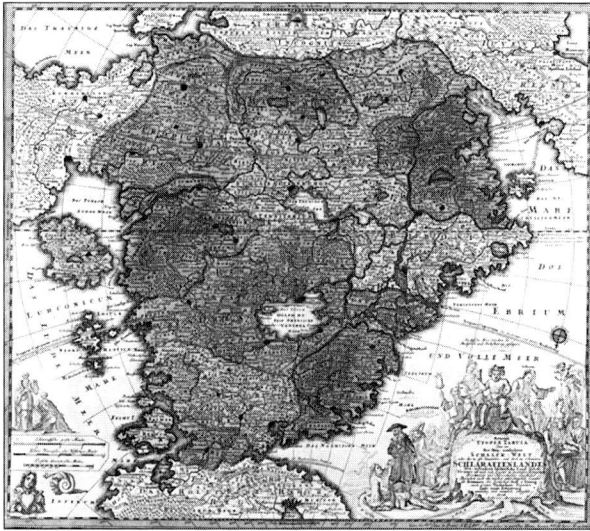
217

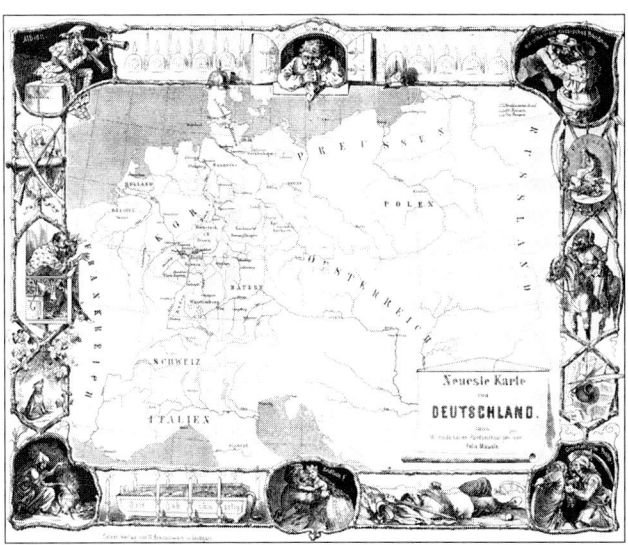
218

219

124 Katalog-Bildteil

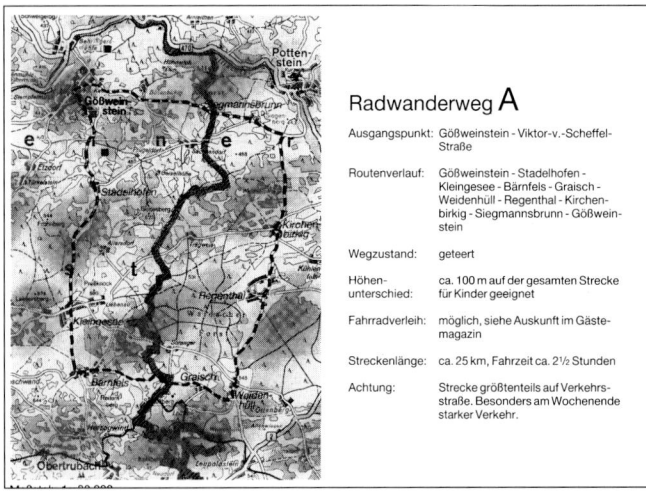

220

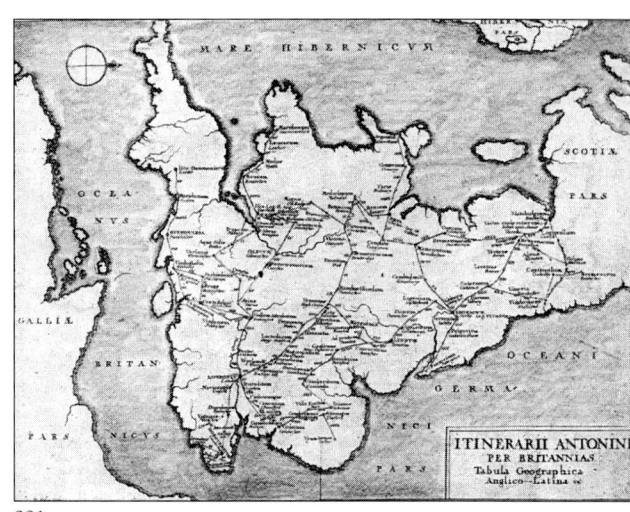

221

222

223

224

220 RAD- UND WANDERKARTE. »Gößweinstein – Viktor-von-Scheffel-Str.« Lithodruck mit Routenbeschreibung und Hinweisen. Maßstab 1:80.000. Hrsg. Verkehrsverein Gößweinstein. Teil einer Broschüre. Kartengröße 130 x 90 mm. 2. Hälfte 20. Jh. **1,–/5,–**

221 HISTORISCHE REISEWEGKARTE. »Itinerarii Antonini per Britannias...«, ostorientierter Kupferstich, der die Wege des Römers Antonius in England darstellt. Sign. von *Wenzel Hollar* aus *W. Burtons* »A commentary on Antonius his itinerary... so far as it concerneth Britain«, London 1658.
500,–/800,–

222 REISEWEGKARTE. »The rout of the Duke of Marlborough March from Breda into Germany sets out the 25. of April and retourned the 30. Nov. 1704«, mit ausführlicher Legende zu diesem erfolgreichen Feldzug und interessantem Zahlenmaterial. Kupferstich von *Hermann Moll*, London, dat. 1732. 220 x 250 mm. **500,–/1.000,–**

223 REISEWEGKARTE. »Conspectus Locorum in percensendis itineribus quae D. Martinus Lutherus...«, mit Detailkarte der Schweiz und Oberitalien. Kupferstich aus *J. Th. Linghe* »D. Martin Luthers merkwürdige Reisegeschichte...«, Leipzig 1769. Gr.-8°. **250,–/350,–**

224 REISEWEGKARTE. »PR lt Morgen's Reisen im Hinterland von Kamerun 1889–1891« Maßstab 1:3 500 000. Gefaltete Buchillustration eines Expeditionsberichtes der Deutschen Kolonialgesellschaft, um 1900. 258 x 207 mm. Vgl. auch Kat.nr. 53 und 55.
5,–/15,–

225

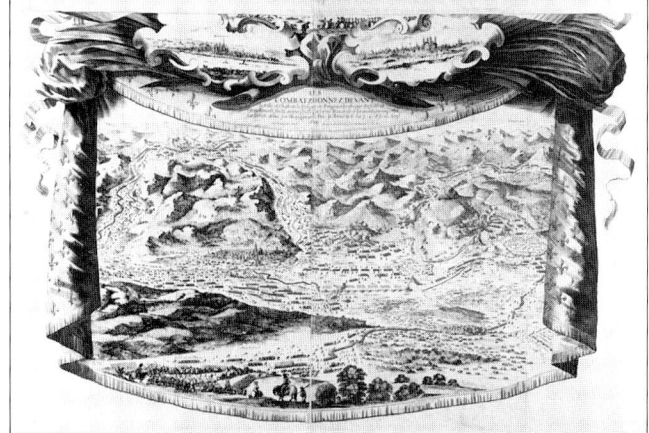

226

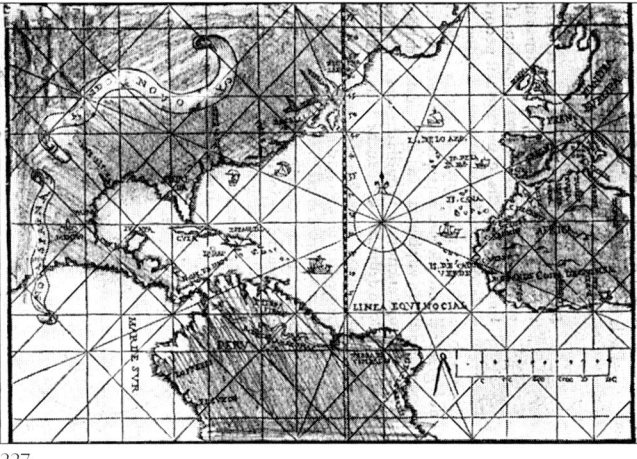

227

228

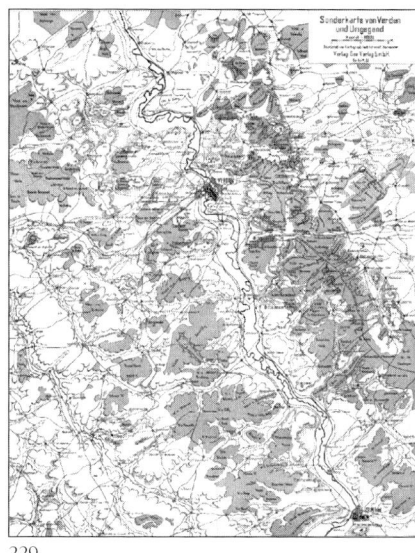

229

225/226 SCHLACHTENKARTEN.
»La glorieuse Campagne de Monseigneur le Duc Danguyen, Commandant les armees de Louis XVIIII...«, Titelkupfer mit barockgerahmten Stadtansichten integriert in einen Palmzweig mit bekrönten Porträtmedaillon des Herzogs von *S. de Beaulieu,* um 1644. 600 x 910 mm.   **1.400,–/1.700,–**
NS 329/2064
Und die Schlacht bei Freiburg im Breisgau in reicher Drapagenumrahmung, aus obiger Serie.   **1.200,–/1.500,–**

227 SEEKARTE. (Übersichtskarte) Atlantik, Westeuropa und Afrika sowie die Ostküste von Amerika. Kupferstich bei *T. Baglioni* 1609. 4°.   **500,–/900,–**
Aus P. de Medina »Arte del navigare...«, Venedig, T. Beglioni, 1609. 4° mit einer Holzschnittkarte und 80 Textholzschnitten. Ein Expl. wurde im Herbst 1992 für 3.700,– zugeschlagen.   **4.000,–/5.500,–**
RA 48/2533

228 SEEKARTE JAPAN UND KOREA.
»Nova et accur ta Japoniae Terrae Esonis...«, mit typischen sich überschneidenden Windrosenstrahlen und sehr schön figurenstaffierter Kartusche. Kupferstich bei *P. Schenk* und *G. Valk,* Ende 17. Jh. 449 x 544 mm.   **1.800,–/2.800,–**

229 »SONDERKARTE VON VERDUN UND UMGEBUNG«. Federlitho mit Tonplatte für die Waldgebiete. Maßstab 1:110.000 Kartographisches Institut *v. E. Burmeister,* Gea-Verlag Berlin, 1. Viertel 20. Jh. 440 x 356 mm.   **5,–/10,–**

230

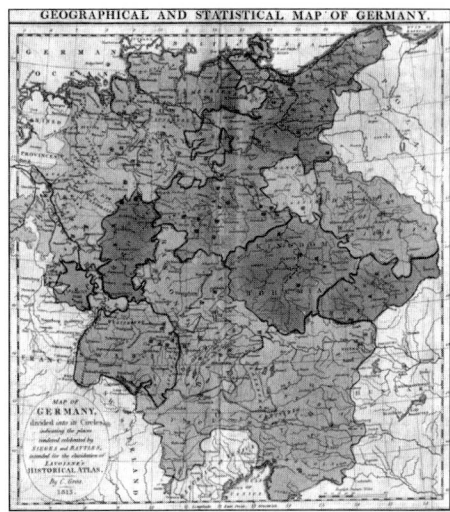

231

232

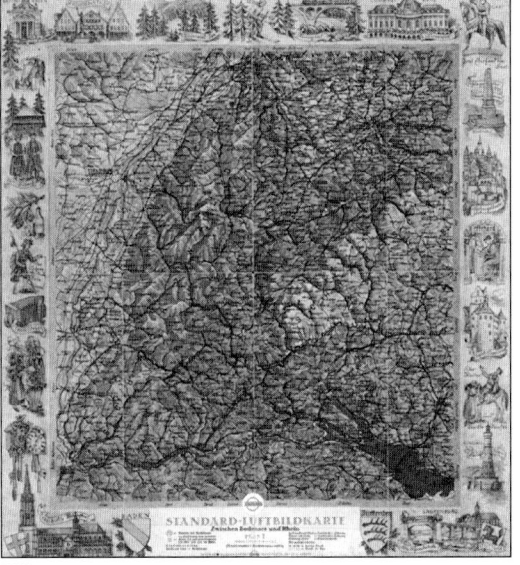

233

234

230 SPRACHENKARTEN. »Volk- en Tael-Verspeiding over Europa«. Kupferstich mit Grenzkolorierung von L. ten Kate Hermansz. /*R. und G. Wetstein* 1723. 200 x 285 mm. Aus »Aenleiding tot de Kennisse van hat verhevene ded der Nederduitsche Sprake«. **500,–/800,–**

231 STATISTISCHE KARTE: DEUTSCHLAND. »Geographical and statistical map of Germany«, kolor. Kupferstich von *C. Gros* für *Lavoisne's* »Historical Atlas«, veröffentlicht von *I. Barfield*, London 1813. Es werden die versch. Kreise dargestellt, die auch entsprechend farblich koloriert sind. Ferner sind Orte berühmter Siege und Schlachten durch kleine Fähnchen markiert. In der dreiseitigen Textumrahmung werden Lage, Grenzen und Ausdehnung, die Einteilung, das Klima, die natürlichen Bedingungen und die landwirtschaftlichen Produkte vorgestellt. Außerdem gibt es einen Abschnitt über die Naturkunde, eine Charakterisierung der Deutschen, einen Abschnitt über die Regierung, über Militärausgaben und Mannschaftsstärke in den einzelnen Ländern, ferner einen Beitrag über Universitäten, Literatur, Handel und Industrie. Außerdem ist eine chronologische Liste über die bemerkenswerten Schlachten und Siege von 1772 bis 1813 eingeschlossen. 100 x 500 mm. **150,–/300,–**

232 STRASSENKARTE. »Iter Mayerianum ad Musas Goettingenses Norimberga A. 1751 factum ... Atlantis Itinerarii...«, mit der Darstellung des Weges von Nürnberg nach Göttingen von *Tobias Mayer d. A.* /*Joh. A. F. Yelin*. Kupferstich von *Homann-Erben* 1751. Ein Blatt von zweien. Gesamtgröße 535 x 390 mm. **1.000,–/1.600,–**

233 LUFTBILDKARTE FÜR KRAFTFAHRER. Südwestdeutschland mit umlaufender Bilderleiste. Maßstab 1:500.000 Farbdruck mit Werbung des Herausgebers Standard-Benzin, um 1935. 470 x 350 mm. **5,–/10,–**

234 STRASSENKARTE. »Voges, Lorraine – Alsace« (Ausschnitt), moderne Kartographie mit klassifizierten Straßen und Entfernungsangaben. Farbdruck, 20. Jh. Gesamtgröße 880 x 500 mm. **5,–/10,–**

Verschiedene Kartenarten 127

235

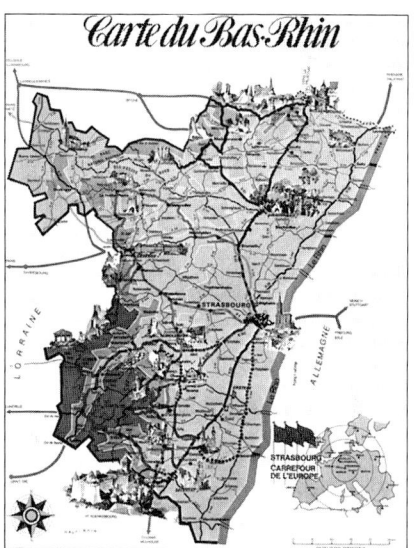
236

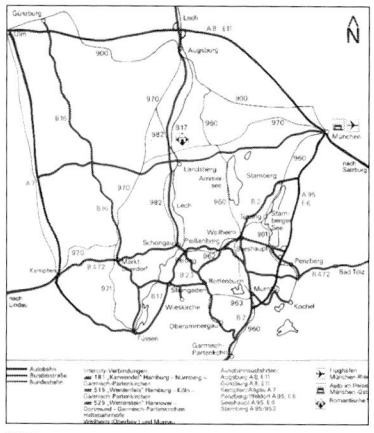
238

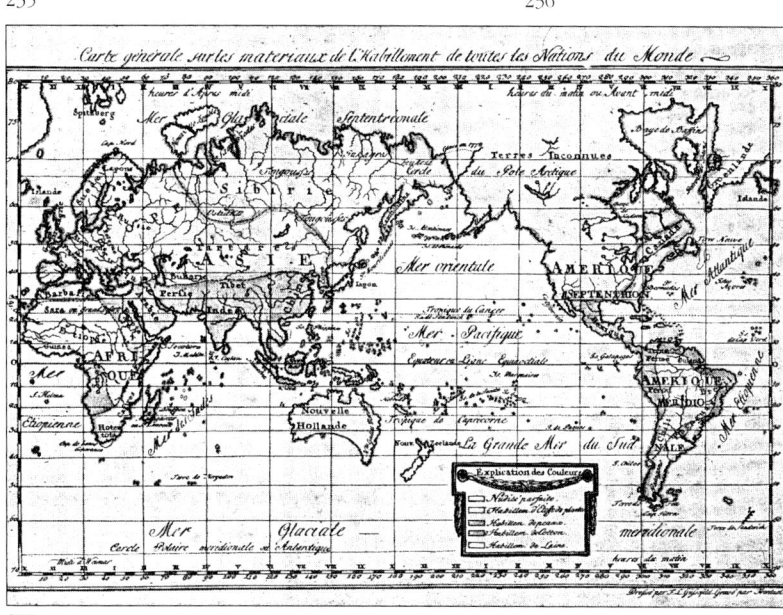
237

239

240

235 TOURISTIKKARTE. »Der Rhein von Mainz bis Köln« (Ausschnitt). Chromolithographie als Leporello-Faltheft von *W. Kärtner*, Mainz, Anf. 20. Jh. Gesamtgröße 2100 x 190 mm. **100,–/120,–**

236 TOURISTIKKARTE. »Carte du Bas-Rhin«. Farbdruck mit Verkehrsverbindungen und bildhafter Markierung touristisch interessanter Orte. Teil eines Fremdenverkehrs-Faltblattes. 2. Hälfte 20. Jh. 250 x 770 mm.

237 VERBREITUNGSKARTE. »Carte générale sur les materiaux de l'habillement de toûtes les Nations du Monde«. Durch Farbflächen – entsprechend der »Explication des Couleurs« in der Louis XVI-Kartusche – sind Gebiete nach der Bekleidungsart ihrer Bevölkerung gegeneinander abgesetzt. Kupferstich von *Franz L. Güssenfeld*, gestochen von *G. Fr. J. Frentzel*, Ende 18. Jh. 170 x 265 mm. **1.500,–/1.200,–**

238 VERKEHRSKARTE. Auto- und Eisenbahnkarte von Oberschwaben-Bayern. Topographische Inhalte sind bis auf die Andeutung der bayrischen Seen reduziert, dafür die Bundesbahnstrecken sowie Autobahnen und Bundesstraßen durch farbliches Hervorheben besonders übersichtlich dargestellt. Mit entsprechender Legende. Offsetdruck durch die regionalen Verkehrsverbände 1978. 195 x 180 mm.

239 VERFREMDETE KARTE IN FORM EINER TABAKDOSE. Schildpatt mit einer Grundrißkarte eines Guthofes und angrenzenden Ländereien sowie dazugehöriger Legende. Aquarell auf Papier. Deutsch, um 1800. D. 85 mm. **2.500,–/3.000,–**

240 VERFREMDETE KARTE. »Initiation Gauloise – Paris Metro«, von Joseph Beuys überarbeitet, unten roter Stempel »Hauptstrom«. Öldruckpapier, sign., betitelt und numeriert 65/185. 1976. 553 x 752 mm. **1.500,–/2.500,–**

241

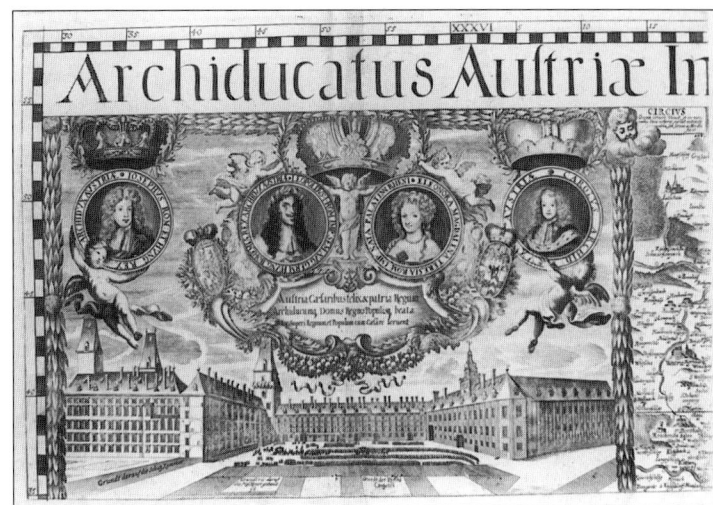
242

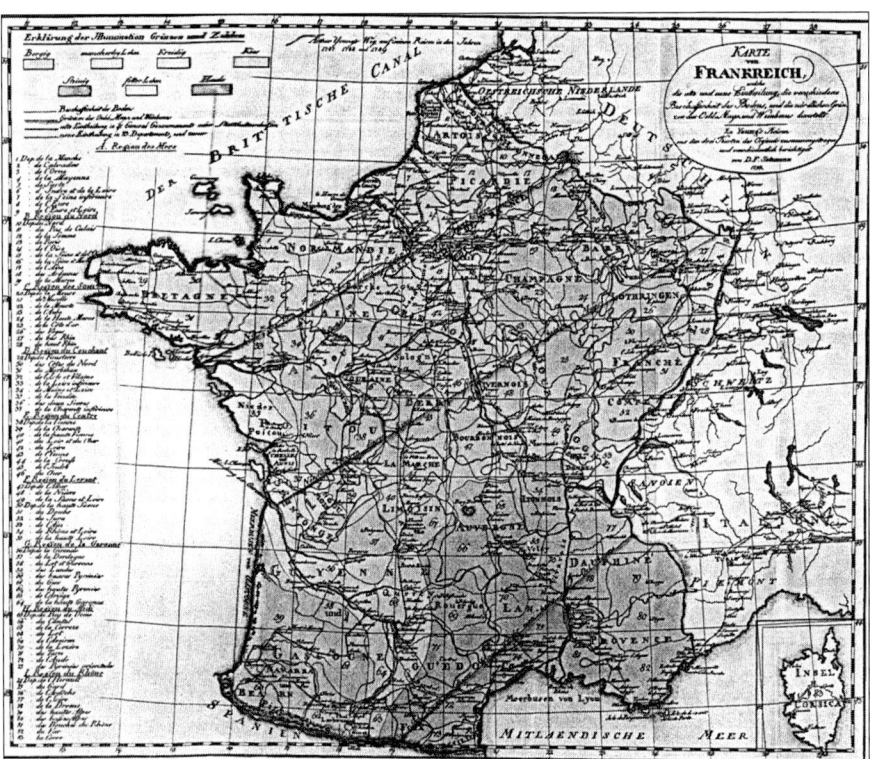
243

241 WANDKARTE. »Suvia Universa IX Tabulis delineata, in quibus omnium non solum ad Circulum pertinentium Episcopatuum, Ducatuum, Marchionatuum... Territoria, Urbe, Oppida ... reperiuntur«. Kupferstichkarte auf neun altkolor. Blättern von *Michal* bei *Matth. Seutter,* Augsburg, um 1725. Je 500 x 580 mm. **6.500,–/7.000,–**
Übersichtliche Karte des gebürtigen Franzosen *Michal,* der als Offizier der Kreisarmee ein erfahrener Karthograph war und über gute Kenntnisse des Landes verfügte, als er die Karte entwarf. Nach weiterer Erkundung an Ort und Stelle erfolgte ein zweiter verbesserter Entwurf, der dann bei Seutter erschien.

242 WANDKARTE. »Archiducatus Austriae Inferioris Geographica...«, 16 doppelblattgroße Kupferstichkarten von *Jac. Hoffmann* und *Jac. Hermundt* nach *Vischer,* dazu vier gestochene Bll. Register. Wohl Wien 1697. Abb.-Ausschnitt der linken oberen Ecke dieser monumentalen Wandkarte. Ein gebundenes Expl. wurde im Nov. 1993 für 6.100,– versteigert. **6.000,–/8.500,–**
HR 74/908

243 WIRTSCHAFTSKARTE. »Karte von Frankreich, welche die alte und neue Einteilung, die versch. Beschaffenheiten des Bodens, und die nördlichen Gränzen des Oel- Mays- und Weinbaus darstellt – Zu Youngs Reisen ... berichtigt von *Daniel F. Sotzmann*«. Kupferstich, Berlin, dat. 1793. 380 x 450 mm. **800,–/1.500,–**

Stadtpläne – Ansichten

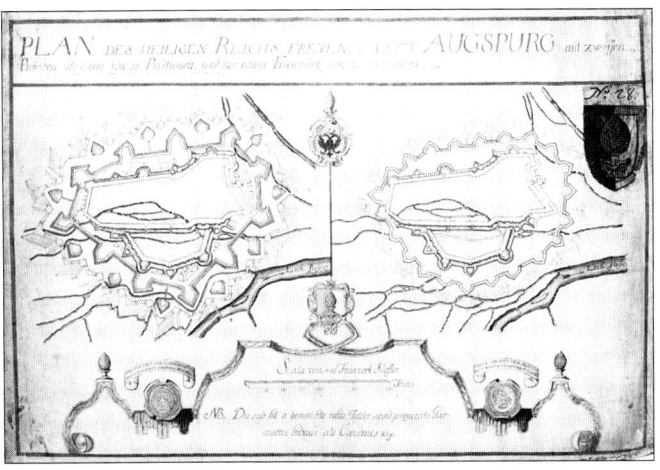

244

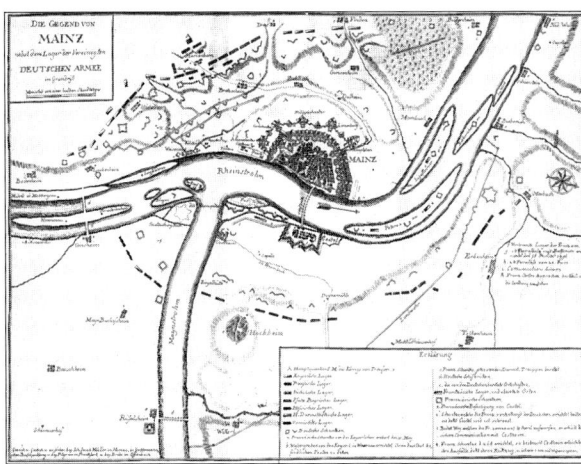

245

PLÄNE – STADT- UND MILITÄRPLÄNE
Genau genommen sind Pläne Karten eng umgrenzter Gebiete, meist von Städten. Daneben spricht man vor allem auch in der Militärtopographie von Marsch-, Belagerungs- Schlachten- oder Rückzugsplänen. Bei deren Darstellung wurde ursprünglich die sogenannte Kavaliersperspektive bevorzugt. Im Verlauf des 18. und vor allem im 19. Jh. wurde dann allerdings vermehrt die strenge Aufsicht angewandt. Auch bei Stadtplänen ist dieser Dualismus beider topographischen Darstellungsmöglichkeiten festzustellen. Während das 19. und frühe 20. Jahrhundert vorwiegend den abstrahierten Grundriß auf Karten und Plänen zeigt, wird heute – vor allem für anschauliche Stadtpläne – gerne wieder die Kavaliers- oder Vogelperspektive verwandt.

244 AUGSBURG. »Plan des heiligen Reichs freyen Statt Augsburg...«. Aquarell und Tusche sign.: »*von Freysberg inv 1729*«. 400 x 600 mm. Diese Manuskriptkarte (vgl. S. 29) ist ein anschauliches Beispiel für eine angewandte Stadtkarte, werden doch durch Gegenüberstellung der neuen und alten Situation die beabsichtigten Änderungsmaßnahmen deutlich gemacht.
3.500,–/4.500,–
DH 135/2567

245 MAINZ. »Die Gegend von Mainz nebst dem Lager der Vereinigten Deutschen Armeen im Grundriß- gezeichnet und gestochen und zu finden bey *Joh. Jac. Müller* in Hanau...«. Kupferstich und Legende. 2. Hälfte 18. Jh. 213 x 286 mm.
100,–/170,–

246 STUTTGART. »Plan der ersten Königlichen Haupt- und Residenz Stadt... im Jahr 1811«. Kupferstich von *Walter / J. G. Cotta'sche* Buchhandlung in Stuttgart und Tübingen, nach 1811. 232 x 300 mm.
100,–/180,–

247 FREIBURG. »Plan de Ville et Chateaux de Friboug...«, mit einer kleinen Detaillandkarte der Umgebung. Radierung und Kupferstich von und bei *Joseph Friedrich Leopold*, um 1700. 475 x 595 mm.
700,–/1.000,–
VK 69/2188

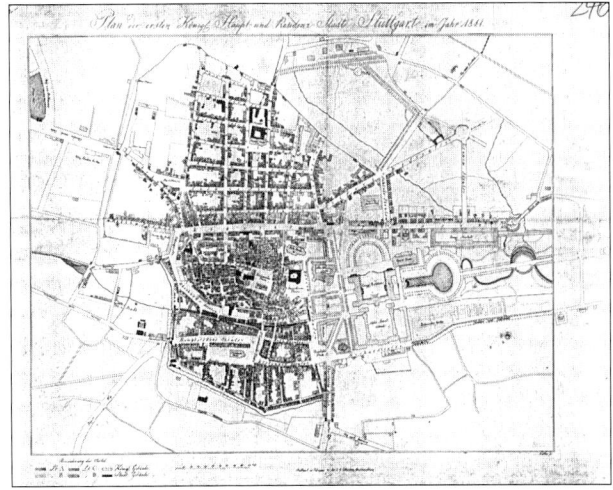

246

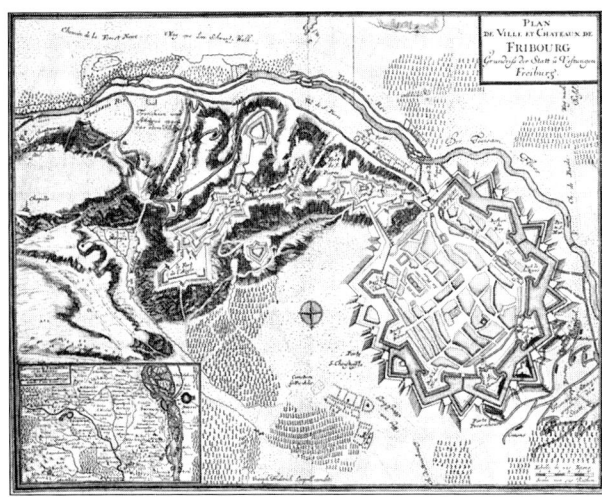

247

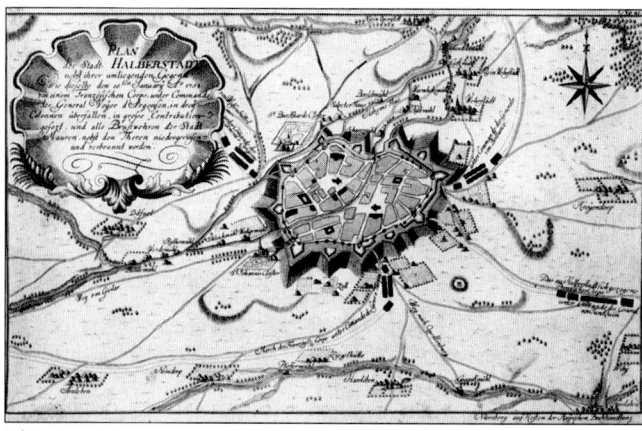
248

249

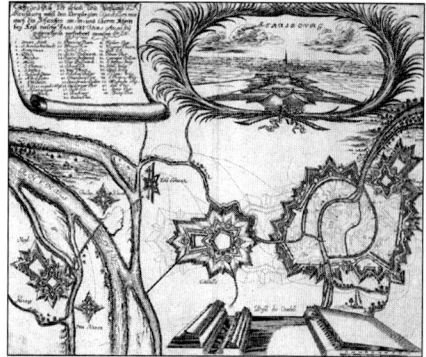
250

248 HALBERSTADT. »Plan der Stadt...«, mit muschelförmiger Schriftkartusche, sign. »Nürnberg auf Kosten der *Raspischen* Buchhandlung«, Kupferstich von *G. N. Raspe*, um 1770. 250 x 390 mm. (Vgl. Kat.nr. 318) **380,–/420,–**
BH 1

249 BARCELONA. »Plan general von Barcelona, vor welche die belagerung auffgehoben worden. ao 1706«. Radierung nach 1706. 150 x 190 mm. In Bezug auf die unterschiedlichen topographischen Darstellungen sehr interessantes Beispiel: Die Stadt selbst ist im Grundriß, die Schanzen und Segelschiffe sowie der Landschaftshintergrund sind in Kavaliersperspektive dargestellt. **100,–/150,–**

250 STRASSBURG. »Grundriß der Stadt und Vestung... Anno 1682«. Kupferstich mit Schriftreserve in Rollenform sowie Vedutenreserve in Palmzweigumrahmung. Hier wird dem strengen Grundriß durch die Beifügung der Ansicht mehr Lebendigkeit verliehen. Ende 17. Jh. 281 x 399 mm. **300,–/450,–**

251 »MAINZ«. Verteidigungsplan. Kupferstich wohl von *M. Merian*, 17. Jh. 281 x 399 mm. Auch hier vermittelt die Mischung aus strenger Aufsicht und perspektivischer Darstellung einen sehr anschaulichen Eindruck. Bemerkenswert, daß die um die Stadt lagernden Einheiten bereits als Rechtecke mit durchlaufenden Kennung mittels des »Abc's«, markiert sind. **280,–/380,–**

252 MAGDEBURG. »Magdeburgum«. Radierung von *Braun* und *Hogenberg* (vgl. Kat.nr...), 1. Hälfte 16. Jh. 315 x 422 mm. Die Stadt wirkt noch als Grundriß. Bei eingehender Betrachtung erkennt man jedoch, daß die Straßenzüge bereits in Kavaliersperspektive dargestellt sind. Der Vordergrund ist sogar in die Betrachterebene verlegt. **1.000,–/1.800,–**

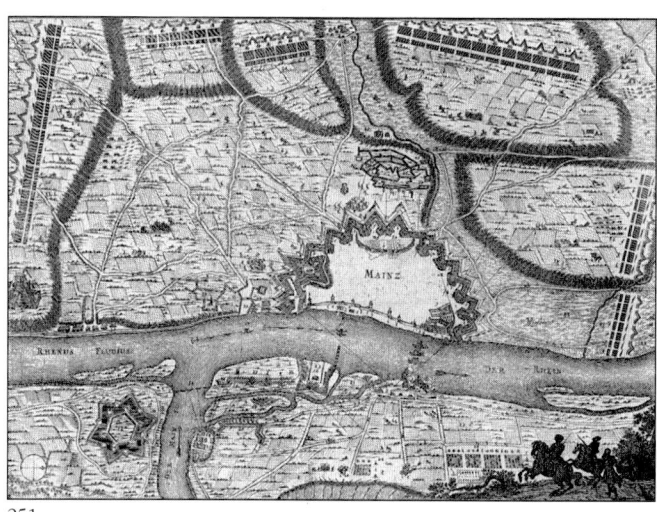
251

252

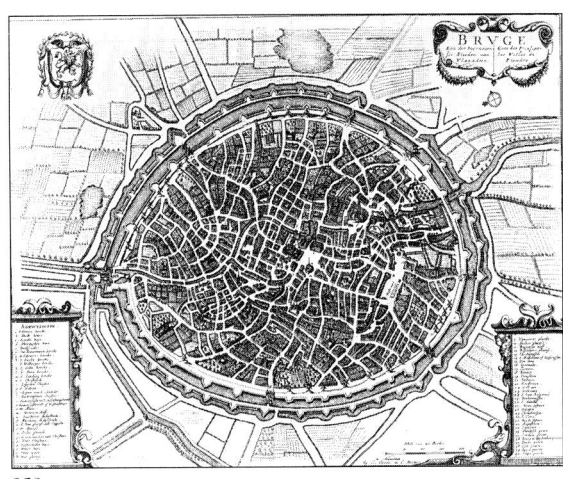
253

254

253 BRÜGGE. »Bruge«. Stadtplan mit Wappen und zweisprachiger Schriftkartusche. Kupferstich von *J. Covens* und *C. Mortier,* Amsterdam, um 1730. 400 x 500 mm. **2.000,–/2.500,–**

254 KÖLN. »Colonia Agrippina – Cölln«. Kupferstich von *M. Merian* mit dreisprachigem Titel, zwei Wappen, Windrose und Legende. 1. Hälfte 17. Jh. 274 x 350 mm. **1.500,–/2.500,–**

255 »ULM«. Stadtplan aus der Vogelschau mit Reichs- und Stadtwappen. Kupferstich von *M. Merian,* 1. Hälfte 17. Jh. 392 x 507 mm. **1.400,–/2.200,–**

256 ZÜRICH. »Tigurum-Zürych«. Kupferstich aus *Joh. Ludw. Gottfrieds* Neuwe Archontologia cosmica...«, Frankfurt, 17. Jh. (Vollständige Ausgaben von 1638 bzw. 1695 wurden mit 18.000,– bzw. 28.000,– versteigert). Der Wert des Einzelblattes liegt bei **1.500,–/2.200,–** *HH 71/876 und 877*

257 VENEDIG. »Vero Real Disegno Della Inclita Cita di Venetia«, Radierung aus sechs Platten gedruckt, von *Giovanni Merlo/Stefano Scolari,* Venedig 1660. 785 x 1605 mm. **8.500,–/10.000,–** *DH 147/2084*

255

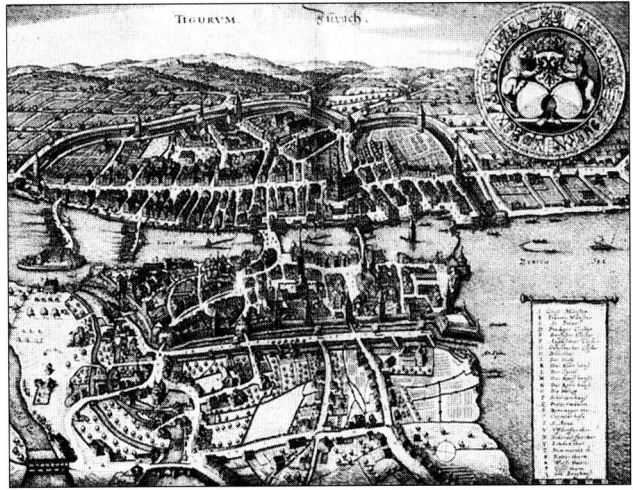
256

257

258

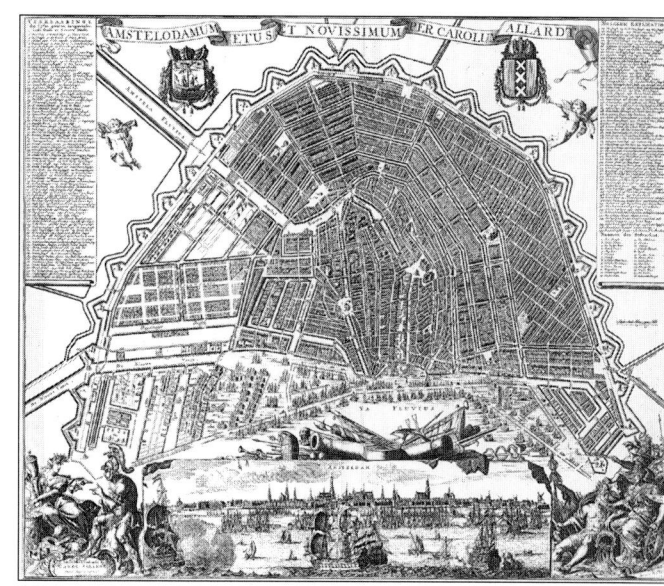

259

258 WÜRZBURG. »Accurate Vorstellung der Hoch Fürstl. Bischöffl. Residenz und Haupt-Stadt...«. Kolor. Kupferstich bei *Homann,* Nürnberg 1723. Fol.
1.800,–/2.800,–
HH 71/2619

259 AMSTERDAM. »Amstelodamum vetus et novissimum per Carolum Allardt«, Stadtplan mit Vedute. Kupferstich von *Carel Allardt,* Ende 17. Jh. 500 x 585 mm. Um dem Betrachter, der die Stadt meist nicht aus eigener Anschauung kannte, ein möglichst vollständiges und umfassendes Bild zu vermitteln, fügte man bereits im 17. Jh., vor allem aber im 18. Jh. unter dem Plan noch einen Prospekt der Stadt hinzu.
2.500,–/3.500,–

260 DANZIG. »Dantzig«. Kupferstich mit Legende von *M. Seutter,* Augsburg, 1. Hälfte 18. Jh. 500 x 590 mm. Auch hier wurde der Stadtgrundriß durch Hinzufügen des Stadtpanoramas anschaulicher gemacht.
1.700,–/2.000,–

261 STUTTGART. »Stutgardia – Stuttgard«. Die strenge Aufsicht des Grundrisses wird hier durch die perspektivische Darstellung einzelner Gebäude unterbrochen. Mit Wappen, teils zweisprachiger Schriftkartusche und ebenfalls einer Gesamtansicht. Kolor. Kupferstich von *M. Seutter,* Augsburg, ca. 1730. Gr.-Qu.-Fol.
1.500,–/2.500,–
HH 71/2610

262 PRAG. »Praga – Prag«, Plan und Gesamtansicht mit Wappen, Schriftkartusche und Figurenstaffage. Altkolor. Kupferstich von *M. Seutter,* Augsburg, 1740. Gr.-Qu.-Fol. **800,–/1.500,–**
GB 7

263 MANNHEIM. »Hodierma sedes Electoris Palatini Mannheimium...«, Stadtplan mit Umgebung und Ansicht. Kolor. Kupferstich aus dem *Homännischen* Offizin, Mitte 18. Jh. 482 x 569 mm. **1.500,–/2.500,–**

264 ISTANBUL. »Constantinopel...«, Plan aus der Vogelschau und Gesamtansicht, zweisprachige Titelleiste. Kolor. Kupferstich, verlegt von *M. Seutter,* 1. Hälfte 18. Jh. 491 x 567 mm.
700,–/1.500,–

260

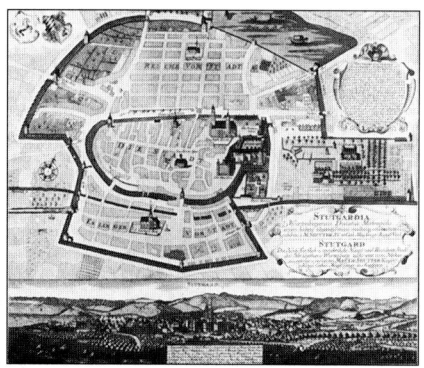

261

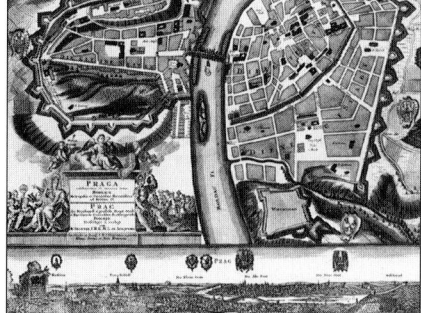

262

Stadtpläne – Ansichten 133

265 ERLANGEN. »Accurater Grundris und Gegend der ... Neuerbauten Stadt Christian-Erlangen, samtt denen Prospecten des ... Residenz-Schloß...«, Grundriß umgeben von sieben Teilansichten und zwei Wappendarstellungen. Kupferstich von *J. B. Homann*, 1. Hälfte 18. Jh. 480 x 570 mm. Im Gegensatz zu den vorangegangenen Beispielen, bei denen einem Stadtplan jeweils eine Gesamtansicht der Stadt beigefügt wurde, setzte sich im 18. Jh. die Umrahmung mit Teilansichten durch und wurde selbst in unserem Jahrhundert noch gerne für Reise- und Touristikprospekte angewandt (vgl. Kat.nr. 233). **900,–/1.500,–**
DH 139/2054

266 NEAPEL. »Urbis Neapoliscum praecipuis eius Aedeficus...«, Plan aus der Vogelschau, umgeben von sechs Teilansichten berühmter Gebäude und Plätze sowie einer Karte der antiken Stätten und einer Darstellung eines Vesuvausbruches. Kolor. Kupferstich von *Homann-Erben* 1727. 482 x 570 mm. **1.000,–/2.000,–**

267 VENEDIG. »Pianta della Regia Sita di Venezia«, Plan mit Teilansichten. Auf 18 Platten gedruckter Stahlstich von *Guiseppe Kier* nach *Giambatista Garlato*, 1844 (auf Leinwand aufgezogen). Ein Beispiel für die Kombination von Plan und Ansichten aus dem 19. Jh. 534 x 724 mm. **300,–/600,–**

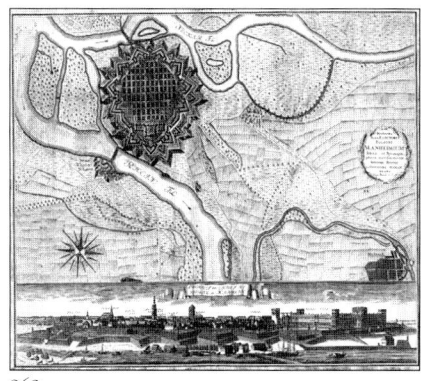
263

264

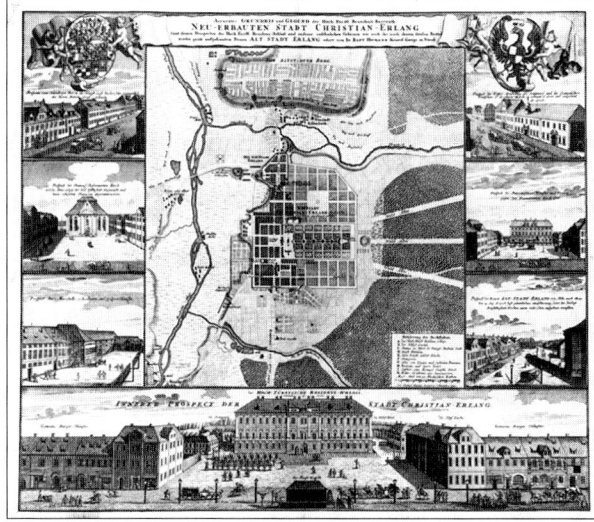
265

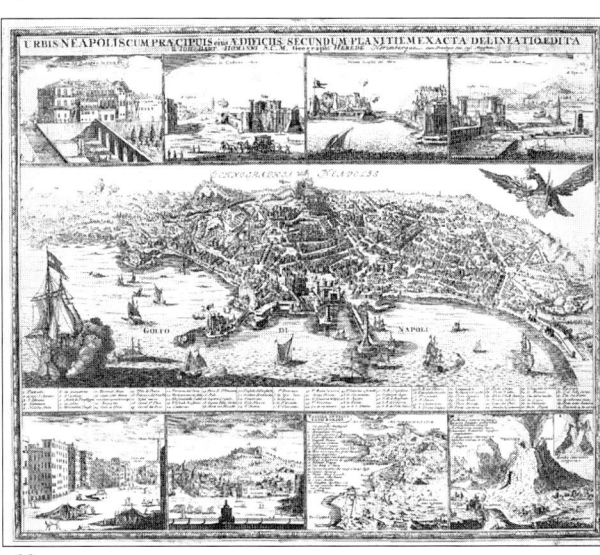
266

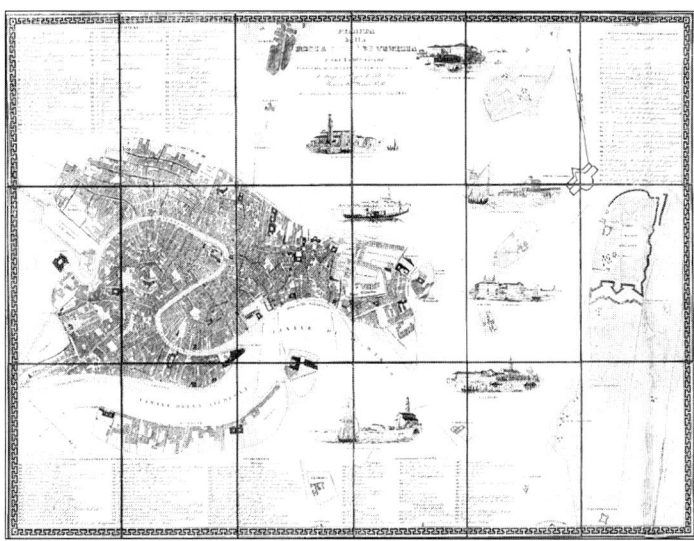
267

Cosmographien – Chroniken – Topographien – Reisebeschreibungen

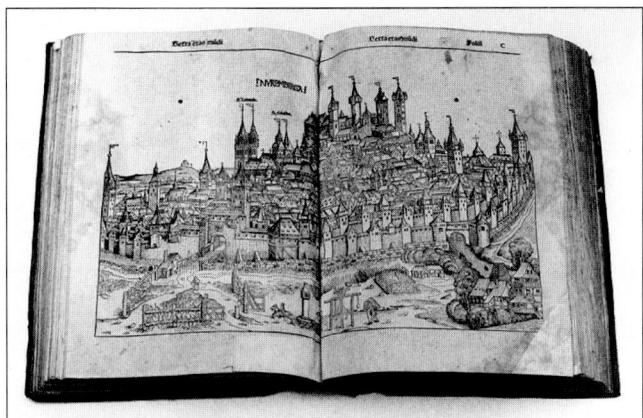

268

269

268 »**LIBER CHRONICARUM**«. Buch der Chroniken und Geschichten mit Figuren und Bildnissen von Anbeginn der Welt bis auf diese unsere Zeit von *H. Schedel*. Mit Holzschnitten von *Michael Wolgemut* und *Wilhelm Pleydenwurf*. Verlegt bei *Koberger*, Nürnberg, nach 1493 um 1500. Fol. (Die Abb. zeigt den doppelblattgroßen Holzschnitt »Nürnberg«: **5.000,–/6.500,–**)

269 »**COSMOGRAPHEY**« oder beschreibung aller Länder, Herrschafften, fürnemsten Stetten, geschichten, gebreuchen handtierungen etc... durch ihn selbst gebessert«, *Seb. Münster /Henric-peteri* Basel, 1574. Fol. Mit 26 Karten und hunderten von Holzschnitten, dabei vier mehrfach gefaltete Blätter. **7.000,–/9.000,–**
NS/2437
(Die Abb. zeigt Würzburg, vgl. Kat.nr. 363).

270 »**GEMEINER LÖBLICHER EYDGENOSCHAFT STETTEN,** LANDEN UND VÖLCKERN CHRONICWÜRDIGER THAATEN BESCHREIBUNG... Jetzt neuwlich zum anderen mal in den truck gäben...«. *J. R. Stumpff /Froschauer*, Zürich, 1586. Fol. 13 Tle. in zwei Bdn. mit fünf doppelblattgroßen Karten und vielen Holzschnitten. Wurde im April 1993 für 5.000,– zugeschlagen. **7.500,–/10.000,–**
HH 71/289
(Die Abb. zeigt Basel: **380,–/700,–**)

271 »**VIAGGIO DA VENETIA** AL SANTO SEPOLCHORO, ET AL MONTE SINAI... Noe Bianco (Bianchi?) *P. M. Bertano* Venedig 1590. Mit 149 – davon fünf doppelblattgroßen – Holzschnitten. Wurde Okt. 1991 für 6.000,– offeriert und erbrachte 5.500,–.
RA 46/73 **6.000,–/8.000,–**
(Die Abb. zeigt Venedig: **650,–/800,–**)

272 »**PARVUM THEATRUM URBIUM** SIVE URBIUM PRAECIPUARUM TOTIUS ORBIS BREVIS ET METHODICA DESCRIPTIO«. *A. Romanus /Basse,* Frankfurt 1595. 4°. Mit 67 Textholzschnitten, partiell 1595 koloriert. Es handelt sich nicht um eine lateinische Ausgabe des im gleichen Verlag unter gleichem Titel erschienen Städtebuches von *A. Saur,* das in deutscher Sprache abgefaßt ist (vgl. Kat.nr. 274). Wurde im Okt. 1989 für 4.000,– zugeschlagen.
6.500,–/10.000,–
RA 42/1567
(Die Abb. zeigt Köln: **800,–/1.000,–**)

270

271

272

Cosmographien – Chroniken – Topographien – Reisebeschreibungen

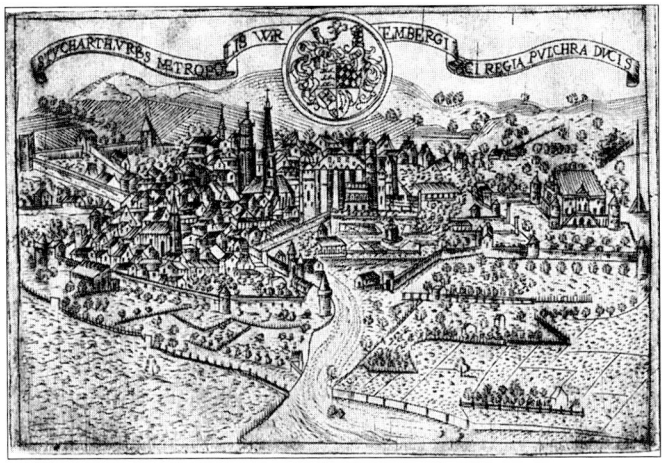

273

274

273 »**RACCOLTA DI LE PIU ILLUSTRI ET FAMODE CITTA DI TUTTO IL MONDO**«. *F. Valegio* und *M. Rota* /Venedig, um 1600. Qu- 8°. 305 Tafeln mit Stadtansichten in Kupferstich und Radierung, zwei Bde. Die erste Ausgabe dieses höchst seltenen topographischen Werkes erschien um 1580 zunächst mit 250 Tafeln. Neben *Valegio* haben auch andere teils unbekannte Stecher daran gearbeitet. Obiges Expl. von ca. 1600 wurde im April 1990 für 45.000,– offeriert. **50.000,–/70.000,–**
RA 43/2041
(Die Abb. zeigt »Stuttgart«: **600,–/800,–**)

274 »**THEATRUM URBIUM.** Warhafftige Contrafeytung und Summarische Beschreibung, fast aller vornemer und namhafftigen Stätten, Schlössern und Klöster... gemehret und gebessert...«. *Abraham Saur* /*Richter* für *Basse-Erben*, Frankfurt 1610. Gr.-8°, mit zahlreichen Holzschnitten. Sechste Ausgabe des beliebten Städtebuches mit kleinen, aber topographisch getreuen Ansichten.
3.000,–/4.000,–
HH 71/1022
(Die Abb. zeigt München: **300,–/450,–**)

275 »**CIVITATES ORBIS TERRARUM.** Beschreibung und Contrafactur Von den vornembsten Stetten der Welt«, *G. Braun* und *F. Hogenberg* /*Gottf. v. Kempen*, Köln 1576–90. Fol. Tle 1–4 (von 6) in zwei Bdn., mit 236 Kupfertafeln. Wurde im Nov. 1993 mit 95.000,– zugeschlagen.
90.000,–/110.000,–
HH 74/729
(Die Abb. zeigt Nürnberg:
1.800,–/2.800,–)

276 »**URBIUM PRAECIPUARUM MUNDI THEATRUM V.**« Band V der »Civitates orbis terrarum«, *G. Braun* (und *F. Hogenberg*), Köln 1598. Fol. mit 70 Kupfertafeln.
15.000,–/22.000,–
HH 71/843
(Die Abb. zeigt Bremen: **1.200,–/1.700,–**)

275

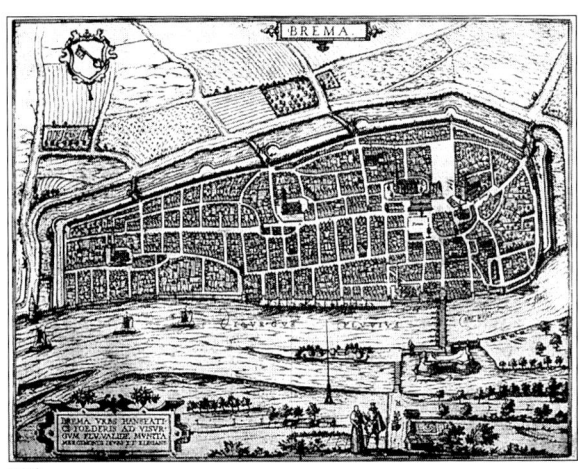

276

277

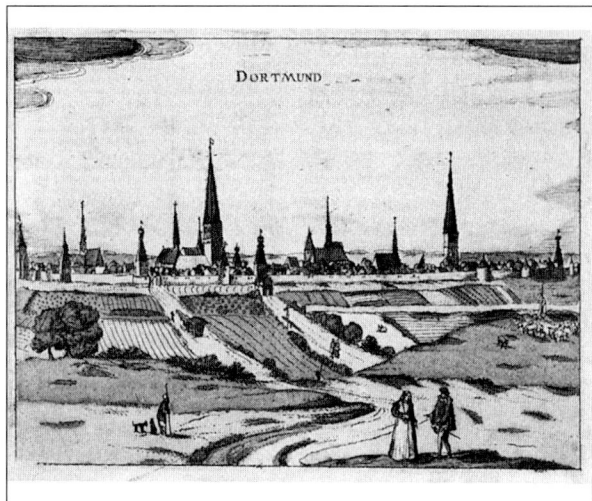

278

277 »**CIVITATES ORBIS TERRARUM**«. *G. Braun* und *F. Hogenberg* /Köln 1617 – 1623. Fol. Mit 363 radierten Tafeln. Späte radierte Ausgabe dieses schönsten Ansichtenwerkes der Renaissance. Wurde im April 1992 für 150.000,– offeriert und für 125.000,– zugeschlagen.
130.000,–/180.000,–
RA 47/1814
(Die Abb. zeigt Regensburg:
1.200,–/1.800,–)

278 »**COMMENTARIORUM RERUM GERMANICARUM LIBRI TRES**«. *P. Bertius /Janssonius,* Amsterdam 1616. Qu.-4°. Mit 26 Karten und 101 blattgroßen Kupferstichansichten. Erste Ausgabe des prächtigen, höchst selten – wie hier – altkolorierten Ansichtenwerkes mit nahezu allen bedeutenden deutschen Städten. War im April 1992 mit 40.000,– taxiert und wurde mit 28.000,– zugeschlagen. **35.000,–/45.000,–**
RA 47/4509
(Die Abb. zeigt Dortmund:
1.000,–/1.800,–)

279 »**NOVA ET ACCURATA ITALIAE HODIERNAE DESCRIPTIO**«. *J. Hondius /Elzevir,* Leiden 1627. Qu.-4°-oblong. Mit 32 Karten und 66 ganzseitigen Kupferansichten. Seltenes Städtebuch von Italien in der Art des *Bertius* (vgl. Kat.nr. 278).

Wurde im April 1991 für 12.000,– (Taxe 6.000,–) zugeschlagen. **10.000,–/15.000,–**
RA 45/2390
(Die Abb. zeigt Venedig: **300,–/500,–**)

280 »**NEUWE ARCHONTOLOGIA COSMICA,** das ist, Beschreibung aller Kayserthumben, Königreichen und Republicken der gantzen Welt...«. *Joh. Ludwig Gottfried /Hoffmann* für *Merian,* Frankfurt/M 1638. Fol. Mit 30 Karten und 71 meist doppelblattgroßen Kupfertafeln von *Merian.* Erste deutsche Ausgabe dieser großen Kosmographie von *Gottfried.* Wurde im April 1993 für 18.000,– zugeschlagen. **18.000,–/25.000,–**
HH 71/876
(Die Abb. zeigt Wien: **800,–/1.200,–**)

279

280

Cosmographien – Chroniken – Topographien – Reisebeschreibungen

281   282   283   284

281 »Archontologia COSMICA...
Vermehrte Archontologica cosmica... bis auf das Jahr 1694 continuiret... *Matthaei Merians* Sel. Erben» *J. G. Gottfried* /Bey *Goerlin* Frankfurt/M 1696. Fol. 41 Karten, 89 Kupfertafeln mit 106 Ansichten.
NS 319/1327   **15.000,–/19.000,–**
(Die Abb. zeigt das Titelblatt.)

282 BAYERN. TOPOGRAPHIA BAVARIAE... ober- und niederbayern, der ober Pfaltz...«, *Merian* 1644. Fol. mit 84 Kupferstichen (davon Salzburg nicht im Register aufgeführt).   **12.000,–/18.000,–**
NS 319/1310
(Die Abb. zeigt das Titelblatt.)

283 BÖHMEN. »TOPOGRAPHIAE BOHEMIAE; MORAVIAE ET SILESIAE... König-reich Böhmen, Mähren und Schlesien...«, *Martin Zeiller /Matth. Merian* 1650. Fol., mit drei Karten und 36 Ansichten.
NS 319/1321   **5.000,–/7.500,–**
(Die Abb. zeigt das Titelblatt.)

284 BRANDENBURG. »TOPOGRAPHIE ELECTORAT BRANDENBURGICI ET DUCATUS POMERIANIALE...«, ferner «TOPOGRAPHIA PRUSSIAE ET POMERELLIAE...« und « TOPOGRAPHIA LIVONIAE...«, *Martin Zeiller /Matth. Merian*, 1652 (?). Fol. In einem Band mit drei Karten und 60 Ansichten, nach dem Inhaltsverzeichnis vollständige Erstausgabe.
NS 319/1320   **12.000,–/17.000,–**
(Die Abb. zeigt das Titelblatt.)

285 BRAUNSCHWEIG, LÜNEBURG »TOPOGRAPHIA...HERZOGTHUMER BRAUNSCHWEIG UND LÜNEBURG. *Merian* Erben, 1654. Fol., mit drei Karten und 227 Ansichten.   **13.000,–/20.000,–**
NS 319/1313
(Die Abb. zeigt das Titelblatt)

286 ELSASS. »TOPOGRAPHIA ALSTAIAE... Obern- und Untern-Elsaß...«, *Merian/Georg Spörlings* Buchdruckerey, 1663 (Druck um 1700). 4°. Mit zwei Karten und 49 Ansichten.   **5.000,–/7.500,–**
NS 319/1318
(Die Abb. zeigt die Titelseite).

287 FRANKEN. TOPOGRAPHIA FRANCONIAE... Franckenland... *Merian,* 2. Hälfte 17. Jh. Fol.   **13.000,–/19.000,–**
NS 319/1316
(Die Abb. zeigt das Titelblatt.)

288 FRANKREICH. »TOPOGRAPHIA GALLIAE... Königreich Frankreich...«, *Caspar Merian* 1655–1661. Fol. 13 Teile in vier Bänden, mit sieben Karten und 378 Kupfertafeln.   **15.000,–/20.000,–**
NS 319/1322
(Die Abb. zeigt das Titelblatt.)

285   286   287   288

289   290   291   292

289 HESSEN. »TOPOGRAPHIA HASSIAE... Hessen...«. *Merian* 1646. Drei doppelblattgroße Karten und 121 Ansichten.
7.000,–/9.000,–
NS 319/1312
(Die Abb. zeigt das Titelblatt.)

290 ITALIEN. »TOPOGRAPHIA ITALIAE... MIT ANHANG DAS IST ...BESCHREIBUNG...KÖNIGREICH MOREA... beigebunden »Topographia urbis Romae ... Stadt Rom...«. *Merian*-Erben 1688. Fol. mit 80 Karten und 49 Kupfertafeln, *Joh. Jac. Boissard/Dietrich Bry/M. Merian* 1681 (= nach 1700). Mit zwei Plänen und 99 (von 101) Kupferstichen.
NS 319/1324   **10.000,–/15.000,–**
(Die Abb. zeigt das Titelblatt)

291 MAINZ, TRIER, KÖLN. »Topographia archiepiscopatuum moguntinensis/treuirsis, et colonienis ... Ertzbisthumen Mayntz, Trier Cöln...«. *Merian* 1646, Fol. Mit drei Karten, 39 Tafeln mit 64 Ansichten. Vollständiges Expl. der Ausgabe um 1700.
10.000,–/12.000,–
NS 319/1314
(Die Abb. zeigt das Titelblatt.)

292 NIEDERLANDE. »Topographia Germaniae inferioris.. in den XVII Niederländischen Provintie...« *Martin Zeiller/Caspar Merian,* um 1680. Fol. Mit zwölf Karten, 158 Ansichten (2 davon im Register nicht aufgeführt). **12.000,–/15.000,–**
NS 319/1323
(Die Abb. zeigt das Titelblatt.)

293 ÖSTERREICH. »Topographia provinciarum austriacarum Austriae ...österreichischen Landen...«, *Merian* 1677.
6.000,–/9.000,–
NS 319/1315
(Die Abb. zeigt das Titelblatt.)

294 PFALZ. »Topographia palatinus Rheini... Untern Pfaltz...Bistumer Wormbs und Speyer...Zugab...heyl. Röm. Reichs.« u. *Merian/Johann Andrea,* 1645. 4°. Mit drei Karten und 98 Ansichten.
12.000,–/14.000,–
NS 319/1317
(Die Abb. zeigt das Titelblatt.)

295/296 SACHSEN/THÜRINGEN/NIEDERSACHSEN. »Topographia superioris Saxoniae Thüringiae misnia lusatiae... Sachsen, Thüringen, Meissen, Ober- und Nieder-Laußnitz...«, *Martin Zeiller/M. Merian,* Frankfurt, 1650. Quart mit fünf Karten, 84 Ansichten (1 davon nicht im Register). Beigebunden »Topographia Saxoniae inferioris...Niedersachß: Crayß...«, *Merian*-Erben 1653. Mit drei Karten und 57 Ansichten.
18.000,–/22.000,–
NS 319/1319
(Die Abb. zeigen jeweils das Titelblatt.)

293   294   295   296

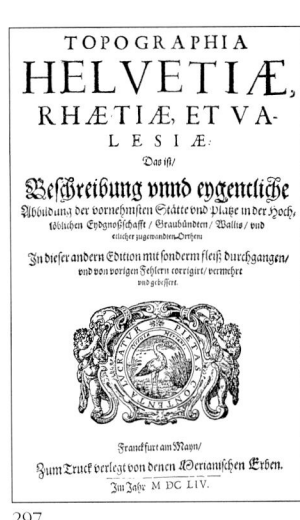   

297   298   299   301

297 SCHWEIZ. »Topographia helvetiae et valesiae... Eydgenoßschaft Graubünden, Wallis...«. *Merian* 1642. Gr.-4°. Mit zwei Karten und 101 Ansichten.
6.000,–/8.000,–
NS 319/1311
(Die Abb. zeigt die Titelseite. Vgl. auch Kat.nr. 300.)

298 WESTPHALEN. »Topographia westphaliae...«. *Merian* 1647. 4°. Mit einer Karte und 84 Ansichten. Komplette Erstausgabe mit zusätzlichem »Prospekt vom Emmerich«.
5.000,–/6.000,–
NS 319/13
(Die Abb. zeigt das Titelblatt.)

299 SCHWABEN. »Topographia sueviae, das ist Beschreib- und Aigentliche Abcontrafeitung der fürnembsten Stätt und Plätz in Ober und Nieder Schwaben...« *Merian* 1643, 4°. Mit acht Karten, 15 Plänen und Tafeln sowie 61 Kupfertafeln mit 124 Ansichten.
16.000,–/20.000,–
NS 327/3589a
(Die Abb. zeigt das Titelblatt.)

300 SCHWEIZ. »Topographia helvetiae conferderatae ...«. *Merian*-Erben 1655. Gr.-4°. Mit zwei Karten und 98 Ansichten sowie einer archäologischen Darstellung auf 77 Kupfertafeln. Wohl infolge meist brillanter Drucke brachte ein auf 25.000,– SFr. taxiertes Expl. 50.000,– SFr.
30.000,–/50.000,–
KZ 88/274
(Die Abb. zeigt die Ansicht von Einsiedeln:
500,–/800,–)

301 »...THEATRI EUROPAEI... – Friedens und Kriegs Beschreibung vom Anfang des 1660sten Jahrs biß an das 1666ste Jahr«. *Merian*-Erben, Teil 4, 9, 11, 15 und 16 mit 88 Kupfertafeln, 119 Porträts. 1692–1717.
10.000,–/12.000,–
NS 346/2008
(Die Abb. zeigt das Titelblatt mit der Signatur des Stechers Philipp Kilian.)

302 SAMMELBAND mit frühen Radierungen. *Merian*, ca. 1615–1625. Qu.-Kl.-Fol., mit 64 Radierungen, darunter die Folge der »Landschaften aus der Umgebung von Nürnberg« und »Ansichten aus der Umgebung von Basel«.   **15.000,–/22.000,–**
RA 42/2390
(Die Abb. zeigt Mögeldorf: **250,–/350,–**)

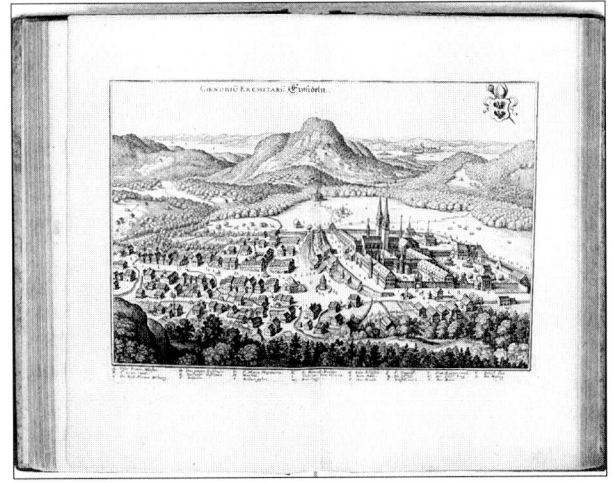 

300   302

303

304

305

306

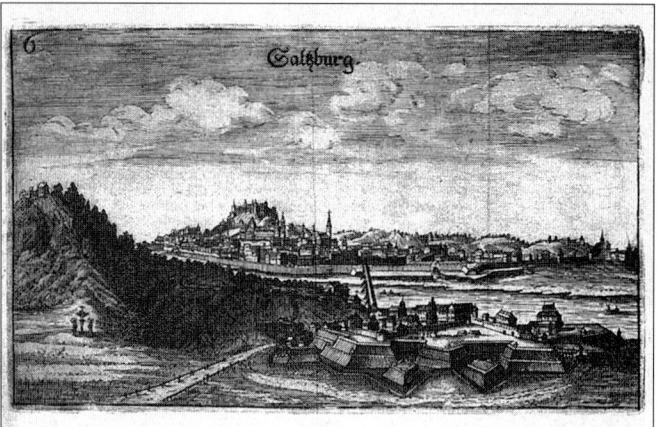
307

303 NOVAE QUAEDAM AC PAGANAE REGIUNCULAE CIRCA ACIDULAS SWALBACENSES, DELINEATAE PER ANT MIRULEUM.« *M. Merian* 1620, in der verbesserten Auflage von 1690. Qu.4⁰. 26 Radierungen, dritte Ausgabe der sog. »Schwalbacher Reise«. **2.500,–/3.000,–**
RA 42/2388
(Die Abb. zeigt eine Taufszene am Wegrand: **100,–/150,–**)

304 »NOVAE REGIONUM ALIQUOT AMAENISSIMARUM DELINEATIONES«. *M. Merian/Weigel*, Nürnberg, um 1690. Qu.-4⁰. 25 frühe Merian-Radierungen – hier im dritten Zustand. Wurde im Okt. 1989 für 9.000,– zugeschlagen. **6.900,–/9.000,–**
RA 42/2389
(Die Abb. zeigt Untertürkheim, »Türkheim am Neckar«: **350,–/500,–**)

305 »PLANS ET PROFILS DES PRINCIPALES VILLES DES DUCHEZ DE LORRAINE, ET DE BAR«. S. de *Pontault de Beaulieu*, Paris, nach 1660. Qu.-4 to. Mit 106 Kupfertafeln. Bekanntes Illustrationswerk über die besetzten Gebiete Frankreichs unter Ludwig XIV. Mit zahlreichen deutschen topographischen Ansichten. Wurde im April 1993 mit 4.000,– offeriert und mit 3.500,– zugeschlagen. **4.000,–/6.000,–**
RA 49/4359
(Die Abbildung zeigt Frankfurt: **100,–/200,–**)
Sie findet sich auch in »Les glorieux conquestes de Louis le Grand«, Paris, ca. 1720–25. Mit 163 Kupferstichen, in einer Gesamtansicht, einem Plan und einer Umgebungskarte dargestellt.

306 »BESCHREIBUNG DER STADT AMSTERDAM«. *Phil. von Zesen/Nosch,* Amsterdam 1664. 4°. Mit 73 Kupfertafeln. Erste Ausgabe der schönen Beschreibung von Amsterdam mit vielen Ansichten. »A sort of 17th century Baedeker...« (Faber-du-Faur). Wurde im April 1993 für 12.000,– zugeschlagen. **6.500,–/12.000,–**

HH 71/837
(Die Abb. zeigt Amsterdam: **350,–/800,–**)

307 »SALZBURGISCHE CHRONICA«. *F. Dückher von Hasslau zu Winckl*, Salzburg, 1666. Qu.-4⁰. Mit einer Karte, sechs Kupfertafeln und sieben Textkupfern. **2.800,–/3.800,–**
RA 45/2430
(Die Abb. zeigt Salzburg: **100,–/200,–**)

Cosmographien – Chroniken – Topographien – Reisebeschreibungen

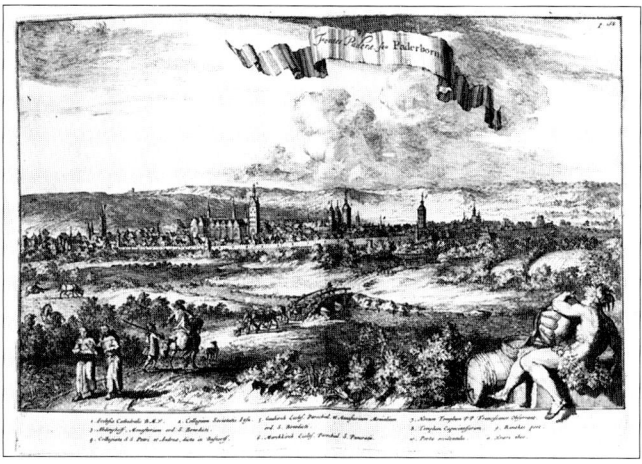

308

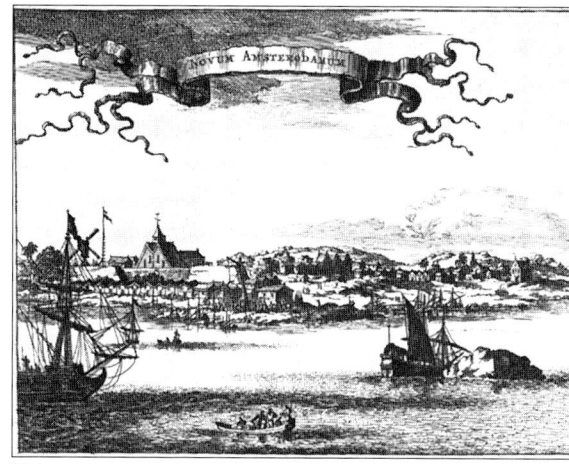

309

308 »**MONUMENTA PADERBONESIA...**«. *Ferdinand von Fürstenberg/D. Elzevir,* Amsterdam 1672. 4°. Mit drei Karten, zwei doppelblattgroßen Ansichten, 27 ganzseitigen Kupfern nach *J. G. Rudolph,* davon 23 von Romeyn de Hooghe.   **7.500,–/9.000,–**
VH 68/248
(Die Abb. zeigt Paderborn: **350,–/500,–**)

309 »**DIE UNBEKANNTE NEUE WELT, ODER BESCHREIBUNG DES WELTHEILS AMERIKA...**«. *A. Montanus/J. v. Meurs,* Amsterdam 1673. Fol. Mit 16 Karten, 32 doppelblattgroßen Kupfertafeln und 70 Textkupfern. Erste deutsche Ausgabe, übersetzt von O. Dapper.   **15.000,–/20.000,–**
RA 45/2142 und HH 71/717
(Die Abb. zeigt New York: **800,–/1.200,–**)

310 »**DELINEATIO PROVINCIARUM PANNONIAE ET IMPERII TURCICI ORIENTE...**«. *Joh. Christoph Wagner/Koppmayer,* Augsburg, 1648–85. Fol. Mit 17 Holzschnitten, vier Karten und 75 Kupfertafeln in zwei Bänden. Erste Ausgabe des vielseitigen – nach der 1683 erfolgten Befreiung von Wien – hochaktuellen Geschichtswerkes. Neben orientalischen und europäischen Ansichten weitere Abbildungen.
HH 71/1059   **5.500,–/7.500,–**
(Die Abb. zeigt Frankfurt: **600,–/900,–**)

311 »**THESAURUS PHILIPOLITICUS...**«, später »Politica, politica... oder Statistisches Städtebuch...«. Ursprünglich unter dem ersten Titel 1623 – 31 erschienen. Der Verleger und Kupferstecher *Ed. Kieser* erarbeitete zusammen mit dem Dichter *Daniel Meisner* eine neue Art der Vedute: eine Kombination von Sinnbildern und Ansichten, oft noch mit einem Wappen, oben eine Devise oder knappe Sentenz und unten eine zweisprachige Lebensweisheit. Die ersten zwei Centurien waren von *Seb. Furck* und *M. Merian* gestochen (1623). Der große Erfolg ließ das Werk auf 800 Kupfer anwachsen, die zuletzt als Folio-Ausgabe bei *Helmers,* Nürnberg 1700 (1704), erschien. Ein komplettes Expl. wurde im April 1993 für 91.000,– versteigert.   **75.000,–/100.000,–**
HH 71/924
(Die Abb. zeigt Regensburg und Winterthur in der Schweiz: **800,–/1.200,–**)

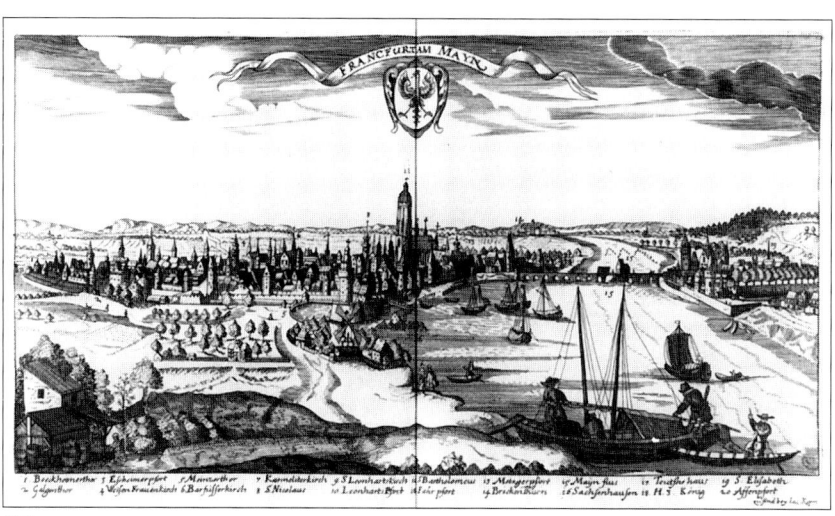

310

311

312

313

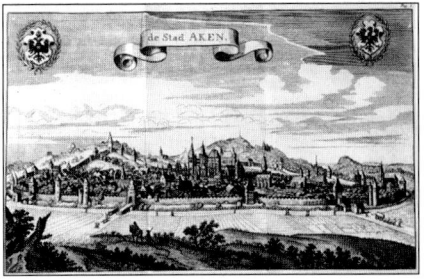

314

312 »DE REBUS CAROLO GUSTAVO SVECIAE REGE GESTIS COMMENTARIORUM LIBRI SEPTEM«. *Sam. v. Pufendorf/Riegel*, Nürnberg 1696. Fol. Mit zwölf Porträts und 115 doppelblattgroßen Kupfertafeln. Wurde im April 1993 mit 7.000,– offeriert und für 7.500,– zugeschlagen.
7.500,–/9.000,–
HH 71/1042
(Die Abb. zeigt Kronberg bei Helsingör: **150,–/300,–**)

313 »DER GETREUE REIß-GEFERT DURCH OBER- UND NIEDER-TEUTSCHLAND. Das ist: Grundrichtige und ausführliche Abhandlung derer jenigen Residenzien, Städte, Schlösser, Vestungen, Städtlein und nahmhaften Marktflecken welche... einem Reisenden sich hin und wieder vorstellig machen«. *Riegel/Riegels Witwe*, Nürnberg, ca. 1700. Kl.-8°. Mit 118 Kupfertafeln.

Das wohl interessanteste der von *Riegel* herausgegebenen Reisehandbücher, erstmals 1686 veröffentlicht. Er publizierte weitere entsprechend illustrierte Bücher über den Rhein, Süddeutschland, die Schweiz und »Chur-Bairen«. Das von seiner Witwe herausgebrachte obige Werk erbrachte im April 1993 einen Zuschlag von 10.000,–.
10.000,–/15.000,–
HH 71/992
(Die Abb. zeigt Nürnberg: **250,–/350,–**)

314 »BESCHRYVING VAN DE BEROEMDE...STAD AKEN...«. *J. du Vivier*/Derselbe, Leiden 1727. Kl.-4°. Mit 19 Kupfertafeln und vier Textkupfern. **1.200,–/1.800,–**
VK 68/53
(Die Abb. zeigt Aachen: **200,–/350,–**)

315 »OURESIPHOITES – HELVETICUS, SIVE ITINERA PER HELVETIAE ALPINAS REGIONES...«. *Joh. Jak. Scheuchzer/van der AA*, Leiden 1723. 4°. Vier Teile in einem Bd. mit einer Karte und 130 Kupfertafeln. Erweiterte zweite Auflage dieser bekannten Schweizer Topographie. Wurde im April 1993 für 20.000,– offeriert.
15.000,–/23.000,–
HH 71/1038
(Die Abb. zeigt Luzern: **350,–/450,–**)

316 »CURIOSES STAATS UND KRIEGS THEATRUM...«. *Gabriel Bodenehr*, Augsburg, ca. 1715. Qu.-4°. Sechs Teile in einem Bd. mit 22 Landkarten und 158 Kupfertafeln. Wurde im April 1993 für 10.000,– zugeschlagen. **10.000,–/15.000,–**
HH 71/838
(Die Abb. zeigt Zürich: **600,–/900,–**)

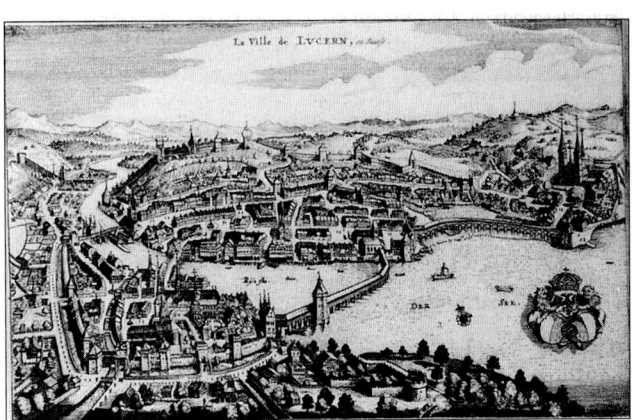

315

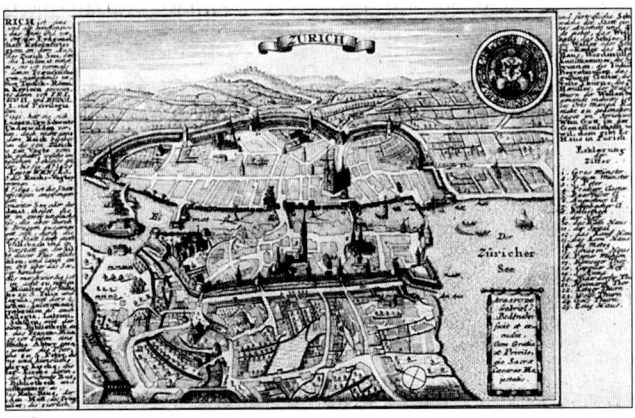

316

Cosmographien – Chroniken – Topographien – Reisebeschreibungen

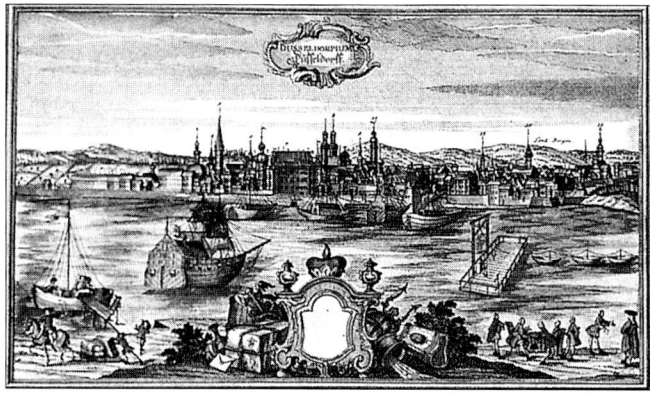
317

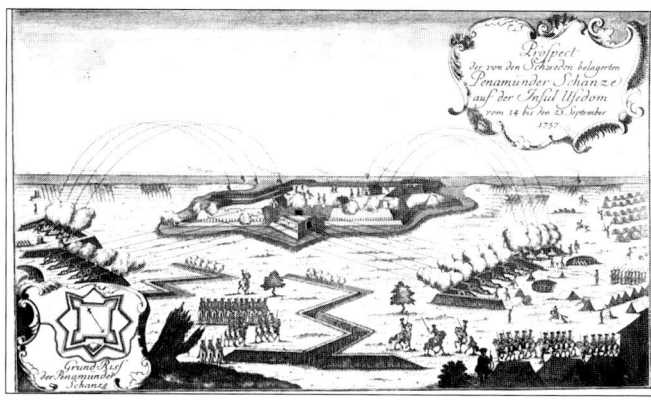
318

317 BERÜHMTE STÄDTE EUROPAS
(ohne Titel erschienen). *Friedrich Bernh. Werner/Martin Engelbrecht*, Augsburg, ca. 1740. Qu.-Kl.-Fol. Komplette Folge von 94 altkolorierten Kupferstichen. Alle Ansichten (Plattengröße ca. 210 x 400 mm) oben mit Rokoko-Titelkartusche, unten Wappen mit seitlicher Figurenstaffage. Die Folge wurde für 180.000,– angeboten und versteigert. (Vgl. »Battenberg Kunst-Antiquitäten-Sammelobjekte 1993«, S. 191, Nr. 115)
RA 46/1824   **150.000,–/200.000,–**
(Die Abb. zeigt Düsseldorf:
3.500,–/4.500,–)

318 »SCHAUPLATZ DES GEGENWÄRTIGEN KRIEGS. Durch accurate Plans von dem wichtigsten Batallien Belagerungen und Feldlagern...«, gestochen von *G. N. Raspe*, Nürnberg 1757–1763. 250 x 390 mm.
BH 2
(Die Abb. zeigt die Belagerung der Penamünder Schanze auf der Insel Usedom:..., vgl. Kat.nr. 248)   **400,–/500,–**

319 NÜRNBERG. »Diptycha ecclesiarum in oppidis et pagis Norimbergensibus ...«. *Andr. Würfel/Gebr. Roth*, Nürnberg 1759–60. 4°. Zwei Teile in einem Bd., mit 63 gefalteten Kupfertafeln. Enthält die komplette Folge von Ansichten aus der Umgebung von Nürnberg, nach *M. G. Lampferdtinger*.   **14.000,–/19.000,–**
HH 71/1121
(Die Abb. zeigt Fürth: **150,–/250,–**)

320 KOLLEKTION VON 40 GUCK-KASTENBILDERN. Augsburger Verlage wie *Probst, Fietta & Co.*, 2. Hälfte 18. Jh. Mit Ansichten europäischer Städte, einem Interieur der Göttinger Bibliothek und zwei Schiffsdarstellungen. Ca. 400 x 500 mm. Dazu ein Guckkasten.   **20.000,–/22.000,–**
RA 42/2878
(Die Abb. zeigt Florenz: **180,–/250,–**)

321 »ERINNERUNGS-BLÄTTER DER FREUND-SCHAFT U. LIEBE GEWEIHT«. Folge mit 60 Kupfertafeln mit Ansichten, vorwiegend aus dem süddeutschen Raum, von *G. Adam, H. Grape* u. a. Meder, Heidelberg, ca. 1823. Gr.-Qu.-8°. Erbrachte im April 1993 6.400,–.
6.500,–/8.000,–
HH 71/860
(Die Abb. zeigt Bonn:
300,–/500,–)

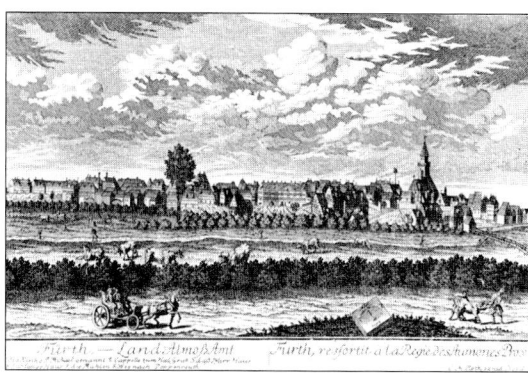
319

320

321

322 a   322 b

322 »DIE KLASSISCHEN STELLEN DER SCHWEIZ UND DEREN HAUPTORTE IN ORIGINAL ANSICHTEN DARGESTELLT, gezeichnet von *Gustav Adolph Müller*, auf Stahl gestochen von *Henry Winkles* in London und den besten englischen Künstlern. Mit Erläuterungen von Heinrich Zschokke, Verlag *W. Creuzbauer*, Carlsruhe & Leipzig 1836«, 300 x 245 mm. Mit 81 Stahlstichansichten. **600,–/900,–**
(Die Abb. zeigt Titel und Zürich:
180,–/280,–)

323 »DIE MAHLERISCHE REISE AUF DER NEUEN KUNSTSTRASSE AUS DEM ETSCHTHAL IM TYROL...NACH MAYLAND«. *Johann Jak. Meyer*/Selbstverlag Zürich 1831. Qu.-4°. Mit 36 Aquatintatafeln von *R. Bodmer*, *F. Hegi* und *L. Weber* nach *J. J. Meyer*. Diese Erstausgabe wurde im Nov. 1992 für 6.200,– versteigert.
6.500,–/8.000,–
HH 70/892
(Die Abb. zeigt Pome: **100,–/200,–**)

324 »MALERISCHE TOPOGRAPHIE DES KÖNIGREICHS BAYERN«. *C. Lebschée/Hermann & Barth*, München, um 1835. Gr.-Qu.-Quart. Mit 70 getönten lithographischen Ansichten. Erbrachte im Mai 1992 12.000,–. **10.000,–/16.000,–**
HH 68/563
(Die Abb. zeigt München:
1.800,–/2.800,–)

325 »DIE MALERISCHEN UND ROMANTISCHEN DONAULÄNDER«. *E. Duller/Wigand*, Leipzig 1838–1840. Mit 60 Stahlstichen, nach *J. Alt, Ender* u. a. Bd. 8 der Reihe »Das malerische und romantische Deutschland«. Wurde für 11.800 ÖS in Wien versteigert.
1.500,–/1.800,–
DW B693/394
(Die Abb. zeigt eine Donaulandschaft:
50,–/150,–)

326 »ANSICHTEN AUS KÄRNTEN«. *Josef Wagner*, Klagenfurt 1844. Gr.-Qu.-Fol. Mit 98 von 100 lithographierten Tafeln. Wurde im Nov. 1993 für 9.000,– zugeschlagen. **10.000,–/15.000,–**
HH 74/909
(Die Abb. zeigt Klagenfurt:
1.200,–/2.000,–)

327 »DAS MALERISCHE UND ROMANTISCHE BADEN«. *Joseph Bader*/Kunstverlag Karlsruhe, um 1845. Gr.-8°. Mit 50 Stahlstichen, Aquatinta- und Litho-Tafeln. Wurde im Mai 1992 für 7.000,– zugeschlagen. **7.000,–/9.000,–**
HH 68/661
(Die Abb. zeigt Güntersthal bei Freiburg:
280,–/450,–)

328 »POMERANIA. GESCHICHTE UND BESCHREIBUNG DES POMMERNLANDES...«. *Sanne & Comp.*, Stettin 1844–1846. 4°. Mit 109 Litho-Tafeln. Seltene Landeskunde, wurde im April 1993 mit 19.000,– zugeschlagen. **16.000,–/22.000,–**
HH 71/987
(Die Abb. zeigt Stargard: **250,–/380,–**)

323   324   325

Cosmographien – Chroniken – Topographien – Reisebeschreibungen

326

327

329 »**MEYER'S UNIVERSUM** oder die schönsten Ansichten der Erde«. *Bibliographisches Institut, Hildburghausen,* um 1850. Qu.-4°. Mit 48 Stahlstich-Tafeln.
350,–/500,–
(Die Abb. zeigt Antiochia: **15,–/20,–**)

330 NIPPON. ARCHIV ZUR BESCHREIBUNG VON JAPAN U. DESSEN NEBEN- UND SCHUTZLÄNDERN.« *Ph. Fr. von Siebold/*Selbstverlag Leiden 1832–52. Sieben Abt. in sechs Bänden mit 365 Litho-Tafeln, Ansichten und Karten. Erste Ausgabe des größten und umfassendsten Japanbuches aller Zeiten. Wurde im Nov. für den Rekordpreis von 130.000,– zugeschlagen.
80.000,–/130.000,–
HH 74/649
(Die Abb. zeigt Nagasaki: **450,–/800,–**)

328

329

330

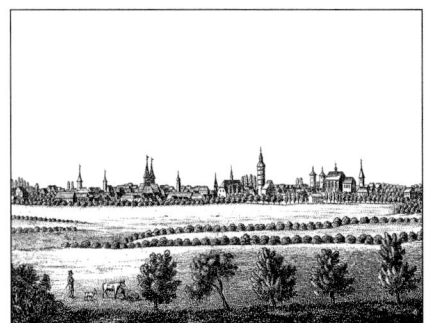
331a

331b

331c

332

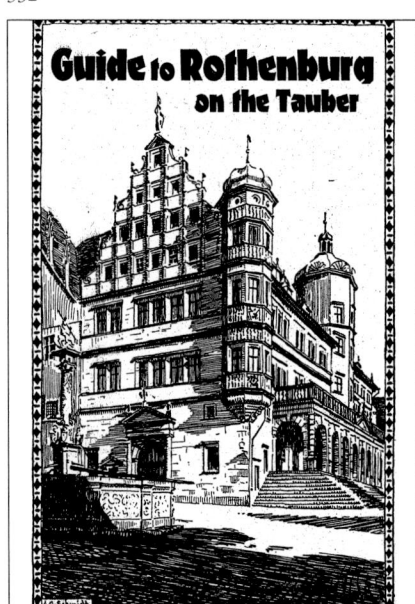
333

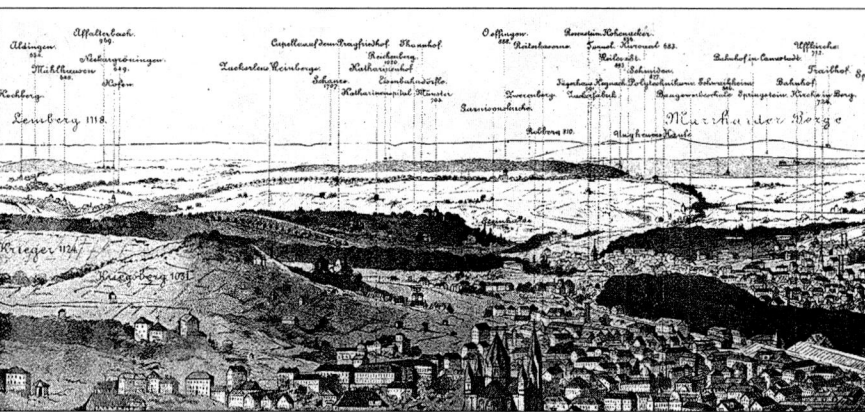
334

335

331   NEUE BILDERGALERIE FÜR DIE JUGEND. *C. Hellfarth's* Steindruckerey, Gotha, um 1850. 140 x 170 mm. Heft XI einer Folge von periodischen Lieferungen.
180,–/250,–
(Die Abb. zeigen
a) Braunschweig: **80,–/150,–,**
b) Biberach: **50,–/120,–;**
c) Blankenburg: **20,–/50,–)**

332   »NÜRNBERG«. *Lorenz Ritter/ J. A. Stein* Kunsthandlung in Nürnberg/ Druck *J. Berg*«. Titelblatt zu einer Folge von Radierungen. 145 x 90 mm. 20. Jh.
100,–/150,–
(Die Abb. zeigt die Titelseite)

333   »GUIDE TO ROTHENBURG ON THE TAUBER«. *Aug. Gust. Schmidt*/Selbstverlag, Mitte 20. Jh. 550 x 380 mm. Falt-Stadtplan mit lithographierten Ansichten.
20,–/25,–

334   »PANAORAMA VOM JÄGERHAUS AUF DEM HASENBERG BEI STUTTGART, aufgenommen von *Behr* und *Bettex*/Verlag *Emil Hochdanz*, Stuttgart«, um 1878. 115 x 2040 mm. Leporello-Faltblatt mit kartoniertem Umschlag. **250,–/400,–**

335   »ÜBER LAND UND MEER«. Allgemeine Illustrierte Zeitung. Mit Holzstichen illustriert.
(Die Abb. zeigt eine »Ansicht von Chicago«:
100,–/200,–)

Gebrauchsgraphik

336a

336b

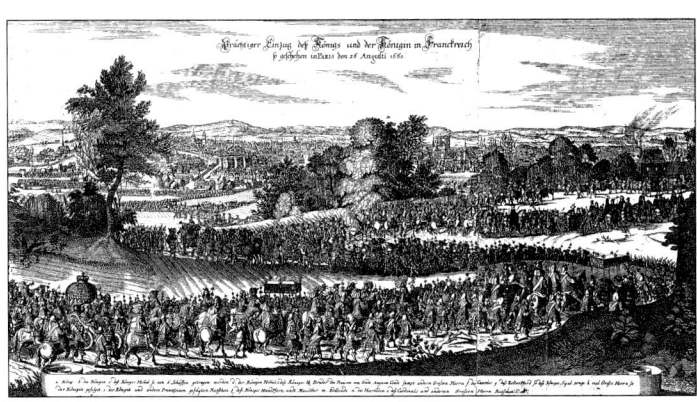

337

336 »**DIE ALTE STADT**«. *Friedr. Schulze* und *Georg Naumann,* Verlag *Habbel & Naumann,* Regensburg und Leipzig 1924. 460 x 350 mm. Mappe VI mit acht Farbdrucken nach alten Vorbildern. Es waren XII Mappen über Leipzig, Berlin, Nürnberg, Frankfurt, Hamburg, München, Breslau, Ulm, Wien und Prag geplant. Die Stuttgart-Mappe wurde mit 150,– offeriert.
80,–/180,–
(Die Abb. zeigen die Stuttgarter Stiftskirche und Textblatt: **20,–/30,–**)

337 GROSSER BERGRUTSCH IN DER FRÄNKISCHEN SCHWEIZ MIT ANSICHT VON EBERMANNSTADT UND GASSELDORF 1625«. Gestochenes Flugblatt von *Johann Carl,* mit Text in Typendruck bei *Hanns Philipp Walch,* Nürnberg, nach 1625. Plattengröße 245 x 363 mm. Seltenes Beispiel für die Publikation eines Einzelblattes auf Grund eines außergewöhnlichen Ereignisses. **2.000,–/2.500,–**
VK 69/2187

338 PRÄCHTIGER EINZUG DES KÖNIGS UND DER KÖNIGIN IN FRANKREICH SO GESCHEHEN IN PARIS DEN 26 AUGUSTI 1660«. Kupferstich mit Bildtitel und Legende, nach 1660. 200 x 366 mm. **250,–/350,–**
In den zahlreichen Cosmographien, Historien- und Reisebüchern des 17. Jh. wurden verständlicherweise bedeutende gesellschaftliche Ereignisse sehr malerisch dargestellt. Diese Publikationen entsprechen damit den Illustrierten von heutzutage.

339 »ABBILDUNG DER STATT LONDON, SAMBT DEM ERSCHRÖCKLICHEN BRANDT DASELSTEN, SO 4. TAGE LANGE GEWEHRT HATT. A° 1666. im 7bris«. Kupferstich mit Bildtitel und Legende, nach 1666. 220 x 350 mm.
300,–/500,–
Neben Naturkatastrophen waren die Zeitgenossen natürlich an allen Arten von Unglücksmeldungen interessiert. Allerdings dauerte es – im Gegensatz zu unseren aktuellen Fernsehmeldungen – gelegentlich einige Jahre, bis derartige Bildberichte den Leser erreichten.

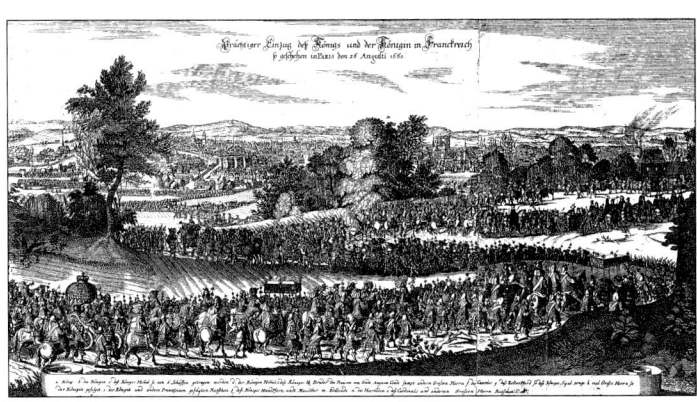

338

339

340

341

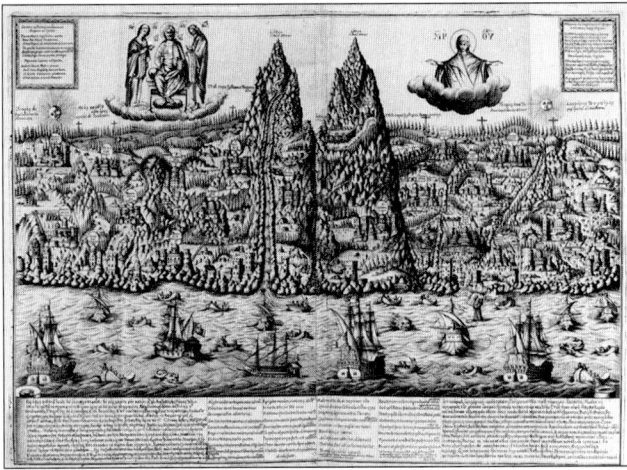
342

343

344

341 »BRASILIA QUA PARTE PARET BELGIS«. Doppelblattgroßer Kupferstich von *G. Marggraf*, 1648. Zusammen mit vier weiteren Blättern aus dem Rochefoucauld-Atlas (Farbabb. F4). Durch solche Darstellung wurden in Europa die Kenntnisse über den neuentdeckten Kontinent vermittelt. Selbstverständlich wurden neue Bilder auch kopiert und anderweitig verwendet. Die linke Hälfte der unteren Darstellung findet man z. B. auf der *Blaeu*-Karte (Kat.nr. 77) von 1662 wieder. Auch die entsprechende Ausschmückung der Karte hat in diesem Vorbild ihren Ursprung. Im Rochefoucauld-Atlas (siehe Farbabb. F4).
1.200,–/1.800,–

342 DER BERG ATHOS. Kupferstich von *A. della Via*, um 1690. Häufig wurden Darstellungen phantastisch wiedergegeben. Hier ist die topographische Ansicht außerdem mit zwei Ikonendarstellungen – wohl aus dem berühmten Kloster – ausgeschmückt. Dieses gefaltete Doppelblatt findet sich ebenfalls in dem Rochefoucauld-Atlas (Farbabb. F4).
900,–/1.500,–

343 »EGIPTISCHE PIRAMIDEN«, aus *Olaf Dapper* »Umständliche und eigentliche Beschreibung von Africa...«, Verlag Meurs, Amsterdam 1760–71. Fol. **200,–/250,–**
Das Buch mit 50 Kupfern, 30 Kupfertafeln und 13 Karten wurde im April 1993 für 10.000,– versteigert.
HH 71/706

344 DIE CHINESISCHE MAUER. Kupfertafel XXVII aus »Unterhaltungen des Pflanzenreichs, bzw. der Naturgeschichte bzw. der Menschen«. Verlag *Engelbrecht*, Augsburg 1810–13. Klein-oktav. **20,–/30,–**
Vgl. hierzu die Darstellungen auf den Landkarten (Kat.nr. 109 und 157).

340 »AUSSICHT VON DER SCHWELMER GRAENZE INS BERGISCHE – Ihro koeniglichen Maiestaet von Preussen Friederich Wilhelm II bey Allerhoechst dero Anwesenheit in der Grafschaft Marck, allerunterthaenigst ueberreicht am 7 Junis 1788 von dem Prediger Müller zu Schwelm«. Kolor. Radierung von *J. G. Pestel* nach *F. C. Müller*. 350 x 390 mm.
2.000,–/2.800,–

VK 69/2312

Gebrauchsgraphik 149

345

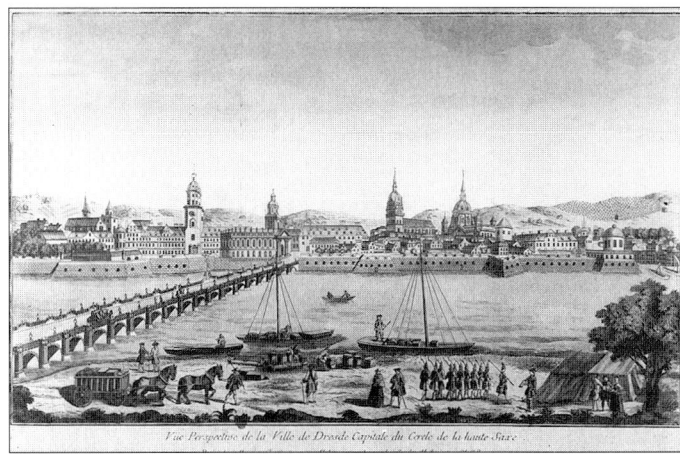
346

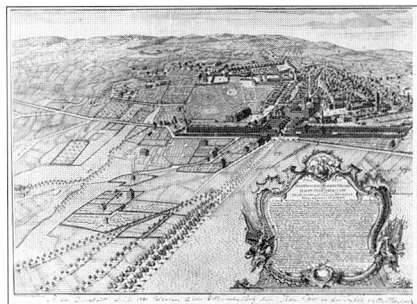
349

348

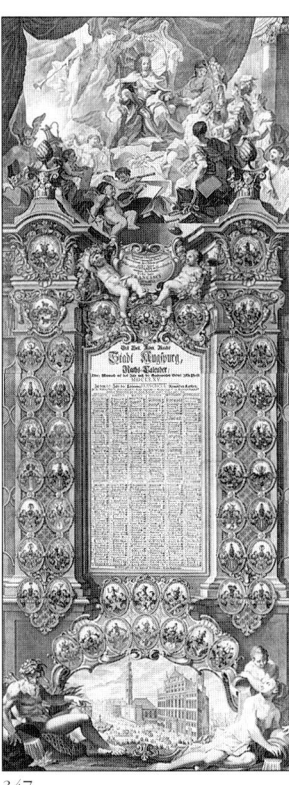
347

345 »RHEINSBERG«. Entworfen von Eckel, gestochen von *Jean Benoit Winckler*, Augsburg, um 1750. Vier Guckkastenbilder. Diese speziell für das Vorführen auf Jahrmärkten in Guckkästen – den Vorgängern von Film und Fernsehen – gefertigten Ansichten zeigen oben eine spiegelbildliche Titelleiste, unten meist eine zweisprachige Erläuterung. Um den Effekt bei der Vorführung zu erhöhen, wurden häufig Fenster und Türen ausgestanzt, so daß Licht durchscheinen kann und die Bilder lebendiger erscheinen.   **zus. 4.000,–/5.800,–**
SB 565/591

346 DRESDEN. »La Ville de Dresde«. Paris, Ende 18. Jh. 240 x 400 mm. Kolor. Guckkastenbild. Neben Augsburg war Paris ein Zentrum der Guckkastenbilder-Herstellung (vgl. auch Farbabb. F25 und F27).   **1.300,–/1.800,–**

347 AUGSBURG. Karolinenstraße mit Rathaus und Perlach. Kupferstich-Ratskalender von *Hieronymus Sperling* nach *J. G. Bergmüller*, um 1735. 1175 x 467 mm. Städtische Publikationen wurden bevorzugt mit Ansichten illustriert. Das gilt für diesen Augsburger Ratskalender ebenso wie für die zahlreichen Lehr- und Meisterbriefe.
WH 47/192   **1.500,–/2.000,–**

348 SCHWÄBISCH HALL. Lithographische Ansicht auf einem Gesellenbrief der »Oberamtsstadt Schwäb. Hall – Königreich Württemberg« von *Gr. Mosmann*, gedruckt bei *J. C. Möcken jun.* Reutlingen, 2. Viertel 19. Jh. 345 x 355 mm. Solche Zeugnisse waren der Stolz eines jeden Handwerkes, nicht selten zierten sie – gerahmt – die Werkstatt oder das Heim.   **1.500,–/1.900,–**

349 »PROSPECT DES HOCHFÜRSTLICHEN RESIDENZ-SCHLOSSES UND HAUPT STADT DARMSTADT, nebst Bessungen und umliegender Situation...«. Kupferstich von *Heinrich Cöntgen/Jacob Hill*, Mainz 1776. 380 x 530 mm. Schon der Titel – in dem das Schloß zuerst erwähnt wird – die aufwendige und inhaltsreiche Legendenkartusche machen diesem Beispiel den Sinn und Zweck augenfällig: Demonstration von Macht und Würde (weitere Beispiele zeigen die Kat.nr. 374 und 386).   **1.800,–/2.800,–**

Wie auch heute noch, so war auch in früheren Jahrhunderten die Berichterstattung über kriegerische Ereignisse von großer Bedeutung. Viele topographische Darstellungen legen hierfür Zeugnis ab. Heute wenig bekannte Städtchen sind auf Grund bedeutender Schlachten und deren bildlicher Verbreitung dem Graphiksammler wohlbekannt. Zum Abschluß der thematischen Topographie seien im folgenden einige typische Beispiele von Plänen und Schlachtenszenen vorgestellt.

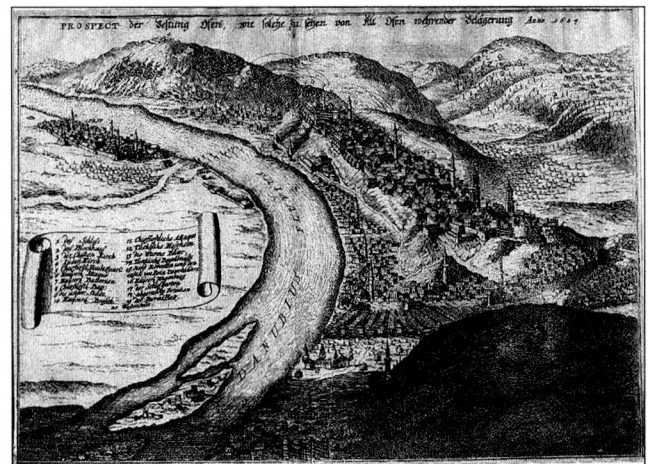
350

351

352

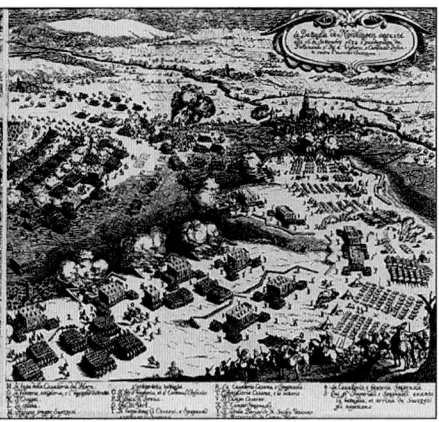
353

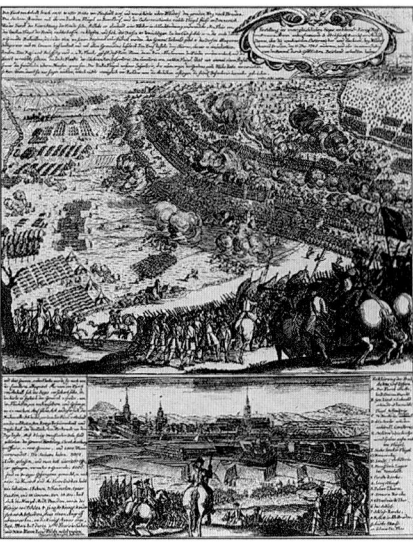

354

350 PROSPECT DER VESTUNG OFEN, wie solche zu sehen von alt Ofen, wehren der Belagerung Anno 1684«. Kupferstich mit einer Legendenkartusche in Schriftrollenform. Nach 1684. 275 x 400 mm. **180,–/250,–**

351 »EROBERUNG VON FRANCKFURT AN DER ODER 1631.« Kupferstich v. *M. Merian*. Mit unten aufgeklebter Legende in Typendruck. Nach 1631. 220 x 330 mm. **350,–/450,–**

352 »LA BATTAGLIA DI NÖRDLINGEN seguita alli 16. di settembre 1634«. Auf zwei Platten gedruckter Kupferstich mit Schriftkartusche und Legende in Italienisch. Nach 1634. 330 x 700 mm. **400,–/600,–** *NS 351/1765*

353 »DIE KÖNIGL. HAUPT STADT DRESDEN wird von den königl. preussischen Truppen eingenommen und besetzt ... 15. Dec. 1745...«. Kupferstich nach 1745. 410 x 330 mm. **500,–/700,–**

354 DARMSTADT. »DARSTELLUNG DER GROSSHERZOGLICHEN U. KURFÜRSTLICH HESSISCHEN ARMEE...«. Kolor. Umrißstich von *Hilscher* nach *Georg Emanuel Opitz* (1755–1841) verlegt bei *Luwig Kleist,* Dresden, um 1840. 500 x 670 mm. (Vgl. auch die Farbabb. F33) **4.000,–/5.500,–**

Originale

355

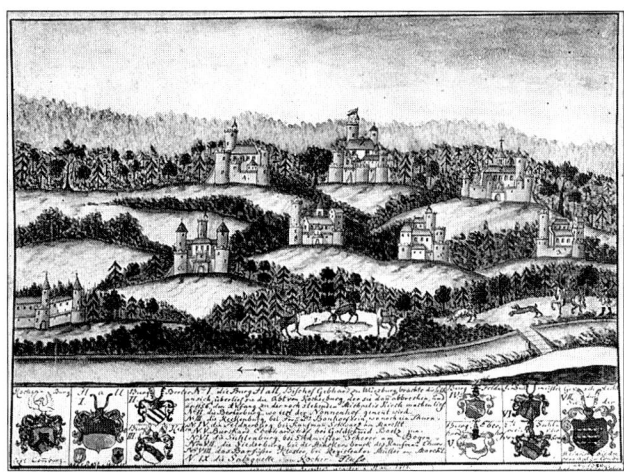

356

357

358

359

355 »PIAZZA SAN MARCO IN VENEDIG«. Sepia-Federzeichnung von *Francesco Guardi*, 18. Jh. 320 x 460 mm.
10.000,–/16.000,–
KZ 88/302

356 »HALL VON SÜD-WESTEN«. Aquarell von Architekt *Graeter*, 1813. 225 x 315 mm. **1.500,–/2.300,–**
NS 321/2087

357 MOSELBRÜCKE IN KOBLENZ. Kolor. Zeichnung von *Ahrens*, Mitte 19. Jh. 66 x 87 mm. Wohl Vorzeichnung für einen Stahlstich. **800,–/1.200,–**

358 LONDON. Zeichnung von *Ahrens*, Mitte 19. Jh. 35 x 145 mm. Wohl Entwurf für einen Stahlstich. **1.000,–/1.800,–**

359 ERINNERUNGSBLATT MIT ANSICHTEN VON HÖXTER. Aquarell von *Emil Zeiss* 1887. 350 x 450 mm. Erbrachte im Sept. 1992 einen Erlös von 1.500,–
GB 6 **3.000,–/4.800,–**

Holzschnitte und -stiche

360

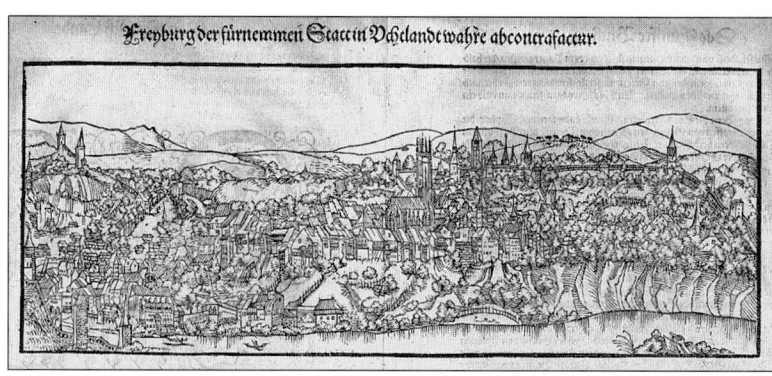
361

360 »**DIE STATT COLMAR** CONTRAFEHTET NACH ALLER IHRER GELEGENHEIT /SAMPT UMLIEGENDER LANDSCHAFTE«. Doppelblattgroßer Holzschnitt in Vogelperspektive aus der »Cronick« von *Seb. Münster*, 2. Hälfte 16. Jh. 255 x 370 mm.
450,–/600,–

361 **FREYBURG** DER FÜRNEMMEN STATT IN ACHTLANDT WAHRE ABCONTRAFACTUR«. Doppelblattgroßer Holzschnitt aus der »Cosmographie« von *Seb. Münster*, 2. Hälfte 16. Jh. 125 x 290 mm.
1.000,–/1.300,–

362 »**STRASSENLEBEN IN NEW-YORK**«. Holzstich nach der Natur gezeichnet von *Rudolf Cronau*. Aus der »Gartenlaube«, in der Platte sign. und dat. 1881. 286 x 198 mm.
120,–/220,–

363 »**HERBIPOLIS – WIRTZBURG**«. Doppelblattgroßer Holzschnitt aus der Cosmographie von *Seb. Münster*, 2. Hälfte 16. Jh. 285 x 385 mm.
1.200,–/1.800,–

364 »**DIE STAT NOERDLINGEN**«. Doppelblattgroßer Holzschnitt mit Monogramm des Schneiders und Dat. 1549. Aus der Cosmographie von *Seb. Münster*, 262 x 340 mm.
800,–/1.200,–

365 »**DAS UNIVERSITÄTSGEBÄUDE ZU BRESLAU**«. Anomymer Holzstich aus der Allgemeinen Illustrierten. 2. Hälfte 19. Jh. 101 x 140 mm.
25,–/30,–

362

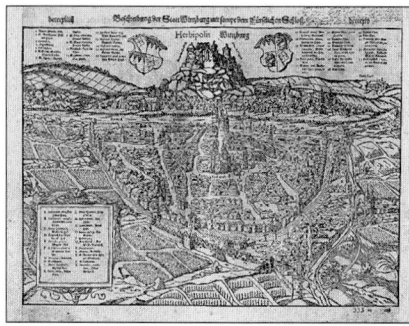
363

364

365

Kupferstiche

366

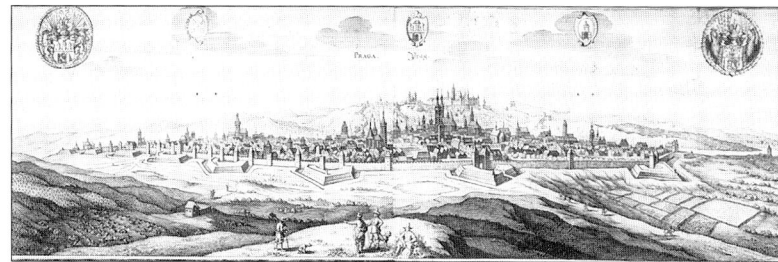
367

368

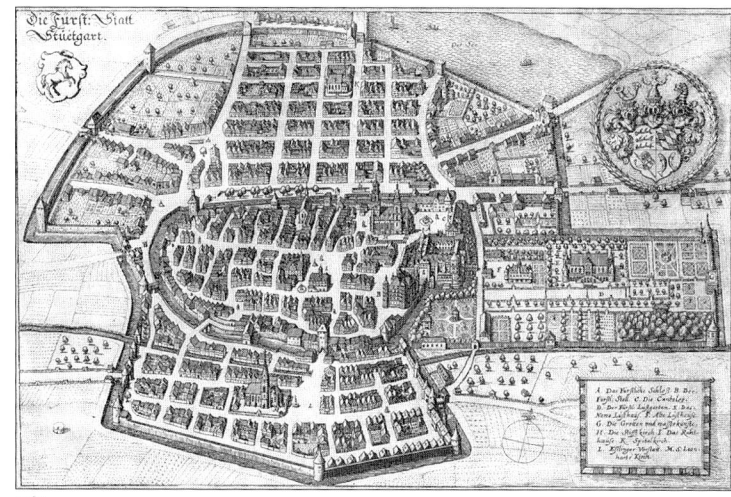
369

366 FLORENZ. »FLORENTIA«. Doppelblattgroßer Kupferstich aus *M. Merian/ M. Zeiller* »Topographiae Italiae«, 1668. Fol. (Gesamtexpl. HH 74/830 = 10.000,–)
380,–/500,–

367 PRAG. Von zwei Platten gedruckter Kupferstich aus *M. Merian* »Topographiae Bohemiae«, 1650. 196 x 656 mm.
500,–/650,–
WH 47/160

368 ISNY. »Wahre bildnuß der Statt Ysni im Algäw wie solche im wesen gestanden 1631«. Kupferstich mit Stadtwappen von *M. Merian.* 124 x 182 mm. **280,–/400,–**

369 STUTTGART. »DIE FÜRSTL. STATT STUETGART«. Kupferstich in Vogelperspektive mit Stadtwappen und Legende. Aus *M. Merian* »Topographia Sueviae«, 1643. 211 x 329 mm. **1.200,–/1.800,–**

370 STUTTGART. »Stutgart«. Kupferstich nach obigem Vorbild mit Stadt- und herzoglichem Wappen sowie seitlichen Erklärungen, sign. *G. Bodenehr*, Augsburg, um 1704. 150 x 230 mm. **700,–/1.000,–**

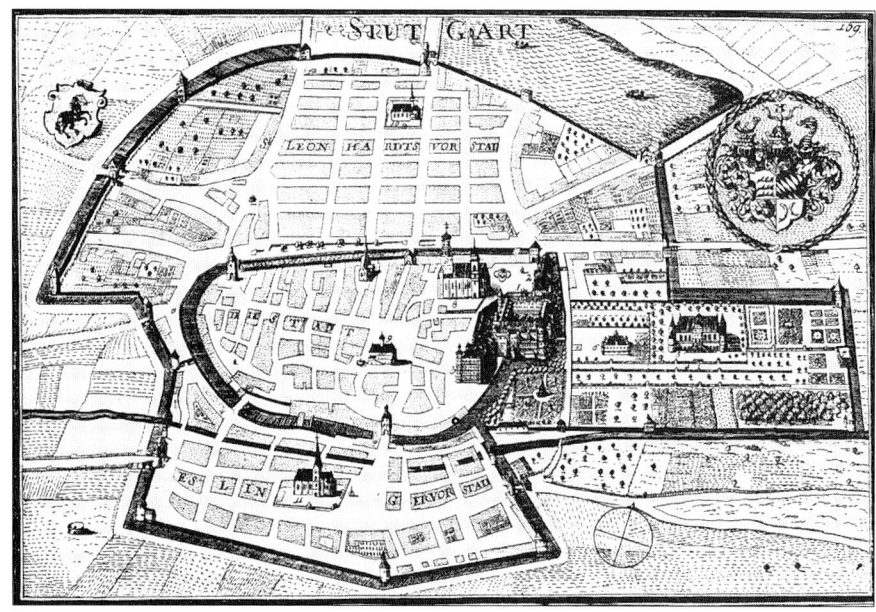
370

154 Katalog-Bildteil

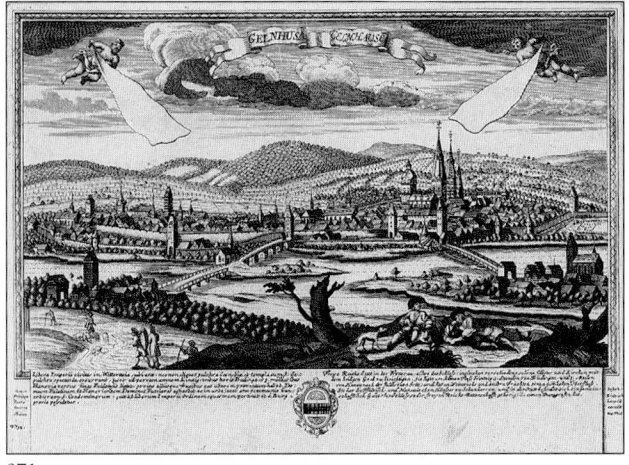
371

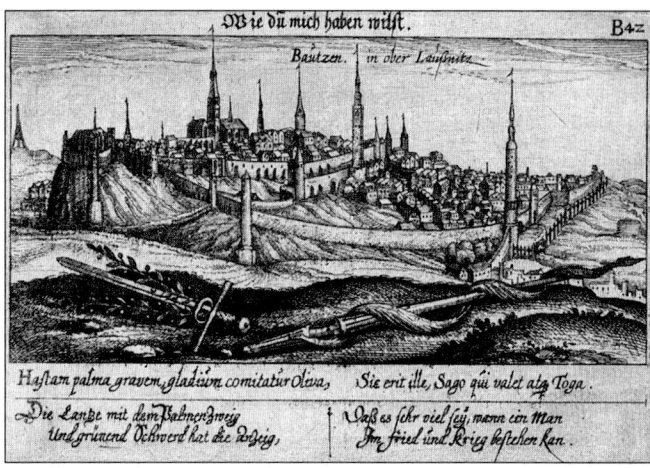
372

371 GELNHAUSEN. »Gelnhusa-Gelnhause«. Kupferstich der freien Reichsstadt in der Wetterau mit zweisprachigen Erläuterungen zur Lage, den Bauwerken, dem Wein- und Früchtevorkommen sowie dem Hinweis auf die benachbarten Schutzherren. Kupferstich von *Johann Friedrich Leopold,* Augsburg, um 1700. 195 x 291 mm. (Vgl. Battenberg »Kunst-Auktionen-Preise 1994«, S. 108, Nr. 39 »Erfurt«)
1.400,–/1.800,–

372 BAUTZEN in ober Laußnitz«. Kupferstich aus Daniel Meisners Schatzkästlein »Politica, Politica...« (siehe Kat.nr. 311), bei *Ed. Kieser,* 2. Hälfte 17. Jh. 98 x 145 mm.
350,–/500,–

373 ST. PETERSBURG. Drei Panorama-Ansichten von der Neva aus. Kolor. Kupferstiche nach *Michail I. Machajeff.* 410 x 1300 mm. **zus. 3.500,–/5.800,–**
DH 139/2141

374 BERLIN. »Prospect des königl. Lusthauses Charlottenburg gegen den Garten angesehen«, Kupferstich, um 1750. 340 x 732 mm. **800,–/1.200,–**
GB 3

375 HAMBURG, die Admiralitätsjacht auf der Elbe. Im Hintergrund Hamburg. Kupferstich von *David Joh. Martin Drazowa* 1755. 400 x 535 mm. **1.500,–/2.200,–**
DH 139/2081

376 FRANKENBERG. »Francenbergum, vel ut alij Hassiae Opp«, mit Stadt-, Landes- und Herrschaftswappen sowie typischer Staffage. Kupferstich von *Braun* und *Hogenberg,* Köln, 2. Hälfte 16. Jh. 304 x 490 mm. Doppelseite aus »Civitates Orbis Terrarum« (vgl. Kat.nr. 275 und 277).
300,–/500,–

377 DANZIG. »Danzigk«. Kolor. Kupferstich mit Titel- und Legendenkartusche, Wappen und Staffage. Aus *Braun* und *Hogenbergs* »Civitates orbis Terrarum«, Köln, 2. Hälfte 16. Jh. 305 x 484 mm. (Vgl. wie oben) **600,–/1.000,–**

373

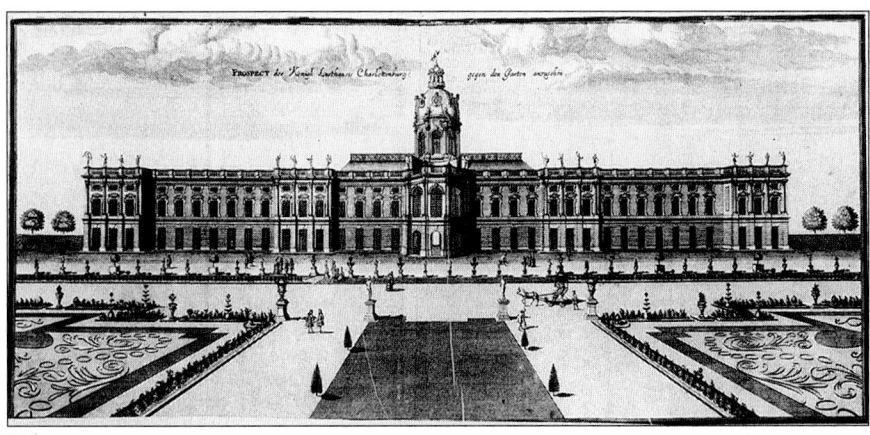
374

375

Radierungen

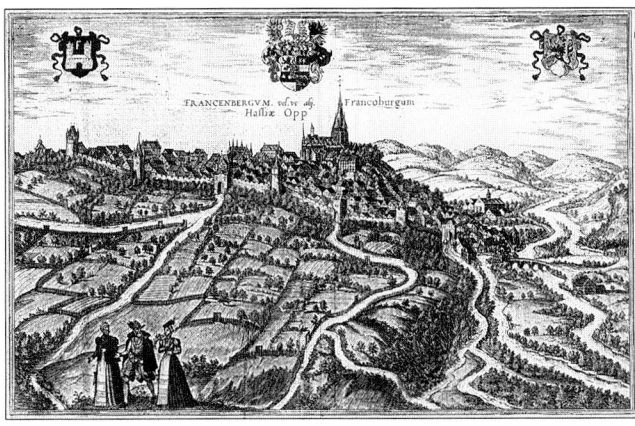
376

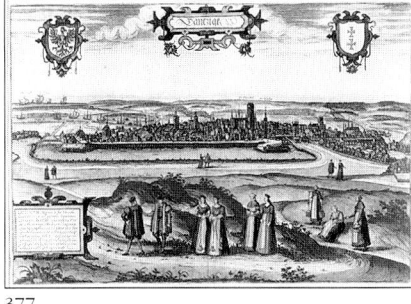
377

380

378

378   KÖLN. »Colonia Agrippina de Statt Cöllen«, mit Schriftband, zwei Wappen sowie unten dreisprachigem Text und Legende. Radierung bei *Rambout von den Hoeye*, Amsterdam 1645. 400 x 505 mm.
2.600,–/3.900,–
VK 69/2262

379   FRANKFURT. »Franckfurt am Main, *B Moncornet* fe.et ex Avec Privil«. Radierung, um 1650. 45 x 57 mm.   **180,–/250,–**

380   »CÖLNISCHER ALDEN MARCKT...«. Radierung und Kupferstich von *Abraham Aubry* und *Johann Toussyn*, bei *Gerh. Altzenbach*, um 1660. 266 x 384 mm.
2.000,–/3.000,–
VK 69/2286

381   ROM. »Veduta del Ponte e Castello Sant'Angelo«, Radierung von *Giovanni Baptista Piranesi* aus »Vedute di Roma«, 1754. 380 x 590 mm.   **4.000,–/4.800,–**
WH 47/1081

382   PADUA. Radierung von zwei Platten von *Ign. Colombo*, 1782. Imp.-Qu.-Fol. Das schöne zweiteilige Blatt mit der nächtlichen Piazza Vitt. Emmanuel wurde im April 1993 für 6.000,– zugeschlagen.
2.000,–/4.000,–
HH 71/2662

379

381

382

383

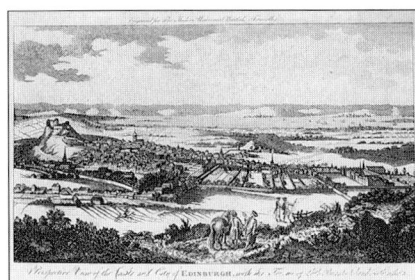
384

385

386

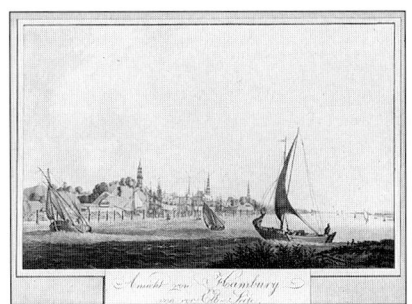
387

388

383 LONDON. »View of London...«. Radierung aus »The Modern Universal British Traveller«, um 1780. 160 x 270 mm.
300,–/450,–

384 EDINBURG. »Perspective View of the Castle and City of Edinburgh...«. Radierung wie oben. **250,–/380,–**

385 MAILAND. »Veduta del fianco del Duomo di Milano«. Radierung von *Domenico Aspari* 1791. 408 x 635 mm.
1.000,–/1.500,–
DH 139/2107

386 BONN. »Ansicht des churfürstlich-köllnischen Residenz-Schlosses«. Kolor. Radierung nach *Lorenz Danscha* von *Joh. Ziegler* 1798. 295 x 446 mm.
1.000,–/1.400,–
HK 148/807

387 HAMBURG. »Ansicht von der Elbseite«. Kolor. Radierung von *Friedrich Rosenberg*, um 1800. 252 x 410 mm.
1.500,–/2.200,–

388 MINDEN. »Porta Westphalica...«. Altkolor. Umrißradierung von *Wilhelm Strack* 1826. 427 x 645 mm. **3.000,–/4.500,–**

389 »ALT-KULMBACH UM 1830«. Radierung unleserlich handsign., 1. Hälfte 20. Jh. 105 x 145 mm. **80,–/100,–**

390 »HEILBRONN a. N.« Radierung handschriftlich betitelt und sign. *W(alter) Romberg*, Stuttgart, Mitte 20. Jh. 225 x 155 mm. **150,–/250,–**

389

390

Aquatinta-Radierungen

391

392

393

394

391 HAMBURG. »Prospect der außen Alster... und der umliegenden Gegend bis Altona«. Aquatinta-Radierung von *Friedrich Wilh. Skerl* und *C. C. Morasch*, um 1795. 291 x 488 mm. **1.500,–/2.300,–**
DH 139/2075

392 DARMSTADT. »Das Palais Sr Hoheit des Grosprinzen von Hessen«. Aquatinta-Radierung von Sandhaas, um 1800. 255 x 350 mm. **900,–/1.600,–**

393 KAIRO. »View of Grand Cairo«. Altkolor. Aquatinta von *D. Havell* nach *H. Salt*, hrsg. von *W. Miller*, 1809. 475 x 705 mm. **1.500,–/2.300,–**
SZ 51/4578

394 »GEGEND VON HEILBRONN«. Kolor. Aquatinta von *Doerr*, um 1820. 245 x 360 mm. **700,–/1.500,–**

395 NEUCHATEL. »Panorama de Neuchâtel«. Kolor. Aquatinta, um 1840. 194 x 935 mm. **3.000,–/4.500,–**
WH 41/175

395

Stahlstiche

396

397

396 BOSTON. »Das Rathaus...«. Stahlstich aus der Kunstanstalt des Bibliographischen Instituts in Hildburghausen, 2. Hälfte 19. Jh. 135 x 180 mm. **50,–/150,–**

397 »CONSTANTINE«. Stahlstich wie oben. 112 x 145 mm. **10,–/20,–**

398 »HAVANNAH«. Stahlstich wie oben. 117 x 152 mm. **15,–/25,–**

399 MADRID. »Das königliche Schloß...«. Stahlstich bezeichnet »*Rosée* N(ürn)b(er)g«, 2. Hälfte 19. Jh. 118 x 152 mm. **18,–/28,–**

400 »MEXICO«. Stahlstich des Bibliographischen Instituts Hildburghausen, 2. Hälfte 19. Jh. 118 x 151 mm. **20,–/30,–**

401 »ULM von der Ziegellände aus«, gez(eichnet) von *H. Schönfeld*, Stahlstich von *J. Poppel*, 2. Hälfte 19. Jh. 117 x 162 mm. **90,–/150,–**

398

399

400

401

Lithographien

402

403

402 WIEN. »K. K. Lustschloß Schönbrunn«. Kolor. Federlitho von *Franz Volkmann*/Wien bey *A. Paterno*, um 1800. 95 x 121 mm. **80,–/180,–**

403 ALTENBURG. »Schloss...«. Lithographie aus einer Folge von Veduten und Volkstrachten, numeriert »I,7 B 1«, Mitte 19. Jh. 221 x 149 mm. **70,–/170,–**

404 BERG bei Stuttgart. Litho in Vogelperspektive, um 1860. 222 x 324 mm. **500,–/900,–**

405 »KARLSRUHE. Großherzogliches Residenz Schloß zu...«. Sorgfältig kolor. Lithographie von *L. Heiß/J. Velten*, 2. Hälfte 19. Jh. 136 x 200 mm. **100,–/200,–**

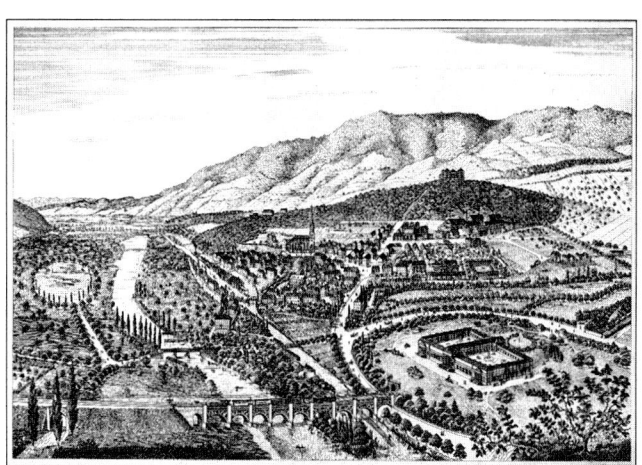
404

405

406

407

408

409

406 MONTBLANC. »Vue de la Chaine du Mont-Blanc...«. Farblithographie von *Briquet* & Fils à Genève/*Ad. Cuvillier*/Imp. *Lemercier*, Paris, Mitte 19. Jh. 117 x 310 mm. **250,–/400,–**

407 LAUSANNE. Getönte Lithographie von *Deroy*, gedruckt von den *Gebrüdern Frick* »20 r(ue) et passage Sorbonne Paris«, Mitte 19. Jh. 130 x 230 mm. **180,–/300,–**

408 LINDAU. »Panorama vom Bodensee von Lindau bis Rorschach gezeichnet auf dem Hoyerberg bei Lindau«. Lithographie über hellblau und rotbraun eingefärbter Tonplatte bei *J. A. Pecht*, Konstanz, und *Joh. Thom. Stettner's* Buchh. in Lindau, um 1840. 363 x 738 mm. **800,–/1500,–**
WH 47/339

409 »SAARBRÜCKEN & ST. JOHANN«. »Lithographie« nach der Natur gezeichnet von *C. Richard* aus München – auf Stein gezeichnet von *Th(éodore) Müller* – gedruckt von *E. Simon* in Straßburg«, Mitte 19. Jh. 306 x 445 mm. **1.200,–/1.700,–**
GB 9

Personenregister

Das Register enthält vor allem bekannte Kartographen, Karten- und Vedutenstecher, Verleger. S. = Seitenziffer im Textteil, Kat.nr. = laufende Position im Katalogteil, F = Farbabbildung.

Aa, Pieter van der (1659–1733), aus Leiden. Verleger und Buchhändler. S. 14, 15, Kat.nr. 44, 315.
Abelin, Johann Philipp († 1634/37), aus Straßburg. Schriftsteller, Verleger, Übersetzer, Historiker. Kat.nr. F 9, 62.
Acquaroni, Giovanni (1. Hälfte 19. Jh.), ital. Kupferstecher. Kat.nr. 208.
Adam, Georges (1784–1823), Nürnberg. Zeichner, Kupferätzer und Landschaftsmaler. Kat.nr. 321.
Agathodämon (Agathadaimon), um 250, Grieche aus Alexandria, Geograph. S. 41.
Ahrens (Mitte 19. Jh.), wohl Österreich-Ungarn. Zeichner. Kat.nr. 357, 358.
Allard(t), Carel (1648–1709), Amsterdam. Kupferstecher und Verleger. Kat.nr. 259.
Alt, Jakob (1789–1872), Frankfurt/M. Landschaftsmaler, Aquarellist, Lithograph. Die Ansichten seiner »Malerischen Donaureise« 1818/1822 zählen zu den naturgetreuen, malerischsten Darstellungen. Kat.nr. 325.
Altzenbach, Gerhard (17. Jh.), Köln. Verleger, wohl auch Kupferstecher. Bereits 1609 erwähnt und noch 1672 als Verleger tätig. Kat.nr. 380.
Alvares da Cunha, Fernando (François), (3. Viertel 16. Jh.), Portugal. Kartograph und Autor. Kat.nr. 49.
Andreä, Johann Philipp (Mitte 17. Jh.), Buchdrucker, u. a. für Merian in Frankfurt tätig. Kat.nr. 294.
Andree, Richard (1835–1912), Braunschweig. Naturwissenschaftler und Kartograph in Leipzig (Direktor d. Geograph. Instituts Velhagen & Klasing). Kat.nr. 27, 104.
Angiolo, Jacopo (Angelus Jacobus) d' (1. Viertel 15. Jh.), aus Scaperia. Hellenist, Übersetzer der Ptolemäus-Schriften ins Lateinische, in Florenz. S. 11, 24, Kat.nr. F 5.
Anich, Pieter (1723–1766), Österreich. Kartograph, Globenmacher und Kupferstecher. S. 18, 23.
Anville, Jean-Baptiste Bourguignon d' (1697–1782), zunächst schwedischer Offizier, dann in Paris kgl. Geograph und Kartograph. S. 42, Kat.nr. 18.
Apian, Peter (eigentl. Peter Bienewitz) (1495–1552), aus Leipzig. Mathematiker, Astronom, Kartograph in Ingolstadt. S. 12, Kat.nr. 1, 33.
Apian, Philipp (1531–1589), aus Ingolstadt. Mathematiker, Kartograph in Tübingen (Sohn des Vorgenannten). S. 7, 12, 13, 32, Kat.nr. 164.
Arrowsmith, Aaron (1750–1833), aus Winston/Durham. Geograph, Kartograph, Verleger und Kartenhändler in London. S. 19.
Aspary, Domenico (1745–1831), ital. Graphiker in Mailand. Kat.nr. 385.
Aubry, Abraham (17. Jh.), deutscher Kupferstecher und Verleger, arbeitete um 1650 im Verlag seines Bruders in Straßburg und auch bei Altzenbach in Köln, noch 1682 erwähnt. Kat.nr. 380.

Bader, Joseph (19. Jh.), Kunstverlag in Karlsruhe. Kat.nr. 327.
Baglioni, T. (um 1600), Verleger in Venedig. Kat.nr. 227.
Barbuda, Jorge Luis de (Georgius Ludovicus oder Teixeira, Luis) (1564–1604), Geograph und kgl. Kosmograph in Lissabon. Kat.nr. 95.
Barfield, J. (18./19. Jh.), Verleger in London. Kat.nr. 231.
Barrère, Marcel (geb. 1895), St. Mandé. Geograph, liiert mit Girard. Kat.nr. 201.
Basse (16./17. Jh.), Verleger in Frankfurt/M. Kat.nr. 272, 274.
Bauer, Johann Bernhard († 1829), Nürnberg. Mechaniker, Drechsler. Kat.nr. 7.
Beaulieu, Sebastien de Pontault de (um 1612–1674), französ. Militäringenieur. Kat.nr. 225, 226, 305.
Behaim, Martin (um 1459–1507), aus Nürnberg. Kaufmann und Geograph in Lissabon. S. 21.
Behr (19. Jh.), Zeichner und Graphiker. Kat.nr. 334.
Berg, J. (20. Jh.), Druckerei in Nürnberg. Kat.nr. 332.
Berghaus, Heinrich Karl Wilhelm (1797–1884), aus Cleve. Geograph und Kartograph in Berlin und Potsdam. S. 27, Kat.nr. 214.
Bergmüller, Johann Georg (1688–1762), aus Türkheim. Maler in Augsburg. Kat.nr. 347.
Berlinghieri, Francesco (1440–1500), Florenz. Humanist, Bearbeiter und Herausgeber. Kat.nr. 92.
Bernutz, Gregor († 1574), Buchbinder in Wittenberg. Kat.nr. F 13, 13.
Bert, Pierre (Bertius, Peter) (1565–1629), aus Beveren-Waas/Flandern. Mathematiker und Kosmograph Ludwigs XIII. in Leiden und Paris. Kat.nr. 14, 278, 279.
Bertano, P.M. (16. Jh.), Verleger in Venedig. Kat.nr. 271.
Bertuch, Friedrich J. (1747–1822), Herausgeber und Gründer des geographischen Instituts in Weimar 1791. S. 18.
Bettex, F. (um 1890–1900 tätig), schwäbischer Maler und Zeichner. Kat.nr. 334.
Bianco (Bianchi?), Noe (16. Jh.), Holzschneider in Venedig. Kat.nr. 271.
Bibliographisches Institut Hildburghausen (19. Jh.), produzierte zahlreiche Stahlstich-Ansichten. Kat.nr. 329, 396, 398, 400.
Biedermann, Johann Jakob (1763–1830), aus Winterthur. Landschaftsmaler in Aussersihl. Kat.nr. F 28.
Bienewitz, siehe unter Apian.
Blaeu, Cornelis (um 1610–1648), Amsterdam. Kartograph (Sohn des W. Janszoon). S. 14, 25, Kat.nr. 154.
Blaeu, Joan, Johannes (um 1596–1673), Amsterdam. Kartograph, Verleger (Bruder des Vorgenannten). S. 13, 14, 22, 25, 26, Kat.nr. F 10, F 12, F 21, 40, 42, 52, 61, 64–79, 93, 97, 100, 116, 125, 154.
Blaeu, Willem Janszoon, auch Blaeuw Guljelmus (1571–1638), aus Uitgeest b. Alkmaar. Bedeutender Kartograph und Buchhändler in Amsterdam (Stammvater). S. 4, 14, 15, 22, 23, 24, 25, 26, 28, 31, 32, Kat.nr. F 8, F 9, F 10, F 11, F 20, F 21, 40, 50, 61, 64, 67, 69, 71, 72, 73, 74, 78, 79, 93, 114, 136, 138, 140, 167, 170, 180.
Blumer, Walter (geb. 1888), aus Glarus. Kartenhistoriker und Ingenieur in Bern. S. 9, 18, 27, 33.
Bodenehr, Hans (Johannes) Georg (1631–1704), aus Dresden. Kupferstecher und Verleger in Augsburg. S. 17, Kat.nr. 17.
Bodenehr, Moritz (1665–1748) aus Freiberg i. Sachsen. Kupferstecher und Verleger in Augsburg und Dresden. S. 17.
Bodenehr d. Ä., Gabriel (1673–1766), Augsburg. Kupferstecher und Verleger, u. a. »Force d'Europe« (Europas Pracht und Macht), Folge von 200 Stadtansichten und Plänen. S. 17, Kat.nr. 183, 191, 316, 370.

Bodmer, Rudolf (1805–1841), Meilen/Schweiz. Kupferstecher, Schüler seines Oheims J.J. Meyer, radierte u. a. Veduten für Lochers »Malerische Reise der Donau«. Kat.nr. 323.

Boissard, Johann Jacob (2. Hälfte 16. Jh.), Herausgeber der »Icones virorum illustrium«, 4 Teile mit je 50 Bildnissen berühmter Humanisten. Für ihn arbeitete Theodore de Bry als Kupferstecher. Kat.nr. 290.

Bonpland, Aimé (Anf. 19. Jh.), Entdeckungsreisender und Kartograph. Kat.nr. 90.

Bordone, Benedetto (1460–1539), aus Padua. Miniaturist und Kartograph in Venedig. Kat.nr. 99.

Borgonio, Giovanni Tomasio (Borgonius, Thomas) (um 1620–nach 1684), Kartograph in Piemont. Kat.nr. 125.

Bourguignon, siehe unter Anville.

Braun, Georg (Bruin) (1541–1622), Köln. Gelehrter, Stiftsherr, Topograph. S. 14, Kat.nr. F 15, F 32, 252, 275, 276, 277, 376, 377.

Breitschwert, Wilhelm (1828–1875), von Ehringen/Stgt. Zeichner, Maler und Karikaturist in München, Verleger in Stuttgart. Kat.nr. 218.

Breusing, Friedrich August Arthur (1818–1892), aus Osnabrück. Mathematiker und Nautiker, Autor des »Leitfaden durch das Wiegenalter der Kartographie«. S. 20.

Briquet & Fils (Mitte 19. Jh.), Verlag in Genf. Kat.nr. 406.

Broen, Johannes (Joan) de (1649–vor 1730), aus Amsterdam. Kupferstecher. Kat.nr. 125.

Bry, Theodore (Dirk, Dietrich) de (1528–1598), Kupferstecher aus Lüttich. Lebte vorwiegend als religiöser Asylant in Deutschland. Sein Werk umfaßt zusammen mit dem seiner beiden Söhne über 1500 Blatt. Kat.nr. 290.

Buache, Philippe (1700–1773), französ. Geograph und Verleger, Schwiegersohn von Delisle. S. 29.

Bünting, Heinrich (1545–1606), aus Hannover. Superintendent in Goslar. Kat.nr. 216.

Burckhardt, C. (um 1830/40), Graphiker. Kat.nr. F 34.

Burmeister, E. (1. Viertel 20. Jh.), Geographischer Verlag Berlin. Kat.nr. 229.

Burton, W. (Mitte 17. Jh.), engl. Historiker. Kat.nr. 221.

Bussemacher (Bussemaker), Johann (tätig 1580–1613), Kartograph, Kupferstecher, Kunstdrucker und Verleger in Köln. S. 25, Kat.nr. 14.

Campen, Gerhard von (um 1584), Verleger in Köln. Kat.nr. 121.

Carl, Johann (1. Hälfte 17. Jh.), Graphiker (Flugblätter), möglicherweise mit dem gleichnamigen Ingenieur und Architekt aus Nürnberg identisch. Kat.nr. 337.

Carmine, Joseph (18. Jh.), Buchhändler in Augsburg. Kat.nr. F 25.

Cassini, César-François, Comte de Thury (1714–1784), Paris. Astronom, Geodät, Kartograph. S. 41.

Cassini, Giovanni Maria (tätig 1788–1805), Künstler und Kupferstecher u. a. von Karten. Kat.nr. 6.

Cassini, Jean Dominique (Giovanni Domenico) (1625–1712), seit 1669 in Paris. Astronom, Geodät. S. 16, Kat.nr. F 14.

Castaldo, Jacopo, siehe Gastaldi.

Cauer, J. (18. Jh.), Kupferstecher. Kat.nr. F 27.

Cellarius, Andreas (tätig 1656–1702), holländischer Mathematiker und Geograph. S. 27.

Châtelain, Henri Abraham (1684–1743), holländischer Verleger. Kat.nr. 85.

Clerc, siehe Leclerc.

Cloppenburg, Eberhard (Jan Evertsz) (Mitte 17. Jh.), Kartenbearbeiter und Verleger unbekannter Nationalität. Kat.nr. 143.

Cöntgen, Heinrich Hugo (um 1776–1799), Kupferstecher in Mainz. Kat.nr. 349.

Coignet, Michael (1549–1623), aus Antwerpen. Mathematiker und Kosmograph. Kat.nr. 59.

Colombo, Ignazio (um 1782–1816 tätig), Venedig, Graphiker. Kat.nr. 382.

Contarini, Giovanni Pietro (3. Viertel 16. Jh.), Geschichtsschreiber in Venedig. Kat.nr. 132.

Coppen, Aegidius (16. Jh.), von Diest. Drucker. S. 24, Kat.nr. 33.

Cook, James (1728–1779), aus Marton. Weltumsegler, Entdeckungsreisender, Kartograph, gest. in Hawaii. S. 19.

Coronelli, Vicenzo Maria (1650–1718), aus Ravenna. Globenmacher und Kupferstecher in Venedig. S. 23, Kat.nr. 131, 141.

Cotta, J.G. (19. Jh.), Verlag in Tübingen. Kat.nr. 246.

Covens, Johannes (Jean), Jan (tätig 1711–1774), Kartenverleger in Amsterdam. Kompagnon von C. Mortier. S. 15, 18, Kat.nr. 44, 253.

Creuzbauer, W. (1. Hälfte 19. Jh.), Verlag Karlsruhe und Leipzig. Kat.nr. 322.

Cronau, Rudolph, Daniel Ludwig, (geboren in Solingen 1855), war künstlerisch für die »Illustrierte Zeitung« und »Gartenlaube« tätig. Kat.nr. 362.

Cuvillier, Adolf (Mitte 19. Jh.), Graphiker, möglicherweise Nachkomme der berühmten französ.-Münchner Künstlerfamilie. Kat.nr. 406.

Danckerts, Theodorus, Cornelius und Justinus, (17./18. Jh.) Söhne des Justus. Führten dessen Verlag weiter und veröffentlichten Atlanten. Kat.nr. 81.

Danscha, Lorenz (um 1800), Architekturzeichner. Kat.nr. 386.

Dapper, Dr. Olaf (Olfert) (1636–1689), aus Amsterdam. Geograph und Mediziner. Kat.nr. 309, 343.

Delalande, M. (2. Hälfte 18. Jh.), Globenmacher. Kat.nr. 3.

Delisle, Guillaume (1675–1726), aus Paris. Geograph und Kartograph. S. 15, 16, Kat.nr. 127.

Deroy, Laurent Isidore (1797–1886), Paris. Aquarellmaler und Graphiker, lithographierte Ansichten zu Reisewerken. Kat.nr. 407.

Desgranges (17. Jh.), Kupferstecher und Geograph in Paris. Kat.nr. 133, 186.

Deutecum (Doetechum), Lucas van (tätig 1558–1593), Kupferstecher in Deventer. S. 24, Kat.nr. 165.

Deutecum (Doetechum) d. Ä., Johannes van (tätig 1559–1601), Deventer und Haarlem. Kupferstecher und Verleger. S. 24, Kat.nr. 165, 174.

Deventer (Roelofs), Jacob van (1515–1575), aus Deventer. Mediziner, Mathematiker, kgl. Geograph und Kupferstecher in Mechlen. S. 29.

Diest (16. Jh.), Drucker. S. 24, Kat.nr. 33.

Doerr (Dörr), Carl (Tübingen 1777–Heilbronn 1842), seit 1814 in Heilbronn als Landschafter und Graphiker tätig, war an dem Kunstverlag F.C. Lang beteiligt. Kat.nr. 394.

Donat, P. (16. Jh.), wohl Drucker von Büntings Buch »Itenarium Sacrae Scriptura«. Kat.nr. 216.

Doppelmayr, Johann Gabriel (1677–1750), aus Nürnberg. Mathematiker, Physiker, Globenmacher. Für Homann-Erben tätig. S. 17, Kat.nr. 2.

Drazowa (eigentlich Martini), David Johann Martin (Mitte 18. Jh.), aus Drazowa in Holland. Als Kupferstecher in den 50er Jahren in Hamburg tätig. Kat.nr. 375.

Dücker von Hasslau zu Urstein und Winckl, Franz (1609–1671), Innsbruck. Hof- und Kammerrat, Geschichtsschreiber in Salzburg. Kat.nr. 307.

Dürer, Albrecht (1471–1528), Nürnberg. Bedeutender Maler,

beschäftigte sich aber auch mit Wissenschaften, erfand Formel zur Konstruktion der Kugelsegmente für Globen.
Du Carla (Ducarla-Bonifas), Marcelin (1738–1816), französ. Kartograph. S. 30.
Dufour, Guillaume-Henry (1787–1875), aus Konstanz. General und Militärkartograph in Genf und Bern. S. 19, 27, Kat.nr. 135.
Duller, Eduard (19. Jh.), Leipzig. Herausgeber von Topographien. Kat.nr. 325.
Dupain-Triel, Jean Louis (1722–1805), Geograph und Kupferstecher in Paris. S. 30.
Du Val d'Abbéville, siehe Val.
Duval, Pierre (1619–1683), Paris. Geograph und Kartograph, Herausgeber ab 1662 (Neffe von Sanson). S. 16.

Ebersperger, Johann Georg (1695–1760), Schwiegersohn von Homann, führte mit J.M. Franz den Verlag unter dem Namen Homann-Erben weiter. S. 16.
Eckebrecht, Philipp (1594–1667), aus Nürnberg. Mathematiker und Astronom. S. 16, Kat.nr. 39.
Eckel (18. Jh.), Zeichner u. a. von Topographien. Kat.nr. 345.
Elsevir, D. (17. Jh.), Amsterdam. Verleger. Kat.nr. 308.
Elzevir, Ludwig (1604–1670), Herausgeber. Kat.nr. 175, 279.
Emminger, Eberhard (Biberach 1808–1885), Zeichner und Lithograph. Kat.nr. F 30.
Emmius, Ubbo (1547–1625), aus Greetsiel/Ostfriesland. Geschichtsschreiber und Geograph in Groningen. Kat.nr. 175.
Ende, Josua van den (um 1584–nach 1634), aus Amsterdam. Kartenstecher, arbeitete für Hondius, Janszonius und Blaeu. Kat.nr. 40.
Ender, Thomas (Wien 1793–1875), Landschaftsmaler, Radierer. Viele seiner Landschaften, besonders die Donau-Aussichten, sind in Stahl gestochen worden. Kat.nr. 325.
Endter (17./18. Jh.), Verleger- und Buchhändlerfamilie. S. 41, 43.
Engelbrecht, Martin (1684–1756), Kupferstecher und Herausgeber. Gründer eines Verlages in Augsburg, den sein Schwiegersohn Christ. Wilhelm weiterführte. S. 17, Kat.nr. 317, 344.
Ernesti, Jordan H.G. (Anf. 18. Jh.), Maler und Zeichner. S. 41.
Euler, Leonhard (1707–1783), aus Basel. Mathematiker, Physikprofessor in St. Petersburg, gab einen Atlas in Berlin heraus. S. 17.
Etzlaub, Erhard (15./16. Jh.), Kartograph und Instrumentenmacher in Nürnberg. Fertigte um 1500 einen Sonnenkompaß und Reisekarten. S. 7, 31.
Eytzinger (Aitzing), Michael Frhr. von (ca. 1530–1598), Autor, Historiker, Kartograph aus Obereitzing/Österreich. Kat.nr. 121.

Faden, William (1750–1836), London. Kartograph, Kartensammler und Verleger. Kat.nr. 53.
Fairman, D. (Anf. 19. Jh.), Graphiker in Philadelphia. S. 38.
Fallon, Ludwig August Frhr. von (1776–1828), Namur. General, Militärkartograph in Österreich. S. 27.
Fer, Nicolas de (1646–1720), Paris. Geograph, Kartograph, Kupferstecher, Verleger. S. 16.
Fernandez (18. Jh.), Verleger in Madrid, seine Witwe führte die Firma weiter. Kat.nr. 89.
Fernels, Jean (1497–1558), aus Clermont-en-B. Arzt und Astronom in Paris. S. 12.
Fietta & Co. (2. Hälfte 18. Jh.), Verlag. Kat.nr. 320.
Flemming, Carl (1806–1878), in Glogau. Verleger und Buchhändler. S. 27, Kat.nr. 91.
Floris, Frans (Antwerpen 1516–1570), Maler, Radierer und Zeichner. S. 8.
Floriz, Arnold und Jakob (um 1580), Gebrüder. Niederländische Globenmacher. S. 22.
Fortin, Jean (1750–1831), aus Mouchy-la-V./Oise. Physiker und Ingenieur in Paris. Kat.nr. 4.
Franz, Johann Michael (1700–1761), aus Öhringen/Wttbg. Geograph in Nürnberg. Führte zusammen mit Ebersperger den Verlag Homann-Erben weiter. S. 16.
Frentzel, Georg Friedrich Jonas (ca. 1754–1799), Graphiker, Kupferstecher in Leipzig. Kat.nr. 237.
Freysberg, Marquard Rudolph von (Anfang 18. Jh.), württembergischer Kartograph. Kat.nr. 244.
Frick, Gebrüder (Mitte 19. Jh.), Druckerei in Paris. Kat.nr. 407.
Fries, Lorenz (Laurenz, Laurentius Friesius) (nach 1490–1530), aus Kolmar. Mediziner, Kartograph, Astronom, gab nach Waldseemüllers Tod dessen Werke neu heraus. Kat.nr. 32, 149, 153.
Friex (Fricx), Eugène-Henri († 1733), Verleger und Händler in Brüssel. S. 30.
Frisius, Gemma (Gemma Frisius, Reinerszon) (1508–1555), aus Dokkum. Mathematiker und Astronom in Leuwen. Kat.nr. 33.
Frommel, Karl Ludwig (1789–1863), aus Birkenfeld. Maler, Zeichner, Kupfer- und Stahlstecher in Karlsruhe. Führte zusammen mit Winkles den Stahlstich ein. S. 38.
Froschauer d. Ä., Christoph (um 1490–1564), aus Neuburg/Altötting. Setzer, Buchdrucker und Verleger in Zürich, veröffentlichte den Atlas »Schwyzer Chronik« von Stumpf. Kat.nr. 34, 35, 137, 159, 270.
Fürstenberg, Ferdinand von (17. Jh.), Bischof und Heimatkundler in Paderborn. Kat.nr. 308.
Fullarton, A. & Co. (19. Jh.), Edinburgh, London, Dublin. Verleger und Admiralitätskartograph. Kat.nr. 135.
Fun(c)ke, David (Daniel) (tätig 1680–1705), Kartenzeichner und Verleger in Nürnberg, Lehrer von Homann. S. 16, 25.
Furck, Sebastian (17. Jh.), Kupferstecher. Kat.nr. 311.

Galle, Joan (1600–1676), war vorwiegend als Verleger tätig. Enkel des Folgenden. S. 8.
Galle, Philipp (1537–1612), Kupferstecher, Verleger, Kunsthändler in Haarlem und Antwerpen. S. 11, 18, Kat.nr. 59.
Garlato, Giambatista (Mitte 19. Jh.), Kartograph in Italien. Kat.nr. 267.
Gastaldi Jacopo (Gastaldo, Giacomo) (um 1500–1566), aus Villafranca Piemonte. Kosmograph und Kartograph in Venedig. S. 13, 32, Kat.nr. 48, 58, 80.
Geelker(c)ken, Nicolas van (1656), aus Scherpenzeel. Landmesser, Kupferstecher und Verleger in Leiden und Arnheim. Autor einer Weltkarte, die Janszonius herausbrachte. Kat.nr. 175.
Gegy (Anfang 20. Jh.), Verleger und Graphiker in Brüssel. Kat.nr. 210.
Gigas, Johannes Michael (Gigantus, Joannes) (1580–nach 1650), aus Luyde b. Pyrmont. Mediziner, Mathematiker, Geograph, Kartograph, Herausgeber von Atlanten. Kat.nr. 184.
Girard (um 1900), Kartograph und Verleger in Paris, Partner von Barrère. Kat.nr. 201.
Glareanus (Loritz), Henricus (1488–1563), Schweizer Mathematiker, Geograph, Humanist, zeichnete Weltkarten, z. T. als Kopien nach Waldseemüller. 1527 Anleitung zur Zeichnen der Kugelstreifen, mit denen Globen überzogen wurden. S. 22.
Glockendon, Georg († 1514/15), Verleger in Nürnberg. S. 32.
Gottfried, Johann Ludwig († 1646), aus Straßburg. Geograph und Kartenbearbeiter. Kat.nr. 256, 280, 281.
Graeter (19. Jh.), Architekt und Hobbymaler in Aquarell. Kat.nr. 356.
Grape, H. (19. Jh.), Graphiker und Topograph. Kat.nr. 321.

Grebenbruch, G. (um 1600), Verleger in Köln. Kat.nr. 112.
Grophius, M.B. (18. Jh.), Astronom. Kat.nr. 22.
Gros, C. (18./19. Jh.), Graphiker, arbeitete für Lavoisne = siehe dort. Kat.nr. 231.
Guardi, Francesco (Venedig 1712–1793), Schüler von Canaletto, bekannter Maler von Venedig-Ansichten. Kat.nr. 355.
Guerin, Christophe (1758–1830/1), Straßburg. Stempelschneider, Maler, Kartenstecher. S. 27.
Güsse(n)feld, Franz Ludwig (1744–1807), Weimar. Forstrat, fertigte nach 1780 zahlreiche Karten für die Homann'schen Offizin, 1810 erschien seine Karte von »Deutschland nebst angrenzenden Ländern« (1 : 225 000). S. 17, Kat.nr. 237.
Gundling, Jakob Paul Frhr. von (1673–1731), Geschichtsschreiber und Historiograph in Berlin. Kat.nr. 178.
Gutenberg, Johann (vor 1400–1468), Erfinder des europäischen Buchdrucks. Während seines Straßburg-Aufenthalts 1434–1444 beschäftigte er sich mit dem Problem des Buchdrucks und fand eine geniale Lösung: gegossene, bewegliche Lettern. Seit 1448 wieder in Mainz. S. 11, 24, 35.
Gutiérrez (16. Jh.), Kartographenfamilie. Kat.nr. 57.
Gyger (Geiger), Hans (Johann) Konrad (1599–1674), Amtmann, Landmesser, Kartograph, von ihm zahlreiche Kantonskarten sowie Karten von Zürich. S. 18.

Haas (Haase, Hase), Johann Mathias (1684–1742), aus Augsburg. Mathematiker, Geograph und Kartograph in Wittenberg. S. 16, Kat.nr. 193.
Habbel & Naumann (Anfang 20. Jh.), Verlag in Regensburg und Leipzig. Kat.nr. 336.
Hackluyt, Richard (16. Jh.), englischer Verleger, in dessen Werk »Principal Navigation...« eine der schönsten Weltkarten des 16. Jh. – eine der ersten in Merkator-Projektion – erschienen ist. S. 14.
Haffner, M. u. J.C. (17. Jh.), Gebrüder. Graphiker. Kat.nr. 94.
Haldingham e de Lafford, Richard de (Ende 13. Jh.), Schöpfer der Ebstorfer Karte. S. 32.
Handtke, Friedrich (1815–1879), aus Pförten/Niederlausitz. Kartograph in Glogau/Flemming. Kat.nr. 91.
Haradauer, Edler v. Heldendauer (1834–1905), aus Massesina/Lombardei. Militärkartograph in Wien. S. 42.
Hauslab, Franz Ritter von (1798–1883), Wien. Kartensammler, Kartograph, einer der Gründer des Militär.-Geograph.-Instituts. S. 42.
Havell, Daniel († 1826), englischer Kupferstecher und Verleger in London. Kat.nr. 393.
Heath, Charles (1784–1848), London. Erfinder des Stahlstiches. S. 38.
Hegi, Franz (Lausanne 1774–Zürich 1850), Zeichner und Graphiker. Fertigte zahlreiche topographische Ansichten. Kat.nr. 323.
Heiß, L. (2. Hälfte 19. Jh.), Lithograph. Kat.nr. 405.
Heller (16. Jh.), Verleger in Eisleben. Kat.nr. 49.
Hellfart (Gotha um 1850), Steindruckerei. Kat.nr. 331.
Helmers (um 1700), Verleger in Nürnberg. Kat.nr. 311.
Hem, Laurens van der (1620/1–1678), Amsterdam. Patrizier, Rechtsanwalt, Kartensammler. S. 26, 41, 42.
Henares, Akala de (16. Jh.), Mitarbeiter beim Werk von P. de Medina (siehe dort). Kat.nr. 57.
Henricpetri, siehe Petri, Heinrich.
Herberstein, Sigismund von (1486–1566), aus Wippach/Krain. Diplomat in Wien. S. 12.
Hermann & Barth, Verlag in München um 1835. Kat.nr. 324.
Hermundt, Jakob (Jacob), tätig als Kupferstecher 1697–1702 in Wien. Kat.nr. 242.

Hertz (17. Jh.), Drucker. Kat.nr. 54.
Hervagius (Herwag), Joseph (16. Jh.), Verleger in Basel. Kat.nr. 31.
Hill, Johann Jacob (1730–1801), Mainz. Militärkartograph und Kupferstecher in Darmstadt. Kat.nr. 349.
Hilscher (1. Hälfte 19. Jh.), Zeichner, Radierer und Kupferstecher in Leipzig. Kat.nr. F 33, 354.
Hochdanz, Emil (Weimar 1816–Stuttgart 1885), gründete 1843 eine »artistische« Anstalt. Hat als Lithograph zahlreiche schwäbische Veduten gearbeitet. Kat.nr. 334.
Hoelzel, Eduard (2. Hälfte 19. Jh.), Geograph. Anstalt in Wien. S. 32.
Hoeye, Rambout van den (1622–1671), Amsterdam. Kupferstecher, Verleger und Kartenhändler. Kat.nr. 378.
Hoffmann, Jac. (um 1700), Kupferstecher und Kartograph in Wien. Kat.nr. 242.
Hoffmann, Johannes (1629–1698), aus Frankenberg. Verleger, Buch- und Kunsthändler in Nürnberg. S. 16, 25.
Hoffmann, Nikolaus (17. Jh.), Drucker in Frankfurt a. M., u. a. tätig für Merian. Kat.nr. 280.
Hogenberg, Frans (1535–1590), aus Mecheln. Kupferstecher und Verleger in Köln. S. 14, 24, Kat.nr. F 32, 252, 275, 276, 277, 376, 377.
Hollar, Vaclav (Wenzel) (1607–1677), Prag. Zeichner und Kupferstecher in Köln, Antwerpen und London. Kat.nr. 221.
Homann, Johann Baptist (1664–1724), aus Oberkammlach/Krs. Mindelheim. Geograph, Kartograph und Verleger in Nürnberg. S. 4, 6, 7, 16, 17, 18, 23, 25, 28, 30, Kat.nr. 23, 24, 25, 43, 86, 115, 119, 126, 128, 134, 157, 173, 177, 182, 190, 192, 196, 202, 258, 265.
Homann-Erben (latinisiert Homan-Herendibus). Auch nach dem Tod von Joh. B. H. wurde der Verlag von den Erben z. T. mit großem Erfolg weitergeführt. S. 16, 30, 33, Kat.nr. F 17, F 18, 21, 23, 24, 25, 86, 88, 98, 107, 127, 193, 198, 200, 232, 263, 266.
Homem, Diogo (Homens, Diego) (ca. 1500–1576), arbeitete in London, Lissabon und Venedig als Kartograph. S. 24.
Hondt, d. Ä., Hendrick de (Henricus) (1573–1650), aus Duffel/Belgien. Zeichner, Kupferstecher und Verleger in Den Haag. Kat.nr. F 6, 63, 188.
Hondt d. J., Hendrick de (1597–1651), aus Amsterdam. Kartograph, Kupferstecher und Verleger (Sohn Joost d. Ä.). S. 14, 15, 25, Kat.nr. 150
Hondt d. Ä., Jodocus (Joost, Josse, Jacobus) de (1563–1612), aus Wakken bei Gent. Kartograph, Kuperstecher, Stempelschneider und Verleger in London und Amsterdam. S. 14, 22, 23, 25, 31, 32, Kat.nr. F 6, 36, 37, 63, 100, 150, 279.
Hondt, Joost de (1593–1629), Amsterdam. Kartograph, Kupferstecher und Verleger (Sohn Joost d. Ä.). S. 14, 15, 25.
Honter(us), Jan (Johann) (1498–1549), Kartograph, Kupferstecher und Verleger, der im Selbstverlag in Kronstadt sein bekanntestes Werk »Rudimenta cosmographica« herausbrachte. Kat.nr. 34, 35, 137.
Hooghe, Romeyn de (1645–1708), aus Amsterdam. Maler, Zeichner, Kupferstecher, Verleger und Kunsthändler in Haarlem. S. 4, Kat.nr. F 14, 308.
Hueber, Blasius (1735–1814), österreichischer Kupferstecher, Kartograph. Bauernsohn und Autoditakt wie Peter Anich. S. 18.
Hübner, Johann (1688–1731), Hamburg. Historiker, Geograph und wissenschaftlicher Mitarbeiter im Homann-Verlag. 1746 brachte er mit »Museum Geographicum« ein Verzeichnis der besten Landkarten heraus. S. 30.
Hülse (Hulst, Hulsium), Levin (um 1605/6), aus Gent. Geograph und Buchdrucker. S. 12.

Humboldt, Friedrich Wilhelm Heinrich Alexander von (1769–1859), aus Berlin. Entdecker und Naturforscher. S. 33, Kat.nr. 90.

Hurter, Johann Christoph (1619–1640), Augsburg. Kartenbearbeiter. Kat.nr. 191.

Idrisi, Abu-Abdallah Muhammad Ibn-Muhammad (1099–1166), aus Ceuta. Geograph und Kartograph am Hofe Roger II. von Sizilien. S. 10, 34.

Isenring, I.B. (1. Hälfte 19. Jh.), Herausgeber, Verleger in St. Gallen. Kat.nr. F 34.

Jaeger, Johann Wilhelm Abraham (1718–1790), Kartograph, Buchhändler in Frankfurt/M. S. 18.

Jaillot, Bernard Jean Hyacinthe (1673–1739), kgl. Geograph in Paris (Sohn des Vorigen). S. 16, Kat.nr. 163.

Jaillot, Bernard-Antoine († 1749), kgl. Geograph in Paris (Enkel des Erstgenannten). S. 16.

Jaillot, Charles-Hubert Alexis (1632–1712), aus Avignon. Kgl. Bildhauer und Geograph, Kupferstecher, Verleger. Teilhaber bei Sanson in Paris. S. 16, Kat.nr. F 14, 84.

Janssonius d. Ä., Jan Janszoon (um 1588–1664), aus Arnheim. Bedeutender Kartograph und Verleger in Amsterdam (Schwiegersohn J. d. Hondt d. Ä.). S. 14, 15, 25, 27, Kat.nr. F 6, F 19, 15, 16, 100, 117, 161, 184, 215, 278.

Janssonius, d. J., Jan Janszoon (1618–1657), Amsterdam. Drucker und Verleger (Sohn des Vorgenannten).

Janssonius van Waesberghe, siehe Waesberg. S. 15.

Jeffreys, Thomas (1695–1771), Kupferstecher, betrieb in London ein Karten- und Atlantengeschäft, das W. Faden übernahm. S. 19.

Jode, Cornelius (Judaeis, Cornelius) de (1568–1600), aus Antwerpen. Geograph, Kupferstecher und Verleger (Sohn des Nachgenannten). S. 14, Kat.nr. 96, 110.

Jode (Judaeis), Gerard de (1508/9–1591), aus Nijmwegen. Geometer, Kupferstecher und Verleger in Antwerpen (Stammvater). S. 14, 24.

Johnston, William (1802–1888), Firmengründer von Johnston W. & A.K., der größten Karten- und Atlantenhandlung der Welt. S. 19.

Johnston, Alexander Keith (1804–1871), jüngerer Bruder und Partner des Vorigen. S. 19.

Jung, Georg Conrad (1612–1691), Feldmesser und Kartograph. Gab 1641 eine erste Reise-Charte heraus. S. 32.

Jung, Johann Georg (1607–1648), Drucker und Partner des Obigen. S. 32.

Kaempfer, Engelbert (1651–1716), Amsterdam. Kupferstecher. Kat.nr. 102.

Kärtner, W. (Anfang 20. Jh.), Verlag in Mainz. Kat.nr. 235.

Kate, Hermansz Lambert ten (1. Hälfte 18. Jh.), publizierte eine sprachwissenschaftliche Karte. S. 31, Kat.nr. 230.

Keerberg (um 1600), Verleger in Antwerpen. Kat.nr. 59.

Keere (Kerius, Kaerius), Pieter van der (1571–1646?), aus Gent. Kupferstecher und Verleger in London und Amsterdam. Schwager von P. Bert und J. de Hondt d. Ä. Kat.nr. 143, 161.

Keller, Heinrich d. Ä. (1778–1862), aus Eglisau. Geograph und Kartograph in Zürich. S. 27.

Kempen, Gottfried von (tätig 1578–1584), Verleger in Köln. Kat.nr. 275.

Kepler, Johannes (1571–1630), aus Weil d. Stadt. Mathematiker und Astronom in Prag und Linz. Kat.nr. 39.

Keulen d. Ä., Johannes van (1654–1715), Amsterdam. Kartograph, Instrumentenmacher, Verleger, Buch- und Seekartenhändler. Kat.nr. 82, 83, 148.

Kiepert, Richard (1846–1915), Weimar. Geograph und wissenschaftlicher Kartograph in Berlin. Kat.nr. 9.

Kier, Guiseppe (Mitte 19. Jh.), ital. Graphiker. Kat.nr. 267.

Kieser, Ed. (17. Jh.), Verleger und Kupferstecher. Kat.nr. 311, 372.

Kilian, Georg Christoph (Augsburg 1709–1781), Maler, Kupferstecher und Drucker. Fertigte u. a. 61 Landkarten, Pläne und Prospekte zu »Americanische Urquelle der innerl. Kriege des bedrängten Teutschlands« (1760). S. 17, Kat.nr. 46.

Kilian, Philipp (1628–1693), Kupferstecher in Augsburg, u. a. für Merian tätig. Kat.nr. 301.

Kilian, Wolfgang (1581–1662), Augsburg. Kupferstecher. S. 17, Kat.nr. 38.

Kilian, Wolfgang Philipp (Augsburg 1654–Königsberg 1732), Zeichner und Kupferstecher, seit 1676 – nach Wanderjahren – in Augsburg, ging 1703 nach Nürnberg. S. 17.

Kircher S.J., Athanasius (1602–1680), aus Geisa/Eisenach. Mathematiker und Kupferstecher in Bonn. S. 29, Kat.nr. 215.

Kirchner, A. (um 1595), wohl Verleger, Buchhändler von Bünting. Kat.nr. 216.

Kleist, Ludwig (um 1840), Verleger in Dresden. Kat.nr. F 33, 354.

Koberger, Anton (vor 1445–1513), Nürnberg. Buchdrucker und Verleger. Kat.nr. 29, 268.

Koehlhoff, Johann d. J., Autor einer Kölner Chronik 1499. Kat.nr. F 22.

Kolumbus (Colombo), Christophoro (Genua 1451–Valladolid 1506), Seefahrer, Entdecker von Amerika. Erreichte 1492 bei einer vermeintlichen Weltumsegelung nach Indien zunächst die Bahamas, Kuba und Haiti. Erst auf seiner dritten Reise 1498 erreichte er südamerikanisches Festland. S. 11.

Koppmayer, Jakob (tätig 1686–1710), Augsburg. Drucker und Verleger von Atlanten. Kat.nr. 94, 310.

Krates von Mallos (2. Jh. v. Chr.), Stoiker und Kosmograph. S. 21.

Kummet, Christ. Heinr. (18. Jh.), arbeitete Himmelsgloben. Kat.nr. 7.

Langren (Langeren) (16./17. Jh.), holländische Kartographen- und Globenmacherfamilie. S. 22, 23.

Lafreri (Lafrery), Antoine (1512–1577), aus Orgelet/Jura. Kuperstecher, Kartograph und Verleger in Rom. S. 13, 24.

Lampferdtinger, M.G. (2. Hälfte 18. Jh.), Zeichner in Nürnberg, der 72 Vorzeichnungen zu »Prospecten aller Nürnbergischen Städtlein, Marktflecken und Pfarrdörfer« fertigte. Kat.nr. 319.

Lattré, Jean (tätig 1722–1735), kgl. Kupferstecher und Verleger in Paris. Kat.nr. 3.

Latz (Lazius), Wolfgang (1514–1565), aus Wien. Arzt, Historiograph, Kartograph und Kupferstecher. S. 24.

Lauchen, siehe Rheticus.

Lauremberg (Lautenberg), Johannes Wilhelm (1590–1658), aus Rostock. Dichter, Mathematiker, Historiker. Kat.nr. 180.

Lavoisne, C. (1. Hälfte 19. Jh.), Herausgeber eines genealog., hist. und chron. Atlas 1807/Dänemark 1813. Kat.nr. 231

Lebschée, Carl August (Schmiegel/Posen 1800–München 1877). Architektur- und Landschaftsmaler, Graphiker. Arbeitete zahlreiche Ansichten von Bayern. Kat.nr. 324.

Le Clerc d. Ä. Jean (1560–1621), aus Paris. Holzschneider, Kupferstecher und Verleger. Kat.nr. 37.

Le Fébure von Lagnet (2. Hälfte 17. Jh.), Zeichner, Kartograph. Kat.nr. 122.

Lemercier (Mitte 19. Jh.), Druckerei in Paris. Kat.nr. 406.

Leno, F. di (um 1537), Herausgeber in Venedig. Kat.nr. 99.

Leopold, Joseph Friedrich (1668–1726), wie sein Sohn Kupferstecher in Augsburg. S. 17, Kat.nr. 247, 371.

Lhuyd, Humphrey (1527–1573), England. Arzt und Altertumsforscher, Kartenzeichner. S. 12.
Linghe, J. Th. (18. Jh.), arbeitete eine Lutherkarte, Leipzig 1769. Kat.nr. 223.
Lopez de Vargas Machuca, Don Tomas (1730–1802), spanischer Geograph. S. 19.
Lotter, Tobias Konrad (1717–1777), Augsburg. Kartograph, Kupferstecher und Verleger. Schwiegersohn von Seutter. S. 17, 18, Kat.nr. 217.

Machajeff, Michail I. (1718–1770), Kupferstecher und Meisterkartenmacher in Rußland. Kat.nr. 373.
Macrobius (Macrobio), Ambrosio Aurelio Teodosio (395–423), röm. Philosoph, Kosmograph, Holzschneider. Arbeitete eine Weltkarte, die sich völlig von derjenigen des Ptolemäus unterscheidet. Kat.nr. 30, 31.
Mäusle, Felix (Stuttgart, 2. Hälfte 19. Jh.), wohl Synonym eines politisch engagierten Graphikers, möglicherweise mit W. Breitschwert identisch. Kat.nr. 218.
Majer, M. Johann (1641–1712), aus Blaubeuren. Abt und Kartenbearbeiter in Murrhardt. Kat.nr. 196.
Malvolti, Guiseppe (Italien um 1800), Civil-Ingenieur, Kartograph. Kat.nr. 129, 212.
Marggraf, G. (17. Jh.), Kupferstecher. Kat.nr. 341.
Mariot (Schielhabel), Emanuel (1825–1891), Kartograph, Gründer des Militärgeographischen Instituts in Wien. S. 38.
Martini, David J.M., siehe Drazowa.
Martini (Martinius) S.J., Martino (1614–1661), aus Trient. Missionar in China, Geograph, Kartograph. Kat.nr. 93.
Massa, Isaac Abrahamszoon (1586–1643), aus Haarlem. Kartograph, Kupferstecher in Rußland. Kat.nr. 154.
Mayer d. Ä., Johann Tobias (1723–1762), aus Marbach. Mathematiker, Astronom in Göttingen. S. 17, Kat.nr. 232.
Medina, Pedro de (geb. um 1493), Sevilla. Historiker, Kosmograph, Navigationslehrer. Kat.nr. 57, 59, 227.
Meisner, Daniel (1585–1625), Dichter aus Komotau, Maler in Frankfurt/M. Kat.nr. 311, 372.
Merkator (Mercator) d. Ä., Gerhard (1512–1594), aus Rupelmonde/Belgien. Kosmograph, Kartograph und Kupferstecher in Duisburg (Stammvater). S. 6, 7, 12, 13, 14, 24, 25, Kat.nr. F 6, 36, 63, 100, 160, 167.
Merkator (Mercator), Rumold (1541–1600), aus Löwen. Kartograph in Duisburg (Sohn des Gerhard d. Ä.). S. 24, Kat.nr. 36.
Merian, Caspar (1655–1661), Verleger in Frankfurt/M. S. 14, Kat.nr. 288, 292.
Merian d. Ä., Mathäus (1593–1650), aus Basel. Künstler, Topograph, Kupferstecher, Verleger. S. 14, 35, Kat.nr. 166, 169, 251, 254, 255, 280, 282, 283, 289, 291, 294, 295, 296, 297, 298, 299, 302, 303, 311, 351, 368, 369.
Merian d. J., Mathäus (1621–1687), aus Basel. Kupferstecher, Buchhändler, Verleger (Sohn des Vorgenannten). S. 14, Kat.nr. 281, 284, 285, 286, 287, 290, 291, 293, 295, 296, 300, 301, 304, 366, 367.
Merlo, Giovanni (17. Jh.), Kupferstecher in Venedig. Kat.nr. 257.
Meurs, J. von (1619/20–1680), Kupferstecher, Verleger, Buchhändler in Amsterdam. Kat.nr. 309.
Meyer, Johann Conrad (1618–1689), Kupferstecher und Maler in Zürich. S. 18.
Meyer, Johann Jakob (19. Jh.), Verleger in Zürich. Kat.nr. 323.
Meyer, Johann Rudolf (1739–1813), aus Aarau. Seidenfabrikant, Förderer der Kartographie. Ließ ein Relief der Gesamtschweiz erstellen. S. 19, 27, 33.

Michel, Jacques de (tätig 1720–1733), Ulm. Französ. Ingenieur und Artilleriehauptmann. Kat.nr. 241.
Miller, W. (19. Jh.), Herausgeber. Kat.nr. 393.
Millet de Mureau (Mitte 18. Jh.), unbekannter französ. Ingenieur. S. 30.
Möcken, J.C. jun. (2. Viertel 19. Jh.), Druckerei in Reutlingen. Kat.nr. 348.
Mittelbach, Robert († 1917), Kartograph und Verleger. S. 30.
Moletius (Moleti), Guiseppe (1531–1588), aus Messina. Mathematiker, Herausgeber in Padua. Kat.nr. F 13, 13.
Moll, Hermann (1688–1745), aus Deutschland. Bedeutender Geograph, Kartograph, Kupferstecher, Buchhändler in London. S. 16, 19, 25, Kat.nr. 222.
Monachus, Franciscus (tätig 1524–† 1555), flämischer Kartograph. S. 6.
Moncornet, B. (1600–1668), Herausgeber und Radierer. Kat.nr. 349.
Montanus, Arnoldus (2. Hälfte 17. Jh.), Kartenmacher in Amsterdam. Kat.nr. 309.
Morasch, Christian Gottfried (1749–1815), Kupferstecher und Verleger in Dresden. Gab mehrere Hamburg-Ansichten heraus. Kat.nr. 391.
Mortier, Corneil (Cornelis) (18. Jh.), Kompagnon von Jan Covens, siehe dort. S. 18, Kat.nr. 44, 45, 253.
Mortier, Pieter (Pierre, Petrus) (1661–1711), Amsterdam. Kupferstecher, Verleger und Kartenhändler. S. 15, Kat.nr. F 14, 141.
Mosmann, Gr. (19. Jh.), Zeichner und Graphiker. Kat.nr. 348.
Müller, A. (19. Jh.), Kunstanstalt, Druckerei. Kat.nr. F 30.
Müller d. Ä., Johann Christian (1673–1721), aus Nürnberg. Ingenieur-Hauptmann in Wien. Er war als Kartograph für Weigel tätig. S. 18.
Müller, Joachim Eugen (1752–1833), aus Engelberg. Führte Triangulationen aus und erstellte Panoramen. S. 19.
Müller, Johann Jakob (1743–nach 1790), aus Hanau. Zeichner und Kupferstecher. Kat.nr. 245.
Müller, F. G. (2. Hälfte 18. Jh.), wohl Graphiker. Kat.nr. 340.
Müller, Gustav Adolph (19. Jh.), Zeichner. Kat.nr. 322.
Müller, Theodore (Straßburg 1819–1879 Paris), Lithograph, arbeitete in der lithographischen Druckerei E. Simon. Kat.nr. 409.
Münster, Sebastian (1489–1552), aus Niederingelheim. Mathematiker, bedeutender Kosmograph, Historiker und Geograph, seit 1529 Professor in Basel. Veröffentlichte ein bekanntes topographisches Werk, die »Cosmographia universalis«, 6 Bände mit 471 Karten. S. 12, 14, 24, 30, Kat.nr. 47, 106, 111, 147, 158, 168, 199, 269, 360, 361, 363, 364.

Nagel, Heinrich (Henricus) (tätig um 1590–1600), Kupferstecher in Köln. Kat.nr. 14.
Naumann, Georg (20. Jh.), Herausgeber von Topographien, Verleger. Kat.nr. 336.
Nell, Johann Peter (um 1700), Feldpostmeister, der vor 1709 eine Postroutenkarte erstellte. S. 30.
Newton, James (1748–um 1804), Kupferstecher in London. Kat.nr. 8.
Nibby, Antonio (1. Hälfte 19. Jh.), ital. Professor der Archäologie. Kat.nr. 208.
Nicolai, I. (tätig um 1733), Nürnberg. Aus dem Verlag Homann-Erben. Kat.nr. 198.
Nolin d. Ä., Jean Baptiste (1657–1708), Paris. Kartograph, Kupferstecher und Verleger. S. 16.
Nordenskiöld, Nils Adolf Erik af (1832–1901), aus Helsingfors. Chemiker, Mineraloge, Geograph in Stockholm. S. 19, 24.
Nosch (17. Jh.), Kupferstecher und Verleger. Kat.nr. 306.

Oeder, Mathias († 1607), aus Freiberg in Sachsen. Feldmesser. S. 12.

Oesfeld, Carl Wilhelm von (1781–1843), aus Berlin. Trigonometer, Geograph und Kartograph. S. 27.

Oetjes, F.W. (17. Jh.), England. Kupferstecher. Kat.nr. 118.

Opiz (Opitz), Georg Emanuel (1775–1841), Maler, besonders in Aquarell und Gouache, Zeichner und Graphiker, seit 1820 in Leipzig tätig. Kat.nr. F 33, 354.

Ortelius (Oertel), Abraham (1527–1598), aus Antwerpen. Kgl. Kosmograph, Kartograph von Philipp II. von Spanien. S. 13, 14, 15, 24, 25, 28, 31, 41, Kat.nr. F 7, 30, 59, 60, 95, 100, 113, 142, 165, 207.

Ottens, Joachim (1663–1719), Kupferstecher und Verleger, Firmengründer.

Ottens, Josua II. (1726–1766), aus Amsterdam. Kartograph und Verleger. Sohn des Vorgenannten. Kat.nr. 19, 103.

Ottens, Reinier und Josua (tätig 1725–1750), Verleger und Buchhändler in Amsterdam.

Ottens, Reiner II. (2. Viertel 18. Jh.), aus Amsterdam. Kartograph und Verleger. Bruder des Vorgenannten. Kat.nr. 19, 103.

Paez, G. (17. Jh.), Geograph, Autor. Kat.nr. 54.

Paris, K. von (15. Jh.), Schöpfer einer frühen Straßenkarte. S. 32.

Paterno, A. (18./19. Jh.), Druckerei und Verleger in Wien. Kat.nr. 402.

Pecht, J.A. (19. Jh.), Lithographische Buchhandlung in Konstanz. Kat.nr. 408.

Pene, Charles (17. Jh.), Kartograph, Zeitgenosse von Cassini. Kat.nr. F 14.

Perkins, Joseph (1788–1842), amerikanischer Graphiker. S. 38.

Pers(s)on, Nicolaus (vor 1660–1710), aus Longwy. Architekt, Kartograph, Kupferstecher. Seit 1668 in Mainz. Kat.nr. 179, 189.

Perthes, Justus (2. Hälfte 19. Jh.), geographische Anstalt in Gotha, Herausgeber zahlreicher Atlanten u. ä.

Pestel, J.G. (Ende 18. Jh.), Radierer. Kat.nr. 340.

Petri, Heinrich (1508–1579), aus Basel. Mediziner, Ratsherr, Drucker und Verleger. Wurde 1556 geadelt und nannte sich seither Henric-Petri. Zusammen mit seinen Söhnen Sixtus und Sebastian veröffentlichte er u. a. viele Auflagen von Münsters »Cosmographie«. Kat.nr. 35, 111, 168, 269.

Peutinger, Konrad (Anfang 16. Jh.), Augsburg. Sammler und Besitzer der nach ihm benannten röm. Straßenkarte. S. 9, 41.

Pfyffer, Franz Ludwig (1716–1802), General aus Luzern. Erstellte ein Relief der Zentralschweiz. S. 19.

Philoponus, Honorius (um 1600), Wissenschaftler und Kartograph. Kat.nr. 38.

Picard(t), Jean (1620–1682), aus La Flèche. Astronom, der zusammen mit Lahire (1667–1681) die erste astronomische Ortsbestimmungen in Frankreich durchführte. Kat.nr. 206.

Pincius, Ph. (um 1500), Verleger in Venedig. Kat.nr. 30.

Piranesi, Giovanni Baptista (1720–1778), bedeutender Kupferstecher und Radierer in Rom. Sein Verdienst liegt vor allem in der künstlerischen Verherrlichung der römischen Baukunst, wovon seine meisterlichen Veduten zeugen. Kat.nr. 381.

Piscator, siehe Visscher.

Pitt, Moses (um 1654–1696), Oxford. Herausgeber, arbeitete mit Waesberg zusammen. S. 15, Kat.nr. F 19.

Pitteri, Giovanni (2. Hälfte 18. Jh.), ital. Kupferstecher, arbeitete für Zatta. Kat.nr. 194.

Plancius, Petrus (Plate voet P.) (1552–1622), aus Dranouter/Westflandern. Pfarrer, Geograph, Kartograph und Verleger in Brüssel sowie Amsterdam. Kat.nr. 110.

Plati(j)n, Christof(f)el (1517–1589), Antwerpen. Ab 1555 Drucker und Verleger. S. 13, 24, 43.

Pleydenwurf(f), Wilhelm (1450–1494), Maler und Zeichner. Arbeitete Holzschnitte zu Schedels Chronik, Schüler von Wolgemut in Nürnberg. S. 12, Kat.nr. 268.

Poirson, Jean Baptist (1760–1831), Geograph in Frankreich (Vrécourt/Lorrain). Kat.nr. 209.

Polo, Marco (1254–1324), aus Venedig. Der bedeutendste reisende Seefahrer und Entdecker des Mittelalters. S. 11.

Pontault de Beaulieu, siehe Beaulieu.

Poppel, Johann Gabriel Friedrich (1807–1882), Stahl- und Kupferstecher. Architekturzeichner und Landschaftsmaler. Er lernte 1829 bei C.L. Frommel in Karlsruhe das Stahlstechen. Arbeitete 1832 in London bei W. Tombleson, 1833 in Karlsruhe, 1834-1838 in Nürnberg, danach war er in München tätig. Lieferte auch zahlreiche Stahlstich-Ansichten für viele topographische Werke. Kat.nr. 401.

Probst, Johann Georg Balthasar (1673–1750), Augsburg. Reproduktions-Kupferstecher. Kat.nr. 320.

Ptolemäus (Ptolemaeus), Claudius (um 87–um 150), Alexandria. Griechischer Mathematiker, Astronom, bedeutender Geograph, Kartograph. S. 7, 9, 11, 21, 24, 28, 30, 41, Kat.nr. F 5, F 6, F 13, 13, 30, 32, 47, 92, 149, 153, 158, 159.

Pufendorf, Sam. von (Ende 17. Jh.), Topograph in Nürnberg. Kat.nr. 312.

Puschner, Johann Georg d. J. (1706–1754), aus Nürnberg. Globenmacher, Kupferstecher und Kunsthändler, Kat.nr. 2.

Pythagoras (520 v. Chr.), bedeutender Mathematiker, der die Erde bereits als Kugel erkannte. S. 9.

Quad v. Kinckelbach, Mathias (1557–1613), aus Deventer. Kartograph und Kupferstecher in Köln. S. 25, Kat.nr. 14.

Rachel, Louis (Mitte/2. Hälfte 19. Jh.), Graphiker und Kartograph in Tübingen und Stuttgart. Hauptwerk der Bilderatlas von Württemberg, 1872. Kat.nr. 197.

Ramusio, Giovanni Battista (1485–1557), aus Trevisio. Historiker und Geograph in Venedig. Kat.nr. 48, 56, 80.

Raspe, Gabriel Nicolaus (1712–1785), aus Crölpa/Krs. Camburg. Verleger und Buchhändler in Nürnberg. Kat.nr. 248, 318.

Reger, Johann (letztes Viertel 15. Jh.), aus Kemnat. Drucker in Ulm. Kat.nr. F 5.

Reilly, Franz Johann Joseph von (1766–1820), aus Wien. Kunsthändler (Inh. des k.u.k. priv. artistisch-geograph. Verschleißcomptoirs in Wien). S. 7, 18.

Reimer, Dietrich (1818–1899), geograph. Verlagshandlung in Berlin. Kat.nr. 9.

Renard, Louis (ca. 1678–1746), Amsterdam. Verleger und Kartenhändler. Kat.nr. 5, 19.

Rennel, James (1742–1830), Major in London. Militärgeograph, veröffentlichte 1788 einen Bengal-Atlas und Indienkarten. General der ostind. Compagnie. S. 19.

Reymann, Gottlob Daniel (1759–1837), aus Lüben/Breslau. Militärkartograph und Plankammer-Inspektor in Berlin. S. 27.

Rheticus, Joachim Georg von (Lauchen 1514–1576), aus Feldkirch. Mathematiker und Kartograph in Kaschau/Slowakei. S. 12.

Richard, C. (19. Jh.), Zeichner in München. S. 18. Kat.nr. 409.

Riegel, Christoph (Ende 17. Jh.), Kartograph und Verleger in Nürnberg. S. 16, 25, Kat.nr. 312, 313.

Riethmüller, C. (19. Jh.), Verlag in Kirchheim. Kat.nr. F 30.

Ritter, Lorenz (Nürnberg 1832–1921), Architekturmaler und -radierer in Nürnberg. Kat.nr. 332.

Rizzi-Zannoni, Giovanni Antonio (1736–1814), aus Padua. Kgl. sizilianischer Geograph, Kartograph der Republik Venedig. S. 19.

Robert, Vaughondy de, Gilles (1686–1766), kgl. Geograph in Paris (Enkel Nicolas Sanson d. Ä.). S. 16, 25.

Robles, P. de (16. Jh.), Mitarbeiter von P. de Medina. Kat.nr. 57.

Rochette, Louis de la (um 1800), Kupferstecher. Kat.nr. 53.

Romain, Adrien (Romanus, Adrianus) (1561–1615), aus Leuwen. Mediziner und Mathematiker in Würzburg und Polen. Kat.nr. 272.

Romberg, Walter (Ulm 1898–1973), Maler und Graphiker in Stuttgart. Kat.nr. 390.

Rosée, Christian (geb. 1804), Stahl- und Kupferstecher in Nürnberg. Kat.nr. 399.

Rosenberg, Friedrich (Danzig 1758–Altona 1833), Landschafter und Radierer. Arbeitete u. a. eine Folge von Hamburger Ansichten (8 Bl.). Kat.nr. 387.

Rota, Martino (um 1520–1583), aus Sebenico. Zeichner und Kupferstecher. Tätig in Venedig, Florenz und Rom, 1568 Hofkünstler in Wien. Arbeitete für Lafreri und Valesio u. a. Karten und Ansichten. Kat.nr. 273.

Roth, Christoph Melchior (Nürnberg † 1793/1798). Ging 1761 mit seinem Bruder Matthias nach St. Petersburg, wo er als Kupferstecher arbeitete. Kehrte 1777 nach Nürnberg zurück. Kat.nr. 319.

Roth, Mathäus (18. Jh.), Verleger in Wien. S. 18.

Rudolph, Johann Georg (1725–1799), Architekt in Oppeln. Möglicherweise hat sein gleichnamiger Vater Vorlagen für die »Monumenta Paderbonesia...« gefertigt. Kat.nr. 308.

Salt, Henry (Lichfield 1780–Alexandria/Ägypten 1827), Forschungsreisender und Zeichner. Kat.nr. 393.

Sandhaas, Josef (Haslach/Kinzigtal 1747–Darmstadt 1828), Architekturzeichner und Graphiker. Kat.nr. 392.

Sandrart, Jakob von (1630–1708), aus Frankfurt/M. Kupferstecher, Stichverleger, Zeichner und Kunsthändler. Nach langen Wanderjahren – arbeitete u. a. bei Cornelis I. Danckert in Amsterdam – seit 1656 in Nürnberg. Sehr fruchtbar, hat allein über 400 Bildnisse, aber auch zahlreiche Landkarten gestochen.

Sanne & Comp. (tätig 1844–1846 in Stettin). Kat.nr. 328.

Sanson, Adrien († 1718), Paris. Kartograph und Verleger. Sohn von Nicolaas d. Ä. S. 15, 16, 25.

Sanson, Guillaume (1633–1703), Paris. Kartograph und Verleger. Verlegte noch 1692 Karten seines Vaters Nicolaas d. Ä. S. 15, 16, 25, Kat.nr. 84.

Sanson d. Ä., Nicolaas (1600–1667), aus Abbéville. Kartograph und Verleger in Paris (Stammvater). S. 15, 16, 25, 28, Kat.nr. 141.

Sanson d. J., Nicolaas (um 1626–1648), Paris. Kartograph und Verleger. Sohn des Vorgenannten. S. 16, 25, Kat.nr. 84.

Sanson-Moulart, Pierre († 1730), Paris. Kartograph und Verleger. Neffe Nicolaas d. Ä. S. 15, 16, 25.

Sauer (17. Jh.), Verleger in Ulm. Kat.nr. 39.

Saur, Abrahahm (1545–1593), aus Frankenberg. Rechtsgelehrter in Marburg a.L. Kat.nr. 272, 274.

Schadow, Gottfried (Berlin 1764–1850), Bildhauer, Zeichner und Graphiker. S. 39.

Schagen, Gerrit Lucaszoon van (1642–nach 1690), Amsterdam. Kupferstecher, Kunsthändler. Kat.nr. 123.

Schalbacher, P.J.Th. (Ende 18./Anfang 19. Jh.), Kupferstecher, Buchhändler, publizierte den »Allgem. großen Atlas« von Schrämbl. Kat.nr. 26.

Schatz (Schaz), Johann Jakob (1691–1760), aus Straßburg. Archäologe, arbeitete für den Homann-Verlag. Kat.nr. 24, 127.

Schedel, Hartmann (1440–1514), aus Nürnberg. Mediziner, Geschichtsschreiber. Verfaßte die bedeutende Weltchronik mit mehr als 1000 Holzschnitten. S. 12, 14, 24, 35, Kat.nr. 29, 130, 268.

Schenck d. Ä., Peter (1660–1718/19), aus Elberfeld. Kupferstecher und Verleger in Amsterdam. S. 14, 15, 17, 18, Kat.nr. 108, 109, 228.

Schenck d. J., Peter (vor 1698–1778), aus Amsterdam. Kupferstecher. Sohn des Vorgenannten. Kat.nr. 219.

Scheuchzer, Johann Jakob (1672–1733), aus Zürich. Stadtarzt, Physiker, Mathematiker, Kartograph. S. 18, Kat.nr. 315.

Scheurleer, Henri (18. Jh.), Vedutenmaler, Zeichner und Radierer in Den Haag. Kat.nr. 18.

Scheyb, C.F.v. (18. Jh.), Kupferstecher. Kopierte u. a. die Peutingersche Tafel. S. 9.

Schleuen d. Ä., Johann David (tätig um 1740–1774), in Berlin. Kupferstecher und Verleger. Fertigte u. a. einen Plan von Berlin nebst Prospekten von allen Kirchen und Gebäuden. Ein weiteres Mitglied der Künstlerfamilie Schleuen, nämlich Joh. Wilhelm S., arbeitete Ende des 18. Jh. ebenfalls auf topographischem Gebiet und führte den Verlag weiter. Kat.nr. 146.

Schmid, A.D. (1. Hälfte 19. Jh.), Maler und Graphiker. Kat.nr. F 34.

Schmidt, August Gustav (Mitte 20. Jh.), Künstler und Selbstverleger. Kat.nr. 333.

Schmidt, Johan (Smith, John) (1580–1631), aus Willoughby/Lincolnshire. Kapitän, Forschungsreisender. Kat.nr. F 9, 62.

Schnitzer, Jo(h)annes (um 1486), aus Armsheim/Rheinhessen. Holzschneider. Arbeitete 32 Holzschnittkarten, darunter die Weltkarte mit Signatur. Kat.nr. F 5.

Schöner, Johann (1477–1547), aus Karlstadt/Franken. Geograph und Globenmacher in Nürnberg. S. 22.

Schönfeld, Heinrich (Dresden 1809–München 1845), Maler und Graphiker. Lieferte u. a. viele Zeichnungen für das Stahlstich-Werk »Original-Ansichten der vornehmsten Städte in Deutschland«, Darmstadt 1832 ff. Kat.nr. 401.

Schott S.J., Caspar (1608–1666), aus Königshofen/Unterfranken. Mathematiker, Naturwissenschaftler in Würzburg. Kat.nr. 54.

Schrämbl, Franz Anton (1751–1803) Wien. Atlasmacher, Kartograph und Verlagsbuchhändler. S. 18, Kat.nr. 26.

Schreiber, Johann Georg (1676–1750), aus Spremberg. Kartograph und Verleger in Leipzig. S. 20.

Schubert (18. Jh.), österreichischer Kartograph, Partner von Wieland, siehe dort. S. 18.

Schulz, Joseph (19. Jh.), Lithograph, entwickelte 1892 den Aluminiumdruck. S. 39.

Schulze, Friedrich (20. Jh.), Herausgeber stadtkundlicher Mappenwerke. Kat.nr. 336.

Schwitzky (um 1810), unbekannter Globenmacher in Berlin. S. 23.

Scolari, Stefano (1598–um 1657), Kartograph und Verleger in Venedig. Kat.nr. 257.

Scultetus (Sultet, Schultz), Bartholomäus (1540–1614), aus Görlitz. Mathematiker, Astronom, Kartograph. S. 31.

Scultetus, Jonas (Schultz, Johann) (1603–1664), aus Sprottau. Kartograph und Zeichner. Kat.nr. F 16, 145.

Seligmann, Johann Michael (Nürnberg 1720–1762), Kupferstecher und Kunsthändler in Nürnberg. Kat.nr. 87.

Senefelder, Johann Nepomuk Alois (1771–1843), aus Prag. Lithograph und Drucker in München. Erfinder der Lithographie, d. h. des Steindrucks. Über diese Materie publizierte er auch. S. 38, 39, 40.

Servet(us, y Revés), Miguel (1511–1553), aus Villanova de Sixena/Lerida. Arzt, Theologe, Verleger. Hat 1541 eine Ptolemäus-Ausgabe herausgegeben. Kat.nr. 32, 149, 153.

Seutter d. Ä., Georg Mathäus (1678–1757), Augsburg. Kaiserl. Geograph und Kunstverleger, Kartograph, Kupferstecher. Schüler von Homann in Nürnberg, zu dessen größtem Konkurrent er wurde. Sein Verlag wurde von seinem Sohn Albrecht Carl und seinem Schwiegersohn Tobias K. Lotter und später Joh. B. Probst weitergeführt. S. 17, 18, 25, Kat.nr. F 23, 22, 151, 152, 156, 181, 187, 241, 260, 261, 262, 264.

Siebold, Philipp Franz von (1776–1866), aus Würzburg. Reisender und Naturforscher. Kat.nr. 330.

Simon, E. (19. Jh.), lithographischer Drucker in Straßburg. Kat.nr. 409.

Skerl, Friedrich Wilhelm (Braunschweig 1752–Dresden 1810), Maler, Radierer und Lithograph. Zwischen 1793 und 1799 wiederholt in Hamburg, wo er Ansichten radierte, die im Verlag seines Schwagers C.G. Morasch in Dresden erschienen. Kat.nr. 391.

Sgrooten (Schrott), Christian (ca. 1532–1608), kgl. Geograph Philipp II. von Spanien, lebte in Calcar. S. 28.

Sotzmann, Daniel Friedrich (1754–1840), aus Berlin. Kartenzeichner, Kartograph und Geograph. Zeichnete seit 1783 zahlreiche Karten und Stadtpläne (Verz. bei Meusel). Kat.nr. 243.

Speed, John (1552–1629), aus Farrington/Cheshire. Historiker, Kartograph in London. Kat.nr. 162.

Sperling (Sperling, Jeron), Hieronymus (1695–1777), Kupferstecher in Augsburg. Stach Wiener Ansichten nach Kleiner und Illustrationen zum Augburger Ratskalender. Kat.nr. 347.

Spörling, Georg (um 1663), Buchhändler und -drucker. Kat.nr. 286.

Stab, Johann (Stabius) († 1552), in Graz. Holzschneider und Hofastronom von Maximilian, Prof. in Ingolstadt, dann Nürnberg und Wien. Lehrte die erste Projektionsmethode, die ganze Kugeloberfläche in der Ebene auszubreiten. S. 21.

Stein, J.A. (19./20. Jh.), Verlag und Kunsthandlung in Nürnberg. Kat.nr. 332.

Stettner, Johann Thomas, (Mitte 19. Jh.), Buchhandlung in Lindau. Kat.nr. 408.

Stieler, Adolf (1775–1836), aus Gotha. Geograph und wissenschaftlicher Kartograph. Arbeitete bis 1806 für den Verlag A.G. Schneider in Nürnberg und für das Geogr. Institut in Weimar, seit 1814 für Justus Perthes in Gotha. Hauptwerk: Handatlas in 75 Blättern. S. 18, 27.

Strack, Wilhelm (Haissa/Cassel 1758–Bückeburg 1829), Radierer und Maler. Arbeitete Veduten aus Westfalen und Minden. Kat.nr. 388.

Stradanus, Joan, eigentlich Jan van der Straet (1523–1605), Maler und Zeichner aus Brügge, arbeitete in Italien. S. 11, 18.

Strade, Wilhelm (um 1800), Graphiker. Kat.nr. F. 29.

Stumpf(f), Johannes R. (1500–um 1578), aus Bruchsal. Geschichtsschreiber, Pfarrer, Kartograph in Zürich. S. 12, Kat.nr. 159, 270.

Swanston, G.H. (2. Hälfte 19. Jh.), Zeichner und Stecher, fertigte Admiralskarten. Kat.nr. 135.

Swart, Stephan (2. Hälfte 17. Jh.), London. Kartograph, arbeitete mit Waesberg zusammen. S. 15, Kat.nr. F 19.

Sydow, Th. Emil von (1812–1873), aus Freiberg/Sachsen. Militärkartograph in Berlin. S. 27, 32, Kat.nr. 164.

Tahai, Sagamiya (17./18. Jh.), Edo/Japan. Verleger. Kat.nr. F 2.

Tavernier, Melchior (1564–1641), kgl. Kupferstecher, Drucker, Kartenhändler und Verleger in Antwerpen. S. 30.

Tetscher (18. Jh.), Wilhermsdorf. Arbeitete für Homann. Kat.nr. 107.

Thales von Milet (ca. 624–546 v. Chr.), Philosoph und Mathematiker, beschrieb die Erde als wasserumspielte Scheibe. S. 9.

Thévenot, Jean de (um 1620–1692), Paris. Reisender, Biograph. Kat.nr. 101.

Tirion, Isaak († 1769), Amsterdam. Drucker und Verleger. Kat.nr. 45, 171.

Todesco, Nikolaus (Todesco, Nicolo) (Ende 15. Jh.), Verleger in Florenz. Kat.nr. 92.

Tomonobu, Ishikawa (17. Jh.), Japan, Holzschneider. Kat.nr. F 2.

Toscanelli, Paolo du Pozo (1397–1482), Florenz. Astronom und Kosmograph. S. 11.

Trechsel, G. und Melchior (16. Jh.), Verleger in Wien und Lyon. Kat.nr. 32, 149, 153.

Toussyn, Johann (geb. 1608 in Köln), Maler und Zeichner von Vorlagen für Kupferstiche und Radierungen u. a. für W. Altzenbach, A. Anbry u. a. Kat.nr. 380.

Tschudi, Aegidius V. (1505–1572), Schweizer Kartograph, Botschafter in Augsburg. S. 33.

Türst, Konrad (1450/60–vor 1504), Insbruck und Zürich. Arzt und Kartograph. S. 11, Kat.nr. 149.

Val d'Abbéville, Pierre du, siehe Duval.

Valegio (Valesio, Vallegio), Francesco (um 1560 geboren), italienischer Zeichner und Kupferstecher, um 1611–1643 in Venedig tätig. S. 14, Kat.nr. 273.

Valgrisi (Valgrisius), Vincenzo (Mitte 17. Jh.), Verleger in Venedig. Kat.nr. F 13.

Valk (Valck), Gerard (1651/2–1726), Amsterdam. Kartograph, Kupferstecher und Kunsthändler. Assoziierte sich 1696 mit P. Schenk zur Herausgabe eines großen Kartenwerkes. Arbeitete später auch mit seinem Sohn Leonard zusammen. S. 14, 15, 17, Kat.nr. 108, 109, 228.

Valk (Valck), Leonard (1675–1755), Amsterdam. Kartograph, Kupferstecher, Globenmacher. Mitarbeiter und Nachfolger seines Vaters Gerard V., siehe dort. S. 14.

Vaughondy, siehe Robert.

Velarde, Fr. Pedro de Murillo (1696–1753), spanischer Jesuit in Manila/Philippinen. Kupferstecher. Kat.nr. 105.

Velhagen & Klasing (19. Jh.), Verlag in Bielefeld und Leipzig, Geogr. Anstalt. Kat.nr. 27, 28, 104.

Velten, J. (2. Hälfte 19. Jh.), Lithograph. Kat.nr. 405.

Venegas, Padre Miguel (18. Jh.), Missionar und Geograph, der interessante Details über Kalifornien vermittelte. Kat.nr. 89.

Vespucci, Amerigo (1451–1512), florentinischer Seefahrer, Navigator. Unternahm 1397/8 und 1499/1500 Entdeckungsreisen nach Honduras und Südamerika. 1501/2 und 1503/4 nach Brasilien. Seine Schriften bewirkten, daß man ihn für den eigentlichen Entdecker Amerikas hielt. Waldseemüller prägte daher aus seinem Vornamen zunächst den Namen für Südamerika. S. 11, 12.

Via, A. della (um 1688–1724 in Venedig tätig), reproduzierender Kupferstecher aus Verona. Kat.nr. 342.

Villanueva, J. de (16. Jh.), Holzschneider, Drucker und Verleger. Kat.nr. 57.

Vinci, Leonardo da (1452–1519), Maler und Wissenschaftler in Florenz, Rom und Mailand. S. 12.

Vischer, Georg Mathias (1628–1696), Pfarrer in Leonstein/Tirol. Sein Lebenswerk war die karto- und topographische Aufnahme von Ober- und Niederösterreich, der Steiermark und einigen Gegenden in Mähren und Ungarn. Die Topographie enthält mehr als 1000 Ansichten und wurde nach seinen Zeichnungen in Augsburg gestochen. Kat.nr. 242.

Visconte, Pietro (Anf. 14. Jh.), Kartenzeichner, Kartograph und Verleger aus Genua. S. 10, 31, 41.

Visscher d. Ä., Claes Janszoon (um 1550–1612), Amsterdam. Kupferstecher und Verleger. Stammvater. Zusammen mit seinem gleichnamigen Sohn führten sie eines der größten Verlagsunternehmen, aus dem hauptsächlich Landkarten hervorgingen. Der Sohn Claes Janszoon d. J. (1586–1652) führte das Unternehmen weiter. Kat.nr. 41, 161, 185.

Visscher d. Ä. Nicolaas (latinisiert auch Piscator genannt) (1618–1679), Amsterdam. Kartograph, Kunst- und Kartenhändler. Sohn des Claes Janszoon d. J. S. 15, Kat.nr. 41, 185.

Vivier, J. du (Anf. 18. Jh.), Leiden. Künstler, wohl aus der bekannten belgisch-holländischen Familie. Kat.nr. 314.

Vogtherr, Heinrich (1490–1556), aus Dillingen. Holzschneider, Radierer und Zeichner in Straßburg, wo er für Froschauer arbeitete, seit 1550 Hofmaler von Karl V. in Wien. Kat.nr. 137.

Vohsen, Ernst (1853–1919), Geographische Verlagsbuchhandlung Berlin. Kat.nr. 9.

Volkmann, Franz (Wien um 1800), Litograph. Kat.nr. 402.

Waesberg, Guillaume de und Jean de (17. Jh.), Schwiegersohn des J. Janszoonius. S. 15, 25, Kat.nr. F 19.

Waghenaer (Wagenaar), Lucas Janszoon (1533/4–1606), aus Enkhuizen. Kartenzeichner und Seekartograph. S. 15, 24, Kat.nr. 174.

Wagner, Johann Christoph (1648–1685), Augsburg. Kartograph, Instrumentenmacher. Kat.nr. 310.

Wagner, Joseph (1803–1861), Zeichnerdilettant in Klagenfurt. Lieferte Vorzeichnungen zu »Ansichten aus Kärnten« (100 Bl.) und mehreren Reiseführern durch Kärnten. Kat.nr. 326.

Walch, (Jo) Hans Philipp (17. Jh.), Kupferstecher und Verleger in Nürnberg, zwischen 1617 und 1631 tätig. Zu seinen bedeutendsten Arbeiten zählt die Rudolphinische Landkarte. Kat.nr. 39, 337.

Walch, Johann (1757–1816), aus Kempten in Augsburg. Kartograph und Landkartenverleger. Heiratete 1786 eine Tochter von J.M. Will und übernahm 1806 dessen Verlag, den er zu einem bedeutenden Unternehmen ausbaute. Kat.nr. 176.

Waldseemüller (Waltzemüller, Hylacomilus), Martin (um 1470–1518/21), aus Radolfzell. Bedeutender Kosmograph und Kartograph in St. Dié und Freiburg/Br. S. 11, 12, 21, 22, 24, Kat.nr. 33, 34.

Walser, Gabriel (1695–1776), aus Wolfhalden. Pfarrer, Chronist, Geograph in der Schweiz, arbeitete auch für Homann. S. 18, 33, Kat.nr. F 17, F 18.

Walter (um 1900), Geograph in Stuttgart, arbeitete für das Katasteramt. Kat.nr. 205.

Walter (um 1800), württembergischer Kartograph. Kat.nr. 246.

Weber, L. (19. Jh.), Graphiker. Kat.nr. 323.

Weigel d. Ä., Christoph (1654–1725/6), und Johann Christoph (nach 1654–1746), Brüder aus Redwitz b. Eger. Kupferstecher und Verleger in Nürnberg. S. 17, Kat.nr. 43, 304.

Weiss, Johann Heinrich (1758/9–1826), Straßburg. Kupferstecher und Kartenzeichner. S.19.

Wen(n)i(n)g, Michael (1645–1718), aus Nürnberg. Kupferstecher in München. Stach die Veduten zu dem bedeutenden vierbändigen Werk »Historico-topographica descriptio Bavariae« (1701–1726) mit Ansichten von Städten, Märkten und Schlössern. S. 17.

Werner, Friedrich, Bernhard (1690–1778), Chronist, Kupferstecher und Zeichner aus Reichenau. Bereiste im Auftrag von Verlegern ganz Europa und war in der Lieferung von Ansichten äußerst produktiv, z. B. drei umfangreiche Folgen von mitteleuropäischen Städten (Augsburg 1730/40). Kat.nr. 317.

Werner, Johannes (1466/8–1528), Nürnberg. Übersetzer, Mathematiker, Astronom und Kartograph. Bearbeitete ein – seinerzeit nicht gedrucktes – Werk zum Thema der sphärischen Trigonometrie. S. 21.

Wetstein R. und G. (tätig um 1730), unbekannte Graphiker. Kat.nr. 230.

Weyermann, J. Chr. (1677–1747), Maler und Graphiker. Mitarbeiter von Seutter, u. a. Zeichnungen zum Atlas minor (um 1740) und »Prospekt der fürnemsten öff. Gebäude... in Augsburg«. Kat.nr. 22.

Widerhold, Johann H. (17. Jh.), Verleger in Genf, brachte J.d. Thevenots »Reisebeschreibung« 1681 heraus. Kat.nr. 101.

Wieland, Johann Wolfgang († 1736), Schlesien. Militärkartograph in Österreich, setzte zusammen mit Schubert das Kartenwerk von J. Ch. Müller mit einer Mährenkarte fort. S. 18.

Wieser, Franz R. von (1848–1923), aus Kufstein. Geograph und Kartenhistoriker in Innsbruck. S. 24, 41.

Wigand, C.F. (19. Jh.), Leipzig, arbeitete mit Duller. Kat.nr. 325.

Winkler, Jean Benoit (18. Jh.), Stecher in Augsburg. Möglicherweise identisch mit Johann Benedikt (um 1727–1797), Kupferstecher in Augsburg. Kat.nr. 345.

Winkles, Henry (1. Hälfte 19. Jh.), Architekturmaler und Stahlstecher in London. Eröffnete 1824 mit C.L. Frommel (siehe dort) in Karlsruhe ein Atelier für Stahlstecher. Später für Lehmann in Leipzig tätig. Kat.nr. 322.

Wit d. Ä., Frederik de (1616–1689), Amsterdam. Kupferstecher und Verleger. S. 15, Kat.nr. 51.

Wit d. J., Frederik de († 1710), Amsterdam. Kartograph, Verleger, Sohn des Vorgenannten. Verlegte besonders Landkarten, die er z. T. selbst zeichnete. S. 15, Kat.nr. 51.

Wolgemut (Wohlgemuth), Michael (1434–1519), Nürnberg. Maler und Zeichner. Lehrer von Albrecht Dürer. Heiratet 1473 die Witwe des Hans Pleydenwurff (siehe dort) und übernahm damit dessen Werkstatt. Fertigte Holzschnitte zu Schedels Chronik. S. 12, Kat.nr. 268.

Würfel, Andreas (18. Jh.), Topograph in Nürnberg. Kat.nr. 319.

Wusim (Wusyn, auch Vusin), Daniel (um 1626–1691), Prag. Tschechischer Kupferstecher und Holzschneider. Arbeitete u. a. die dritte Ausgabe der Böhmenkarte von Aretin v. Ehrenfeld (auch Verlag, 1665). Kat.nr. 139.

Yelin, Johann A.F. (Mitte 18. Jh.), Kupferstecher in Nürnberg, u. a. für den Homann-Verlag tätig. Kat.nr. 232.

Yelin, L. v. (1. Viertel 19. Jh.), Maler und Graphiker. Kat.nr. F 26.

Zatta, Antonio (tätig 1757–1797), Verleger in Venedig. Kat.nr. 172, 194.

Zeiller, Martin (1589–1661), Geograph in Ulm. Kat.nr. 283, 284, 292, 295, 296, 366.

Zeiss, Emil (Ende 19. Jh.), Aquarellist. Kat.nr. 359.

Zesen, Philipp von (Mitte 17. Jh.), Topograph in Amsterdam. Kat.nr. 306.

Ziegler, Johann (um 1750–um 1812), Vedutenzeichner und Kupferstecher in Wien. Stach zahlreiche Ansichten von Wien, Rhein- und Donaulandschaften. Kat.nr. 386.

Ziegler-Steiner, Jakob Melchior (1801–1883), Schweizer Kartograph, Geograph. S. 27.

Zimmermann, Michael von († 1565), Holzschneider und Typograph in Wien. Heiratete 1553 die Witwe des Aegid Adler und übernahm dessen Druckerei. Schnitt die Ungarn-Karte von W. Latz. S. 24.

Zollmann, Philipp Heinrich (ca. 1683–ca. 1747), Hydrograph, arbeitete eine Karte für den Homann-Verlag. S. 28.

Zürner, Adam Friedrich (1679–1742), Skass b. Grossenhain. Pastor, Geograph. Zeichnete für P. Schenck und G. Valck Welt- und Erdteilkarten. S. 17.

Zuliani, Guliano (ca. 1730–1814), Zeichner und Kupferstecher in Venedig. Arbeitete für den Verleger A. Zatta. Kat.nr. 194.

Abbildungsnachweis

Im Katalogteil sind die Abbildungsurheber durch Kennbuchstaben angegeben. Die Nummern beziehen sich bei Antiquaren auf die laufende Nummer der überlassenen Abbildungen, bei Auktionshäusern auf die Auktionsnummer und – durch Schrägstrich abgesetzt – die jeweilige Positionsnummer. Die Vorlagen nicht gekennzeichneter Abbildungen stammen aus dem Archiv des Autors. Urheber von Textabbildungen aus Museums- oder Bibliotheksbesitz sowie Auszüge aus anderen Büchern sind unmittelbar in der Bildunterschrift erwähnt und nachfolgend nochmals zusammengefaßt.

Textabbildungen
Bibliothek Schloß Wolfegg, Wolfegg: Abb. S. 22.
Germanisches Nationalmuseum, Nürnberg: Abb. S. 7, 21, 31.
Grassi-Museum, Leipzig: Abb. S. 17.
Historisches Museum, Amsterdam: Abb. S. 33
Museum Fürstentum Lüneburg, Lüneburg: Abb. S. 10.
Österreichische Nationalbibliothek, Wien: Abb. S. 9, 20.
Reproprint-Verlag Konrad Köbl KG, München: Abb. S. 35.
Schweizerische Landesbibliothek/W. Blumer »Bibliographie der Gesamtkarten der Schweiz«: Abb. S. 9.
Stuttgarter Privat-Archiv: Abb. S. 40.

Katalogabbildungen
BF = Galerie Brumme, Buch- und Kunstantiquariat, Frankfurt/M.
BH = Galerie J.H. Bauer, Kunstantiquariat, Hannover
DH = F. Dörling, Auktionshaus, Hamburg
DW = Dorotheum, Auktionshaus, Wien/Österreich
FL = Galerie Fischer, Luzern/Schweiz
GB = Jochen Granier, Auktionshaus, Bielefeld
HH = Hartung & Hartung, Antiquariat – Auktionen, München
KZ = Galerie Koller, Zürich/Schweiz
NS = Stuttgarter Kunstauktionshaus Dr. F. Nagel, Stuttgart
PK = Peter Kegelmann, Frankfurt/M.
RA = Reiss & Auvermann, Buch- und Kunstantiquariat, Auktionen, Königstein/Ts.
SB = Leo Spik, Kunstversteigerungen, Berlin
Slg. B, Karlsruhe = Privatbesitz Karlsruhe
Slg. L, Stuttgart = Privatbesitz Stuttgart
SZ = Philipp Schuler, Auktionen, Zürich-Wollishofen/Schweiz
VK = Venator & Hanstein KG, Auktionen, Köln
WH = Arno Winterberg, Kunstantiquariat – Versteigerungen, Heidelberg

FACHHÄNDLERVERZEICHNIS

Bielefeld	Bielefelder Auktionen – GRANIER Antiquariat
Köln	VENATOR & HANSTEIN, Buch & Kunstantiquariat
München	F. ZISSKA & R. KISTNER, Buch- und Kunstauktionshaus
München	HARTUNG & HARTUNG Antiquariat – Auktionen
München	Monika SCHMIDT – Kunstantiquariat
Münster	Antiquariat STENDERHOFF
Stuttgart	Kunsthaus FISCHER
Wuppertal	H. G. BRAUN – Kunstantiquariat

HARTUNG & HARTUNG

Antiquariat · Auktionen

KAROLINENPLATZ 5 A · 80333 MÜNCHEN

Telefon (0 89) 28 40 34 · Telegramme: »Buchauktion München«

Amerika. Amst., **Blaeu**, ca. 1650. Altkolorierte Kupferstichkarte.
Erzielte in unserer Auktion 76 am 5. Mai 1994 DM 5.200,– (zzgl. Aufgeld)

Landkarten aus den bekanntesten Atlaswerken · Seltene Einzelstücke
Globen und Globensegmentsätze · Atlanten

*Deutsche und ausländische Städteansichten, u. a. aus Schedels und Münsters Chroniken,
aus Merians und Wenings Topographien, aus Braun-Hogenbergs Städtebuch,
aus Meisners Schatzkästlein u. v. a.*

AUKTIONEN
jeweils im Mai und November

Wir versteigern ferner Handschriften, Autographen und Wertvolle Bücher des 15.–20. Jahrhunderts
sowie Dekorative Graphik.
Anmeldung von Beiträgen, möglichst unter vorheriger Einsendung von Listen, jederzeit erbeten.
Unverbindliche Beratung.

Bitte fordern Sie unsere sorgfältig bearbeiteten und reich illustrierten Kataloge an (DM 10,– bis 35,–)

KUNSTANTIQUARIAT MONIKA SCHMIDT

FACHGESCHÄFT
seit 1970 für qualitätvolle Ansichten
und seltene alte Landkarten aus vielen
Teilen der Erde
Globen · Atlanten (15. – 19. Jahrhundert)

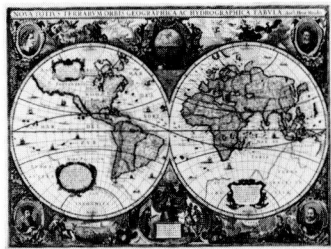

ANKAUF
von alter Graphik, Landkarten, Globen von Wert,
auch ganze Sammlungen

D-80799 München · Türkenstraße 48
Telefon 089/28 42 23 · Fax 089/28 00 44

VENATOR & HANSTEIN
KÖLNER BUCH- UND GRAPHIKAUKTIONEN
BUCH - UND KUNSTANTIQUARIAT

Wertvolle Bücher und Graphiken aller Art
Handzeichnungen – Autographen
Dokumente – Volkskunst

**VERSTEIGERUNGEN
AN- UND VERKAUF
BERATUNG**

* * *

Cäcilienstraße 48 – D–50667 Köln
(Ecke Neumarkt – Haus Lempertz)
Telefon 0221/257 54 19 – Telefax 257 55 26

Alte Bücher
Wissenschaftliche Bücher
Inkunabeln
Alte Drucke – Bibliophilie
Alte Graphik – Dekorative Graphik
Städteansichten
Landkarten
Antiquariatskataloge auf Wunsch

Antiquariat Stenderhoff

Alter Fischmarkt 21
48143 Münster
Telefon 02 51 / 4 47 49
Fax 02 51 / 5 15 26

Buch- und Kunstauktionshaus

F. ZISSKA & R. KISTNER

Seltene Bücher des 15.-20. Jh.
Handschriften · Autographen
Landkarten · Stadtansichten
Dekorative Graphik

VERSTEIGERUNGEN
zweimal p. a. - Frühjahr und Herbst
Illustrierte Kataloge auf Anfrage

Angebote zum Ankauf und zur Versteigerung
nehmen wir gerne entgegen

D-80331 MÜNCHEN
Unterer Anger 15
Tel. (089) 26 38 55 · Fax (089) 26 90 88

Kunstantiquariat
H. G. BRAUN

Schloßstr. 14 / Eingang Bireneichen 3 · 42285 Wuppertal (Barmen)
Postfach 20 03 21 · Tel. (02 02) 8 65 00 und 8 65 44 · Fax (02 02) 89 98 93

**SPEZIALGEBIET:
STADTANSICHTEN – LANDKARTEN
SELTENE UND WERTVOLLE BÜCHER**
(Katalog auf Anfrage)

Außerdem führen wir ein umfangreiches Angebot an
DEKORATIVER GRAPHIK, 15. bis 20. Jahrhundert

Klassische Moderne und zeitgenössische Kunst

WIR KAUFEN
- wertvolle Bücher und Zeitschriften
- Stadtansichten und dekorative Graphik
- Sammlungen
- Bibliotheken

Buch- und Papierrestaurierung – Einrahmungen

**Kunsthaus Fischer
Markus Georg Kraushaar**

neben Tagblatt-Turm
Torstr. 23 – 70173 Stuttgart
Fon (0711) 24 41 63
Fax (0711) 236 03 66

Gemälde, Graphik, Alte Stiche.
Fachwerkstätten für Rahmen,
Vergolden und Restaurieren

Montag – Freitag 9.00 – 18.30 Uhr
Samstag   9.00 – 14.00 Uhr
Langer Donnerstag, langer Samstag

BIELEFELDER
AUKTIONEN

- Jährlich mehrere Versteigerungen von Wertvollen Büchern, Dekorativer Graphik (Landkarten und Stadtansichten), Autographen sowie Alter und Moderner Kunst
- Bestellen Sie unsere umfangreich illustrierten Kataloge unter Angabe Ihrer Interessensgebiete
- Einlieferungen sind jederzeit erwünscht.

- Unsere Antiquariatsfirma Granier steht Ihnen seit mehr als 20 Jahren für Ihre Gesuche und Verkäufe zur Verfügung
- Wir führen eine große Auswahl an Karten und Ansichten.

GRANIER
ANTIQUARIAT

Welle 9, 33602 Bielefeld • Postfach 10 12 87, 33512 Bielefeld • Telefon 05 21 / 6 71 48, Fax 05 21 / 6 71 46